BAEDEKER

TESSIN

www.baedeker.com

Verlag Karl Baedeker

Top-Reiseziele

Glamouröses Leben in Lugano und Locarno, die Burgen Bellinzonas, kulturhistorische Höhepunkte in Giornico oder Riva San Vitale, dazu Berge, Seen und einsame Täler. Die folgenden Reiseziele sollten Sie auf keinen Fall verpassen.

❺ ✲✲Biasca
Romanik zum Dritten: Die Stiftskirche Santi Pietro e Paolo aus dem 11./12. Jh. thront hoch über Biasca auf einem Felshang. **Seite 158**

❻ ✲✲ Verscio: Teatro Dimitri
Der berühmte Clown Dimitri und seine Truppe bieten Pantomime, Kabarett, Theater und Tanz auf höchstem Niveau. **Seite 174**

❼ ✲✲ Bellinzona
Stadt der drei Burgen: seit dem Jahr 2000 Weltkulturerbe der UNESCO **Seite 148**

❽ ✲✲ Locarno
Die schöne Altstadt mit der Piazza Grande ist nicht nur während des Internationalen Filmfestivals ein beliebtes Reiseziel. **Seite 223**

❶ ✲✲ Sankt Gotthard
Seit dem Mittelalter ist der Gotthardpass der wichtigste Alpenübergang. **Seite 287**

❷ ✲✲ Parco Alpino Piora
Der Naturpark im östlichen Gotthardmassiv ist ein Paradies für Wanderer und Naturfreunde. **Seite 284**

❸ ✲✲ San Carlo di Negrentino
Die romanische Kirche ist im Innern mit Fresken überzogen. **Seite 307**

❹ ✲✲ Giornico
Das Dorf der sieben Kirchen: eine davon, San Nicolao, ist vermutlich der bedeutendste Bau der Romanik im Tessin. **Seite 198**

❾ ✲✲ Ascona
Die lebendige Stadt ist harmonisch um ihren Borgo, die Altstadt, gewachsen. **Seite 130**

Lust auf ...

... spektakuläre Aussichten, südländische Delikatessen, subtropische Parks oder Filmabende unter Sternenhimmel? Einige Anregungen für ein Tessin-Erlebnis nach Ihren Interessen.

NATURSCHÖNHEITEN

MEISTERWERKE FÜR DIE EWIGKEIT

Museo Hermann Hesse
Montagnola

Höhepunkt romanischer Baukunst im Tessin: San Carlo di Negrentino

Tessin, Region zwischen Bergen und Seen: Wanderer oberhalb des Lago Maggiore, im Hintergrund das Maggiadelta

PREISKATEGORIEN

Restaurants:
Preise für ein Hauptgericht
©©©© über 50 CHF
©©© 30 – 60 CHF
©© 20 – 50 CHF
© 15 – 40 CHF
Hotels: Preise für ein Doppelzimmer mit Bad und Frühstück
©©©© über 400 CHF
©©© 250 – 400 CHF
©© 175 – 250 CHF
© bis 175 CHF

Telefonnummern
Gebührenpflichtige Servicenummern sind mit einem Stern gekennzeichnet: *0900 …

PRAKTISCHE INFORMATIONEN

nachdenken · klimabewusst reisen
atmosfair

Mit dem Kanu im Valla Maggia: eine sportliche Art,
die Schönheiten des Tals kennen zu lernen

HINTERGRUND

Kurz und knapp, verständlich geschrieben und schnell
nachzuschlagen: Wissenswertes über das Tessin, über Land und
Leute, Geschichte, Wirtschaft und Politik, Gesellschaft und Alltag

Sonnenstube der Schweiz

Dem Tessin eilte in der Belle Epoque ein Ruf wie Donnerhall voraus. Intellektuelle und Künstler aus dem Norden Europas ließen sich von der Seen- und Berglandschaft inspirieren. Dann überrollte ein Massenansturm den südlichsten Kanton der Schweiz. Zuletzt war es ruhig in der Sonnenstube, doch nun ist das Tessin aus dem Dornröschenschlaf erwacht.

Der Weg in das »Land, wo die Zitronen blühn« war lange Zeit beschwerlich. Nicht nur zufällig warnte Goethe in seinem berühmten Gedicht vor dem gefahrenvollen Weg durch die Schöllenenschlucht und über den Gotthardpass. Damit hatte es ein Ende, als 1882 die Gotthardbahn eröffnete und der Süden Europas bequem und rasch erreichbar war. Das Tessin erlebte einen Boom: Zwischen 1880 und 1912 verzehnfachte sich die Zahl der Hotels von 20 auf 208. Die »Sonnenstube der Schweiz« begeisterte in- und ausländische Besucher: »Plötzliches Italien« notierte Franz Kafka, als sein Zug in Airolo aus dem Gotthardtunnel fuhr. Der Dadaist Hugo Ball sah im Tessin »eine Art Neuguinea und Honolulu«, auf alle Fälle etwas Exotisches. Tatsächlich bildet der **Kanton Tessin eine Welt für sich**. Eingeklemmt zwischen Norden und Süden, ringt er um eine eigene Identität. Diese beruht nicht zuletzt auf Abgrenzung, auf einer Betonung der Andersartigkeit. Man spricht Italienisch, gehört aber nicht zu Italien; man bildet einen Teil der Schweiz, betont aber die Zugehörigkeit zum italienischen Kulturkreis.

UTOPIEN UND ENDE DES MÄRCHENS

Mit diesen Identitätsfragen beschäftigten sich Deutschlands Intellektuelle allenfalls am Rande. Sie zog es zu Beginn des 20. Jh.s auf den **Monte Verità** oberhalb von Ascona, **wo sie ihre Utopien lebten**. Von diesen ließen sich Künstler und Literaten wie Paul Klee, Hans Arp, Rainer Maria Rilke oder Erich Maria Remarque inspirieren. Heute verbindet man vor allem **Hermann Hesse** mit dem Tessin, der sich nach eigenem Bekunden 1919 als »kleiner, abgebrannter Literat« in Montagnola bei Lugano niederließ, wo er die Inspiration für Werke fand, die ihm den Literaturnobelpreis einbrachten.
Einen weiteren Boom erlebte Hesses Wahlheimat nach dem Zweiten Weltkrieg. Mit dem Auto über die Alpen ins Tessin war der Traumurlaub der Nachkriegszeit. Der Autokonzern Opel nannte 1971 sogar ein Modell nach dem Ort am Lago Maggiore. Die Grundstückspreise waren noch moderat, viele Gäste kauften sich Immobilien. Die Be-

Palmen und schneebedeckte Berge: Gegensätze verschmelzen am Lago Maggiore zu einer stimmungsvollen Einheit.

völkerungszahl stieg, die Wirtschaft boomte. Das landwirtschaftlich geprägte Tessin verwandelte sich, Lugano wurde zum drittgrößten Finanzplatz der Schweiz. Der Besucherstrom wuchs weiter. Mit 3,7 Millionen Übernachtungen erlebte die Tessiner Hotellerie **1980 einen Höhepunkt**. In dem Jahr fuhren die ersten Autos und Lastwagen durch den 17 km langen Gotthard-Straßentunnel. Fortan wurde das Tessin vom Fortschritt überrollt und zum Transitkorridor auf dem Weg ans Meer: Adria statt Ascona lautete das Motto. Das Tessin verfiel in einen (touristischen) Dornröschenschlaf.

DAS TESSIN GUCKT IN DIE RÖHRE

Ein wichtiges Datum der **Wende** ist der 7.7.2007, da eröffneten der Frankfurter Unternehmer Stefan Breuer und der Schweizer Starkoch Ivo Adam in Ascona das Restaurant »Seven«. Plötzlich wehte ein frischer Wind, **Dolce Vita** wurde um **Lifestyle** ergänzt. Damals nahm das Jahrhundertbauwerk unter dem Gotthard bereits konkrete Formen an. Ab Dezember 2016 flitzen Züge mit bis zu 250 km/h durch den 57 km langen Gotthard-Basistunnel, die Reisezeit zwischen Zürich und Lugano schrumpft auf zweieinhalb Stunden. Außerdem wurde die touristische **Infrastruktur modernisiert**, Hotels wurden restauriert oder neu gebaut. Zwischen Airolo und Chiasso eröffneten neue Museen, Freizeitparks und Wellnesszentren; rund um Locarno und im Bleniotal sind zwei Nationalparks geplant, um die noch weitgehend unberührten Landschaften zu schützen. »Sie ist wunderbar reich, und vom Alpinen bis zum Südlichen ist alles da«, schwärmte Hesse von der kontrastreichen Tessiner Seen- und Berglandschaft. Daran hat sich bis heute nichts geändert. Das Tessin, »das geheimnisvolle Vorzimmer des Südens« (Alberto Nessi) ist mehr denn je eine Reise wert.

Fakten

Natur und Umwelt

Das Tessin liegt als einziger Kanton der Schweiz vollständig im Süden der Alpen und ragt wie ein Keil in die italienische Lombardei hinein. Das Kantonsgebiet wird durch den nur 554 m hohen Monte Ceneri in zwei unterschiedlich große und auch landschaftlich verschiedene Welten geteilt, in das Sopraceneri im Norden und in das Sottoceneri südlich des Passes.

SOPRACENERI

Das Sopraceneri nimmt gut vier Fünftel des Kantons ein und deckt den Südalpenraum zwischen Gotthardsüdrampe und Lago Maggiore ab. Es wird vom Ticino und seinen Nebenflüssen gegliedert. Ganz im Norden trennt der junge Ticino mit seinem hochalpinen Val Bedretto den Alpenhauptkamm von den Lepontinischen bzw. Tessiner Alpen. Letztere gipfeln im 3272 m hohen **Basodino** an der schweizerisch-italienischen Grenze westlich oberhalb des Val Bavona. Überhaupt zeichnen sich die Tessiner Alpen durch eine große landschaftliche Vielfalt aus. Eiszeitliche Gletscher haben u-förmige und steilwandige Täler ausgehobelt, reißende Bäche und Flüsse haben nach der letzten Eiszeit tiefe Kerbtäler wie das imposante Val Verzasca oberhalb von Locarno förmlich aus dem Granit und Gneis gefräst. *(Landschaftliche Vielfalt)*

Jähe Felswände, steile Geröllhalden und Trümmerfluren, Bergstürze und hohe Wasserfälle lassen erahnen, mit welcher Gewalt Eis, Schnee, Regen, Wind und Wetter das Landschaftsbild fortlaufend ändern. Die enorme Abtragungskraft des **Ticino** tut ein Übriges. Der Fluss stürzt sich von seinem Quellgebiet am Nufenenpass (2470 m) hinunter zum Lago Maggiore (193 m), und das auf einer Strecke von nur 91 km! Die meisten seiner Seitentäler sind verkehrsfeindliche und tiefe Schluchten, die schon öfter Schauplätze katastrophaler Bergstürze, Lawinen- bzw. Murenabgänge und Hochwasserfluten waren. So ist auch nicht verwunderlich, dass die meisten Siedlungen im gesamten Sopraceneri auf weniger gefährdeten Hochterrassen und Schuttkegeln entstanden sind. *(Wilde Natur)*

Landschaftlich überaus abwechslungsreich präsentiert sich der Westteil des Sopraceneri mit dem **Valle Maggia** und dem **Val Bavona**, einem der imposantesten Täler im gesamten Alpenraum. Geradezu *(Abwechslungsreicher Westen)*

In Berge eingebettete Seen wie hier der Lago Maggiore, subtropische Vegetation und charmante Dörfer machen den Reiz des Tessins aus.

ein landschaftlicher Irrgarten ist das **Centovalli**, eine kleinräumige Talschaft westlich oberhalb von Ascona.

Tal des Ticino   Hauptverkehrs- und -entwicklungsachse ist das Tal des Ticino, das sich mit den weit ausgeräumten Talgründen des **Valle Leventina** (zwischen Quinto und Biasca) und des **Valle Riviera** (zwischen Biasca und Bellinzona) im Vergleich zu den tief eingekerbten Seitentälern fast schon sanft darbietet. Hier reihen sich freundliche Siedlungen wie Perlen aneinander, die immer größer werden, je weiter man talabwärts kommt. Seit alters ist diese Talschaft eine der wichtigsten Nord-Süd-Durchgangszonen im Alpenraum.

Magadino-ebene, Lago Maggiore   Unterhalb von Bellinzona durchfließt der begradigte und eingedämmte Ticino die weite, fruchtbare und deshalb landwirtschaftlich intensiv genutzte **Piano di Magadino** (Magadinoebene), bevor er sein heute großenteils trockengelegtes einstiges Delta durchquert und in den Lago Maggiore mündet. Der fjordähnliche Lago Maggiore ist mit 65 km der längste der Oberitalienischen Seen. Er reicht nur etwa 15 km tief in schweizerisches Staatsgebiet hinein.

SOTTOCENERI

Tessins Süden   Südlich des 554 m hohen **Monte Ceneri** breitet sich das Sottoceneri aus, die flächenmäßig zwar viel kleinere, landschaftlich und klimatisch aber wesentlich lieblichere der beiden Tessiner Landschaften. Der mediterrane Einfluss ist hier im südlichen Zipfel des Tessin unverkennbar: Kastanien- und Eichenwälder, Wein-, Obst- und Gemüsegärten, ja sogar vereinzelte Palmen zeigen an, dass man sich bereits in dem Land befindet, wo die Zitronen blühen. Die Berge sind jetzt nicht mehr so hoch wie im Norden und überschreiten nur an wenigen Stellen die 2000-Meter-Marke. Je weiter man nach Süden kommt, desto niedriger werden die Erhebungen und desto weiter öffnen sich die Täler hin zur Po-Ebene bzw. zur Lombardei.

Lago di Lugano   Das Herz des Sottoceneri bildet der vielarmige Luganersee, der rund 50 km² groß und bis zu 279 m tief ist. Er füllt von eiszeitlichen Gletschern geschaffene und maximal 3 km breite Zungenbecken. Bergstöcke mit teils schroffen Felswänden wie der 925 m hohe **Monte Brè** und der 1616 m hohe Monte Boglia im Norden, der 1701 m hohe **Monte Generoso** im Osten, der zwischen den beiden »Hauptfjorden« 912 m hoch aufragende **Monte San Salvatore** und der 1097 m hohe **Monte San Giorgio** im Süden stehen wie Eckpfeiler in einer anmutigen Landschaft, die ein wenig an die italienische Riviera erinnert. Seinen Abfluss hat der See im Westen bei Ponte Tresa, wo sein Wasser Richtung Lago Maggiore ausströmt.

Den südlichsten Zipfel des Tessin bildet das Mendrisiotto, eine sanft   **Mendrisiotto**
gewellte, dicht besiedelte Grundmoränenlandschaft, die mit ihren
gepflegten Weingärten an die Toskana erinnert. Sie bildet zugleich
das Scharnier zur südlich anschließenden Lombardei.

EINZIGARTIGE PFLANZENVIELFALT

Die starke topografische Gliederung der Landschaft wie auch die
großen Höhenunterschiede beeinflussen die Pflanzenwelt im Tessin.
Sie reicht in rascher Folge aller Vegetationsstufen von den mediterranen Zonen um die großen Seen im Süden des Kantons bis hinauf
zu den Firnfeldern des Alpenhauptkamms und umfasst damit eine
in Europa einzigartige Pflanzenvielfalt (▶Baedeker Wissen S. 216).

In Höhen bis zu 1200 m ü.d.M. herrschen Wälder und Haine der   **Kastanien**
Edelkastanie vor, die von der Wärme und der hohen Feuchtigkeit im
Tessin profitieren. Ihre Früchte dienten einst der einheimischen Bevölkerung als Grundnahrungsmittel, wurden aber später als **»Brot
der Armen«** verschmäht. Heute werden Kastanienhaine wieder gepflegt und die Früchte als einheimische Produkte – als Flocken,
Mehl, Nudeln oder Honig – verkauft.

Corippo am steilen Berghang im Valle Verzasca

Lage:
Das **Tessin**, il Ticino, liegt als einziger Kanton der Schweiz vollständig südlich der Alpen und ragt in die Lombardei (Italien) hinein. Gemäß Kantonsverfassung ist es »eine demokratische Republik, die von italienischer Kultur und Sprache geprägt ist«. Benannt ist es nach dem Fluss Ticino, der am Nufenenpass entspringt, den Lago Maggiore durchströmt und nach rund 250 km in den Po mündet.

SCHWEIZ

höchster Punkt Rheinwaldhorn ▲ (3402 m ü. d. M)

Tessin

tiefster Punkt ▼ Lago Maggiore (193 m ü. d. M.)

©BAEDEKER

Fläche:	Tessin	Schweiz
Gesamt	**2812,5 km²**	**41 284,9 km²**
Siedlungsfläche	5,1 %	6,8 %
Landwirtschaftsfläche	14,3 %	36,9 %
Wald und Gehölz	48,8 %	30,8 %
Unproduktive Fläche	31,7 %	25,5 %

Einwohner: **336 943**
(Schweiz: 7 954 662)

Bevölkerungsdichte: **123 Einwohner/km²**
(Schweiz: 199 Einwohner/km²)
Ausländeranteil: **26,2 %**
(Schweiz: 22,8 %)

▶ Sprache

Amtssprache: Italienisch
Hauptsprachen:

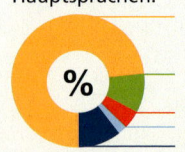

Italienisch **87**

Deutsch **11**

Französisch **5,3**
Englisch **2,9**
Andere **12,2**

▶ Größte Gemeinden

Fläche in km² / Einwohner

	Fläche in km²	Einwohner
Lugano	75,8	67 200
Bellinzona	19,2	18 000
Locarno	19,3	16 000
Mendrisio	32,0	15 000
Giubiasco	6,2	8 500

Kleinster Ort: Corippo **7,7** / **12**

▶ Wappen/Flagge

Das rot-blaue Kantonswappen bestimmte Napoleon Bonaparte. Er verfügte bei der Kantonsgründung 1803, dass das Tessin die Farben der Stadt Paris übernehmen solle.

▶ Verwaltungsgliederung

Sitz des **kantonalen Appellationsgerichts: Lugano**

Sitz der **Kantonsregierung** und des **Kantonsparlaments: Bellinzona**

▶ Gemeindefusionen

Die Tessiner Regierung möchte **bis 2020** die Anzahl der Gemeinden durch Fusionen von **245** (1995) auf **23** (2020) reduzieren. Bis dieses Ziel erreicht ist, wird aber wohl noch viel Wasser den Ticino hinunterfließen.

▶ Religion

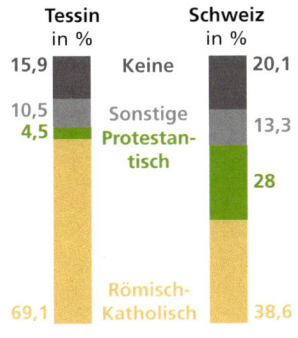

Tessin in %		Schweiz in %
15,9	Keine	20,1
10,5	Sonstige	13,3
4,5	Protestantisch	28
69,1	Römisch-Katholisch	38,6

▶ Klimastation Lugano

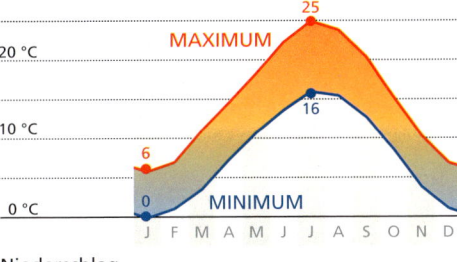

Durchschnittstemperaturen

MAXIMUM 25

20 °C

16

10 °C

6

0 °C 0 MINIMUM

J F M A M J J A S O N D

Niederschlag

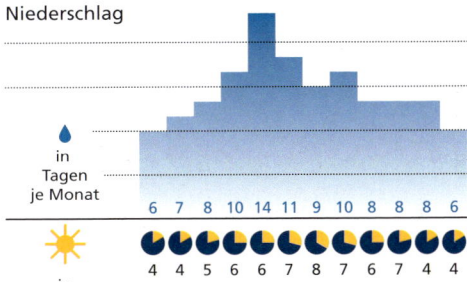

in Tagen je Monat

6 7 8 10 14 11 9 10 8 8 8 6

in Sonnenstunden je Tag

4 4 5 6 6 7 8 7 6 7 4 4

J F M A M J J A S O N D

▶ Wirtschaft

Arbeitslosenquote: **4,4 %**
(Schweiz: 2,9 %)

BIP: **65 230 CHF** pro Einwohner
(Schweiz: 72 696 CHF)

Personenwagen pro
1000 Einwohner: **624**
(Schweiz: 529)

▶ Die Nein-Sager aus dem Süden

Von einem Beitritt zur EU wollen die Schweizer partout nichts wissen. Die hartnäckigsten Verweigerer leben im Südkanton: Seit der Abstimmung zum EWR-Beitritt (1992) haben die Tessiner Stimmbürger an der Urne sämtliche internationalen Vorlagen abgelehnt.

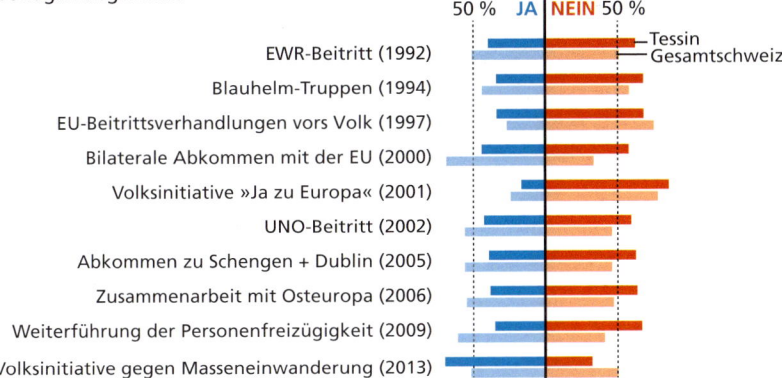

50 % JA | NEIN 50 %

Tessin
Gesamtschweiz

EWR-Beitritt (1992)
Blauhelm-Truppen (1994)
EU-Beitrittsverhandlungen vors Volk (1997)
Bilaterale Abkommen mit der EU (2000)
Volksinitiative »Ja zu Europa« (2001)
UNO-Beitritt (2002)
Abkommen zu Schengen + Dublin (2005)
Zusammenarbeit mit Osteuropa (2006)
Weiterführung der Personenfreizügigkeit (2009)
Volksinitiative gegen Masseneinwanderung (2013)

Weitere Baumarten

An die Kastanienwälder schließt sich ein Gürtel von Buchen an, der in höheren Lagen durch Verbiss zu Buschwald verkümmert. Auf kalkarmen Böden finden sich Birkenbestände. Eingestreut in Mischwäldern oder in isolierten Gruppen stehen Eiche – Trauben- und Flaumeiche –, Linde, Bergulme, Esche, Erle, Goldregen, Mehlbeere und Eberesche. Unter den Nadelhölzern ist die Weißtanne bis in 1600 m ü.d.M. verbreitet. Sie wird in höheren Lagen allmählich durch Fichte und Lärche verdrängt.

Boden-vegetation

In Lichtungen und sonnigen Hanglagen wächst Gestrüpp aus Zistrosen, Besen- und Bergginster. Alpenrosen von gelegentlich Mannshöhe und Heidelbeeren bilden bis in 2300 m ü.d.M. zusammenhängende Flächen. Schnee-, Besen- und Alpenheide, die dem Vieh als magere Weide dienen, bedecken kalkhaltige Böden. Karwannen sind vielfach von Farndickicht – Adler-, Berg- und Frauenfarn – bewachsen. Auf Flachmooren gedeihen zahlreiche Steinbrecharten, auf Hochmooren Moose und rundblättriger Sonnentau.

Exotische Pflanzen

Die prächtigen subtropischen Parks und Gärten, die an den Ufern des Lago Maggiore und Lago di Lugano zu den Hauptattraktionen gehören, sind von Menschenhand geschaffen. Dennoch zeigen sie, wie üppig sich in diesem mild-feuchten Klima eine subtropische Pflanzenwelt zu entfalten vermag. Besonders im Frühling und Frühsommer zeigt sich die Blütenpracht von Kamelien, Azaleen, Rhododendren, Magnolien, Bougainvilleen und Hibisken. Zedern, Zypressen, Eukalypten, Araukarien, Mimosen, Dattelpalmen, Bananenstauden, Agaven, Opuntien, Feigenbäume, Oleander, Mandel-, Orangen- und Zitronenbäume sowie Bambusstauden sind beliebte mediterrane Parkpflanzen. Einen guten Eindruck von der Vielfalt exotischer Gewächse vermitteln der **Botanische Garten des Kantons Tessin** auf der großen Brissagoinsel San Pancrazio wie auch die zahlreichen öffentlichen oder privaten Parks und Gärten im Seeuferbereich.

WO SICH VIPER UND SCHNEEMAUS GUTE NACHT SAGEN

Säugetiere

Das Tessin bevölkern Großsäugetiere, wie sie im übrigen Mitteleuropa anzutreffen sind, aber auch Kleinsäuger, von denen einige Arten nördlich der Alpen kaum noch vorkommen. Die dichten Kastanien- und Eichenwälder bilden den Lebensraum für die Schlafmaus. Auch der Gartenschläfer und die Haselmaus sind noch häufig anzutreffen. Schneemaus und Alpenspitzmaus leben in großen Höhen nahe der Eisgrenze, doch wagen sie sich gelegentlich bis in die Niederungen hinab. Der Insektenreichtum und die große Zahl an Höhlen und

Klüften bedingen auch die Anwesenheit von Fledermäusen, die hier in vielen Arten leben.

Zahlreiche Eidechsen- und Schlangenarten finden im Tessin einen ihren Bedürfnissen angemessenen Lebensraum und ausreichend Nahrung. Am meisten verbreitet ist die Mauereidechse, die sonnenbeschienene Trockenmauern und Geröllhalden bevorzugt. Die giftigen **Kreuzottern und Juravipern** sind weit in die Bergtäler vorgedrungen, wo sie zwischen Steingeröll und Gestrüpp leben. Ungiftig sind die Ringelnatter, die Glatt- oder Schlingnatter und die Würfelnatter, die sich nur in der Nähe von Seen aufhält. Die angriffslustige Zornnatter und die Äskulapnatter erreichen bis zu 2 m Länge. Die zuletzt Genannte ist nur im südlichen Tessin anzutreffen, da sie die wärmende Sonne besonders liebt.

Eidechsen und Schlangen

Überaus groß ist die Zahl der Bienen, Fliegen, Heuschrecken, Spinnen, Schmetterlinge und Käfer. Der wehrhafte Hirschkäfer bevorzugt Eichenwälder. Rund um den Lago Maggiore kommt der **Nashornkäfer** vor. In den Tälern um Locarno trifft man noch die Gottesanbeterin. Groß ist die Zahl der Schmetterlinge, darunter viele geschützte Arten wie der Apollofalter. Überall im Tessin lebt der Skorpion, der seinen Giftstachel nur zur Verteidigung einsetzt.

Insekten, Spinnen und Skorpione

Die am häufigsten in den Tessiner Gewässern vorkommenden Fischarten sind: Bachforelle, Kanadische Forelle, Saibling, Seeforelle, Äsche, Felchen, Barsch oder Egli, Maifisch, Hecht, Schleie, Karpfen, Zander und Laube. Die Forellenbestände, auch jene der Gebirgsseen, wurden wiederholt mit fremden Unterarten aufgestockt, sodass hier von den endemischen Arten abweichende Mischformen auftreten.

Fische

Bevölkerung · Politik · Wirtschaft

Im Tessin leben rund 4 % der Schweizer Gesamtbevölkerung. Alle vier Jahre wählen sie ihr Parlament, den Gran Consiglio. Der tertiäre Sektor, also Dienstleistungen, hat die Landwirtschaft und Industrie an Bedeutung längst überholt, vor allem der Fremdenverkehr und das Bankwesen.

Von den rund 340 000 Tessinern sind gut die Hälfte Einheimische (Ticinesi), zwischen 10 und 15 % Bürger anderer Schweizer Kantone und 25 % Ausländer, vor allem Italiener. Insgesamt wächst die Zahl der Einwohner leicht, gleichzeitig verändert sich aber die Siedlungsstruktur. Die abgelegenen Bergtäler werden verlassen. Bevölkerung

Bevölkerung

Willkommen im Alltag!

Erleben Sie das Tessin einmal abseits der üblichen Pfade, werfen Sie einen Blick hinter die Kulissen – lernen Sie »ganz normale« Leute und ihren Alltag kennen.

HELFENDE HÄNDE GEFRAGT

In der Landwirtschaft sind helfende Hände stets willkommen. Der Verein Agriviva organisiert Ferienjobs für Menschen zwischen 14 und 25 Jahren. So verschieden wie die Höfe, so vielfältig sind auch die Tätigkeiten: Sie reichen von Tierbetreuung über Arbeiten in Stall, Garten und Haus (mit und ohne Kinderbetreuung) bis hin zur Mithilfe auf dem Feld. Da und dort werden Jugendliche auch für die Mitarbeit im Hofladen, auf dem Markt oder für die Ernte gesucht. Im Sommer gibt es außerdem Arbeit auf den Alpen und im Herbst bei der Traubenlese. Als Vergütung werden Kost und Logis sowie ein Taschengeld gewährt. *www.agriviva.ch*

LEBEN WIE EIN AUSSTEIGER

Im Mini-Ökodorf Cooperativa Pianta Monda im Maggiatal bietet eine Gruppe von Idealisten ein »demokratisch organisiertes, sinnerfülltes Leben in der Gemeinschaft«. In uneigennütziger Aufbauarbeit werden alte Rustici renoviert, Trockenmauern repariert, verwildertes Land gerodet und ein nachhaltiger Selbstversorgungsbetrieb mit Biogemüse, Kräutern, Beeren, Obst, Tieren und sanftem Tourismus geführt. Wer möchte, kann mithelfen oder am Hang oberhalb von Menzonio auch ganz einfach Ferien machen.
www.piantamonda.ch oder Tel. 091 754 20 60

DAS AUGE ISST MIT

Normalerweise bekommt der Gast nur das Ergebnis eines Spitzenkochs zu sehen, z. B. das Feinschmecker-Menü. Im Tessin lassen sich jedoch einige Küchenchefs bei ihrer Arbeit über die Schultern blicken. Im Hotel Esplanade in Minusio, im Eden Roc, im Giardino und im Castello Seeschloss in Ascona werden auch Kochkurse angeboten: Gäste schauen in die Töpfe und bekommen von den Profis Tipps für zu Hause.
www.esplanade.ch
www.edenroc.ch
www.giardino.ch
www.castello-seeschloss.ch

HOCH HINAUS

Abenteuer mit Fernblick: Eine Übernachtung in einer Berghütte wie in
der hier abgebildeten Cristallinahütte
bietet Wanderern, Kletterern oder Bikern ein unvergessliches Erlebnis.
Viele bewirtete Hütten vergeben jedes Jahr Hüttenjobs. Diese können
recht unterschiedlich sein: von einfacher Mithilfe bei Service, Kochvorbe-
reitungen, Hüttenputz bis zu Stellen,
die Verantwortung oder Hüttenwart-
vertretung beinhalten. Von Ganzsai-
sonstellen bis zu Kurzeinsätzen ist alles möglich; viele Hütten sind auch
froh um fitte Wochenendaushilfen.
www.schweizer-huetten.ch

ACHTUNG STEINSCHLAG

Wer an schönen Tagen nach Peccia
im Lavizzaratal kommt, wird oft von
einem gedämpften Hämmern emp-
fangen: ein hartes Tak-tak-tak, ein
feines Tik-tik-tik. Das Geräusch
kommt aus der Scuola di Scultura,
der 1984 gegründeten Bildhauerschule. Dort kann man den richtigen
Umgang mit einheimischem Peccia-
Marmor und Meißel lernen. Das Publikum ist gemischt, reicht vom Beamten auf Selbstverwirklichungstrip
bis zum Architekten auf der Suche
nach neuen Formen. Neben Anfän-
gerkursen gibt es auch Spezialpro-
gramme wie »Silikonabgussverfah-
ren« oder »experimentelles
Metallgießen«.
www.marmo.ch

Die jüngeren Tessiner zieht es in die Städte, die Alten bleiben zurück.
Vor allem abgelegene Gemeinden leiden unter der Abwanderung.

und Wirtschaft konzentrieren sich in den wenigen flachen Kantonsteilen um die Städte Bellinzona, Locarno, Lugano und Mendrisio/Chiasso zu einem geschlossenen Ballungsraum. In diesen vier Agglomerationszentren leben heute 90 % der Tessiner Bevölkerung. Auf der anderen Seite sind viele bevölkerungsarme, aber meist großflächige Berggemeinden kaum mehr funktionsfähig. Daher fördert die Kantonsregierung aktiv Gemeindefusionen. 1995 gab es noch 245 Gemeinden, 2013 nur noch 135. Bis 2020 soll ihre Zahl auf 23 reduziert werden. Diese Politik stößt aber auf Widerstand, weil viele Tessiner ihre lokale Autonomie und Machtpfründe nicht preisgeben wollen.

Verfassung Die Tessiner Kantonsverfassung stammt aus dem Jahr 1830. 1967 wurde sie überarbeitet und im Jahr 1997 einer Totalrevision unterzogen. Seit dem 1. Januar 1998 ist die modernisierte **Costituzione della Repubblica e Cantone Ticino** in Kraft. Gesetzgebende Behörde ist der Große Rat (Gran Consiglio), der aus 90 jeweils auf vier Jahre gewählten nebenamtlichen Parlamentariern besteht. Der Staatsrat (Consiglio di Stato) bildet mit fünf ebenfalls für je vier Jahre gewählten hauptamtlichen Ministern die ausführende Gewalt. Regierungs- und Parlamentspräsidium werden innerhalb dieser Gremien alljährlich im Turnus bestimmt. In den Schweizer Nationalrat, das in Bern tagende Parlament der Eidgenossenschaft, entsendet der Kanton Tessin acht Abgeordnete, im Ständerat, der kantonalen Vertretung im Bund, ist er mit zwei Abgeordneten repräsentiert.

Wirtschaftsstruktur Die Tessiner Wirtschaftsstruktur hat sich seit der zweiten Hälfte des 20. Jh.s in atemberaubender Geschwindigkeit verändert. Früher ein Landwirtschaftskanton, dominiert heute der Dienstleistungssektor (▶Baedeker Wissen S. 252). Über 70 % der Erwerbstätigen arbeiten gegenwärtig im Tertiärbereich. Wichtigster Erwerbszweig ist der Fremdenverkehr. Aber auch die Finanzwirtschaft spielt eine große

Rolle, Lugano ist nach Genf und Zürich der drittwichtigste Finanzplatz der Schweiz. Der Anteil der Beschäftigten in der Landwirtschaft geht gegen null.

Tourismus

Dank seiner überaus reizvollen und abwechslungsreichen Natur sowie des milden Klimas hat sich das Tessin zu einem der bedeutendsten Fremdenverkehrsgebiete der Schweiz entwickelt. Traditionelle Schwerpunkte des Tourismus sind der Lago Maggiore und der Lago di Lugano, doch werden zunehmend auch die Gebirgstäler für Wanderer und Biker erschlossen. Der zu Beginn des 20. Jh.s stürmisch einsetzende Tourismus hat dem Tessin beachtlichen Wohlstand beschert, doch leider auch das Landschaftsbild tief greifend verändert. Unverkennbar ist die fortschreitende **Zersiedlung der Landschaft**. Alte Bausubstanz ist modernen Hotelkomplexen, Feriensiedlungen und Freizeiteinrichtungen gewichen. Besonders kleinere Ortschaften sind von den Zweitwohnungsbauten gezeichnet.

Alpwirtschaft

Bis zur Wende vom 19. zum 20. Jh. war die Alpwirtschaft der wichtigste Wirtschaftszweig der Gebirgsregionen des Tessin. Sie wurde im jahreszeitlichen Wechsel zwischen Tal, Maiensäß (Frühlingsbergweide) und Alpweide betrieben und ernährte die Bevölkerung meist mehr schlecht als recht. Schon immer war deshalb die Abwanderung, insbesondere der Jüngeren, beträchtlich. Die fortschreitende Industrialisierung sowie der zunehmende Tourismus haben den unter rauesten Bedingungen wirtschaftenden Bergbauern neue, bessere Verdienstmöglichkeiten im eigenen Land erschlossen. Es sind vor allem die Industriezentren des Sottoceneri sowie die Fremdenverkehrsgebiete um den Lago di Lugano und den Lago Maggiore, die die Bergbauern zur Aufgabe der Alpwirtschaft und zur Abwanderung veranlassen. Während um 1860 etwa noch ein Drittel der Bevölkerung in Gemeinden oberhalb von 600 m Höhe lebte, sind es heute kaum noch zehn Prozent. Die Aufgabe der traditionellen Alpwirtschaft führt aber zum **Zerfall von Bergdörfern** und Siedlungen. Alpweiden verkommen mangels Bewirtschaftung zu Geröllhalden.

Fördermaßnahmen

Der auch in anderen Alpenländern zu beobachtenden Entvölkerung der Gebirgsregionen versucht man durch gezielte Fördermaßnahmen zu begegnen. Hierzu gehören die Subventionierung oder Wiedereinführung der traditionellen Alpwirtschaft und die Schaffung neuer Erwerbsmöglichkeiten. Daneben stehen Vorhaben zur Verbesserung der Infrastruktur, insbesondere der Verkehrsanbindung, sowie Maßnahmen des Natur- und Landschaftsschutzes. Angesichts der teilweise starken Zersiedelung der Landschaft gibt es im Tessin gegenwärtig zwei **Nationalparkprojekte**, um die Landschaft nachhaltig zu schützen, den Nationalpark des Locarnese (▶S. 171) und im Bleniotal den Nationalpark Parc Adula (▶S. 302).

Geschichte

6000 Jahre Geschichte des Tessin

Lepontier und Insubrer besiedelten einst das heutige Tessin, Römer eroberten es, Franken und Langobarden rangen um das Gebiet südlich der Alpen. Autonomiebestrebungen wechselten sich ab mit Machtansprüchen von außen.

EIN GLÜCKLICHER FUND

4000 v. Chr.	Erste Spuren dauerhafter Besiedlung des Tessin.
1000 v. Chr.	Ligurer leben auf dem Gebiet des heutigen Tessin.
400 v. Chr.	Kelten werden aus dem nordalpinen Raum nach Süden abgedrängt.

Im Jahr 1984 machen Archäologen am Burghügel des Castelgrande in Bellinzona einen historisch bedeutenden Fund: Ein Keramikofen sowie Steinwerkzeuge liefern den Beweis einer dauerhaften Besiedlung im heutigen Tessin ab 4000 v. Chr. Die bis zu diesem Zeitpunkt bekannten Siedlungsspuren – Gräber der aus Oberitalien stammenden Ligurer bei Locarno und Arbedo – sind 3000 Jahre jünger. Die Zeitspanne Tessiner Geschichte hat sich damit dank glücklicher Umstände verdoppelt: Sie währt nunmehr 6000 Jahre.

Im Zuge von Bevölkerungsbewegungen an Rhein und Donau werden die keltischen Volksgruppen der **Lepontier und Insubrer** um 400 v. Chr. aus dem nordalpinen Raum nach Süden gedrängt. Sie besiedeln die Alpentäler des heutigen Tessin und Teile der Po-Ebene, vermischen sich mit der ansässigen ligurischen Bevölkerung und profitieren von den etruskischen Kultureinflüssen aus dem Süden. Zeugen keltischer Anwesenheit findet man noch heute in geografischen Namen wie Locarno und Blenio: Locarno leitet sich vom keltischen Namen des Flusses Maggia, Leukera, ab; Belennus, der keltische Gott der Heilquellen, ist Namensgeber des Valle di Blenio.

Keltische Besiedlung

RÖMISCHE HERRSCHAFT

196 v. Chr.	Die Römer erobern das heutige Como.
16 – 14 v. Chr.	Römische Truppen dringen bis zum südlichen Alpenrand vor und überqueren die Alpen.
4. Jh. n. Chr.	Ausbreitung des Christentums

Lugano um 1885: Die folgenden 130 Jahre haben die Stadt verändert.

Eroberung von Como Nach der Eroberung der Stadt Comum, dem heutigen Como, durch Marcus Claudius Marcellus im Jahr 196 v. Chr. dringen die Römer im Tessintal bis zu den Caninischen Feldern – beim heutigen Arbedo unweit nördlich von Bellinzona – vor. Um 89 v. Chr. wird Comum von Pompeius Strabo zur Kolonie lateinischen Rechts erhoben, später von **Gaius Julius Cäsar** zur Bürgerkolonie ausgebaut und mit dem Namen Novum Comum, unter Augustus mit dem Namen Comum municipium, bedacht. Ihre Bedeutung erhält die Stadt als Ausgangspunkt zu verschiedenen Gebirgsübergängen, über welche die römischen Legionäre und Kaufleute in das Gebiet nördlich der Alpen gelangen. Erst unter Kaiser Augustus bemächtigen sich die Römer auch der oberen Täler am südlichen Alpenrand und schlagen das Gebiet zur Provinz Gallia Transpadana. Augustus' Stiefsöhne Drusus und Tiberius erobern das »wilde« Rätien und gründen die neue Provinz Raetia.

Verbreitung des Christentums Nach der Bekehrung des römischen Kaisers Konstantin zum Christentum im Jahr 312 n. Chr. und dem ein Jahr später folgenden Edikt von Mailand zum Schutz der Kirche kann sich die christliche Lehre auch in der Lombardei und den Alpentälern ausbreiten. Dies geschieht unter dem Mailänder Bischof **Ambrosius** (Sant'Ambrogio, 339 – 397), dem Begründer des nach ihm benannten Ritus, der noch heute in etwa 50 Tessiner Kirchengemeinden der ambrosianischen Talschaften Riviera, Blenio und Leventina zelebriert wird. Die ersten christlichen Missionare kommen den Lago Maggiore herauf, erbauen an seinen Ufern Gotteshäuser und dringen im Tessintal weiter nordwärts. Anfangs ist Felix, der erste Bischof von Como, Ambrosius freundschaftlich verbunden, doch später kommt es zu Konflikten zwischen den beiden Bischofssitzen: Como sichert das Mendrisiotto und die Gegend um Lugano dem römischen Ritus, der hier bis zur Gegenwart gilt.

LANGOBARDEN UND FRANKEN

452	Die Hunnen fallen ins Tessin ein.
6. Jh.	Das heutige Tessin wird Teil des Langobardenreichs.
773/774	Karl der Große besiegt die Langobarden und verleibt ihr Reich dem fränkischen ein.

Völkerwanderung Im Zuge der Völkerwanderung fallen nacheinander die Hunnen (452), die Ostgoten (539) und schließlich die Langobarden (568) unter ihrem **König Alboin** in Italien ein. Die zuletzt Genannten festigen ein Reich, das in Ober- und Mittelitalien mit der Hauptstadt Pavia über 200 Jahre Bestand hat; der Stammesname lebt in der Landschaftsbezeichnung Lombardei fort. Im Langobardenreich kommt das Gebiet des heutigen Tessin an die Grafschaften von Castel Seprio (Mendrisiotto und Region Bellinzona) und Angera (Luino, Maggiatal, Verzascatal). Wenngleich die Christianisierung des Tessiner Raums im 6. Jh. als vollendet angesehen werden kann, leben – gefördert durch die Eindringlinge – heidnische Sitten fort.

In den Jahren 773/774 bezwingt **Karl der Große** die Langobarden, verleibt ihr Reich seinem fränkischen ein und führt nun den Beinamen Rex Francorum et Langobardorum (= König der Franken und der Langobarden). Fränkische Missionare festigen fortan die christliche Lehre. Ab 900 können die Bischöfe von Como ihren Herrschaftsbereich vom Sottoceneri allmählich auf Locarno, Bellinzona und bis ins Maggiatal ausdehnen, während im Jahr 948 die ambrosianischen Täler (Riviera, Blenio und Leventina) durch Schenkung des Bischofs Atto von Vercelli dem Mailänder Domkapitel zufallen.

Expansion des Frankenreichs

AUTONOMIEBESTREBUNGEN

962	Otto I. wird Kaiser des Heiligen Römischen Reiches.
11. Jh.	Loslösung der Lombardei vom Kaiserreich
1182	Schwur von Torre
1290	Eröffnung des St.-Gotthard-Passes
1291	Rütlischwur

Während seines zweiten Italienfeldzugs (961 – 965) empfängt Otto I. 962 die Kaiserkrone des Heiligen Römischen Reiches, doch die Macht der deutschen Kaiser genießt in der Lombardei wenig Respekt; die zu Reichtum gekommenen lombardischen Städte streben nach Autonomie. Ein Aufstand der Bürger in Mailand im Jahr 1035 setzt das Signal für die Loslösung der Lombardei vom Kaisertum und die Bildung des Lombardischen Städtebundes. Zudem wird das Tessin im Rahmen des Investiturstreits zum Zankapfel zwischen Kaiser und Papst. Um territoriale Streitigkeiten beizulegen, zieht **Friedrich I. Barbarossa** ab 1174 über den Lukmanierpass nach Italien. Sein fünfter Italienfeldzug bleibt erfolglos: Er muss sich 1176 dem überlegenen Heer der Mailänder bei Legnano geschlagen geben. Auf dem Friedenskongress in Venedig im Jahr 1177 wird ein sechsjähriger Waffenstillstand mit den Lombarden vereinbart. Das Tessin bleibt aber weiterhin unter der Lehnsherrschaft kaiserlicher Vasallen, die Burgen und Schlösser errichten, das örtliche Marktrecht ausüben und Zölle auf Straßen und Wasserwegen eintreiben. Zu den machthabenden Familien gehören v. a. die Rusca, Orello, Muralto, Duno, Torre und Magoria. Doch die Niederlage Barbarossas ermutigt die Bauern in den Tessiner Tälern, sich gegen die kaisertreuen Lehnsherren zu erheben.

Der Schwur von Torre

Mit dem Schwur von Torre im Februar 1182 beginnt der Kampf gegen die kaisertreuen Statthalter: »Sie (die Bewohner des Bleniotals und der Leventina) schworen, mit allen Kräften zu verhindern, dass irgendjemand im ganzen Bleniotal und in der Leventina jemals wieder eine Trutzburg ohne Erlaubnis aller einzelnen Bewohner der beiden Talschaften erbaue. Im Falle, dass jemand im Bleniotal eine Burg erbauen sollte, würden die Bleniesen die Leventinesen zu Hilfe rufen, um diese Burg zu zerstören; ebenso wären die Bleniesen gegebenenfalls gehalten, den Leventinesen zu Hilfe zu kommen. Weiterhin schworen sie gemeinsam, im Amt der Advokatur nie mehr einen Fremden, sei es als Richter oder als Advokat, weder Artusio von Torre noch seinen Bruder noch seinen Sohn noch irgendeinen anderen Nachkommen anzuerkennen, wenn sie nicht bis zum nächsten Sonntag das Schloss in die Hände des Erzpriesters des Mailänder Domes oder den Talbewohnern übergeben hätten.« (nach E. Merz)

Eröffnung des St.-Gotthard-Passes

Nach Eröffnung des St.-Gotthard-Passes im Jahr 1290 kontrollieren die Leventinesen den Warenverkehr über das Gebirge; für die Erhebung der Abgaben und Zölle besitzen sie weitgehende Vollmachten des Mailänder Domkapitels, die ihnen jedoch von den Visconti streitig gemacht werden. Da zu jener Zeit ein Visconti Erzbischof von Mailand ist, wird ihm die Oberherrschaft über die Täler um den St. Gotthard übertragen. Gegen dieses neue Regime erheben sich die Talbewohner unter **Alberto Cerro aus Airolo**, der die Bildung einer Art Eidgenossenschaft aller Bewohner der Gotthardregion im Sinne hat. Zu diesem Zweck verbündet er sich mit den Wallisern und den Urnern, fällt den Visconti jedoch durch Verrat in die Hände und wird in Mailand als Rebell hingerichtet.

Der Rütlischwur 1291 gilt als Gründungsakt der Eidgenossenschaft.

Nach dem Tod des deutschen Königs Rudolf II. von Habsburg 1291, **Rütlischwur**
der die Macht über große Teile der Schweiz nördlich der Alpen gewonnen und eine straffe Verwaltung durch ortsfremde Vögte eingeführt hat, schließen die innerschweizerischen »Waldstätte« und Urkantone Uri, Schwyz und Unterwalden den ewigen Bund im
Rütlischwur, in dem die Schweizerische Eidgenossenschaft ihre
Grundlage hat. Der historisch nicht belegte Rütlischwur ist gegen die
zielstrebige Hausmachtpolitik der Habsburger gerichtet.

SPIELBALL DER MÄCHTE

ab 1335	Das mailändische Herrschergeschlecht der Visconti dehnt seine Herrschaft auf Como und das Tessin aus.
1422	Schlacht von Arbedo
1426	Frieden von Bellinzona
1478	Sieg der Eidgenossen über das Mailänder Heer bei Giornico
1516	Ewiger Friede von Fribourg

Die Neuerschließung von Absatzmärkten für landwirtschaftliche Pro- **Das Jahr-**
dukte südlich der Alpen führt die eidgenössischen Urner im Jahr 1330 **hundert der**
über den St. Gotthard in die Leventina. Sie besiegen die Truppen von **Kriege**
Franchino Rusca und lassen sich den zoll- und abgabenfreien Trans-
port über den Gotthardpass vertraglich zusichern. Das mailändische
Herrschergeschlecht der Visconti versucht im Gegenzug seinen Einfluss in der Region zu behaupten. Ab 1335 dehnt die lombardische
Adelsfamilie ihre Herrschaft auf Como und das Tessin aus. 1403 fallen
die Urner zum zweiten Mal in der Leventina ein und sichern sich Bellinzona. Der militärische Konflikt zwischen Mailand und den Eidgenossen ist vorprogrammiert: In der erbitterten **Schlacht von Arbedo**
im Jahr 1422 kann das den Eidgenossen überlegene Heer der Mailänder unter Führung des Grafen von Carmagnola die Stadt Bellinzona
und die oberen Alpentäler für die Visconti zurückgewinnen. Die
Herrschaft der Mailänder scheint gesichert. Doch die Urner geben
ihre Ansprüche auf die wirtschaftlich so bedeutenden Gebiete südlich
der Alpen nicht auf. Im Frieden von Bellinzona 1426 verzichten sie
zwar auf die südalpinen Gebiete, erhalten aber 1446 die Leventina von
den Mailänder Domherren als Unterpacht. Nach erneuten Streitigkeiten mit den Regenten von Mailand, den Sforza, die nach dem Ausster-
ben des Visconti-Geschlechts die Herrschaft über Mailand übernommen haben, kommt es zu kriegerischen Auseinandersetzungen.
Eidgenossen und Leventinesen können 1478 gemeinsam das über-
mächtige Heer der Mailänder bei Giornico besiegen, die auf die Leventina zugunsten der Urner verzichten müssen. Nach und nach bringen die Schweizer Eidgenossen alle Gebietsteile des heutigen Tessin
in ihren Besitz: 1496 das Bleniotal, 1499 die Riviera, 1500 Bellinzona.

Macht-ausdehnung Ab 1512 werden Lugano, das Mendrisiotto, Locarno und das Maggiatal den zwölf alten Orten – bis 1798 die Bezeichnung für Kantone – der Schweizerischen Eidgenossenschaft als Gemeine Herrschaften (= gemeinsames Untertanenland) bzw. Ennetbirgische (= jenseits des Gebirges gelegene) Vogteien unterstellt. Nach der vernichtenden Niederlage bei Marignano im Jahr 1515 durch den französischen König Franz I. geben die Schweizer ihre Ansprüche an weitere Gebiete im Süden endgültig auf. 1516 wird im **Ewigen Frieden von Fribourg** ihre Herrschaft über das Tessin gleichwohl bestätigt. Bis 1798 verwalten die Landvögte das Tessin; ihre Präsenz gewährt der Region eine 300-jährige Phase des Friedens. Doch ihr Regiment ist unerbittlich und rücksichtslos: Durch gnadenlose Ausbeutung des Landes bereichern sich die Herrschenden auf Kosten ihrer Untertanen.

EIN KORSE IM TESSIN

1778	Napoleon erobert die Lombardei. Gründung der Helvetischen Republik.
1803	Durch die Mediationsakte wird die Schweiz wieder zum föderativen Staatenbund.
1814	Erste Tessiner Verfassung
1814/1815	Wiener Kongress

Politisch und verfassungsmäßig verbleibt die Eidgenossenschaft in dem Zustand, den sie zu Beginn des 16. Jh.s erreicht hat. Das Fehlen einer zentralen, einigenden Staatsgewalt zeigt sich besonders in den anhaltenden konfessionellen, parteipolitischen und sozialen Spannungen. Zu gleicher Zeit blüht aber das mit den Kulturnachbarn Deutschland und Frankreich verknüpfte, aufklärerische Geistesleben. Die Ennetbirgischen Vogteien profitieren zwar vom Schutz durch die Eidgenossenschaft, insgesamt herrschen im Tessin jedoch soziale und kulturelle Missstände, die viele Künstler und Handwerker zur Auswanderung veranlassen. Aufstände, wie jener der Bewohner der Leventina gegen die das Tal beherrschenden Urner im Jahr 1755, sind die Folge. Der Verlauf der Französischen Revolution fördert die Widerstandsbereitschaft der Untertanen gegenüber ihren feudalen Herren – ohne Erfolg.

Napoleon betritt die Bühne Nachdem Napoleon Bonaparte auf seinem siegreichen Vorstoß 1798 die Lombardei erobert und die Cisalpinische Republik wiederhergestellt hat, will er dieser auch das Tessin einverleiben. Die Tessiner entscheiden sich jedoch mehrheitlich für den Anschluss an die im selben Jahr von den Franzosen nach Eroberung und Auflösung der alten Eidgenossenschaft gegründete **Helvetische Republik**, einen künstlichen Einheitsstaat nach französischem Muster. Das Gebiet südlich vom St. Gotthard wird zwei Verwaltungsbezirken zugeordnet, nämlich den Kantonen Bellinzona und Lugano.

Während des Bestehens der Helvetischen Republik (bis 1803) hat das Tessin unter dem ständigen Durchzug fremder Truppen zu leiden. Am Ende steht ein gänzlich ausgeplündertes, verarmtes und erschöpftes Land mit chaotischen Zuständen, in dem Korruption, Ämter- und Stimmenkauf an der Tagesordnung sind.

Helvetische Republik

Die **Mediationsakte von 1803**, im Wesentlichen ein Werk Napoleons, wandelt die Schweiz wieder in einen föderativen Staatenbund von nunmehr 19 gleichberechtigten Kantonen um, zu denen jetzt auch das Tessin als freie Republik und autonomer Kanton gehört. Nach dem Einmarsch der gegen Napoleon verbündeten Truppen in die Schweiz wird die Mediationsverfassung aufgehoben und die alte, bis 1798 gültige Staatsform wieder eingeführt. Im Jahr 1814 gibt sich das Tessin eine erste Verfassung, die jedoch weiterhin die aristokratische Minderheit begünstigt. Bellinzona, Locarno und Lugano fungieren für jeweils sechs Jahre als Kantonshauptstadt.

Föderativer Staatenbund

Die Unterzeichnung der Mediationsakte besiegelte das Ende der Helvetischen Republik.

Wiener Kongress Auf dem Wiener Kongress 1814/1815 wird die Anzahl Schweizer Kantone um drei – Neuenburg/Neuchâtel, Genf/Genève und Wallis/Valais – auf 22 erhöht. Im Frieden von Paris 1815 garantieren die europäischen Großmächte, die Unverletzlichkeit und Unabhängigkeit der Schweiz zu respektieren, bei gleichzeitiger Verpflichtung der Eidgenossenschaft zu immer während Neutralität, der sie bis heute treu geblieben ist.

JAHRHUNDERT DER EMANZIPATION

1830	Verfassungsreform
1845	Sonderbund
1847	Auflösung des Sonderbundes
1892	Durch eine weitere Verfassungsreform wird das Verhältnis- wahlrecht eingeführt.

Die Verfassung von 1830 Jahrhunderte der Fremdherrschaft, Bevormundung und Ausbeutung liegen hinter dem Tessin, und der Weg zu Selbstbestimmung und politischer Emanzipation ist beschwerlich. Dem Großen Rat (Gran Consiglio), der gewählten Volksvertretung des Kantons Tessin, gelingt es gleichwohl, am 4. Juli 1830, also noch vor der **Pariser Julirevolution** des gleichen Jahres, eine Verfassungsreform zu verabschieden. Vieles von dieser ersten freiheitlichen Verfassung eines Schweizer Kantons, die Volkssouveränität, Gewaltenteilung, Petitions- und Pressefreiheit sowie eine demokratische Rechtsprechung garantieren soll, hat vorerst nur theoretische Bedeutung, da sich die alte korrupte Herrschaft weiter behaupten kann. Es verwundert daher nicht, dass im Tessin, aber auch in vielen anderen Schweizer Kantonen die liberale Bewegung der Regeneration an Kraft gewinnt, aber letztlich am erbitterten Widerstand der Konservativen scheitert. Infolge der bestehenden Differenzen zwischen konservativ-klerikal und liberal-antiklerikal Gesinnten kommt es immer wieder zu Zusammenstößen und blutigen Auseinandersetzungen.

Sonderbundskrieg Diese bleiben aber keineswegs auf das Tessin beschränkt. Die katholisch-konservativ orientierten Kantone Luzern, Uri, Schwyz, Unterwalden, Zug, Freiburg und Wallis schließen im Jahr 1845 einen zum Separatismus tendierenden **Sonderbund gegen die protestantischen Kantone**. Daraufhin ordnet der Bundesrat in Bern durch einen allgemeinen Bundesbeschluss (Tagsatzung) die Auflösung dieses Sonderbundes an und lässt zur Durchsetzung des Beschlusses Truppen aufmarschieren. Die liberale Regierung des Kantons Tessin schließt sich, trotz der überwiegend katholischen Konfession der Bevölkerung, der Tagsatzung an. Im Sonderbundskrieg wird der Sonderbund durch das Tagsatzungsheer unter Führung des Generals Dufour im Jahr 1847 mit Waffengewalt aufgelöst.

Inmitten eines restaurativ-reaktionären Europas öffnen sich vor allem die Intellektuellen in den urbanen Zentren des Tessin progressiven, weltoffenen Ideen. Während der Auseinandersetzungen um das Risorgimento, die Einigungsbewegung im benachbarten Italien, nehmen zahlreiche Tessiner als Freiwillige am **Mailänder Aufstand** gegen die reaktionären Österreicher teil.
Viele von den österreichischen Militärbehörden Verfolgte finden im Tessin Aufnahme und Asyl, so der bekannte italienische Freiheitskämpfer Giuseppe Mazzini, der Lugano als Exilort wählt und als Mitstreiter Garibaldis den Geheimbund »La Giovine Italia« (= »Das Junge Italien«) gründet. Andere namhafte Exilanten sind der italienische Publizist und überzeugte republikanische Politiker Carlo Cattaneo, der in seinem Heimatland verfolgte französische Geograf Elisée Reclus und der russische Anarchist Michail Bakunin.

Progressive Ideen finden Anklang

Erneute heftige Auseinandersetzungen zwischen Liberalen und Konservativen führen 1890 zu Ausschreitungen in der mittlerweile alleinigen Kantonshauptstadt Bellinzona, die durch das Eingreifen von eidgenössischen Bundestruppen beendet werden können. Erst mit der Verfassungsreform von 1892 und der Einführung des Verhältniswahlrechts entspannt sich die politische Lage im Tessin.

Verfassungsreform

AUFBRUCH IN DIE GEGENWART

1925	Vertrag von Locarno
ab 1950	Wirtschaftsaufschwung
1980	Eröffnung des St.-Gotthard-Straßentunnels
1967/1998	Verfassungsreformen

Das 19. Jh. bringt neben der politischen Eigenständigkeit auch technische Innovation und infrastrukturellen Fortschritt. Im Zuge der entscheidend verbesserten Verkehrsverhältnisse nach der Inbetriebnahme der St.-Gotthard-Eisenbahnlinie im Jahr 1882 kommt es im Tessin zu einer intensiven Entwicklung des Fremdenverkehrs sowie zur Ansiedlung von Industriebetrieben.

St.-Gotthard-Eisenbahnlinie

Die beiden Weltkriege hemmen die infrastrukturelle und wirtschaftliche Entwicklung im Tessin, obwohl die Schweiz jeweils Neutralität bewahrt. Das Tessin gerät durch die **Konferenz von Locarno** 1925 kurzzeitig in das Blickfeld der Weltpolitik: Der abschließende Vertrag von Locarno dient der Sicherung des Friedens, führt zum Eintritt Deutschlands in den Völkerbund und bringt eine internationale Entspannung nach dem Schrecken des Ersten Weltkriegs.

Weltkriege/ Vertrag von Locarno

Hart an der Grenze

Wo früher Einheimische Zigaretten und Kaffee über die grüne Grenze brachten, können Wanderer heute besondere Grenzerfahrungen machen.

»Die Südgrenze bleibt der Hotspot in Bezug auf die illegale Immigration in die Schweiz.« (Tessiner Zeitung, Frühjahr 2014). Tatsächlich wurden im Tessin 2013 die Hälfte der illegal in die Schweiz eingewanderten 12 000 Personen geschnappt, sowie in 211 Fällen Schlepper und in 1000 Fällen Banden mit Diebesgut oder Werkzeug.

Reger Austausch

In dem **schwer kontrollierbaren Grenzgebiet** zwischen Schweiz und Italien mit dichten Wäldern und unwegsamen Bergen hat der Schmuggel eine lange Tradition. Schon die Mailänder Herzöge bekämpften die unerlaubte Ausfuhr von Getreide in die verfeindete Eidgenossenschaft. Während des Risorgimento fanden die Kämpfer für einen italienischen Nationalstaat im Tessin Unterschlupf. Im Schutze der Dunkelheit kehrten sie über die Schmugglerpfade nach Italien zurück, mit im Tessin gedruckten Flugblättern gegen die österreichischen Besatzer. **Hochkonjunktur** genoss der Schmuggel dann **Mitte des 20. Jh.s**. Wurden vor dem Zweiten Weltkrieg tonnenweise Tabak, Kaffee und Zucker nach Italien geschmuggelt, die dort hoch besteuert wurden, ging es dann während des Kriegs in umgekehrter Richtung. »Sie brachten uns von allem: Suppenwürze, Regenmäntel- und Schirme, Stoffballen, Thermosflaschen, elektrische Apparate, Werkzeuge aller Art,

Schreibmaschinen und Reis, Reis und nochmals Reis«, schreibt Aline Valangin, die ab 1929 in Comologno im Onsernonetal lebte, in ihrem Roman »Dorf an der Grenze«. Allein der **italienische Schmugglerkönig Pietro Margaroli** soll im Vigezzotal über ein Heer von 1500 Trägern, Spalloni, verfügt haben. An seiner Beerdigung erwiesen ihm sogar die Grenzwächter in Uniform die Ehre, eine »Respektbezeugung für einen rechtschaffenen Gegner«, heißt es im **Museo dello Spallone** in Masera (Italien).

Nach dem Krieg florierte vor allem der Schmuggel von Zigaretten und Kaffee aus der Schweiz nach Italien. In der Schweiz war das Geschäft legal, illegal war die unverzollte Einfuhr in Italien. Doch wen kümmerte das? Tessiner Kaffee- und Zigarettengroßhändler errichteten in Grenznähe ungeniert Depots. Dort wurde die für Italien bestimmte Ware in Bricolle (Rucksäcke aus Jute) verpackt und nachts von den Schmugglerbrigaden zu Fuß über die Grenze gebracht.

Grenzerfahrungen

Eingebrochen ist der Zigaretten- und Kaffeeschmuggel erst 1973, nachdem Italien die Einfuhrzölle senkte. Geschmuggelt wird natürlich immer noch. Meist sind es Drogen, Silber, Gold und Devisen. Oder eben Flüchtlinge. 2013 versuchten 80 % der illegalen Einwanderer mit dem Zug in Chiasso einzureisen (via Straße waren es 15 %, über die grüne Grenze nur 5 %). Auf den alten Schmugglerpfaden trifft man heute hauptsächlich Wanderer. In San Rocco beispielsweise beginnt ein teils in die Felsen gehauener alter Schmugglerweg den Luganersee entlang zum **Zollmuseum von Cantine di Gandria** (www.zollmuseum. ch). In dem bis 1921 genutzten Grenzposten erfährt man, wie fantasievoll Waren über die Grenze gebracht werden: Benzintanks mit doppelten Wänden, ausgehöhlte Schuhabsätze und Bücher. Ein waghalsiger Gauner nutzte ein kleines Unterseetretboot, das er, mit dem Kopf nur knapp über Wasser und beladen mit einer Tonne Salami, über die Seegrenze steuerte.

Im **italienischen Bergdorf Erbonne** (in der Nähe von Scudellate im Muggiotal) beherbergt der einstige Grenzwachtposten ein **Schmuggelmuseum** (www.sanfedeleintelvi. com/museodelcontrabbando). Auf den Spuren der Schmuggler kann man auch in **Casasco d'Intelvi** am Nordfuß des Monte Generoso wandeln: Ein thematischer Lehrpfad (Ausgangspunkt ist das Museo di Casasco, www.museodicasasco.it) gibt Einblick in das Treiben, das einst vielen Familien über die Runden half. »Der Schmuggel befriedigte primär die Bedürfnisse der lokalen Bevölkerung und bedeutete für manche Familien diesseits und jenseits der Grenze eine unabdingbare Einnahmequelle« (Historisches Lexikon der Schweiz).

Das Zubrot wurde allerdings hart verdient. Was es bedeutet, mit einer 40 kg schweren Bricolla bei Dunkelheit durch unwegsames Gelände zu schleichen, erfährt man im Oktober, wenn in Sessa im Malcan-

Schwer bepackte Schmuggler
Ende des 19. Jahrhunderts

tone das **Bricolla-Wettrennen** stattfindet (www.corsadellabricolla. com). Einen »Schuss Schmugglerromantik« bekommt man auch im Grotto Santa Margherita in Stabio im Mendrisiotto ab: Das Lokal liegt einen Steinwurf von der immer noch mit einem Maschendrahtzaun gesicherten Grenze entfernt. Die sog. Ramina wurde Ende des 19. Jh.s von den Italienern errichtet und mit Alarmglöckchen versehen. Wie wichtig sie immer noch genommen wird, erfuhr 2012 der Wirt des Gasthauses Locanda degli Eventi von Ronago (Provinz Como): Um seinen Gästen aus der Schweiz die Anfahrt zu verkürzen, schnitt er kurzerhand den Grenzzaun auf. Dies gefiel den italienischen Behörden gar nicht, der Zaun wurde umgehend repariert. Die Südgrenze bleibt weiterhin ein Hotspot!

Am 1. Dezember 1925 unterzeichnet der deutsche Außenminister Gustav Stresemann in London den Vertrag von Locarno.

Aufschwung

Nach dem Ende des Zweiten Weltkriegs unternimmt der Kanton Tessin große Anstrengungen zur Förderung des Bildungs- und Sozialwesens. Seit den 1950er-Jahren macht sich der allgemeine Wirtschaftsaufschwung auch in der italienischen Schweiz bemerkbar, durch forcierten Ausbau der Verkehrswege, gesteigerte Bautätigkeit, zusätzliche Ansiedlung von Industriebetrieben, ein prosperierendes Bankwesen – besonders in Lugano – und nicht zuletzt durch das Anwachsen des Tourismus, einschließlich der vielfach als problematisch empfundenen Niederlassung von Ausländern. Nach achtjähriger Bauzeit wird der knapp 17 km lange **St.-Gotthard-Straßentunnel** zwischen Göschenen im Kanton Uri und Airolo im Kanton Tessin 1980 dem Verkehr übergeben. Nach Fertigstellung des Tessiner Abschnitts der Schweizer Nationalstraße A2 im Jahr 1986 ist die Autobahnstrecke zwischen Basel und Chiasso durchgehend befahrbar. Mit der wirtschaftlichen und infrastrukturellen Entwicklung geht eine politisch-verfassungsrechtliche Erneuerung einher: Die gänzlich revidierte Kantonsverfassung von 1967 schneidet etliche alte Zöpfe ab und verschafft dem Tessin nicht zuletzt eine zeitgemäße Legislative. Die Tessiner Frauen erhalten 1969 das Stimmrecht auf kantonaler Ebene. Die Totalrevision der 1998 in Kraft tretenden Tessiner Verfassung bringt die juristischen Reformvorhaben zu ihrem vorläufigen Ende.

Folgen des Wandels

Doch der rasante Fortschritt in der noch vor wenigen Jahrzehnten agrarisch geprägten Region hat seine Schattenseiten: Das riesige Verkehrsaufkommen im europäischen Nord-Süd-Transit über die Autobahn A2 führt zu Luftverschmutzung und zu extrem hohen Ozonwerten in der südlichen Schweiz. Zur Lösung dieses Problems, beschließen die Eidgenossen, den alpenquerenden Güterverkehr auf die Schiene zu verlagern. Zu diesem Zweck werden der Gotthard-Basistunnel – mit 57 km der längste Eisenbahntunnel der Welt – und der 15,4 km lange Ceneri-Basistunnel gebaut. Die Eröffnung dieser beiden Bauwerke ist für 2016 (Gotthard) respektive 2019/20 (Monte Ceneri) vorgesehen. Das Tessin steht damit vor einer verkehrstechnischen Revolution, denn von der verbesserten Bahninfrastruktur wird auch der Personenverkehr profitieren. So rückt dank den Hochgeschwindigkeitszügen nicht nur der Großraum Zürich auf Pendlerdistanz an Bellinzona heran; auch die Reisezeit von Lugano nach Locarno verkürzt sich auf 20 Minuten. Ob durch diese Annäherung die historische Zwietracht zwischen Sotto- und Sopraceneri der Vergangenheit angehören wird, bleibt abzuwarten.

Kunst und Kultur

Kunstgeschichtlicher Überblick

Nicht alle Epochen der Kunst- und Architekturgeschichte sind im Tessin mit herausragenden Beispielen vertreten, doch zumindest von zweien kann man dies behaupten: von der Romanik und von der weit über die Kantonsgrenzen hinaus berühmt gewordenen modernen Tessiner Architektur, die man in vielen Orten studieren kann.

Das Tessin ist eine Region mit einer langen kulturellen Tradition und zahlreichen Baudenkmälern. Zahlreiche Sehenswürdigkeiten liegen allerdings nicht an den Hauptreiserouten, sondern versteckt in kleinen Ortschaften oder abgelegen in einem Tal. Viele – vor allem die aus dem Mittelalter – verbinden sich nicht mit dem Namen eines bekannten Künstlers, sondern sind das Werk anonymer Baumeister, Steinmetze oder Freskanten.

VON DER VORGESCHICHTE BIS ZU DEN RÖMERN

Auf dem Burghügel des Castelgrande in Bellinzona fand man steinzeitliche Geräte und einen Brennofen als erste Zeugnisse einer einheimischen Kultur. Die Funde wurden auf 4000 v. Chr. datiert. Bronzezeitliche Funde wurden bei Arbedo, Rovio, Locarno und Arcegno im Centovalli gemacht. **Steinzeit und Bronzezeit**

Im Jahr 196 v. Chr. besiegten die Römer die Gallier bei Comum (Como) und auf den Caninischen Feldern unweit nördlich von Bellinzona. Sie gründeten Handwerks- und Handelszentren im Tessin wie zum Beispiel Muralto bei Locarno. In Muralto wurden in der unmittelbaren Umgebung der heutigen Stiftskirche San Vittore, die auf römischen Fundamenten steht, die Mauern von Häusern eines Handelsplatzes ausgegraben. Weitere Beispiele römischer Besiedlung findet man in Locarno (bei der Kirche San Vittore), in Melano, wo man eine Nekropole entdeckte, und in Rovio, wo ein Jupiteraltar, Sarkophage und ein Inschriftstein erhalten sind. In Arcegno, zwischen Losone und Ronco in den Südausläufern des Centovalli, kamen mehr als 70 römische Gräber zum Vorschein, und auf der größeren Brissagoinsel hat man eine römische Stele gefunden, die im dortigen Museum aufbewahrt wird. **Stabio im Mendrisiotto** scheint eine römische Kavalleriestation gewesen zu sein. Der Name des Or- **Die Römer**

San Giovanni Battista in Mogno: ein Meisterwerk des Tessiner Architekten Mario Botta

tes leitet sich ab vom lateinischen Wort stabulum, was so viel wie Stall bedeutet. Ein Grund für die Einrichtung eines Militärpostens an dieser Stelle waren vermutlich die Schwefelquellen des Ortes, die die römischen Soldaten genutzt hatten. Belegt ist die Anwesenheit der Römer vor allem durch gefundene Grabbeigaben in Form von Statuetten, Gläsern, Münzen und Fibeln sowie Keramikgegenstände und Werkzeuge aus dieser Zeit, die im städtischen Museum von Stabio gezeigt werden. Wegen des Kalkreichtums der Gegend hielt sich nicht nur in Stabio, sondern im gesamten Mendrisiotto bis heute die römische Technik des Backsteinbaus, die im nachrömischen Italien etwa um 800 erlosch. Anstatt der im ganzen Tessin sonst üblichen Häuser aus rohem Gneis stehen in Stabio und Umgebung viele verputzte Häuser mit den charakteristischen halbrunden Dachziegeln. Die Räume sind – ebenfalls nach römischem Vorbild – vielfach um einen Innenhof (Patio) angeordnet.

ROMANIK

San Giovanni in Riva San Vitale

Nach dem Untergang des Weströmischen Reiches und der Völkerwanderung vollzog sich eine Erneuerung der christlichen Kunst durch das Erbe der Antike, v. a. durch die Übernahme spätantik-byzantinischer Vorbilder. Nur wenige Bauwerke aus dieser Zeit sind erhalten, und die meisten wurden später umgebaut. Eine besondere Bedeutung kommt deshalb dem Baptisterium San Giovanni in Riva

Taufbecken und Fresken im Baptisterium San Giovanni in Riva San Vitale

San Vitale (▶S. 273) zu, denn es ist eines der wenigen Beispiele für die vorromanische Kunst in der Schweiz. Der ursprünglich achteckige Zentralbau reicht bis in die Zeit um 500 zurück, erfuhr jedoch ab dem 9. Jh. mit dem Einbau einer Apsis Veränderungen.

Was ändert sich?

Während der Romanik wird die Basilika der gebräuchlichste Bautyp für den christlichen Kirchenbau. Als Vorbild für diese Gebäudeform diente die römische Markt- und Gerichtshalle. Der längliche Hauptbau ist nun nach Osten ausgerichtet und besteht aus einem erhöhten Mittelschiff und zwei begleitenden niedrigeren Seitenschiffen. Im Westen liegt der Eingang, im Osten, in der meist halbrunden Apsis, steht der Altar. Der **Grundriss der Basilika** veränderte sich im Lauf der Zeit durch die große Kreuzesverehrung von einer ursprünglich T-förmigen zu einer kreuzförmigen Gestalt. Im Tessin sind die meisten Kirchen – vor allem die frühen – nicht eingewölbt, sondern haben einen offenen Dachstuhl oder eine flache Holzdecke. Ein Charakteristikum der Sakralbauten in den ambrosianischen Talschaften Leventina, Blenio und Riviera sind die Doppel- bzw. Dreifachapsiden.

Beispiele

Fast jedes Dorf südlich von St.-Gotthard- und Lukmanierpass besitzt eine stilreine romanische Kirche mit schönen Fresken und Skulpturenschmuck an Kapitellen bzw. Fenster- und Portalgewänden. Unter den vielen Beispielen sei auf drei besonders wichtige und gut erhaltene Kirchen hingewiesen: **San Vittore in Locarno-Muralto** (▶S. 233), eine dreischiffige Pfeilerbasilika aus dem 12. Jh. mit einem romanischen Freskenzyklus im Mittelschiff und einer eindrucksvollen Hallenkrypta, **San Carlo in Negrentino** bei Leontica bzw. Prugiasco (▶S. 307) im Valle di Blenio, eine zweischiffige Kirche mit Kampanile und reichem Freskenschmuck aus verschiedenen Jahrhunderten, sowie **San Nicolao in Giornico** im Tal der Leventina (▶S. 199).

GIORNICO – KLEINOD IN DER LEVENTINA

Alte Station an der St.-Gotthard-Route

Eine besondere Stellung nimmt Giornico im Valle Leventina ein. Bis zur Eröffnung des Gotthardtunnels 1882 war es ein wohlhabender Ort, der von seiner Lage an der Route über den St. Gotthard profitierte. Nicht nur wirtschaftlich, auch in künstlerischer Hinsicht, denn durch die nach Italien ziehenden Künstler kam Giornico schon sehr früh mit Neuerungen und Stilelementen aus den Ländern nördlich der Alpen in Berührung.

Drei Kirchen

Drei Kirchen besitzt der Ort in der Biaschinaschlucht, die alle am rechten Ticinoufer liegen. Auch heute noch geht man vom eigentlichen

Dorf über eine mittelalterliche Brücke über den Fluss zum einstigen Kirchenbereich mit den Gotteshäusern San Nicolao, San Michele und Santa Maria di Castello. **San Nicolao**, dem morgenländischen heiligen Nikolaus von Myra geweiht, ist nicht nur die bedeutendste unter den dreien, sondern auch ein herausragendes Bauwerk der Romanik im Tessin. Wahrscheinlich steht die Kirche auf den Fundamenten eines Vorgängerbaus aus dem 10. Jahrhundert. Im 12. Jh. wurde in Quaderbauweise das schlichte, einschiffige Langhaus errichtet, das von einem Kampanile mit Fenstern und Blendbogennischen überragt wird. Typisch für die romanische Bauplastik sind die fantastischen, z. T. geradezu Schrecken einflößenden Gesichter und Figuren an den Säulenkapitellen der Portale und in der Krypta. Ein Teil des Freskenschmucks stammt aus dem 13. Jh. (Langhaus), die Apsisausmalung dagegen ist das Werk von **Nicolao da Seregno** (1478). Unmittelbar neben San Nicolao steht die Pfarrkirche **San Michele**. Auch sie war ursprünglich ein romanischer Bau. Die dritte Kirche aus dieser Epoche, **Santa Maria di Castello**, thront auf einem nahen Felsen und diente ursprünglich als Schlosskirche. Ihre Wandmalereien stammen nicht aus der Romanik, sondern von Mitgliedern der Tessiner Malerdynastie Seregnesi aus dem 15. Jahrhundert.

Profanbauten Mitten im Ort steht der alte Attoturm, der Rest einer mittelalterlichen Burganlage. Er erinnert an den **Bischof Atto von Vercelli**, der im Jahr 948 die Täler Riviera, Blenio und Leventina dem Domkapitel von Mailand vermachte. An der Casa Stanga, welche die alte Adelsfamilie der Stanga als Gasthaus für die erschöpften Gotthardfahrer errichtete, führte einst die Gotthardstraße vorbei. An der Fassade haben sich 50 Bischöfe und Fürsten mit ihren Wappen als Besucher eingetragen.

GOTIK

Kirchen Von Frankreich her verbreitete sich ab etwa 1200 der gotische Baustil in der Schweiz. Vermittelt wurde er hauptsächlich von den großen Bauhütten, denen der Bau von Kathedralen oder Klosterkirchen übertragen worden war. Da es im Tessin keine solchen Bauprojekte gab und viele Orte mit den künstlerischen Erneuerungen nicht in Berührung kamen, fasste die Gotik kaum Fuß. Einige Ausnahmen bestätigen diese Regel, wie z. B. Brione im Verzascatal (▶S. 300). In der kleinen Pfarrkirche **Santa Maria Assunta** schmückt ein ungewöhnlich qualitätvoller Freskenzyklus die Wände, den im 14. Jh. ein unbekannter Künstler aus dem Umkreis des berühmten Giotto geschaffen hatte. Giottos Einfluss verraten auch die Fresken in der hübschen Wallfahrtskirche **Santa Maria dei Ghirli in Campione d'Italia** (▶S. 284). Die Malereien an der südlichen Außenwand des Kirchleins sind im Jahr 1400 entstanden und stammen von Lanfranco de Veris und seinem Sohn Filippolo. Die Themen unterscheiden sich nicht von anderen mittelalterlichen Wandgemälden: Hexenverfolgungen, die Qualen in der Hölle und das Jüngste Gericht werden häufig dargestellt. Ein typisches, öfter anzutreffendes Motiv der Tessiner Freskenmalerei ist allerdings die Madonna Lactans, italienisch Madonna del Latte, die Gottesmutter, die dem Kind ihre Brust reicht.

Beispiele mittelalterlicher Profanbaukunst sind vor allem die Burgen bzw. Burgruinen in Bellinzona, im Bleniotal und in Locarno. Die Burgen Bellinzonas haben als Zeugen der wechselvollen Tessiner Geschichte eine besondere Bedeutung: Das **Castelgrande**, das **Castello di Montebello** und das hoch gelegene **Castello di Sasso Corbaro**, alle drei in unmittelbarer Stadtnähe, waren für die drei Schweizer Urkantone Ausdruck ihres Eroberungswillens und ihrer Macht: Nur bis hierher reichte der politische Einfluss Mailands. Für Wohnhäuser und Wirtschaftsgebäude benutzte man das Material, das vor Ort verfügbar war, den Gneis. Selbst die Dächer bestehen aus Gneisplatten. **Burgen und Wohnhäuser**

Nicht in die Höhe, sondern in die Tiefe gebaut sind die für das Tessin typischen Schneetürme bzw. Schneekeller, Nevere genannt. Die 4 bis 7 m tief in die Erde versenkten Rundbauten aus Bruchstein sind das ganze Jahr über Kühlräume für verderbliche Lebensmittel. Eine ungesicherte, schmale Wendeltreppe führt zum Boden des Turms hinab, wo sich der Schnee oft mehrere Jahre lang hielt. **Schneetürme, Vogelfang- und Hungertürme**
Im Sottoceneri, der Region südlich vom Monte Ceneri, gab es früher zahlreiche **Roccoli**. Die Mehrheit dieser zwei- bis dreigeschossigen Türme wurde schon vor vielen Hundert Jahren für den Vogelfang gebaut. Mit dem eidgenössischen Jagdgesetz von 1875, das den Fang von ermüdeten Zugvögeln verbot, verloren die Roccoli allerdings ihren Zweck und die meisten verfielen. Auf das Mittelalter gehen auch die **Hungertürme** zurück, in die sich die Bewohner belagerter Dörfer zurückzogen. Sie waren mit Schießscharten versehen, und es heißt, dass selbst im 19. Jh. noch Truppenvormärsche an ihnen gescheitert seien.

Die Malerfamilien der Seregnesi und da Tradate prägten den Stil der südlichen Alpenrandgebiete am Übergang vom Mittelalter zur Neuzeit. Die Seregnesi stammten aus dem italienischen Seregno und wurden während der Hochgotik in Lugano ansässig. Tradate ist ebenfalls ein Dorf in der Lombardei. **Antonio da Tradate** schuf zu Beginn des 16. Jh.s farbenfrohe Fresken, u. a. in Arosio (San Michele), dem Heimatdorf der berühmten Stuckateure Pietro und Francesco Ferroni, ferner in Gorduno (Santi Rocco e Sebastiano), in Malvaglia (San Martino) und in Locarno (Santa Maria in Selva). **Die Seregnesi und da Tradate**

Die Provinz als Chance

Das Tessin ist weder politisch noch wirtschaftlich eine Region mit Gewicht. Umso erstaunlicher, dass gerade hier, in den engen Tälern der schweizerischen Provinz, eine Architekturrichtung, ja eine Schule, entstand, mit der die Eidgenossen Aufsehen erregten. Mario Botta heißt ihr bekanntester Vertreter.

Er ist ein echter Tessiner, 1943 in Mendrisio geboren und aufgewachsen. Bis 2011 lebte Botta in Lugano, dann zog er nach Mendrisio zurück. Das Architektenhandwerk hat er von der Pike auf gelernt: Zuerst wurde er Bauzeichner, bevor er in Venedig bei Carlo Scarpa Architektur und bei Giuseppe Mazariol Kunstgeschichte studierte. Mit 27 Jahren, 1970, eröffnete Botta in Lugano sein eigenes Architekturbüro. Neben seinem Lehrer Scarpa war es vor allem **Le Corbusier**, der ihm als Architekt den Weg wies. Während seines Studiums arbeitete Botta als Praktikant im Atelier des berühmten Franzosen an dessen letzten Projekten. Der Einfluss Le Corbusiers ist in Bottas ersten eigenen Aufträgen noch deutlich spürbar, so z. B. bei dem 1967 fertiggestellten Einfamilienhaus in Stabio, einem Flachdachbau aus Sichtbeton und Glas, der eine enge Verwandtschaft zu Le Corbusiers Villen zeigt.

Monumente in der Natur

Seinen eigenen Stil entwickelte Botta Ende der 1960er-, Anfang der 1970er-Jahre. Mit dem Einfamilienhaus in Riva San Vitale aus dem Jahr 1973 gelang ihm ein kleines Meisterstück. Vieles von dem, was sich bei fast allen seiner späteren Wohnhäuser wiederfindet – z. B. das unverputzte Mauerwerk und die klare kubische Form –, hat er hier bereits exemplarisch vorweggenommen. Wie ein mittelalterlicher Wohnturm steht das quaderförmige Gebäude in der Landschaft. Es liegt dem Architekten fern, so zu tun, also würde sich das dreigeschossige Wohnhaus nahtlos in die Natur einfügen, sich zu ihr öffnen, im Gegenteil: Das Bauwerk definiert sich als Monolith, klar abgegrenzt von seiner Umgebung und nur durch einen schmalen Eisensteg, der von der Straße zum Hauseingang an der Hangseite führt, mit ihr verbunden. Fenster, Balkone und die große Loggia sind nach innen gewendet. Aus einiger Entfernung wirken diese Öffnungen, als hätte man sie mit einem scharfen Messer in den Gebäudekubus hineingeschnitten. Bei späteren Projekten wie bei der zylinderförmigen **Casa Rotonda in Stabio** (1980/1981) oder bei der Vil-

Morbio Superiore

la in Morbio Superiore spaltet Botta den Kubus des Gebäudes von oben, indem er in die Mittelachse ein korridorartiges Oberlicht einfügt, das sich an der Fassade durch ein senkrechtes Fensterband über mehrere Geschosse hinweg fortsetzt. Dadurch und durch das Glasdach des Oberlichtes wird die strenge Symmetrie dieser Gebäude auch nach außen hin vermittelt.

Ein Dorf und seine Kirche

Das Lavizzaratal kommt mit seinen steilen Berghängen aus grauem Fels, den Wiesen in sattem Grün und den abgelegenen Dörfern daher wie eine Postkartenidylle. Und mittendrin ein Bauwerk, das Aufmerksamkeit erregt: die Kirche **San Battista in der Ortschaft Mogno** (Abb. S. 40). Sie ist aus heimischen Materialien gebaut, dem Marmor aus den Steinbrüchen im Tal. Ein Glasdach überspannt wie eine Haut den zylindrischen Bau, der ansonsten fensterlos ist und in seiner Wuchtigkeit an romanische Kirchen erinnert. Auch mit dem Wechsel von hellem und dunklem Stein zitiert Botta aus der Architekturgeschichte – und baut zugleich etwas völlig Neues. Die alte Kirche von Mogno war am 25. April 1986 von einer Schneelawine weggerissen

worden. Die winzige Kirchengemeinde war sich schnell einig, dass sie die Kirche wieder aufbauen lassen wollte – und zwar von Mario Botta. Doch sofort nachdem dies bekannt wurde, entbrannte eine Diskussion über die Wahl des Architekten. Rund 2000 Unterschriften gegen seinen Entwurf wurden gesammelt und der öffentlich ausgetragene Streit war erst beendet, als der zuständige Bischof sich klar für Bottas Pläne aussprach.

Botta weltweit

Hätten im Fall Mogno die Botta-Gegner gesiegt, würde man sich dort heute vermutlich die Haare raufen angesichts der weltweiten Anerkennung, die der Architekt mittlerweile genießt. Während er im Tessin vor allem Privathäuser, die beiden Kirchen in Mogno und auf dem Monte Tamaro und ein paar größere Projekte wie die Banco del Gottardo in Lugano realisierte, baute er in San Francisco das **Museum of Modern Art** (1995) und in Tel Aviv 1998 eine viel beachtete Synagoge. Selbst Peking schmückt sich mit einem »Botta«: In der chinesischen Hauptstadt errichtete der Architekt den Neubau des Museums für zeitgenössische Kunst. Obwohl man ihn in seiner Heimat nicht immer mit offenen Armen empfing, sieht Botta das Bauen in der Provinz als eine Chance: »Im Tessin kann man anders denken und arbeiten als in Zürich (...) Die Provinz hat ihre eigenen Bedingungen« (weitere Infos: www.botta.ch).

Botta in Mogno

RENAISSANCE UND BAROCK

Mit der Renaissance brach eine neue Epoche mit einem anderen   **Neue Epoche**
Weltbild und einem anderen (Selbst-)Verständnis des Künstlers an.
Da dieser Stil sich von Italien nach Norden ausbreitete, lag das Tessin
nicht abseits der Informationsströme. Die wechselseitigen Einflüsse
gingen über die Grenzen der europäischen Staatengebilde hinweg.
An Michelangelo Buonarroti erinnert beispielsweise das Jüngste Gericht in der Kirche **San Giorgio von Carona** (▶S. 184). Bei der Kirche Santa Croce in Riva San Vitale (▶S. 276) denkt man sofort an die
architektonischen Neuerungen der Kuppelbauer Antonio und Giuli-
ano Sangallo (um 1455 – 1534 und um 1443 – 1516) und an Donato
Bramante (1444 – 1514). Der mediterrane Einfluss machte sich im
Tessin nicht nur bei den öffentlichen Bauaufgaben, sondern auch bei
den Wohnhäusern bemerkbar, wo die düsteren Materialien – Gneis
oder Granit – zurücktreten und die Häuser sich mit luftigen Holzbal-
konen und Lauben nach außen öffnen.

Was die Basilika für den mittelalterlichen Kirchenbau war, das wurde   **Architektur**
der überkuppelte Zentralbau für die Renaissance. Bis auf wenige
Ausnahmen blieb der Zentralbaugedanke im Tessin jedoch fast ohne
Echo. Die katholische Kirche **Santa Croce in Riva San Vitale**
(▶S. 276), von 1588 bis 1592 nach dem Entwurf eines unbekannten
Baumeisters errichtet, ist die prominenteste Ausnahme dieser Regel
und außerdem eines der Hauptwerke der sakralen Renaissancebau-
kunst in der Schweiz. Die lombardische Renaissance begegnet dem
Besucher an der Fassade der ansonsten romanisch angelegten Kathe-
drale San Lorenzo in Lugano (▶S. 247). Pilaster, Kranzgesimse, Me-
daillons und figürliche Reliefs schmücken sie. Wegen ihrer herrli-
chen Renaissanceausmalung aus dem 16. Jh. ist die unscheinbare
Kapelle Santa Maria delle Grazie in Campagna (▶S. 322) unweit von
Maggia ein kleines Juwel. Die Wände des ursprünglich romanischen
Bauwerks schmücken Fresken zum Marienleben. Am Übergang zum
Barock entstand Anfang des 17. Jh.s im Zuge der stärker gewordenen
Marienverehrung die Wallfahrtskirche **Madonna del Sasso**
(▶S. 234f.), die oberhalb von Locarno auf dem »Heiligen Berg«
thront. Die vielfach umgebaute Kirche ist weniger wegen ihrer kunst-
historischen Qualität als vielmehr wegen ihrer Volkstümlichkeit be-
rühmt. Dies beweisen augenfällig die vielen Votivtafeln, die vom
Bergsturz einer Postkutsche bis zum Unfall der elektrischen Straßen-
bahn berichten. Bemerkenswert sind ferner das Altarbild des Mai-
länders Bramantino (»Flucht nach Ägypten«, 1520) im südlichen
Seitenschiff sowie die »Grablegung Christi« von Antonio Ciseri (um
1870).

Über Locarno thront die Wallfahrtskirche Madonna del Sasso.

Malerei Um 1500 wird der Einfluss des großen Leonardo da Vinci (1452 bis 1519) auch in der Tessiner Malerei spürbar. Die Werke seiner Schüler bzw. Nachfolger tragen unverkennbar die Handschrift des Meisters, so auch das großartige Fresko seines mutmaßlichen Schülers **Bernardino Luini** auf der Lettnerwand von Santa Maria degli Angioli in Lugano von 1529. Ein sehr ähnliches Lettnerbild mit der »Kreuzigung Christi« von einem unbekannten Renaissancemeister befindet sich in der Kirche Santa Maria delle Grazie in Bellinzona-Ravecchia. Die etwas verkleinerte, qualitativ hochwertige Kopie des Leonardo'schen Abendmahls in der Dorfkirche Sant'Ambrogio von Ponte Capriasca stammt nicht von Luini, sondern vermutlich von Cesare da Sesto (1477 – 1523).

Barock und Rokoko Der Tessiner Barock ist eher streng und ohne Überladung. Viele Kirchen und Paläste verdanken den Umbaumaßnahmen und Erweiterungen im 17. und 18. Jh. ihre barocke Fassade oder Ausstattung. Unter den barocken Neuschöpfungen beansprucht Santa Maria Assunta in Locarno (▶S. 232) einen der ersten Plätze. Hinter der ebenso zurückhaltenden wie eleganten Fassade verbirgt sich ein reich geschmückter Innenraum. Sein herausragendes Merkmal ist die Stuckkassettierung, durch die Wände und Tonnengewölbe in einzelne Bildfelder unterteilt werden.

Profane Baukunst Profane Gebäude aus dem Barock oder Rokoko gab es nicht allzu viele im Tessin, und von diesen sind bereits viele aus dem Bild der Tessiner Städte verschwunden, da ihre Renovierung und Instandhaltung zu viel Geld kosten. Gerettet werden konnte u. a. die **Villa Ciani in Lugano**, ein reizvoller, 1840 teilweise im klassizistischen Stil umgebauter Palazzo aus dem 17. Jahrhundert.

19. JAHRHUNDERT UND MODERNE

Architektur Bis ins 19. Jh. wurde das Baugeschehen im Tessin überwiegend von ausländischen Künstlern bestimmt. Vor allem im 19. Jh. war man stolz, kulturell italienisch und politisch schweizerisch zu sein. Auf das verspielte Rokoko folgte ab etwa 1800 der strengere Klassizismus, als dessen Hauptwerk im Tessin 1844/1845 das **Municipio in Lugano** entstand. In Lugano, Locarno und Ascona wurden die zentralen Plätze mit stattlichen Arkadenhäusern umbaut, die bis heute das Bild dieser Städte prägen. Diese Epoche ging mit dem Aufkommen des Faschismus in Italien zu Ende. Der als Reaktion aufflackernde neue Helvetismus förderte eine lokale und provinzielle Autarkie. Nach dem Zweiten Weltkrieg kam die Zeit des Ausverkaufs der Heimat und der immer schnelleren Zersiedelung der Landschaft. Der Bauboom schuf aber auch Nischen für eine Architektengeneration, die gegen den gesichtslosen Einheitsstil der Moderne eine neue Baukultur entwickelte. Es gelang ihr, »einen modernen Bezug zwischen Haus und natürlicher Umgebung zu finden« (Zanetti). Zu den Wegbereitern im Tessin gehören Rino Tami, Tita Carloni, Luigi Snozzi, Livio Vacchini, Mario Campi, Aurelio Galfetti oder Ivano Gianola. Bei Ticino Turismo gibt es Informationen zu interessanten Beispielen moderner Architektur in den verschiedenen Regionen (www.ticino.ch).

Der berühmteste Vertreter der Neuen Tessiner Architektur ist Mario Botta (geb. 1943 in Mendrisio; ►Baedeker Wissen S. 46). Neben seinen bereits zu Klassikern der modernen Architektur avancierten Bauten wie die **Casa Rotonda in Stabio** oder die ehemalige Banca del Gottardo in Lugano gehören die beiden Kirchen auf dem Monte Tamaro und in Mogno im Val Lavizzara zu den interessantesten Beispielen zeitgenössischer Architektur. Von ihm stammen auch die Pläne für das Spielcasino von Campione, der italienischen Enklave. Botta baute außerhalb des Tessin u. a. das Tinguelymuseum in Basel, die Kathedrale von Evry in Frankreich, das Museum of Modern Art in San Francisco sowie eine Wellness-Oase für das Tschuggen Grand Hotel und die Tschuggen Bergoase in Arosa.

(Randspalte:) **Mario Botta und die Moderne**

Den Höhepunkt seines Schaffens – im wahrsten Sinne des Wortes – kann man ab 2016 auf dem Monte Generoso bewundern: Auf dem 1701 m hohen Hausberg seines Heimatortes Mendrisio entwarf Botta ein neues Gipfelrestaurant in Form eines Bergkristalls, das einen traumhaften Ausblick auf die Tessiner Seen- und Berglandschaft bietet. Botta war auch eine der treibenden Kräfte hinter der 1996 erfolgten Gründung der Architekturakademie in Mendrisio, wo voraussichtlich 2017 sein »Theater der Architektur« eingeweiht wird, das die Universität und die Architekturakademie, deren Mitbegründer und Direktor Botta von 2011 bis 2013 war, verbinden soll.

Museo Hermann Hesse
Montagnola

STEFANO FRANSCINI (1796 – 1857)

Der in Bodio geborene Stefano Franscini gilt als »Vater der Schweizer **Politiker**
Statistik«. Tatsächlich war der Bauernsohn Lehrer, sozialer Reformer,
Historiker, Ethnologe und Staatsmann – 1848 war er Mitglied des
ersten Bundesrates. Die erste eidgenössische Volkszählung 1850 organisierte er fast im Alleingang, und bei der Gründung der Eidgenössischen Technischen Hochschule (ETH) in Zürich spielte er eine
entscheidende Rolle. Bereits vor seiner Zeit als Mitglied der Schweizer Landesregierung hatte er die »Statistica della Svizzera« (1827)
publiziert. Damit wollte er den Tessinern einen Spiegel vorhalten und
einen Anstoß zum Fortschritt geben. Der freisinnige Franscini war
überzeugt, dass eine bessere Anbindung des Tessin an die Eidgenossenschaft notwendig war. Unablässig versuchte er, zwischen seinem
politisch zerrissenen Heimatkanton und Bundesbern zu vermitteln
– und geriet zwischen die Fronten. So wurde er 1854 nicht in den
Nationalrat gewählt. Seinen Verbleib in der Landesregierung konnte
er nur sichern, weil der Kanton Schaffhausen ihm einen seiner Sitze
in der Großen Kammer überließ. Dieser Entscheid zeugt von der
großen Wertschätzung, die Franscini im ganzen Land genoss.

HERMANN HESSE (1877 – 1962)

Hermann Hesse, geboren im schwäbischen Calw, sollte ursprünglich **Autor**
Theologe werden, floh jedoch aus dem Seminar in Maulbronn und
wurde Buchhändler. Seit 1904 lebte er als freier Schriftsteller unter
dem Pseudonym Emil Sinclair in Gaienhofen am Bodensee und sie-
delte 1912 in die Schweiz über, zog 1919 nach Montagnola bei Lugano und wurde 1923 Schweizer Staatsbürger. Hesse begann als Neo-
romantiker mit autobiografischen Werken und wurde in seiner
Erzählkunst von Goethe und Keller beeinflusst. Sein späteres Schaffen ist geprägt von dem Gegensatz zwischen Geist und Leben. In
seinem Roman »Steppenwolf« (1927) klingen Einflüsse der indischen
Philosophie und Elemente der Psychoanalyse an. Sein Alterswerk
»Das Glasperlenspiel« (1943) versucht, westliche und fernöstliche
Weisheit zu vereinen. Hesse war Lyriker, Erzähler, Essayist, Kritiker
und auch Maler – er illustrierte seine Werke teilweise eigenhändig.
In Anerkennung seines schriftstellerischen Schaffens erhielt er 1946
den Nobelpreis für Literatur und den Frankfurter Goethepreis sowie
1955 den Friedenspreis des Deutschen Buchhandels. Hermann Hesse starb in Montagnola; sein Grab befindet sich auf dem stimmungsvollen Friedhof der Pfarrkirche Sant'Abbondio in Gentilino.

**In Montagnola erinnert ein Museum an den Dichter und Maler
Hermann Hesse, der 43 Lebensjahre hier verbrachte.**

GIOVANNI LOMBARDI (* 1926)

Ingenieur Der Bau des 1980 eröffneten Gotthard-Straßentunnels begründete den Weltruhm des Ingenieurs Giovanni Lombardi. Den Zuschlag für den damals längsten Autobahntunnel der Welt (17 km) erhielt er, weil er den besten Weg durch den Berg fand: Statt die direkte Achse zwischen Göschenen und Airolo zu nehmen, wählte er eine Strecke, die mehr oder weniger den Taleinschnitten im Gebirge folgte. So konnte die Höhe der Belüftungsschächte geringer gehalten werden, und der Zugang zu den Baustellen war deutlich einfacher. Eine banale Idee – aber man musste darauf kommen! Den Gotthard-Tunnel bezeichnet der in Lugano geborene Lombardi als eines seiner Lieblingsprojekte, neben der 220 m hohen Staumauer im Verzascatal. Insgesamt plante er über tausend Tunnelkilometer und unzählige Talsperren, außerdem die unterirdische CERN-Anlage in Genf und die Zimapán-Talsperre in Mexiko. Die Vollendung seines prestigeträchtigsten Projektes wird Lombardi aber wohl kaum mehr erleben: den Bau eines 40 km langen Tunnels unter der Meerenge von Gibraltar, der Europa und Afrika verbindet. Den entsprechenden Wettbewerb hat die Lombardi AG mit Sitz in Minusio 2006 gewonnen.

BERNARDINO LUINI (UM 1480/1485 BIS UM 1532)

Maler Ob der Maler Bernardino Luini tatsächlich in Luino am Lago Maggiore geboren wurde, bleibt eine Vermutung. Gesichert hingegen ist, dass Borgognone, Foppa, Bramantino und später Leonardo da Vinci sein Schaffen beeinflussten. Luini malte wirkungsvoll zusammengestellte Fresken und Tafelbilder mit gefühlvollem Ausdruck, so die «Kreuzigung« (1520 – 1530) in der Klosterkirche Santa Maria degli Angioli von Lugano. Die meisten seiner Werke befinden sich in den Mailänder Kunstgalerien Brera und Ambrosiana. Luini verstarb in Mailand; das genaue Todesjahr ist nicht bekannt.

PLINIO MARTINI (1923 – 1979)

Schriftsteller Plinio Martini, geboren in Cavergno im Bavonatal und ebendort verstorben, gilt als einer der bedeutendsten modernen Tessiner Schriftsteller. Scharf beobachtend, kritisch, manchmal aggressiv, aber auch poetisch schildert er das zeitgenössische Tessin, seine Bewohner und ihre Probleme, wobei er mit vielen unzeitgemäßen Klischeevorstellungen aufräumt. Von seinen Werken sind u. a. in deutscher Übersetzung erschienen: der Roman »Nicht Anfang und nicht Ende«, die Erzählung »Requiem für Tante Domenica« und »Fest in Rima. Geschichten und Geschichtliches aus dem Tessin«.

CARLA DEL PONTE (* 1947)

An der Tür zu ihrem Büro in Den Haag hing ein Fahndungsplakat, auf dem **Carla Del Ponte** gefasste Kriegsverbrecher eigenhändig durchkreuzte. Acht Jahre lang jagte sie im Auftrag des UN-Tribunals Kriegsverbrecher in Ex-Jugoslawien und in Ruanda und erreichte die Auslieferung von rund hundert Massenmördern. Zuvor hatte sich die in Bignasco im Maggiatal geborene Juristin als Staatsanwältin im Kanton Tessin und in der Eidgenossenschaft einen Namen gemacht. Ihr kompromissloses Vorgehen gegen Geldwäscherei, organisierte Kriminalität, Waffenschmuggel und Wirtschaftskriminalität trug ihr den Spitznamen »Carlita la pesta« (Carlita, die Pest) ein. Dass die passionierte Golfspielerin stets in einer gepanzerten Limousine reiste und sich mit Bodyguards umgab, wurde ihr bisweilen als Fimmel ausgelegt. Doch sie hatte gute Gründe für diese Vorsichtsmaßnahmen. Während eines Treffens mit dem italienischen Mafiajäger Giovanni Falcone entging sie 1989 nur knapp einem Attentat. Später fanden Mailänder Ermittler eine Kopfgeldliste der Mafia, auf der Del Ponte weit oben stand.

Juristin und Staatsanwältin

CLAY REGAZZONI (1939 – 2006)

Im Jahr 1970 kam der in Lugano geborene Gianclaudio »Clay« Regazzoni mit dem zweifelhaften Ruf eines Unfallpiloten zur Formel 1, den er sich in den vorangegangenen Jahren als Formel-2- und Formel-3-Fahrer redlich verdient hatte. Bereits in seiner ersten Saison in der Königsklasse des Motorsports wurde er auf Ferrari Dritter des Weltmeisterschafts-Endklassements. Vier Jahre später verfehlte er den Weltmeistertitel um lediglich drei Punkte, allein geschlagen von Emerson Fittipaldi auf McLaren-Ford. Nach seinem Abschied von Ferrari 1976 fuhr er für das Shadow- und Williams-Team, um 1980 seine letzte Formel-1-Saison auf Ensign-Ford zu bestreiten. Auf die Frage, warum er denn mit über 40 Jahren nicht an ein Ende seiner erfolgreichen Karriere denke, antwortete Regazzoni kurz vor seinem letzten Rennen: »Ich bin glücklich, ein Teil der Formel 1 zu sein – ich liebe es, und vor allem liebe ich es, Rennwagen zu fahren. Warum sollte ich aufhören, wenn es mir so gut gefällt?« Beim Long-Beach-Grand-Prix 1980 verunglückte Clay Regazzoni schwer. Trotz einer Querschnittslähmung fuhr er weiter Rennen. Am 15. Dezember 2006 kollidierte er bei Parma mit einem Lastwagen und verstarb noch an der Unfallstelle.

Rennfahrer

Baumeister von Weltruf

Tessiner Baumeistern eilte ein ungeheurer Ruf voraus: Für Päpste, Könige, Zaren und Sultane bauten sie in ganz Europa Residenzen und Kirchen. Francesco Borromini, Domenico Fontana und Carlo Maderno sind die Bekanntesten aus der »Terra d'artisti« (Land der Künstler).

Iwan der Große, erster Zar aller Russen, wollte Moskau nach Rom und Byzanz zum »dritten Rom« machen. Zwischen 1470 und 1515 ließ er 25 Kirchen erbauen. Für das größte Projekt holte er einen Tessiner Architekten ins Land: Die Kremlmauer und deren wichtigste Türme, der Spasskaya- und der Nikolaus-Turm, sind das Werk von **Pietro Antonio Solari** (1450–1493) aus Carona. Der »Hauptarchitekt Moskaus« hatte das Talent in die Wiege gelegt bekommen: Sowohl sein Urgroßvater Marco als auch sein Großvater Giovanni waren oberste Baumeister des Mailänder Doms gewesen. Sein Vater Guiniforte (1429–1481) war Hofarchitekt der Mailänder Herzogsfamilie Sforza.

In Rom, unter Papst Sixtus V., entwickelte sich im 16. Jh. **Domenico Fontana** (1543–1607) aus Melide zu einem der größten Baumeister seiner Zeit. Er vollendete nicht nur den Petersdom und die von Michelangelo entworfene Kuppel, sondern verlieh der mittelalterlichen Stadt mit ihren verwinkelten Gassen ein modernes Gesicht mit breiten Straßen und Plätzen. Zur Legende wurde er durch die Aufrichtung des Obelisken (der unter Kaiser Caligula nach Rom gebracht worden war) auf dem Petersplatz 1586. Aus dem Wettbewerb, an dem sich 500 Architekten und Ingenieure beteiligt hatten, war er als Sieger hervorgegangen. Als er später in Rom in Un-

gnade fiel, zog er nach Neapel, wo er für den spanischen König Felipe III. den Königspalast baute.

In Rom machte sich derweil sein Neffe **Carlo Maderno** (1556–1629) aus Capolago am Luganersee einen Namen. Er setzte mit dem Umbau der Kirche Santa Susanna gleich ein architektonisches Ausrufezeichen. Die von ihm entworfene Fassade mit Doppelsäulen, flachen Pilastern und vorspringenden Gesimsen sollte zum Vorbild für viele Barockkirchen in Deutschland, Österreich, Tschechien und Polen werden. Je nach Einfall der Sonnenstrahlen ergeben sich überraschende Effekte von Licht und Schatten. Darüber hinaus ist Maderno heute vor allem für sein Hauptwerk, die Fassade des Petersdoms, bekannt. Bis zu seinem Tod blieb er der führende Architekt in Rom und festigte den Ruhm der **Maestri Comacini**, wie die Tessiner Baumeister genannt wurden (Tessin galt als das Hinterland von Como.

Der herausragendste Künstler ist **Francesco Borromini** (1599–1667) aus Bissone am Luganersee, der mit seinem neapolitanischen Rivalen Gian Lorenzo Bernini das barocke Rom prägte. Sie brachten geschwungene Linien ins Spiel. Eine besondere Rolle kam dem Licht zu, mit dem Borromini ungeahnte Effekte erzielte. Seine Werke werden heute noch in jedem Rom-Reiseführer hervorgehoben: das Kloster San Carlo alle Quattro Fontane, die Universitätskirche Sant'Ivo alla Sapienza oder die Kirche Sant'Agnese auf der Piazza Navona. Der unter Depressionen leidende Borromini beging 1667 Selbstmord; er wurde in der römischen Kirche San Giovanni dei Fiorentini im Familiengrab seines väterlichen Freundes Carlo Maderno beigesetzt.

Ähnlich imposant ist das Œuvre von **Domenico Trezzini** (1670–1734) aus dem Dorf Astano im Malcantone. Er baute im 18. Jh. auf den hundert Inseln im Sumpfgebiet der Newa eine neue Hauptstadt für Zar Peter den Großen: Sankt Petersburg. Neben dem Newski-Kloster und der Festung plante Trezzini noch den Sommer- und Winterpalast des Zaren, die Peter-und-Paul-Kathedrale, die Zwölf Kollegien (ein 440 m langer Verwaltungstrakt), das Zoll- und Handelsgebäude, Kanäle und Brücken. Wie hoch das Ansehen von »Arkhitektor Trezin« war, belegt die Tatsache, dass der Zar Taufpate seines Sohnes Pietro wurde.

Ebenfalls eine große Verehrung erfährt in Russland **Domenico Gilardi** (1785–1845). Er wuchs bei seiner Mutter in Montagnola auf, ehe er 1796 nach Moskau zog, wo schon sein Vater als Architekt tätig war. Domenico Gilardi war maßgeblich am Wiederaufbau der Stadt beteiligt, die 1812 vor dem Einmarsch Napoleons durch Brände weitgehend zerstört worden war. In Moskau baute er die Universität, die Gewerbeschule, Landsitze sowie Mausoleen; in Gentilino, wo sich auch sein Grab befindet, trägt die Kapelle San Pietro seine Handschrift.

Auf dem Friedhof von Morcote befindet sich die Familiengruft der Fossatis. Der letzte Spross dieser Familie erreichte Weltruhm: Der 1809 geborene **Gaspare Fossati** (1809 bis 1883) baute neben einigen Wohnpalais vor allem Kirchen in St. Petersburg, Kronstadt und Moskau und avancierte 1836 zum Hofarchitekten von Zar Nikolaus I. Später trat er in die Dienste von Sultan Abdülmecid. Seine anspruchsvollste Aufgabe in Konstantinopel, heute Istanbul, bestand in der Restaurierung der Hagia Sophia. Mit Gaspare Fossati schloss sich ein Kreis, der über 250 Jahre zuvor begonnen hatte, als Giuseppe Fossati 1623 in Morcote eine Handwerkerschule ins Leben gerufen hatte, in der die Jungen in den Wintermonaten auf ihre Wanderjahre als Stuckateure, Baumeister oder Bildhauer vorbereitet wurden.

Ausblick

Die Dörfer rund um den Luganersee brachten in den letzten fünf Jahrhunderten weit über hundert namhafte Architekten und Künstler hervor. Der 1943 in Mendrisio geborene **Mario Botta**, selber eine Ikone der modernen Architektur, führt dieses Phänomen auf zwei Gründe zurück: »Stein ist einer der wenigen Rohstoffe, die es im Tessin im Überfluss gibt. Man hat also viele Möglichkeiten, sich in der Bearbeitung des Rohmaterials zu üben.« Und »Der flache See und die steilen Bergwände bilden einen natürlichen Raum, sozusagen die Urform der Architektur, die als Inspirationsquelle dient.« Um die »Terra d'artisti« zu erhalten, war Botta auch eine der treibenden Kräfte hinter der Gründung der Architekturakademie in Mendrisio 1996.

Erich Maria Remarque vor seinem Haus am Lago Maggiore

ERICH MARIA REMARQUE (1898 – 1970)

Autor Der in Osnabrück gebürtige deutsche Journalist und Romancier Erich Maria Remarque (eigentlich Erich Paul Remark) wurde schlagartig durch den Welterfolg seines Antikriegsromans »Im Westen nichts Neues« (1929) bekannt. 1932 zog er in die Schweiz. 1933 wurden seine Bücher in Deutschland öffentlich verbrannt; 1938 verlor er seine Staatsbürgerschaft. 1939 ging er nach New York, wo er 1947 die US-amerikanische Staatsbürgerschaft erwarb. Er kehrte 1948 nach Europa zurück und lebte abwechselnd in Porto Ronco bei Ascona und New York. Erich Maria Remarque verstarb in Locarno und liegt auf dem Friedhof von Ronco sopra Ascona begraben.

VINCENZO VELA (1820 – 1891)

Bildhauer Die Tessiner verehren ihn – doch nördlich der Alpen kennt man Vincenzo Vela kaum. 1820 in Ligornetto im Mendrisiotto geboren, lebte er lange Zeit in Italien, u. a. in Mailand und Turin, wo er an der Kunstakademie lehrte. Als überzeugter Republikaner meldete sich Vela freiwillig bei General Henri Dufour für den Sonderbundkrieg – einen Schweizer Bürgerkrieg – und 1848 eilte er den Italienern in ihrem Unabhängigkeitskampf gegen die österreichische Fremdherrschaft zu Hilfe. In erster Linie machte er sich aber als Künstler einen Namen: In seiner Villa in Ligornetto im Mendrisiotto sind Büsten und Standbilder von italienischen Nationalhelden wie Giuseppe Garibaldi, Camillo Cavour und König Vittorio Emanuele II. zu sehen. Schon zu Lebzeiten machte er seine Kunst der Öffentlichkeit zugänglich. Die Villa, heute Museum, mit Sammlung und Park vermachte er dem Schweizer Staat. Seine letzte Ruhe fand er auf dem Friedhof von Ligornetto.

MARIANNE VON WEREFKIN (1860 – 1938)

Bei einem Jagdunfall durchschoss sich die damals 18-jährige Mari-   **Malerin**
anne von Werefkin versehentlich die rechte Hand – die Malerhand.
Trotzdem wurde die Tochter des Kommandanten
der Peter-und-Paul-Festung in Sankt Petersburg
eine herausragende Künstlerin. Im Zarenreich wurde sie »Russischer Rembrandt« genannt. 1896 sie-
delte sie mit ihrem Mann Alexej Jawlensky nach
München über, und bald war ihr Salon Treffpunkt
der Avantgarde: Hier wurde 1909 die Neue Münchner Künstlervereinigung gegründet, aus der zwei
Jahre später »Der Blaue Reiter« hervorging. Bei Ausbruch des Ersten Weltkrieges floh Marianna Wladi-
mirowna Werjowkina – so ihr vollständiger Name
– in die Schweiz, wo sie sich 1918 in Ascona niederließ. Als Vertreterin für Pharmaprodukte und mit
grafischen Arbeiten hielt sie sich über Wasser – daneben war sie Mitbegründerin der Künstlergruppe
»Der Grosse Bär«. Ihre Gemälde wurden am Lago
Maggiore erzählerischer, verinnerlichter und noch
hintergründiger. Ihr Grab befindet sich auf dem
Friedhof von Ascona. Ein Großteil ihres Werkes
wird im Museo Comunale d'Arte Moderna in Ascona aufbewahrt, an dessen Gründung 1922 sie wesentlich beteiligt war.

GIUSEPPE ZAN ZANINI (1794 – 1869)

Die tägliche Knochenarbeit in kargen Bergtälern liefert selten den   **Bergbauer**
Stoff für Legenden. Giuseppe Zan Zanini bildet da eine Ausnahme.
Mit Meißel und Schießpulver trotze er 1833 im Bavonatal dem Fels
einen Weg ab, um seine Kühe auf die Alp Foiòi zu treiben. Mit gran-
diosen Kunstbauten gelang es ihm, fast senkrechte Felswände und
Bachstürze zu überwinden. 40 Jahre lang brachte er seine Tiere hoch
auf die unwirtliche Alp. Wie viele Kühe in der Zeit zu Tode stürzten,
ist nicht überliefert. Aber die Auszüge aus dem Pfarreiregister lassen
erahnen, wie hart der bäuerliche Alltag war. Zan Zanini hatte mit
drei verschiedenen Frauen 16 Kinder, von denen sieben die Kindheit
nicht überlebten. Eine Tochter stürzte als 20-Jährige beim Abstieg
von der Alp zu Tode. Bis an sein Lebensende wanderte Zan Zanini
bei Hochwasser den Fluss entlang, in der Hoffnung, ihren Leichnam
zu finden. Am 23. September 1867 übergab er die Alp der Gemeinde,
zwei Jahre später starb er. Heute erinnert eine Inschrift im Fels an
»den Helden der Arbeit« (Plinio Martini).

ERLEBEN UND GENIESSEN

Was steht im Tessin auf der Speisekarte? Wo finden die schönsten
Feste statt? Wie finde ich ein stilvolles, wo ein preiswertes Hotel?
Und wo erhält man Informationen für Reitausflüge?
Wissenswertes für schöne, genussreiche Urlaubstage –
wie z. B. hier in Verdasio im Centovalli!

Essen & Trinken

Aus der Not geboren

Not macht bekanntlich erfinderisch. Dies erklärt den Reichtum der Tessiner Küche, die großteils auf der Cucina povera, der »armen Küche«, basiert. Die traditionelle Esskultur ist daher schon dort, wo alle hinwollen, zu den Ursprüngen.

Wer ins Tessin reist, in die reiche Schweiz, kann sich kaum vorstellen, dass die heute so lieblich erscheinenden Täler auf der Alpensüdseite über Jahrhunderte das **Armenhaus Europas** waren. Bis zur Kantonsgründung 1803 war das Tessin ein eidgenössisches Untertanengebiet, wo neben Vögten Not und Armut herrschten. Bis weit ins 20. Jh. hinein ernährte sich die Bevölkerung großenteils ärmlich und einseitig. Die kargen Mahlzeiten der Bauern bestanden aus »Polenta und Milch, Kartoffeln und Käse, Focaccia [Brot aus Kastanienmehl], das war's«, schreibt der 1979 verstorbene Schriftsteller Plinio Martini in seinem autobiografisch gefärbten Roman »Nicht Anfang und nicht Ende«, dessen Handlung im Maggiatal der 1920er-Jahre spielt.

Je früher damals die Sonne hinter den Bergen verschwand, desto eintöniger wurden die Gerichte: »Im Herbst gab es Kastanien, die aßen wir drei Monate lang, früh, mittags und abends«, erinnert sich Martinis Ich-Erzähler. Dass Schmalhans auch in anderen Kantonsteilen Küchenmeister war, zeigt sich z. B. an der Minestrone, einer Suppe, in der nur Gemüsereste verwertet wurden.

Während Kastanien, Kartoffeln, Hirse, Buchweizen, Maisbrei (Polenta) und Käse zu den Grundnahrungsmitteln gehörten, wurde Fleisch nur selten, etwa an Feiertagen, oder wenn eine Kuh oder Ziege zu Tode gestürzt war, aufgetischt. Die Jagd war häufig der Oberschicht vorbehalten, sodass sich der kleine Mann mit dem Fleisch von Kaninchen oder Vögeln bescheiden musste. »Polenta e üsei, il cibo degli dei«, »Polenta und Vogelfleisch, die Götterspeise«, reimte der Volksmund.

Die Wende brachte die Urbarmachung der Magadino-Ebene, als im 19. Jh. der Ticino begradigt und die Sumpflandschaft zur **Kornkammer des Kantons** wurde. Die Anbindung an das Eisenbahnnetz beendete die Hungersnöte dann endgültig. Der Ausbau der Verkehrswege stärkte den Einfluss der lombardischen Küche und sorgte für eine Erweiterung der Speisekarte: Risotto (ursprünglich eine Mailänder Spezialität), Ravioli und andere Teigwaren (Pasta) sind längst fester Bestandteil der Tessiner Küche. Diese ist heute von einem mediterranen Einschlag geprägt. Gleichzeitig findet eine **Rückbesinnung auf die eigenen Traditionen** statt: Viele Küchenchefs warten mit mo-

Kulinarisches Erbe als Inspiration

Schinken, Salami, Brot und Merlot: der noch heute unverzichtbare Grundstock in einem traditionellen Grotto

dernen Interpretationen der Cucina povera auf. Die Kastanie (►Baedeker Wissen S. 70) beispielsweise setzt heute als Delikatesse vielen Gerichten die Krone auf.

Fast an jeder Ecke ein Gasthaus Längst ist es nicht mehr die Not, die die Tessiner erfinderisch macht, sondern die Lust, der Fantasie freien Lauf zu lassen – und die Konkurrenz. Auf 120 Einwohner kommt eine Gaststätte (in der Schweiz lediglich eine auf 260 Einwohner). Mit rund 2400 Lokalen weist der Südkanton die höchste Restaurantdichte der Schweiz auf. Dies spiegelt sich auch in der Vielzahl der Bezeichnungen wider. Wo Ristorante, Osteria, Trattoria, Pizzeria, Grotto, Enoteca oder Bar draufsteht, muss der Gast auf jeden Fall nicht hungern.

Preiskategorien Restaurants

Preis für ein Hauptgericht

🍴🍴🍴🍴	über 50 CHF
🍴🍴🍴	30 – 60 CHF
🍴🍴	20 – 50 CHF
🍴	15 – 40 CHF

Doch wofür stehen diese Begriffe? Im **Ristorante** ist die Menüauswahl groß, hier bekommt man mittags und abends warme Gerichte. Die **Osteria** war ursprünglich ein Gasthaus an Treffpunkten wie Straßen, Kreuzungen und Plätzen. Heute ist es »das Gasthaus um die Ecke« mit einfachen Speisen zu fairen Preisen. Die **Trattoria** ist ebenfalls ein einfaches, familiäres Speiselokal mit regionalen Gerichten zu erschwinglichen Preisen. Während **Pizzeria** längst keiner Erklärung mehr bedarf, findet man das **Grotto** nur im Tessin (►Baedeker Wissen S. 72). Die **Enoteca** ist ein Weinlokal, in dem Kleinigkeiten zum Essen angeboten werden.

Treffpunkt Bar Das mit Abstand am meisten verbreitete Lokal ist – wie in Italien – »Il bar«. Durchschnittlich zwei Kaffee trinkt der Tessiner täglich außer Haus, meist in einer Bar. Hier trifft man sich zu einem kurzen Schwatz oder blättert im Stehen die Tageszeitung durch. Wer in der Mittagspause eine Kleinigkeit essen will, kommt in der Bar ebenfalls auf seine Kosten: Angeboten werden meist Toast, verschiedene Panini, Pizzette (Pizzastücke) und Salate. Zum Abendessen empfiehlt sich ein Barbesuch nur bedingt: Oft gibt es lediglich Reste des Tages, wenn überhaupt. Am Abend nehmen die Einheimischen in der Bar allenfalls einen Aperitivo zu sich.

Italienische Esskultur In vielen Gaststätten gibt es einzelne Gerichte (Piatto unico, so wie man das in Deutschland kennt). Andere Wirte halten das Fähnlein der italienischen Tradition mit der Unterscheidung zwischen Primi und Secondi aufrecht. **Primi** sind Nudel- (Pasta) oder Reisgerichte. Die Portionen sind eher klein, schließlich gibt es ja danach noch **il Secondo**, den zweiten Gang mit Fleisch oder Fisch. Die Beilagen, **Contorni**, wie Kartoffeln, Gemüse oder Salat werden separat bestellt. Nach dem Secondo werden oft noch **Formaggi**, eine Auswahl an Käsen von der Alp, angeboten. Den krönenden Abschluss bilden die

Dolci, Süßspeisen oder Eis. Selbst wer nicht auf Süßes steht, sollte während seines Tessin-Aufenthaltes zumindest einmal eine Torta di pane (Brottorte) genossen haben. Nach dem Essen ist für den Tessiner (meist) der **Caffè** Pflicht, natürlich nicht der deutsche Kaffee, sondern der Espresso (Cappuccino wird nur morgens getrunken).

TESSINER WEIN

Das Tessin ist für seinen Wein berühmt. Schon die Römer bauten hier Trauben an. Gegen Ende des 19. Jh.s kam es jedoch zu einer **Katastrophe**, Reblaus und Mehltau vernichteten beinahe alle heimischen Rebstöcke. Der Weinbau brach zusammen, viele Winzer wanderten nach Amerika aus. Dann wurde ein Neustart beschlossen. Nach der Analyse des Tessiner Rebsortenspektrums und einer Untersuchung verschiedener fremder Sorten fiel die Entscheidung zugunsten des aus Bordeaux stammenden Merlot. 1904/05 trafen die ersten Rebstöcke ein. Seither ist der Merlot aus dem Tessin nicht mehr wegzudenken. Ein weiterer Innovationsschub zwischen 1970 und 1980 sorgte für eine deutliche Verbesserung des Weinbaus.

Lange Tradition und Neuanfang

Heute wird im südlichsten Schweizer Kanton auf rund 1200 ha Wein angebaut, auf 80 % davon wächst der (rote) **Merlot**. Der größte Teil der jährlich 60 000 Hektoliter entfällt auf ausgezeichnete, lagerfähige Merlot-Weine, die oft in kleinen Eichenfässern (Barriques) ausgebaut werden. Die besseren Merlots tragen das VITI-Gütesiegel (Vini ticinesi), das Qualitätszeichen wird vom Kanton vergeben und garantiert, dass die Weine mindestens ein Jahr alt sind und einer allgemeinen Beurteilung unterzogen worden sind. Außerdem gibt es kleine Mengen »Crus« und »Riserva Speciale«. Aus Merlot werden auch Roséweine gekeltert, außerdem gibt es als Spezialität den **Bianco di Merlot**, einen weißen Merlot, der sich wachsender Beliebtheit erfreut. Mittlerweile gehören die Tessiner Weine zu den Besten des Landes und erreichen internationales Niveau.

Viel Merlot, wenig Americano

Die blau-schwarze Farbe der Trauben ähnelt dem Federkleid der Amsel (frz. = Merle). Ihre Vinifizierung ergibt einen ziemlich intensiven, rubinroten, ausgeglichenen, vollen Wein mit einer eleganten Efeunote. Der Geschmack ist trocken mit einem angenehmen, leicht bitteren Abgang. Dank seiner Struktur passt der Merlot ideal zu Minestrone, gegrilltem Fleisch, überhaupt zu Hauptgängen ganz allgemein sowie zu gut gelagertem, aber nicht allzu würzigem Käse. Über den Daumen gepeilt ist er vier bis sechs Jahre lagerfähig. Als Trinktemperatur werden 16 bis 18 Grad empfohlen.

Außer Merlot werden Pino Noir (ca. 15 ha), Gamaret (ca. 18 ha) und Weißweinreben (ca. 7 % der Rebfläche, v. a. Chardonnay) angebaut. Besonderheiten sind Americano, nicht veredelte, aus Amerika stammende importierte Weinstöcke (v. a. zu Traubensaft verarbeitet; in Österreich heißt die Rebe Uhudler, in Italien Fragola) und **Bondola**, eine über 1000-jährige, autochtone Rebsorte. Eine wunderbare Gelegenheit, die Tessiner Weinvielfalt zu erkunden, bieten die »Cantine aperte« im Mai, rund 50 Winzer aus der Region laden zwei Tage zur Weinprobe ein (▶S. 80).

WEINHÄNDLER
Ticinowine
Dachverband der Winzer
Balerna, Via Corti 5
Tel. 091 690 13 53
www.ticinowine.ch

Weinhandlung Cantina dell'Orso
Ascona, Via Circonvallazione 7
Tel. 091 785 80 20
www.orsovini.ch

Weingut Fratelli Matasci
Tenero-Contra
Via Verbano 6
Tel. 091 735 60 11
www.matasci-vini.ch

Genossenschaftskellerei Cantina Sociale Mendrisio
Mendrisio
Via Giorgio Bernasconi 22
Tel. 091 646 46 21
www.cantinamendrisio.ch

Weingut Valsangiacomo F.lli SA
Mendrisio, Viale alle Cantine 6
Tel. 091 683 60 53
www.valswine.ch

Weingut Gialdi Vini SA
Mendrisio, Via Vignoo 3
Tel. 091 640 30 31
www.gialdi.ch

Merlot wird im Tessin erst seit 1904/1905 angebaut.

Zu einem guten Essen gehört ein Glas Wein, in der Regel ein einheimischer Merlot (▶S. 65). Man wird aber auch nicht schräg angeguckt, wenn man zu einer Pizza ein Bier bestellt. Allerdings wird das einheimische **Birra del Gottardo** nur in wenigen Lokalen, meist im nördlichen Kantonsteil, angeboten. Im Sottoceneri findet man mitunter die Marke Birra San Martino, die im Grenzdorf Stabio hergestellt wird. Ansonsten dominieren nationale Sorten wie Feldschlösschen oder internationale Marken das Angebot.

Dafür gibt es fast überall eine **Gazzosa**, Zitronen- oder Mandarinenlimonade (▶S. 74). Wer kein Mineralwasser will, bestellt einen Krug **Leitungswasser** (acqua dal rubinetto), den die Wirte zu einer Mahlzeit gratis auftischen müssen. Die Qualität ist oft mit derjenigen von teurem Mineralwasser vergleichbar. (Vorsicht bei öffentlichen Brunnen: Nicht überall wird die Wasserqualität geprüft; der Hinweis »acqua non potabile« rät vom Trinken ab.) Ein Schweizer Durstlöscher ist die auf Milchserum basierende Limonade Rivella in Rot, Blau (kalorienarm) und Grün (mit grünem Tee). Wenn Sie den Ritualen der Einheimischen folgen, dann darf zum Schluss ein Glas Grappa (Schnaps) oder Ratafià (Nusslikör, ▶S. 75) nicht fehlen.

Bier, Gazzosa und mehr

Auch wenn das Lokal halb leer ist, setzt man sich nicht einfach an einen freien Tisch, sondern wartet auf einen Kellner, der einem einen Tisch zuweist. In den Tessiner Gaststätten herrscht ein generelles Rauchverbot. Wird im Freien aufgetischt, ist das Rauchen erlaubt.

Im Gegensatz zu Italien verrechnen die Wirte im Tessin **kein Coperto** (eine Servicegebühr). Bei guter Bedienung erhält der Gast zum Essen unaufgefordert Brot und einen Krug Leitungswasser. Ist man mit dem Service zufrieden, freut sich das Personal über ein **Trinkgeld** (mancia). Viele Gäste lassen die Münzen des Rückgelds auf dem Tisch zurück.

Kleiner Knigge

Im Tessin hat man eher die Qual der Restaurant-Auswahl. Expertenhilfe gibt die deutschsprachige Zeitschrift »Tessin geht aus!« (24,50 CHF, im Buchhandel oder an Kiosken erhältlich). Sie testet jedes Jahr über hundert Restaurants (www.gourmedia.ch).

»Tessin geht aus«

TESSINER SPEZIALITÄTEN

Die Farina bóna, ein Mehl aus geröstetem Mais, ist eine Spezialität aus dem Onsernonetal. Das **»gute Mehl«** wird in restaurierten Mühlen in den Dörfern Loco und Vergeletto produziert. Früher wurde es mit Wasser, Milch oder Heidelbeeren vermischt und gegessen. Heute wird die Farina bóna u. a. zur Herstellung von Mürbeteig für Kuchen, Teigwaren oder Speiseeis verwendet. Auch Spitzenköche haben sie für ihre Küche entdeckt.

Farina bóna

Einfach »grottengut«

Die Bezeichnung von Wolfram Siebeck beschreibt die Tessiner Küche, nicht die Haute Cuisine, sondern die »Cucina povera«, die ursprünglich »arme«, heute vor allem erd- oder naturverbundene Küche.

Risotto: Reis war lange Zeit im Tessin ein Luxus. Um im Himmel ein paar Pluspunkte zu sammeln, so die Legende, spendierten die reichen Tessiner den Armen an Fasnacht einen Teller Risotto. Heute wird Risotto in ungezählten Varianten serviert: ai funghi (mit Pilzen), alla milanese (mit Safran), als Risotto ai frutti di mare (mit Meeresfrüchten), mit Luganighe (Schweinswurst), Heidelbeeren, Trüffeln, Brennnesseln – der Fantasie der Köche sind keine Grenzen gesetzt.

Pesce in carpione: Zum kulinarischen Erbe des Tessin gehört auch Fisch. Am Lago Maggiore und Luganersee hat der Fischfang eine lange Tradition. Ein typisches Gericht ist Pesce in carpione. Auch bei dieser Delikatesse wurde aus der Not eine Tugend gemacht: Um Fisch – entweder Coregone (Felchen) oder Trota (Forelle) – zu konservieren, wird er gebraten, in eine Kräuteressig-Marinade eingelegt und kalt serviert.

Polenta: Früher war die Polenta, Maisgrieß mit nichts als Wasser und Salz entweder als cremige Masse oder schnittfest gegart, eines der Hauptnahrungsmittel der Tessiner. Heute ist sie zwar nicht mehr ganz so häufig auf der Speisekarte anzutreffen, doch gibt es immer noch viele Gaststätten, welche diese Tradition aufrechterhalten. Da köchelt sie stundenlang im Kupferkessel im offenen Kamin vor sich hin. Sie passt zu vielen Gerichten, wird aber vor allem zu Schmorbraten (Brasato) und Kaninchen (Coniglio) serviert. Eine besondere, leicht rauchige Note erhält die Polenta, wenn ihr Buchweizenmehl untergemischt wird.

Piatto Ticinese: Während Vegetarier ihre Augen verdrehen, geraten Fleischliebhaber ins Schwärmen. Auf dem Piatto ticinese, der »Tessiner Platte«, finden sich alle kalten Köstlichkeiten der Region: verschiedene Sorten Salami, Rohschinken, Rauchfleisch, Mortadella und Coppa. Als Ergänzung bietet sich un piatto di formaggio an, eine Auswahl an (Berg-)Käsen. Dazu darf natürlich weder Brot noch ein Glas Merlot fehlen!

Formaggini: Die Tessiner »kleinen Käse« sind immer weiche Frischkäse aus Kuh-, Schafs- oder Ziegenmilch. Meist reifen sie einige Wochen lang. Dabei verändert sich ihr anfangs mild-säuerliches Aroma in einen vollen Geschmack. Die Formaggini werden sowohl als Aperitif (oft mit Tomaten und Basilikum) als auch als Nachspeise serviert.

Gelato artiginale: Eine süße Versuchung, der man nur schwer widerstehen kann: von Hand zubereitetes Tessiner Speiseeis. Egal ob aus Johannisbeeren, Americano-Trauben, Kaffee, Haselnuss, Feigen, Passionsfrucht, Kastanienmehl oder Farina bóna, dem »guten Mehl« aus geröstetem Maismehl aus dem Onsernonetal, – die Auswahl ist riesig.

Torta di pane: Was macht man aus Brotresten? Eine Torte! Von der Torta di pane gibt es im Tessin mittlerweile etwa so viele Variationen wie Gipfel in den Bergen. Die Bandbreite reicht dabei von der ursprünglichen Verwertung von Resten mit etwas Kakao bis zur teuren Dessert-Spezialität, in die zartschmelzende Schokolade, Amaretti, Vanille, Zimt und Muskat einfließen.

Vom Hungertöter zur Delikatesse

Die von den Römern ins Tessin eingeführte Esskastanie entfaltete eine äußerst nachhaltige Wirkung. Jahrhundertelang war die nährstoffreiche Frucht der Hungertöter. Heute schätzt man sie als Delikatesse, die das gastronomische Angebot bereichert.

Die alten Römer schätzten vor allem das Holz und weniger die Frucht der Kastanie. Für Fässer war das **witterungsbeständige Holz** der ursprünglich in der Kaukasus-Region beheimateten Kastanienbäume ideal. Vor allem in see- und flussreichen Gegenden wurden Kastanienbäume angepflanzt. So entstanden rund um die Tessiner Seen Kastanienwälder.

Vom Baum auf den Tisch

Mit der Zeit setzte die Kastanie auch zu einem kulinarischen Siegeszug an. Aus nachvollziehbaren Gründen, denn schließlich konnten mit Kastanien an den kargen Hängen in den Tälern **zwei- bis dreimal mehr Kalorien** produziert werden als mit Getreide. Wer weiß, ob manche Tessiner Familie ohne Kastanien vielleicht verhungert wäre? »Im Herbst gab es Kastanien, die aßen wir drei Monate lang, früh, mittags und abends«, erinnert sich der Schriftsteller Plinio Martini an seine Kindheit im Maggiatal.

Auch in anderen Tälern dominierte die Kastanie den Speiseplan. Im Muggiotal war die Not derart groß, dass viele Bewohner nur in der Auswanderung einen Ausweg sahen. Den Emigranten hingen die Kastanien zum Halse heraus: »Ala matina peradèll, a mesdì brüsadell, ala sira farü, a Mücc a vegni piü!« – »Morgens gekochte Kastanien mit Milch, zu Mittag geröstete Kastanien, am Abend in der Schale gekochte Kastanien: nach Muggio kehre ich nicht mehr zurück!«

So sehr prägte die Kastanie den Alltag, dass die Tessiner den Kastanienbaum nicht Castagno nannten, sondern einfach »ur arbur«, »Baum«. Seine Stunde schlug jeweils am Michaels-Tag, dem 29. September, als nach der Messe mit dem Einsammeln der heruntergefallenen Früchte begonnen wurde. Das Ende der Ernte fiel meist auf den Martinstag, den 11. November. Die Faustregel lautete, dass in diesen anderthalb Monaten **mindestens 150 kg Kastanien** gesammelt werden mussten, **um einen Erwachsenen den Winter hindurch zu ernähren**.

Brot der Armen

Die Kastanie hat nicht nur einen hohen Nährwert, sie ist in gedörrtem Zustand auch lange haltbar. In fast allen Dörfern gab es sogenannte **Grà**, Dörrhäuser. Hier wurden die Kastanien drei Wochen lang geröstet, danach in Hanfsäcke gefüllt und gegen einen geschliffenen Holzklotz geschlagen, damit sich die Rinde löste. So waren die **Kastanien über ein Jahr haltbar**.

Während ein Teil der Kastanien gelagert wurde, wurde der Rest gemahlen, um aus dem Mehr Brot zu backen. Martini schreibt: »Wir brachten die Kastanien in die Mühle, und der Müller gab uns das

süße Mehl zurück. Sein Duft drang in die Gänge und Stuben, durchtränkte die Dielen und Zimmerdecken, die Schränke und Kleider darin. Das ganze Haus roch danach, es war unser ureigener Geruch.«

Ende und Neuanfang

Die Erschließung des Tessin durch die Eisenbahn im 19. Jh. bedeutete den Anfang vom Ende dieser Tradition. Die Kastanie erhielt nun mit Mais, Reis und der Kartoffel aus anderen Regionen billige Konkurrenz. So führte der Ausbruch des Kastanienrindenkrebses 1948 zu keiner Katastrophe, obwohl er die Hälfte aller Kastanienhaine befiel. Eine Renaissance erlebte die **Castanea sativa** erst wieder gegen Ende des 20. Jh.s. Viele Grà wurden restauriert. Die 1999 gegründete Associazione dei Castanicoltori della Svizzera italiana nahm sich vor, den Ruf der Kastanie wieder aufzupolieren und die Wälder zu pflegen, zumal jeder fünfte Baum im Kanton ein Kastanienbaum ist. Kastanienwälder wurden gelichtet, Sammelstellen geschaffen und **thematische Wanderwege** errichtet, etwa der »Sentiero del castagno« im Malcantone und der »Sentee de l'albur« im Muggiotal.

Ihren großen Auftritt hat die Kastanie jeweils an den **Erntefesten** im Herbst. Da wird aus ihr allerlei Schmackhaftes zubereitet, darunter die **Caldarroste**, die Hände und Magen wärmenden gerösteten Kastanien, **Marrons glacés** (kandierte Maronen) und Kastanienkuchen (**Castagnaccio**). Kandierte Kastanien passen bestens zu Wildgerichten, aus der Frucht von Kastanien wird Marmelade, aus ihren

Blüten Honig und aus Kastanienmehl Nudeln, Brot und Kuchen gemacht. Die jüngste Kastanienkreation sind vermutlich die **Bissoli**: mit Kastanienschaum gefüllte Pralinen, »erfunden« von Giulia Clerici und in einem Wettbewerb zum »süßen Wahrzeichen« des Kantonshauptortes Bellinzona erkoren.

Adressen

Kastanienprodukte gibt es vor allem im Herbst und Winter. Bei folgenden Produzenten hat man das ganze Jahr über Chancen, Marrons glacés, Kastanienmarmeladen oder -flocken zu bekommen:
Erboristi Lendi
Curio, Zona artigianale, Tel. 091 606 71 70, www.erboristi.ch

Giuseppe Giglia
Lugano, Via Ciseri 15,
Tel. 091 922 08 30, www.giglia.ch

Paolo Bassetti
Pianezzo, Tel. 091 857 30 93
www.basset-ti.ch

Bissoli gibt es u. a. in der Konditorei Gazzaniga
Bellinzona, Piazza Indipendenza, Tel. 091 825 17 48
www.pasticceriagazzaniga.ch

Ein Herz aus Stein

Wenn es sie nicht gäbe, müsste man sie erfinden: die Grotti. Die Schankwirtschaften sind bei Einheimischen und Gästen sehr beliebt. Hier wird das kulinarische Erbe des Tessin gepflegt. Wolfram Siebeck war so begeistert, dass er kurzerhand den Begriff »grottengut« erfand.

Lange vor Electrolux und Co. haben die Tessiner den »Kühlschrank« erfunden: In Felsnischen und Höhlen richteten sie ihre Cantine ein, um Käse, Würste und Wein zu lagern. Eine geniale Erfindung! Denn in diesen halb oder ganz unter der Erde gelegenen Räumen herrschte dank einer natürlichen Belüftung das ganze Jahr über eine konstante Temperatur um die 12 °C – das hat 1733 der Forscher Otto Schütz in den Grotti in Mendrisio gemessen.

Genauso viel Grad sind es noch heute, das bestätigen die Wirte der Grotti an der Via delle Cantine in **Mendrisio**. Die Grotti (= Plural von Grotto, Höhle) am Fuß des Monte Generoso haben solche kellerartigen Räume, die durch die Kavernen in dem Kalksteinberg auf natürliche Art belüftet werden. Im Sommer hat man das Gefühl, es sei extrem kühl, im Winter ist die Temperatur angenehm. Einzig die Luftfeuchtigkeit ist nicht für alle Lebensmittel ideal. Käse zum Beispiel benötigt eine hohe Luftfeuchtigkeit, Wein dagegen eine möglichst niedrige. Deshalb wurden früher, je nachdem, was man lagern wollte, verschiedene Grotti genutzt.

Grotti damals und heute

Die wohl größte und schönste Sammlung von Grotti findet man in Cevio im Maggiatal, hier gibt es 39 Felsenkeller mit zum Teil riesi-

gen Innenräumen. Das älteste Grotto ist von 1762. Die ersten »Vorratskammern« in den Felsen dürften indes bereits vor tausend Jahren entstanden sein. Um 1600 stellte man dann Granittische und Bänke vor den Felsenkellern auf, daraus entwickelten sich die **typischen, kleinen Waldbeizen**. Nicht fehlen durfte damals wie heute eine **Boccia-Bahn**, wo man sich nach getaner Arbeit oder am Sonntag zu einem Spiel traf.

Auch der Wahltessiner Hermann Hesse ging, wenn er Gesellschaft suchte, ins Grotto. Die Stimmung dort beschrieb der Literaturnobelpreisträger folgendermaßen: »Der nackte steinerne Tisch bei der steinernen Bank unterm Kirschlorbeer oder Buchsbaum, der Krug und die tönerne Schale voll Rotwein im Kastanienschatten, das Brot und der Ziegenkäse dazu – das alles ist zur Zeit des Horaz auch nicht anders gewesen als heute.«

Küche im Freien

Die ursprüngliche Grottoküche bestand aus all dem, was in den Felsenkellern gelagert wurde. Allen voran die hauseigene Mazze (Metzgete): Salami, Mortadella, Speck, in manchen Regionen auch Trockenfleisch und Coppa. Dazu kamen verschiedene Käse: Alpkäse, Formagella, Ricotta und Formaggini. Natürlich durfte auch der Nostrano nicht fehlen, der meist aus familieneigenen Reben gekeltert wurde – früher aus autochtonen Sorten wie Bondola, später dann aus Merlot-Trauben – in der Tazzina, einer Steinguttasse, oder im Boccalino, einem 0,2-l-Keramikkrug.

Mazze, Käse und Merlot bilden noch heute den Grundstock in einem traditionellen Grotto. Das kulinarische Angebot in den Felsenkellern ist aber längst größer geworden. Heute werden auch warme Gerichte serviert. Klassiker sind **Polenta** mit Käse, Pilzen, Luganighe (Grillwurst aus Schweinefleisch), Cotechini (Kochwurst), Kutteln oder Brasato (Braten), **Minestrone** (Suppe mit Gemüse) oder Brusecca (mit Kutteln). Sogar Coniglio (Hase), Gitzi (Ziege) und Wild sind in edlen Grotti anzutreffen, die damit schon eher einer Osteria oder sogar einem Restaurant ähneln. Spätestens wenn auf der Menütafel auch noch Pasta erscheint, ist es mit der echten Tessiner Grottokultur vorbei.

Info Grotti

Im Internet: Suche unter »Grotto« oder »Grotti« und »Region« (z. B. »Grotti« »Mendrisiotto«). Im Grotto-Führer »Guida a grotti e osterie del Ticino e Mesolcina«, Dadò Verlag, 2013, für 26 CHF im Buchhandel erhältlich, sind knapp 100 verschiedene Grotti im Tessin und Misox einschließlich ihrer Spezialitäten beschrieben.

Speis und Trank und Geselligkeit im Grotto Lafranchi in Coglio, Maggiatal

Zincarlín Beinahe wäre der Zincarlín aus dem kulinarischen Erbe des Tessin verschwunden. Nur eine Frau im Muggiotal wusste noch, wie man den pyramidenförmigen **Käse** mit dem intensiven Geschmack herstellt. Im Rahmen eines Slow-Food-Projekts erlebte der Zincarlín in den 1990er-Jahren eine Renaissance. Er wird von Hand aus Kuh- und Ziegenmilch, die auf den Alpen des Monte Generoso gewonnen wird, hergestellt und mit schwarzem Pfeffer, Petersilie und Knoblauch gewürzt. In den Handel gelangt er erst nach zweimonatiger Reifezeit in den natürlichen Felsenkellern von Mendrisio.

> **?** BAEDEKER WISSEN
>
> *Der Film, den man essen kann*
>
> Der Stummfilm »Ticino Experience« ist nicht nur ein Augen-, sondern auch ein Gaumenschmaus. Während spektakuläre Bilder zur Tessiner Gastronomie und Landschaft über die Leinwand flimmern, erhalten die Zuschauer Kostproben der Spezialitäten: Ratafià, Alpkäse, Cicitt, Wein … Der in der Casa Rustica in Losone aufgeführte Film ist professionell gemacht und spricht auch Kinder an. Verständigungsprobleme gibt es dank Untertiteln auf Deutsch keine (nur mit Anmeldung, www.ticino experience.ch).

Auf dem sandig-lehmigen Schwemmland der Maggia in Ascona befindet sich eines der nördlichsten Reisfelder der Welt. Seit 1997 wächst dort **Reis** der Sorte Loto, der sich hervorragend für **Risotto** eignet. Jährlich werden rund 400 Tonnen Rohreis geerntet. Davon bleiben etwa 60 % als Weißreis übrig und gelangen unter dem Namen Riso Nostrano Ticinese in 1-kg-Packungen in den Verkauf.

Panettone Weihnachten ohne Panettone? Im Tessin undenkbar! Die süße Nachspeise stellt den krönenden Abschluss der Festtagsmenüs dar. Die lokalen Bäcker- und Konditormeister haben unterschiedliche Rezepte. Eine Jury probiert die Ergebnisse und verleiht ein Gütesiegel. Erfunden hat die **Süßspeise** angeblich ein Bäcker namens Antonio im 17. Jh., der sich in ein adliges Mädchen verliebt hatte. Um ihren Vater für eine Hochzeit gnädig zu stimmen, mischte er Trauben und Früchte ins Brot. Il pane d'Antonio, »das Brot von Antonio«, erzielte die gewünschte Wirkung und wurde als Panettone berühmt.

Cicitt Die Wurst Cicitt ist eine Herbstspezialität aus dem Maggia- und Verzascatal. Sie wird aus dem Fleisch von **Ziegen** gemacht, die nicht mehr für die Milchproduktion auf der Alp geeignet sind. Der Name kommt von »cit«, Fett im lokalen Dialekt. Fett ist diese Wurst tatsächlich! Das merkt man, wenn sie traditionsgemäß auf offenem Feuer gebraten wird. Das tropfende Fett entfacht einen Feuersturm, der die Würste auf archaische Art flambiert.

Gazzosa Mit Erfolg haben die Tessiner den Import industriell hergestellter Softdrinks abgewehrt. Die Gazzosa, eine **Limonade**, ist längst ein Kultgetränk, auch nördlich des Gotthards. Über ein Dutzend Produzenten stellt die lokalen Mineralwasser mit Limonen- und Mandarinengeschmack her. So füllt die Firma Coldesina in Bellinzona seit 1885 Sprudelwasser in die Flaschen mit dem charakteristischen Bügelverschluss und Porzellanzapfen ab. Damals war die Gazzosa der »Champagner für Arme«, weil das Getränk prickelnd und aromatisiert ist und mit seinen Bläschen an Champagner erinnert.

Aus grünen Nüssen wird der **Nusslikör** Ratafià hergestellt. Seinen   Ratafià
etwas geheimnisumwitterten Ruf verdankt er den Mönchen des Kapuzinerklosters Bigorio oberhalb von Tesserete, den Hütern des Rezeptes. Der Legende nach sammeln sie die Nüsse in der Nacht auf den 24. Juni, in der Johannisnacht. Anschließend werden diese in Scheiben geschnitten und mit Grappa begossen. Das Ganze wird mit Zucker und Gewürzen aromatisiert. Nach ein paar Wochen ist der Nusslikör zur Erntezeit fertig. Mit einem Glas Ratafià wurden früher Abkommen besiegelt – daher der Name, der auf das Lateinische rata und fiat zurückgeht – ratifizieren.

Treffpunkt Piazza

Vom Risotto-Essen an Karneval über Musik- und Filmfestivals im Sommer bis hin zum Eisfeld in der Adventszeit: Auf der Piazza, dem Hauptplatz in den Dörfern und Städten, herrscht das ganze Jahr über Betrieb. Oft ist der Zutritt sogar gratis.

Die **Piazza** ist im italienischsprachigen Raum das Gegenstück zum Palazzo. Während der Zutritt zu den herrschaftlichen Gebäuden nur Ausgewählten gestattet ist, spielt sich das öffentliche Leben seit jeher auf der Piazza ab. Jedes noch so kleine Dorf im Tessin ist stolz auf seine Piazza, die sich an lauen Sommerabenden zum Treffpunkt verwandelt, frei nach dem Motto »sehen und gesehen werden«. Im **»Salon der Stadt«**, wie die Piazza auch genannt wird, ist stets etwas los.

Sehen und gesehen werden

Dies gilt vor allem für den vielleicht schönsten Platz der ganzen Schweiz, die **Piazza Grande in Locarno**. Seit 2003 findet im Juli dort die Konzertreihe »Moon and Stars« statt. Fans und Stars sind von der Stimmung auf der Piazza Grande begeistert, wo sich »Romantik und Geschichte verdichten« (Lenny Kravitz).

Moon and Stars

Auch im August trifft man in Locarno große Namen, dann verwandelt sich die **Piazza Grande zum schönsten Kinosaal** unter freiem Himmel und ein Hauch von Hollywood weht durch die Stadt. Das 1946 gegründete »Festival internazionale del film«, eines der größten Kulturevents der Schweiz, lockt Produzenten, Cineasten und Filmfreunde aus aller Welt an. Hunderte Filme treten um den Hauptpreis, den Pardo d'Oro, den Goldenen Leoparden an, die aussichtsreichsten Filme werden auf einer Riesenleinwand auf der (bestuhlten) Piazza Grande gezeigt (▶S. 229).

Filmfestival und andere Feste

Während »Moon and Stars« und das Filmfestival Eintritt kosten, gibt es eine Reihe hochkarätiger Veranstaltungen zum Nulltarif, z. B. das Jazz-Festival von Ascona, das Long Lake Festival, Estival Jazz oder Blues to Bop in Lugano. Ausführliche Informationen gibt es bei den örtlichen Fremdenverkehrsstellen sowie unter www.ticino.ch.

? BAEDEKER WISSEN

Das Rätsel des Leoparden

»The Pardo goes to …« – das Objekt der Begierde aller in Locarno anwesenden Filmschaffenden ist der Pardo. Die Skulptur des Goldenen Leoparden ist seit 1968 der Hauptpreis der Filmfestspiele. Die Figur schuf Remo Rossi (1909 bis 1982), wobei nicht bekannt ist, ob er sich vom Goldenen Löwen, dem Hauptpreis der Filmfestspiele von Venedig, oder vom Stadtwappen von Locarno – einem silbernen Löwen – inspirieren ließ.

Palio degli Asini – Eselrennen in Mendrisio

Pirouetten auf der Piazza Früher endete die Open-Air-Saison mit den Herbstfesten im Oktober. Mittlerweile gibt es auch im Dezember »Leben auf der Piazza«. So werden auf der Piazza Riforma in Lugano Licht- und Farbenspiele ans Rathaus projiziert, dazu finden Jazz- und Gospelkonzerte, Märchenwelten für Kinder und der traditionelle Weihnachtsmarkt statt, ein Teil der Piazza verwandelt sich in eine große Eisbahn. Auch die Piazza Grande in Locarno lädt im Dezember zum Schlittschuhlaufen ein, untermalt von Gratiskonzerten.

Ambrosianisches Nachspiel Während die Fasnacht nach römischem Ritus am Aschermittwoch ein abruptes Ende findet, geht es anderswo an diesem Tag erst los. Denn in Tre Valli (Leventina, Bleniotal, Biasca), im Hinterland von Lugano (Tesserete) und in Brissago am Lago Maggiore wird die **ambrosianische Fasnacht** gefeiert. Der Legende nach sollen sich diese Orte dem römischen Ritus widersetzt haben, um die vierzigtägige Fastenzeit (die am Aschermittwoch beginnt) zu verkürzen.

Tatsächlich gehörten diese Gebiete im Mittelalter zum Bistum Mailand, während die übrigen Regionen des heutigen Tessin dem Bischof von Como unterstanden. Obwohl das Tessin seit 1888 eine eigene Diözese ist, erleben die alten Bistumsgrenzen während der Narrenzeit eine Renaissance. So wird der Tessiner Karneval in einigen Orten nach ambrosianischem und in anderen nach römischem Ritus gefeiert. Früher sorgte diese Konstellation oft für Zündstoff. Tempi passati! Doch dank diesem historischen Erbe dauert der Karneval heute nirgends länger als im Tessin!

Festkalender

GESETZLICHE FEIERTAGE

1. Januar
Neujahr/Capodanno

6. Januar
Heilige Drei Könige/Epifania

19. März
Josefstag, Vatertag/San Giuseppe

März, April
Ostersonntag, Ostermontag/Pasqua, Lunedì di Pasqua (Karfreitag/ Venerdì Santo ist im Tessin, im Gegensatz zur übrigen Schweiz, kein Feiertag)

1. Mai
Tag der Arbeit/Festa del Lavoro

Mai, Juni
Christi Himmelfahrt/Ascensione
Pfingstsonntag, Pfingstmontag/

Pentecoste, Lunedì di Pentecoste

Juni
Fronleichnam/Corpus Domini

29. Juni
Peter und Paul/Santi Pietro e Paolo

1. August
Nationalfeiertag/Festa nazionale

15. August
Mariä Himmelfahrt/Assunzione

1. November
Allerheiligen/Ognissanti

8. Dezember
Mariä Empfängnis/Immacolata Concezione

25./26. Dezember
Weihnachten/Natale

26. Dezember
Stephanstag/Santo Stefano

JANUAR
Epifania
Am 6.1. im ganzen Kanton Feste zu Ehren der Heiligen Drei Könige. Im Hafen von Brissago treffen sich Unverfrorene zum Drei-Königs-Schwimmen im Lago Maggiore.

FEBRUAR
Fasnacht/Karneval
Über die Kantonsgrenzen hinaus bekannt sind die fünftägigen Karnevals von Bellinzona (www.raba dan.ch) und Chiasso (www.nebio poli.ch); ihre Umzüge werden live im Fernsehen der italienischen Schweiz (www.rsi.ch) übertragen. Beliebt sind auch die Risottoessen unter freiem Himmel in Ascona und Lugano.

MÄRZ
Sagra di San Provino – Agno
Fest des hl. Provino am 2. März-Sonntag mit Jahrmarkt und Ausstellung von Landwirtschaftsmaschinen

Festa delle Camelie – Locarno
Die Kamelie ist die blühende Botschafterin des Frühlings, das Kamelienfest von Locarno eine der wichtigsten Veranstaltungen. Das Seeufer verwandelt sich jeweils Ende März in eine blühende Allee.

MÄRZ – APRIL
Primavera Locarnese – Ascona
»Eventi letterari Monte Verità«, Literaturfestival mit Schriftstellern, Philosophen und Architekten aus ganz Europa; www.primaveralo carnese.ch

Osterprozessionen
Zu Ostern finden große Prozessionen statt. In Mendrisio sind sie besonders beeindruckend. Während die Prozessionen am Karfreitag einen liturgisch-religiösen Charakter haben und ins Mittelalter zurückreichen, handelt es sich bei der **»Funziun di Giüdee«** einen Tag zuvor, am Gründonnerstag, eher um ein Volkstheater, inszeniert von über 600 Personen in historischen Kostümen.

Pasqua in Città – Lugano
Die Altstadt von Lugano verwandelt sich in eine fröhliche Bühne mit buntem Unterhaltungsprogramm und Marktständen.

APRIL BIS JUNI
Lugano Festival
Eines der renommiertesten Klassik-Events der Schweiz (mit dem Progetto Martha Argerich). Zehn Konzerte mit internationalen Orchestern, Musikern, Solisten und Dirigenten; www.luganofestival.ch.

MAI
Spada nella Rocca – Bellinzona
Drei Tage Mittelalterfest auf dem Castello di Montebello Ende Mai. Beim Spada nella Rocca (Schwert im Fels) werden Szenen aus dem Mittelalter nachgezeichnet, darunter Turniere für Schwertkämpfer und Bogenschützen; es gibt auch Einblicke in die Handwerkskunst und in das Alltagsleben bei einem mittelalterlichen Abendessen; www.laspadanellarocca.ch.

Notte Bianca – Locarno
Das »Event der Events« gibt einen Vorgeschmack auf die magischen Nächte im Sommer; bis in die frühen Morgenstunden herrscht in

der Altstadt Partystimmung; www.nottebiancalocarno.ch.

Cantine Aperte – ganzer Kanton

Tag der offenen Weinkeller in rund 50 Weingütern; man erreicht sie mit einem Shuttle-Service; www.cantineaperte.ch.

Artisti della strada – Ascona

Internationales Straßenkünstler-Festival, die Uferpromenade wird zur Bühne: Mimen, Komödianten, Tänzer, Jongleure, Feuerschlucker und Clowns bieten vier Tage lang kostenlose Vorstellungen; www.artistidistrada.ch.

Palio degli Asini – Mendrisio

Eine Parodie auf den berühmten Palio von Siena in der Toskana: Das Eselrennen in Mendrisio ist mittlerweile ein großes Volksfest; www.paliodimendrisio.ch.

Festival Ruggero Leoncavallo – Brissago

Konzerte zu Ehren des neapolitanischen Opernkomponisten Ruggero Leoncavallo, der lange in Brissago lebte; www.ottaviopalmieri.ch

JUNI
Progetto Argerich – Lugano

Dem Ruf der argentinischen Star-Pianistin Martha Argerich folgt alles, was in der Branche Rang und Namen hat. Die einzigartigen Konzerte sind meist rasch ausgebucht; www.rsi.ch/argerich.

JazzAscona – Ascona

Rund 200 Konzerte, 300 Künstler und über 400 Stunden Livemusik: Dies sind die Eckdaten des Jazz-Festivals, das immer Ende Juni stattfindet; www.jazzascona.ch.

Estival Jazz – Mendrisio und Lugano

Das Beste aus der Welt der zeitgenössischen Musik; kostenlose Open-Air-Konzerte; www.estival-jazz.ch.

Milizie bleniesi – Bleniotal

Historische Umzüge der Miliz-Soldaten aus dem Bleniotal in Aquila, Leontica und Ponto Valentino zum Gedenken an den Russland-Feldzug unter Napoleon

JUNI, JULI
Long Lake Festival – Lugano

Vier Wochen lang Theater- und Tanzvorstellungen, Filmvorführungen, Kabarett, Konzerte, Lesungen und Clownerie; www.longlake.ch

JULI
Beatles Days – Bellinzona

Drei Tage lang lebt in Bellinzonas Altstadt die Atmosphäre der 1960er-Jahre wieder auf mit klassischer Rock- und Pop-Musik.

Moon and Stars – Locarno

Pop- und Rockkonzerte mit internationalen Stars auf der Piazza Grande; www.moonandstars.ch

Vallemaggia Magic Blues

»The Smallest Big Blues Festival in Switzerland«, ein etwas anderes Jazz-Festival in den Dörfern des Maggiatals; www.magicblues.ch

Luci e Ombre – Locarno

Großes Sommernachtsfest an der Seepromenade mit Riesenfeuerwerk zum Abschluss

Cliff Diving Championship – Vallemaggia

Klippenspringer-Meisterschaft am 3. Juli-Wochenende, ▶S. 321

AUGUST
Nationalfeiertag

Am 1. August im ganzen Kanton Feiern zum Rütli-Schwur 1291: Zahlreiche Bauernhöfe organisieren einen Brunch, abends finden Dorffeste und Feuerwerke statt; besonders beeindruckend in Ascona und Lugano.

Festival del film – Locarno

Anfang August, der Höhepunkt im Tessiner Kultursommer, ▶S. 224 und www.pardo.ch

Blues to Bop – Lugano

Wenn sich die Sommersaison dem Ende zuneigt, geben jeden Abend rund 50 Musiker auf drei Bühnen im Stadtzentrum Kostproben ihres Könnens; www.bluestobop.ch.

SEPTEMBER
Settimane Musicali – Ascona und Locarno

Hochkarätige Musiker treten in den Kirchen San Francesco und Collegio Papio auf; www.settimane-musicali.ch.

Sagra dell'uva – Mendrisio

Winzerfest am letzten Wochenende im September in der Altstadt mit musikalischer Unterhaltung und lokalen Delikatessen zum Probieren; www.sagradelluva.ch

Strada in festa – Bellinzona und Giubiasco

Ein über 2 km langer Markt verbindet die Piazza Grande von Giubiasco mit der Piazza Collegiata von Bellinzona.

OKTOBER
Herbstfeste – ganzer Kanton

Herbstfeste in Lugano, Bellinzona, Ascona und im Muggiotal; heimische Produkte werden vorgestellt wie Wein, Käse, Polenta, Erzeugnisse aus Kastanien usw., oft mit musikalischer Begleitung. Schlusspunkt ist Ende Oktober die Lebensmittelmesse Sapori e Saperi (www.saporiesaperi.ch) im Mercato coperto in Mendrisio.

NOVEMBER
San Martino – Mendrisio

11. November: Martini-Markt rund um die Kirche San Martino mit Landwirtschaftsausstellung und Kirmesbetrieb

DEZEMBER
Locarno on Ice – Locarno

Partystimmung von 10.00 bis 1.00 Uhr nachts auf und neben der Eislaufbahn auf der Piazza Grande; www.locarnoonice.ch

Natale in Piazza – Lugano

Eislaufbahn, Lichtshows, Märchenwelten und Weihnachtsmarkt rund um die Piazza Riforma

Presepi a Vira – Gambarogno

In Vira am Lago Maggiore inszenieren Künstler, Privatleute und Schulklassen die Weihnachtsgeschichte oft auf ganz eigenwillige Art auf Straßen und Plätzen mit über dreißig Krippen. Die schönsten Inszenierungen werden prämiert; als Juroren fungieren die Besucher.

Mit Kindern unterwegs

Viel Abwechslung

Oft braucht es wenig, damit Kinderaugen glänzen: Mit seinen Flüssen, Badeplätzen, Wäldern und Kletterfelsen ist das Tessin ein riesiger Abenteuerpark. Die Natur hält für Kinder jeden Alters spannende Erlebnisse bereit, und wer es noch aufregender möchte, der findet viele organisierte Angebote.

Die Tessiner sind – wie die meisten Bewohner des Mittelmeerraums – sehr unkompliziert im Umgang mit Kindern und tragen damit wesentlich zu einem **entspannten Familienurlaub** bei. Nicht von ungefähr sind die Schweizer der Ansicht, dass das Tessin der kinderfreundlichste Kanton im ganzen Land ist (www.kantonsimage.ch). Auch in den Restaurants und Cafés sind die Bambini willkommen, meistens gibt es eigene Kindermenüs und auch sonst wird gerne auf die Wünsche der Kinder eingegangen.

Bambini willkommen

Als besonders familienfreundlich gilt die vom Schweizer Tourismus-Verband mit dem Gütesiegel »Familien willkommen« ausgezeichnete Region Ascona-Locarno mit familienfreundlichen Unterkünften und Restaurants, Kinderbetreuung, Wander- und Themenwegen für Familien sowie einem attraktiven Unterhaltungsprogramm (Infos: www.ticino.ch und www.ascona-locarno.com). Eine Fundgrube für Ausflugstipps und Veranstaltungshinweisen für Kinder ist auch die Zeitschrift »Ticino Junior«, die u. a. kostenlos an den Schaltern der Tourismusbüros ausliegt. Die Smartphone-App »Familiy Trip Finder« listet zahlreiche Angebote im Tessin auf, man findet diese Vorschläge außerdem unter www.myswitzerland.com/familytrips.

Das milde, sonnige Klima erleichtert die Planung der Urlaubstage mit Kindern sehr. An den zahlreichen **Badeplätzen** an den Flüssen und Seen und in den schattigen Wäldern können sich die Kleinen im Sommer nach Lust und Laune austoben. Eltern sollten ihre Sprösslinge allerdings stets im Auge behalten, denn gerade an den Flüssen ist die Strömung mitunter heimtückisch. Oftmals unterschätzt man in den Bergen auch die Kraft der Sonne. Deshalb: Kopfschutz und Sonnencreme nicht vergessen!

Natur als Spielplatz

Die **vielfältige Flora und Fauna** lädt die Kinder zu Entdeckungen ein. Was die Eltern besonders freuen wird: der Geldbeutel wird dabei weitgehend geschont. Ein Beispiel ist der ethnografische Rundweg zum Thema »Wasser und Feuer« in Frasco im Verzascatal, wo Kinder über eine Hängebrücke laufen, Steine in den Fluss werfen, eine Wolfsfalle bestaunen, eine alte Mühle inspirieren oder sich nach Her-

Barfuß die Natur erleben – nicht nur für Kinder ein Genuss

zenslust austoben können. Weitere Vorschläge für Ausflüge mit Kindern finden sich im Band 4 der Reihe »Bergfloh« (Rotpunkt-Verlag), der dem Tessin gewidmet ist.

Attraktionen für Kinder

Splash & Spa Tamaro
Der 2013 eröffnete Wasserpark überrascht durch ein futuristisches Design mit drei Kuppeln. In der Unterhaltungskuppel gibt es ein großes Wellenbad und eine Kinderecke, die Spaßkuppel mit »Horror-Tunnel« und »Gravity-Killer« ist der jüngeren Generation gewidmet. In der Wellnesskuppel mit Saunen, Dampfbädern und Massagen können auch die Eltern abschalten.
Rivera, Via Campagnole
Tel. 091 936 22 22
www.splashespa.ch
Tägl. geöffnet, Eintritt 25/35 CHF

Lido di Locarno
Die ganzjährig geöffnete, gläserne Anlage (2013, Architekt: Franco Moro) ist ein Paradebeispiel für Transparenz. Die Badegäste haben den Lago Maggiore und das malerische Bergpanorama vor Augen. Die Erwachsenen nutzen die Termali Salini & Spa Natur-Solebäder, Saunen, Kneipp-Anlagen und Spa-Räume, während sich junge Wasserratten im See, im Kinderbereich oder auf den vier Wasserrutschen austoben können.
Locarno, Via Respini 11
Tel. 091 759 90 00
www.lidolocarno.ch
Tägl. geöffnet, Eintritt 11/18 CHF

Swissminiatur
Verschneite Gipfel, Burgen, Kirchen, typische Gebäude, Bahnen, Dampfschiffe – alles, was zum Bild der Schweiz gehört, ist im Swissminiatur in Melide versammelt: ein großer Freizeitpark mit über 1500 verschiedenen Pflanzen für Groß und Klein, ▶S. 182.

Falconeria in Locarno
Die Jagdkunst mithilfe der Falken ist über 4000 Jahre alt und kommt ursprünglich aus der asiatischen Steppe. In der Falknerei wird das Erbe gepflegt und auf jede Form von Dressur verzichtet. Bei der Greifvogelschau von Pio Nesa fliegen die Falken, Adler, Bussarde, Geier und Eulen nur wenige Zentimeter über den Köpfen der Zuschauer hinweg, ▶Baedeker Tipp S. 232.

Die Geheimnisse von Brontallo
Brontallo, auf einer Sonnenterrasse im Lavizzaratal, ist eines der besterhaltenen Bergdörfer im Tessin. Für Familien wartet das 58-Seelen-Dorf mit einer Schatzsuche auf. Auf einem 2 km langen Themenweg werden Sehenswürdigkeiten und Besonderheiten erklärt. An zwölf Etappenorten können Kinder Aufgaben lösen. Wer alles richtig macht, erhält eine Überraschung.
Infopoint Brontallo
Tel. 091 754 24 17
www.brontallo.com

Burgen von Bellinzona
Diese Barrikade wurde nie geknackt! Die im Mittelalter errich-

teten Burgen von Bellinzona sollten den Eidgenossen die Expansion Richtung Süden verwehren. Doch 1503 tauschte Bellinzona die Mailänder Herrschaft freiwillig gegen jene der Schweizer Urkantone ein, worauf das Wehrsystem gegen Süden und gegen Mailand gekehrt wurde. Heute ist das Bollwerk mit seinen Mauern, Türmen, Zinnen und Hängebrücken der bedeutendste Zeuge der mittelalterlichen Festungsbaukunst im Alpenraum. Im Jahr 2000 wurden die vom Tessiner Architekten Aurelio Galfetti genial renovierten Burgen UNESCO-Weltkulturerbe. Auf Schritt und Tritt atmet man hier Geschichte! Kinder können ihrer Ritterfantasie freien Lauf lassen. Öffnungszeiten, Eintritt: ►S. 152f.

Lago di Ritom

In 15 Min. überwindet die Ritom-Bahn 786 Höhenmeter. Mit einer Steigung von bis zu 87,8 % ist sie eine der steilsten Bahnen der Welt. Von der Bergstation in 1794 m Höhe erreicht man in wenigen Minuten den Ritom-Stausee, hinter dem sich eine einzigartige See- und Berglandschaft ausbreitet. Die Wanderung zur Cadagno-Hütte ist auch mit Kindern problemlos machbar und bietet traumhafte Einblicke in die alpine Welt. Mit etwas Glück grüßt dort das Murmeltier. Funicolare Ritom, ►S. 285

Museo in erba

Das Museum ist ein Ableger des Musée en herbe in Paris. Kindern zwischen vier und elf Jahren wird Kunst spielerisch näher gebracht.

Was sie gesehen haben, können sie in den Museumsateliers gleich ausprobieren; außerdem gibt es Ausstellungen über berühmte Künstler.
Bellinzona, Piazza Buffi 18
Tel. 091 835 52 54
www.museoinerba.com
Mo. – Fr. 8.30 – 11.30,
13.30 – 16.30, Sa., So.
14.00 – 17.00 Uhr, Eintritt 5 CHF

Cardada

Für Erwachsene gibt es auf dem Cardada, Locarnos Hausberg, Fußreflexzonen-Pfade, für Kinder einen 1,2 km langen Spazierweg durch einen schattigen Wald mit vielen Spielgeräten. Ein Erlebnis für die ganze Familie ist der Aussichtssteg. Der Blick reicht bis zum tiefsten Punkt der Schweiz und zum höchsten, vom Lago Maggiore bis zum Monte Rosa. Auf den Cardada gelangt man bequem mit der Seilbahn.
Cardada Impianti Turistici
Locarno-Orselina, Via Santuario
Tel. 091 735 30 30
www.cardada.ch
Tägl., 14/28 CHF (Hin- und Rückfahrt)

Seil- und Abenteuerpark

Nervenkitzel für Hobby-Tarzans: Dank Seilen, Plattformen und Hängebrücken kann man im Abenteuerpark in Gordola zwischen den Bäumen eine 880 m lange, schwebende Strecke zurücklegen. Kinder müssen mindestens 1,20 Meter groß sein.
Parco Avventura, Gordola
Via Tratto di Fondo 2a
Tel. 091 745 22 28
www.parcoavventura.ch

Juli, Aug. tägl. 9.30 – 18.00,
April – Juni, Sept. Sa., So.
10.00 – 17.00 Uhr.
Eintritt 12/30 CHF

Monsterroller und Schatzsuche

Vom Walserdorf Bosco Gurin geht
es mit dem Sessellift hoch auf über
2000 m. Auf einer markierten Strecke geht es danach mit Riesenrol-
lern talwärts. Unten angekommen,
können sich die Kinder auf die Suche nach dem Schatz der Fabelwe-
sen Weltu machen. Die Schatzsuche mit GPS-Gerät für Kinder in
Begleitung ihrer Eltern folgt den
Kapiteln eines spannenden Mär-
chens. Am Ende der Strecke erwartet die Schatzsucher ein Picknick-
platz.
Seilbahnen Bosco Gurin
Tel. 0848 66 85 85
www.bosco-gurin.ch
Juni – Sept. tägl. 9 – 12 und 14 bis
17 Uhr. Sesselbahn und
Monsteroller: 18/25 CHF

Monte Tamaro Park

Bei der Mittelstation der Gondelbahn auf den Monte Tamaro wartet im Wald ein Kletterparadies:
4 bis 10 m über dem Boden können sich Abenteuerlustige über
Netze, Seile, Rundhölzer und Hängebrücken von einem Podest zum
nächsten hangeln. Den krönenden
Abschluss bildet die längste Tyrolienne der Schweiz: An einem Seil
flitzt man mit bis zu 60 Stunden-
kilometern über 400 m talwärts.
Wer danach noch Lust auf Action
hat, kann mit der Gondelbahn bis
zur Alpe Foppa hochfahren, hier
beginnt eine aussichtsreiche
Rodelbahn.

Monte Tamaro
Rivera – Monteceneri
Tel. 091 946 23 03
www.montetamaro.ch
April – Nov. tägl. 8.30 – 17.00 Uhr,
27/39 CHF

Museo delle Dogane · Zollmuseum

Das Zollmuseum in Gandria am
Luganersee, das man nur per
Schiff erreicht, zeigt in den Räumen eines ehemaligen Grenzpos-
tens, wie fantasievoll Generationen von Schmugglern
vorgegangen sind, um illegal
Waren über die Grenze zu bringen, ▶S. 254; weitere Informationen ▶Baedeker Wissen S. 36
Cantine di Gandria, Lugano
www.zollmuseum.admin.ch
April – Okt. tägl. 13.30 – 17.30
Uhr, Eintritt frei

Galleria Baumgartner

In einer ehemaligen Fabrik hat
sich Bruno Baumgartner einen
Traum verwirklicht und eine riesige Modelleisenbahn mit über
8000 Exponaten ausgestellt.
Mendrisio, Via Franscini 24
Tel. 091 640 04 00
www.galleriabaumgartner.ch
Di. – Fr. 9.30 – 12.00 und
13.30 – 17.30, Sa., So.
9.30 – 17.30 Uhr,
Eintritt 6/12 CHF

Schokoland-Museum Alprose

In der Schokoladenfabrik in Caslano am Luganersee erfährt man alles über die Geschichte und Herstellung der berühmten Schweizer
Schokolade. Am Ende der Tour

kann man die reiche Auswahl der Alprose-Produkte probieren.
Chocolat Alprose
Caslano, Via Rompada 36
Tel. 091 611 88 56
www.alprose.ch
Tägl. 9.00 – 17.30, Sa., So. bis 16.30 Uhr (allerdings ohne Betriebsführung), Eintritt 1/3 CHF

Themenpark Sasso San Gottardo

Im 20. Jh. war die Befestigungsanlage Sasso San Gottardo einer der geheimsten Orte der Schweiz. Mittlerweile ist der ehemalige Bunker in einen Themenpark umgewandelt worden. In den Stollen und Kavernen im Innern des Bergs werden die Themen Wasser, Mobilität und Lebensraum, Klima, Energie und Sicherheit inszeniert. Zu besichtigen ist auch der denkmalgeschützte Teil der historischen Festung Sasso da Pigna, einem Artilleriewerk aus dem Zweiten Weltkrieg.
Passo San Gottardo, Airolo
Tel. 091 869 15 57
www.sasso-sangottardo.ch
Juni – Okt. tägl. 9.30 – 18.00 Uhr, Eintritt 25 CHF, Kinder bis 15 Jahre in Begleitung eines Erwachsenen gratis

Shopping

Das Tessin zum Mitnehmen

Das Outlet FoxTown in Mendrisio lockt wie die Schmuckgeschäfte in der Via Nassa in Lugano eine internationale Kundschaft an. Doch das Tessin bietet viel mehr: Kulinarische Spezialitäten wie Wein, Wurst und Käse, aber auch Alltagsgegenstände, egal ob aus Stroh oder Stein, sind gefragte Mitbringsel.

Die FoxTown Factory Stores in Mendrisio sind die größte **Touristenattraktion** im Tessin (gemessen am Besucheraufkommen). An Spitzentagen werden in dem Outlet bis zu 15 000 Schnäppchenjäger gezählt. Der größte Andrang herrscht sonntags, zumal das FoxTown an sieben Tagen pro Woche geöffnet ist (an Weihnachten, Neujahr und Ostern bleiben die 160 Läden geschlossen). In den Zweckbauten direkt an der Autobahn A 2 haben sich Firmen aus der Mode-, Sportartikel-, Textil- und Lederbranche eingemietet. Über 250 Marken sind vor Ort. Die Läden präsentieren sich hier so edel wie in den großen Einkaufsstraßen dieser Welt. Einziger Unterschied: Die Markenhersteller verkaufen Reste aus der Vorjahresproduktion oder Überschussware der laufenden Saison mit Preisabschlägen zwischen 30 und 70 %.

Schnäppchenjagd im FoxTown

Von der Anziehung des FoxTown profitieren auch andere Outlets im Südtessin: von Van Laak in Arzo über Navyboot in Morbio Inferiore bis zu Zimmerli-Unterwäsche in Coldrerio. Auch **in Norditalien gibt es attraktive Fabrikläden**, u. a. das Mantero-Outlet in Como mit einer großen Auswahl an Seidenwaren, Armanis Factory Store in Vertemate, 20 km von Chiasso, oder in der Alessi-Hochburg Crusinallo di Omegna, etwa 1 Std. von Locarno entfernt.

Noch mehr Outlet

Die Alternative zu den Outlet- und Einkaufscentern in den Gewerbegebieten findet man in den Innenstädten, wo kleine Läden und Boutiquen das Ortsbild prägen. In Lugano beispielsweise ist die verkehrsfreie Via Nassa **die** Einkaufsstraße. Sie war die erste Straße, die 1925 asphaltiert wurde. Heute findet man hier exklusive Uhren- und Schmuckgeschäfte sowie Modeboutiquen, aber auch die renommierte Buchhandlung »Fuchs & Reposo« (Via Nassa 21), in der Hermann Hesse bis zu seinem Tod regelmäßig vorbeischaute.

Via Nassa in Lugano

Sehr populär sind die Märkte. Während in Lugano am Dienstag und Freitag Markttag ist, bildet die historische Altstadt von Bellinzona jeweils am Samstag von 7.30 bis 13.00 Uhr die stimmungsvolle Kulisse des Mercato. Er ist ein Farben- und Sinnesspektakel sondergleichen-

Märkte

Shopping im Tessin: Für jeden Geschmack ist was dabei.

chen. Schon frühmorgens riecht man den Süden. Es ist der Duft der Delikatessen, die einheimische Produzenten feilbieten: Wein, Grappa, Käse, Salami, Gemüse, Brot, Gebäck …

Gütesiegel für heimische Produkte

Viele Handwerks- und Landwirtschaftsbetriebe verkaufen ihre Produkte auch direkt vor Ort. Das Landwirtschaftsgut **Terreni alla Maggia** hat in Ascona einen Laden, wo eigener Reis, Teigwaren, Polenta, Whisky und Wein angeboten werden. In Lugano ist das Lebensmittelgeschäft **Gabbani** mit seiner großen Auswahl eine Augenweide. Probieren und kaufen kann man auch bei verschiedenen **Weinhändlern**, etwa der Cantina Orso in Ascona, bei Matasci in Tenero oder der Cantina Sociale in Mendrisio. Eine große Auswahl frisch gerösteter **Kaffeesorten** gibt es bei der Chicco d'Oro in Balerna im Grenzort Chiasso.

Das Angebot an Delikatessen ist (fast) überwältigend. Wein oder Alpkäse haben oft ein Gütesiegel, etwa in Form der Buchstabenkombination DOP (Denominazione d'Origine Protetta) oder DOC (Denominazione d'Origine Controllata). Diese Label garantieren die Herkunftsbezeichnung bzw. dass die Angaben auf der Verpackung dem Inhalt entsprechen.

In Sonogno im Verzascatal wird das alte Handwerk der **Wollverarbeitung** gepflegt. Loco im Onsernonetal ist bekannt für die **Strohverarbeitung**: Das Angebot reicht von Hüten über Stühle bis zu Lesezeichen und iPhone-Hüllen. Ein wenig schwerer wiegen die Mitbringsel aus Lodrino, nördlich von Bellinzona. Bei Giannini Graniti, die jährlich 60 000 Tonnen **Stein** verkaufen, gibt es nicht nur Tische und Stühle, sondern auch Schmuck, Skulpturen sowie Briefhalter und Kugelschreiber.

?

BAEDEKER WISSEN

Tasse im Schrank

Da der Wein im **Boccalino** (= kleiner Krug) länger kühl bleibt, wurde die bauchige Schnabeltasse aus Keramik **das Trinkgefäß** in den Grotti. Im 19. Jh. wurde der Boccalino von der Touristikbranche zum »Botschafter der Südschweizer Lebensfreude und Kultur« gekürt. Der letzte Boccalino-Hersteller schloss seinen Betrieb im Juni 2008. Bereits damals stammten 95 % der im Tessin verkauften Boccalini aus italienischen Keramikfabriken. Erwerben kann man diese Tassen heute in fast jedem Souvenirshop – der Beweis, dass der Boccalino nach wie vor ein gefragtes Mitbringsel ist.

Öffnungszeiten

Der Einzelhandel ist Mo. – Fr. 8.00 – 18.30, Sa. bis 17.00/18.00 Uhr geöffnet. Größere Einkaufszentren haben einmal die Woche (meist donnerstags) bis um 21.00 Uhr Abendverkauf. Sonntags sind die Geschäfte im Tessin geschlossen. Ausnahmen gelten für Bäckereien, Tankstellenshops, Bahnhofsläden oder Geschäfte in grenznahen Ferienorten sowie für das FoxTown in Mendrisio. In Italien kann man jenseits der Grenze auch am späten Abend und sonntags einkaufen (Informationen zur Einreise in die Schweiz: ▶S. 350).

OUTLET-CENTER
FoxTown Factory Stores
Mendrisio, Via A. Maspoli
Tel. 0848 828, www.foxtown.ch

Van Laak Outlet
Arzo, Via Meride
Tel. 091 646 77 08
www.vanlaack.com

Navyboot Company Store
Morbio Inferiore, Viale Breggia 11
Tel. 091 648 22 63
www.navyboot-outlet.ch

Zimmerli Factory Outlet
Coldrerio, Via Campagnola
Tel. 091 646 18 07
www.zimmerlitextil.ch

Mantero Seta Outlet
Como (Italien), Via Sant'Abbondio 8
Tel. 0039 031 321511
www.mantero.it

Giorgio Armani Outlet
Vertemate con Minoprio (Italien)
Via Provinciale per Bregnano 13
Tel. 0039 031 88 73 73
www.armani.com

Alessi Outlet
Crusinallo di Omegna (Italien)
Via Privata Alessi 6
Tel. 0039 0323 86 86 11
www.alessi.it

DELIKATESSEN
Terreni alla Maggia
Ascona, Via Muraccio 105
Tel. 091 791 24 52
www.terreniallamaggia.ch

Gabbani Shopping
Lugano, Via Pessina

Tel. 091 911 30 87
www.gabbani.com

Vanini Gourmet Factory Shop
Rivera, Via Vignascia 21
Tel. 091 611 27 40
www.sandrovanini.ch

Kaffeerösterei Chicco d'Oro
Balerna, Via Giuseppe Motta 2
Tel. 091 695 05 05
www.chiccodoro.ch

Bundishop
Mendrisio, Via alle Canine 24
Tel. 091 646 70 89
www.bundishop.ch

TESSINER HANDWERK
Casa della lana (Haus der Wolle)
Sonogno
Negozio artigianato
Tel. 091 746 12 13
www.proverzasca.ch

Atelier Pagliarte (Strohverarbeitung)
Berzona, Sala Comunale
Tel. 091 797 17 06
www.pagliarte.ch

Giannini Graniti (Steinverarbeitung)
Lodrino, Via Cantonale 219
Tel. 091 863 22 86
www.giannini-graniti.ch

Tessiner Handwerks-vereinigung GLATI
Gordola, Via San Gottardo 80
Tel. 091 745 08 28
www.glati.ch

Ein Bett für jeden Geschmack

Ob am See oder in den Bergen, ob 5-Sterne-Hotel aus der Belle Epoque oder Ferienwohnung einer Gewerkschaft: Im Tessin gibt es ein üppiges Angebot an Übernachtungsmöglichkeiten.

Entlang der Via delle genti, der »Völkerstraße«, wie die Route über den Gotthard-Pass im italienischen Sprachraum genannt wird, entwickelte sich schon früh ein florierendes Gastgewerbe. Das 1237 erstmals erwähnte Hospiz auf der Gotthard-Passhöhe, der Dazio Grande in Rodi oder die Casa Stanga in Giornico waren weit über die Landesgrenzen hinaus **bekannte Anlaufstellen** für Händler, Pilger und Reisende. Es dauerte jedoch bis 1855, bis der deutsche Hotelpionier Alexander Béha in Lugano eine Herberge eröffnete, die mehr war als bloß eine Absteige für Transitreisende. Sein Hotel Palace am Seeufer war damals das einzige Luxushotel zwischen Luzern und Mailand.
Dauerte die Reise zwischen diesen beiden Städten im Zeitalter der Postkutsche eine halbe Ewigkeit, so verkürzte sie sich ab 1882 dank der Gotthard-Bahn auf wenige Stunden. Die Eisenbahn öffnete dem Tourismus im Tessin die Pforten. Die Zahl der Hotels verzehnfachte sich zwischen 1880 und 1912 von 20 auf 208, und jene der verfügbaren Betten erhöhte sich von 1400 auf 7700.
Heute verfügt das Tessin über rund 20 000 Betten; ein beträchtlicher Teil davon in Hotels, deren Geschichte bis in die Belle Epoque zurückreicht und die auch heute noch keine Wünsche offen lassen, u. a. das Grand Hotel Villa Castagnola, das International au Lac und das Splendide Royal in Lugano, das Kurhaus in Cademario, das Hotel Belvedere in Locarno, das Esplanade in Minusio oder das Albergo Internazionale in Bellinzona.

Die Schweizer Hotels sind in fünf Kategorien gegliedert (ein bis fünf Sterne), ihr **Standard ist hoch** und ihre **Preise ebenso**. Das gilt auch für die Tessiner Hotellerie. Das Aldi-Angebot, zwei Übernachtungen (inkl. Frühstück) in einem Drei-Sterne-Hotel in Locarno für

Lange Tradition

Preise und Standard

?

BAEDEKER WISSEN

Auf jedem Gipfel eine Hütte

Das Tessin weist die höchste Dichte an Berghütten in der Schweiz auf. Inzwischen gibt es kaum ein Seitental, das nicht durch mindestens vier Wände und ein Dach erschlossen wäre. Allein um den Pizzo Campo Tencia, mit 3071 m einer der höchsten Berge im Tessin, stehen dem Wanderer mittlerweile sechs Berghütten zur Auswahl. Detaillierte Hüttenübersicht: www.capanneti.ch

Versteckte Schönheit im Garten des Hotels Il Giardino in Ascona

Preiskategorien Hotels
Preise für ein Doppelzimmer
mit Bad und Frühstück

⊖⊖⊖⊖	über 400 CHF
⊖⊖⊖	250 – 400 CHF
⊖⊖	175 – 250 CHF
⊖	bis 175 CHF

130 CHF, ist ein Schnäppchenpreis, notabene in der Nebensaison. Während Mittelklassehotels mit einem guten Preis-Leistungs-Verhältnis dünn gesät sind, ist das Tessin mit Luxushotels im 4- und 5-Sterne-Bereich gut bestückt. Am Luganersee und am Lago Maggiore haben Gäste mit unbeschränktem Budget die Qual der Wahl.

Preiswerte Alternativen

Eine Alternative zu den Hotels sind vor allem in den Tälern kleine, familiengeführte **Pensionen, Agriturismo** (Ferien auf dem Bauernhof), **B & Bs** sowie **Ferienwohnungen** und **Rustici**, ehemalige Bauernhäuser, die zu Zweitwohnsitzen umgebaut und nun teilweise vermietet werden. Sehr beliebt sind die **Reka-Dörfer** der Genossenschaft Schweizer Reisekasse, wo auch weniger begüterte Familien (auch Nicht-Schweizer) günstig Urlaub machen können, u. a. das Reka-**Feriendorf Albonago** oberhalb von Lugano oder die Siedlungen in Brissago und Magadino (die Nachfrage ist sehr hoch, daher empfiehlt es sich, früh zu buchen). Empfehlenswert ist auch das gewerkschaftseigene **Feriendorf I Grappoli** in Sessa im Malcantone, zu dem außerdem ein Campingplatz und ein Schwimmbad gehören.

Camping und Caravaning

Das Tessin ist bei Campern beliebt. Camping-Hochburg ist der 2500-Einwohner-Ort Tenero am Lago Maggiore (▶S. 296). Seit 2013 dürfen auf Campingplätzen auch Bungalows gebaut bzw. vermietet werden. »**Wildes« Campen ist nicht gestattet**, das gilt auch für Caravans, Stellplätze für Wohnmobile gibt es in Rivera, Locarno und Bellinzona.

Beliebte Berghütten

Wild-romantische Aufenthalte versprechen die Berghütten im Gebirge. Zwischen dem Gotthard-Gebiet und Chiasso, zwischen Greina und Brissago zählt der Führer »Capanne e Rifugi del Ticino e Mesolcina« 71 Hütten und 62 Rifugi auf; unbewirtete, zweckmässig ausgestattete Hütten mit Ofen, Herd, Geschirr und Betten, oft auch Getränken und Dosennahrung. Wer hier etwas konsumiert, wirft den geschuldeten Betrag in die Hüttenkasse oder nimmt ein Überweisungsformular mit.
Es gibt im Hochgebirge aber auch Hütten, die keinen Vergleich mit Gasthäusern scheuen müssen. Zu den sogar architektonisch ausgezeichneten Capanne gehören etwa die Hütten Cristallina, Motterascio, Campo Tencia und Corno-Gries.

Adressen

Ständig aktualisierte Listen von Hotels, Campingplätzen und Ferienwohnungen findet man auf den Webseiten der lokalen Tourismusbüros (▶Auskunft, S. 351).

FERIEN AUF
DEM BAUERNHOF
Agriturismo in Ticino
Sant'Antonino, Via Gorelle
Tel. 091 851 90 90
www.agriturismo.ch

BED AND BREAKFAST
B & B Switzerland
Villars-sur-Glâne
Rue des Grand-Chênes 4
www.bnb.ch

BERGHÜTTEN
Schweizer Alpen Club
(SAC)
Bern, Montbijoustr. 61
Tel. 031 370 18 18
www.sac-cas.ch

Federazione Alpinistica Ti-
cinese (FAT)
www.fat-ti.ch

CAMPING
Schweizerischer Camping-
und Caravaning-Verband
(SCCV)
Dürrenäsch
Wührestrasse 13
Tel. 062 777 40 08
www.sccv.ch

Associazione Campeggi
Ticinese
c/o Ente Turistico di Tenero e
Valle Verzasca
Tel. 091 745 16 61
www.tenero-tourism.ch

FERIENHÄUSER
UND -WOHNUNGEN
Ferien im Baudenkmal
c/o Schweizer Heimatschutz
Tel. 044 252 28 72
www.magnificasa.ch

Interhome
Glattbrugg
Sägereistrasse 7
Tel. 043 810 91 91
www.interhome.ch/
ferienwohnung-tessin

E-Domizil
Zürich, Binzstrasse 38
Tel. 043 210 55 55
www.e-domizil.ch/tessin

Casafile
Vira (Gambarogno)
Scesana
Tel. 091 795 35 90
www.casafile.ch

Reka
Reka Genossenschaft
Bern, Tel. 031 329 66 33
www.reka.ch

HOTELS
Hotellerie
Suisse Ticino
Chiasso
Piazza Indipendenza 3
Tel. 091 683 62 72, www
hotelleriesuisse-ticino.ch

Swiss Hotels
Switzerland Travel Center
Tel. 043 210 55 00
www.swisshotels.com

Swiss Budget Hotels
Bern, Monbijoustrasse
Postfach,
Tel. 031 378 18 35
www.rooms.ch

Swiss Quality Hotels
Tel. 044 928 27 27
www.swissquality
hotels.com

Swiss Historic Hotels
Gümligen
Beethovenstrasse 31
Tel. 031 302 32 26
www.swiss-historic-hotels.
com

Gastgeber Schweiz
Chur
Comercialstrasse 22
Tel. 081 322 70 73
www.gastgeber-schweiz.
ch

JUGENDHERBERGEN
Schweizer
Jugendherbergen
Zürich
Schaffhauserstrasse 14
Tel. 044 360 14 60
www.youthhostel.ch

Verein Swiss Hostels
Interlaken
Alpenstrasse 16
Tel. 033 823 46 46
www.swisshostels.com

RUSTICI
Verzasca Rustici
Tel. 091 746 17 80
www.verzascarustici.ch

Blenio Rustici
c/o Blenio Turismo
Tel. 091 872 14 87
www.rustici.ch

Cento Rustici
Intragna, Piazza
Tel. 091 780 74 40
www.centorustici.ch-

Zeitreisen – Übernachten wie anno dazumal

Historisch ist längst nicht mehr Synonym für verstaubt oder altbacken – im Gegenteil! Im Tessin gibt es zahlreiche Hotels und Gasthäuser mit Tradition.Immer mehr Gäste entdecken die Ausstrahlung dieser »Zeitzeugen«.

Ospizio San Gottardo

Die Giebelfassade mit den kleinen Fenstern erinnere an ein »aufrechtes Murmeltier, das nach Süden schaut«, erklärte der Basler Architekt Quintus Miller, als er im Sommer 2010 das frisch renovierte Hospiz auf dem Gotthard-Pass vorstellte. Das 1237 erstmals erwähnte Haus steht mittlerweile auf der Liste des europäischen Kulturerbes. Die 14 Zimmer sind nach den berühmtesten Gästen benannt, die in der 2106 m hoch gelegenen Herberge logiert haben: Goethe, Graf von Cavour, Mendelssohn, Rimbaud, Honoré de Balzac und Petrarca. Info: Ospizio San Gottardo ⊕, Airolo, Tel. 091 869 12 35, www.passosangottardo.ch

Dazio Grande, einst der »große Zoll«

Dazio Grande

Von 1561 bis 1882 führte kein Weg am Dazio Grande vorbei, dem »großen Zoll« am Eingang der Piottino-Schlucht. In dem wuchtigen Gebäude mussten die Reisenden nicht nur den Wegzoll begleichen, es diente auch als Warenlager, Pferdewechselstelle, Gasthof und Herberge. Mit der Eröffnung der Gotthard-Bahn 1882, die die Piottino-Schlucht in zwei Kehrtunnels überwindet, verlor der Dazio Grande seine Bedeutung. Heute sind in dem Gebäude ein Restaurant mit regionaler Küche und eine Herberge (fünf Doppelzimmer mit Dusche) untergebracht. Im ehemaligen Pferdestall informiert ein Museum über die Verkehrsgeschichte des Gotthards. Info: Dazio Grande ⊕–⊕⊕, Rodi-Fiesso, Tel. 091 874 60 66, www.daziogrande.ch

Palazzo Gamboni

Remigio Gamboni war einer jener Auswanderer, die in der Fremde zwar zu Reichtum gekommen, aber von Heimweh geplagt waren. Daher baute er sich 1730 in seinem Geburtsort Comologno im Onsernonetal ein stattliches Gebäude, in dem er seinen Lebensabend verbrachte. Anfang der 1990er-Jahre kaufte die Bürgervereinigung des

Ortes den Palazzo und renovierte ihn. Seither ist er für Gäste offen. Reservieren Sie frühzeitig, damit Sie eines der zwei historischen Zimmer bekommen, wo man mit Originalmobiliar wohnt. Info: Palazzo Gamboni ⊚⊚, Comologno, Tel. 091 780 60 09, www.palazzogamboni.ch

Monte Verità

Vom Monte Verità, dem »Wahrheitsberg« oberhalb von Ascona, geht eine einzigartige Strahlkraft aus. Begründet wurde sein Mythos ab 1900, als Utopisten, Naturapostel und früh gereifte Grüne hier eine Alternative zu Kommunismus und Kapitalismus suchten. Wer historisches Flair mit Komfort verbinden möchte, übernachtet im Albergo Monte Verità. Das Gebäude, 1929 nach Plänen des Düsseldorfer Architekten Emil Fahrenkamp im Bauhaus-Stil erbaut und liebevoll renoviert, ist heute noch ein Vorzeigeobjekt des »Neuen Bauens«. Alles ist noch so wie bei der Eröffnung 1929. Alles? Beinahe. Nur das Picasso-Bild, das einst den Aufzug schmückte, hängt mittlerweile in einem Museum. Info: Albergo Monte Verità ⊚⊚, Via Collina 84, Ascona, 091 785 40 40, www.monteverita.org

Grand Hotel Villa Castagnola

1880 baute sich Staatsrat von Ritter an einer der schönsten Ecken des Luganersees eine Residenz. Was der russische Adelige übersehen hatte: Ganz in der Nähe übten jeweils Reservisten der Schweizer Armee das »Feldschießen«. Herr von Ritter erschrak darüber so sehr,

dass er seine Villa samt Park schon 1885 an eine Hoteliersfamilie verkaufte. So entstand das Grand Hotel Villa Castagnola, ein 5-Sterne-Hotel, in dem die Blütezeit der edlen Hotelpaläste, die Zeit, als Thomas Mann nach seiner Flucht aus Deutschland hier einkehrte, stehengeblieben zu sein scheint. Die 78 Zimmer liegen wie Theater-Logen mit bestem Blick auf den im See gelegenen Berg San Salvatore. Schießlärm gibt es übrigens keinen mehr. Info: Grand Hotel Villa Castagnola ⊚⊚⊚⊚, Viale Castagnola 31, Lugano, Tel. 091 973 25 55, www.villacastagnola.com

Blick aus dem Palazzo Gamboni in Comologno

Urlaub aktiv

Gute Beweggründe

Das sportliche Angebot in der Tessiner Seen- und Berglandschaft umfasst (fast) alles – hier kommen von Genusswanderern bis Spitzensportler alle auf ihre Kosten.

WANDERN

Hermann Hesse war nach eigenem Bekunden »ein kleiner, abgebrannter Literat«, als er 1919 ins Tessin übersiedelte. In seiner Wahlheimat blühte er auf und wurde der gefeierte Nobelpreisträger. Die Inspirationen fand er auf Wanderungen durch die abwechslungsreiche Landschaft.

Wandern kann man im Tessin, so weit einen die Füße tragen. Ein über 4 000 Kilometer langes Netz an gut beschilderten und gepflegten Wanderwegen erstreckt sich über die gesamte Region, vom tiefsten Punkt der Schweiz am Lago Maggiore bis hoch zu den alpinen Gipfeln. Die **Wanderwege** sind nach Schwierigkeit **klassifiziert** und markiert: **Gelbe Wegweiser** signalisieren leichte Routen, die mit Wanderschuhen begangen werden können, **Weiß-Rot-Weiß** steht für mittelschwere Strecken und **Weiß-Blau-Weiss** für anspruchsvolle hochalpine Routen, die nur mit guter Kondition, geeigneter Ausrüstung und ggf. mit einem Bergführer angegangen werden sollten. | Beschilderung

So dicht besiedelt die Gebiete in den Talböden und an den Seeufern sind, so einsam und wild ist die Natur in den Bergen und Tälern. Oft befindet man sich schon nach wenigen Gehminuten in einer unberührten Wildnis. Eine sorgfältige Routenplanung, eine angemessene Ausrüstung (Bergschuhe!) und genügend Proviant sind daher unabdingbar. Unfälle in den Bergen fordern jedes Jahr Todesopfer und Verletzte, wobei schon die kleinste Unachtsamkeit fatale Folgen haben kann. Wer in die Berge aufbricht, ist daher gut beraten, die App der Schweizer Rettungsflugwacht (REGA) auf sein Handy herunterzuladen. Aufgepasst: Nicht überall gibt es ein Handynetz! | Alpine Ausrüstung
Die Tessiner Berge scheinen auf der Karte nicht extrem hoch. Dabei übersieht man gerne, dass viele Orte bloß 300 m ü.d.M. liegen. Um einen Gipfel zu erklimmen, muss man daher oft 2000 oder mehr Höhenmeter überwinden. Vielfach überschreitet man bei einer Wanderung auch Höhenzüge, die in ein anderes Tal münden. Deshalb ist unbedingt darauf zu achten, dass man mit öffentlichen Verkehrsmit-

Auf den Spuren von James Bond: am Verzasca-Staudamm

teln wieder an den Ausgangspunkt zurückgelangt. Zwar sind fast alle Dörfer und Weiler in den Tälern mit dem **Postauto** erschlossen, jedoch gibt es oft nur wenige Verbindungen am Tag. Fahrplaninformationen: www.postauto.ch

Wander-Klassiker Tipps für Wanderungen und Karten erhält man an den Schaltern der örtlichen Tourismusämter, unter www.ticinosentieri.ch und www.ticino.ch/escursioni. Überaus reichhaltig und detailliert sind auch die Websites www.wandersite.ch und www.wandern.ch. Zu den Klassikern unter den Höhenwanderungen gehören der **Sentierone im Verzascatal**, die **Tour vom Monte San Salvatore hinunter nach Morcote**, die **Strada Alta** in der Leventina sowie die **Gratwanderung Monte Lema – Tamaro** (weitere Vorschläge ▶S. 122).

Auf weniger ausgetrampelten Pfaden wandelt man z. B. auf den Spuren von Hermann Hesse. In dem Taschenbuch **»Mit Hermann Hesse durchs Tessin«** beschreibt Regina Bucher, die Direktorin des Hesse-Museums in Montagnola, neun Spaziergänge, die zu den Orten führen, die dem Literatur-Nobelpreisträger am besten gefielen.

Wer sich für **Literatur und Wandern** interessiert, wird in Beat Hächlers (Herausgeber) »Das Klappern der Zoccoli« fündig. Seine 35 »Literatouren« verknüpfen Lese- und Wanderlust auf das Schönste miteinander.

ELDORADO FÜR BIKER

Das Wegnetz ist derart weit verzweigt, dass sich Wanderer und Velofahrer in den Tessiner Bergen kaum in die Quere kommen. Bei Bikern sehr beliebt ist der **Monte Tamaro**. Aber Achtung: Asphalt-Biker haben hier nichts verloren! Zu technisch und zu steil sind die Trails, die Weltklasse-Niveau haben, fanden hier doch 2003 die Downhill-Weltmeisterschaften statt. Wer allerdings sein Fahrgerät beherrscht, kommt voll auf seine Kosten. Nebst klassischen Mountain-bike-Strecken gibt es eine Downhill-Abfahrt von der Alpe Foppa bis zur Mittelstation, eine Freeride-Strecke von der Mittelstation bis zur Talstation in Rivera und einen Bike-Park bei der Mittelstation. Im Bike-Park, mitten in einem schönen Buchen- und Kastanienwald, können Mountainbiker mit diversen Tricks ihre Geschicklichkeit testen. Die künstlichen Hindernisse weisen vier Schwierigkeitsgrade auf: leicht, mittel, schwer und professionell.

Neben dem Monte Tamaro gibt es im Tessin noch eine Vielzahl von Tourenmöglichkeiten für Biker und Velofahrer. Auf asphaltierten Straßen sowie Forst- und Wanderwegen gelangt man von den Seen bis weit über die Baumgrenzen hinaus in schwindelerregende Höhen. Zahlreiche **Routenvorschläge** sowie eine Liste mit **Biker-Hotels** findet man auf der Website www.ticino.ch.

Wer nicht allzu fest in die Pedalen treten will, leiht sich ein E-Bike **E-Bike-Park**
aus. Der **E-Bike-Park Ticino** (www.e-bike-park.ch) besteht aus über
dreißig Vermietstellen an Bahnhöfen, in Hotels und auf Campingplätzen. Mit Unterstützung des Elektromotors gerät man auch in
steilem Gelände nicht außer Atem. Im Maggiatal, in der Magadino-
Ebene und am Fluss Ticino entlang gibt es zahlreiche Radwege, wo
das Velofahren wesentlich angenehmer und sicherer ist als auf den
verkehrsreichen und mitunter engen Hauptstraßen.

Trotz des hohen Verkehrsaufkommens auf den Straßen versteht sich **Terra di**
das Tessin als Terra di ciclismo (»Tessin – ein Fahrrad-Paradies«). **ciclismo**
Tatsächlich benutzen nur wenige Einheimische das Fahrrad, um zur
Arbeit oder zum Einkaufen zu fahren. In der Freizeit jedoch entwi-
ckeln die Tessiner eine beachtliche Leidenschaft für den Radsport.
Nicht von ungefähr fanden die Straßen-Weltmeisterschaften bisher
viermal im Tessin statt (1953, 1971, 1996 und 2009).

WEITERE ANGEBOTE FÜR DEN AKTIVURLAUB

Einen Adrenalinkick der besonderen Art kann man sich auf dem **James-Bond-**
Verzasca-Staudamm beim Bungee-Jumping holen. James-Bond- **Sprung**
Sprung heißt die Attraktion, die an einen der besten Stunts der Film-
geschichte erinnert: Bonds Sprung von der 220 m hohen Staumauer
im Film »Goldeneye« (1995). In der berühmten Szene schoss der
englische Topagent – gespielt von Pierce Brosnan – einen Anker auf
das Dach eines Gebäudes, bevor er dann an dessen Seil 200 m in die
Tiefe flog, um in ein verstecktes Giftgaslabor einzusteigen.
Auch die Realität ist Action pur: 7,5 Sekunden freier Fall, parallel zur
eindrucksvollen Staumauer. Die 380 m lange und 220 m hohe Staumauer ist die vierthöchste der Schweiz. Zuschauern bietet sich ein
besonderes Spektakel: Sie können sich der Absprungplattform in der
Mitte des Dammes bis auf wenige Meter nähern.

Die Staumauer aufwärts geht es am **Luzzone-Staudamm** im Blenio- **Klettern**
tal: Die 160 m hohe Betonmauer, mit 650 Griffen und Tritten gut
abgesichert und fünf Seillängen lang, ist die **längste künstliche**
Kletterroute der Welt. Die Schwierigkeiten steigern sich vom Wand-
fuß bis zum Ausstieg, das letzte Stück ist ein Überhang.
Für Anfänger geeigneter ist daher der **Klettersteig am Monte San**
Salvatore mit einem Höhenunterschied von 150 m auf 250 m Länge.
Die Via ferrata bietet viel Abwechslung und vor allem einen einzig-
artigen Blick auf Lugano. Eine Alternative, nicht nur bei schlechtem
Wetter, ist das **Klettercenter Evolution** in Taverne. Mit einer max.
Wandhöhe von 12 m bietet es über 6 000 Klettersteige und ist sowohl
für Fortgeschrittene als auch für Anfänger (auch Kinder) ideal.

Bouldering

Bouldern war ursprünglich bloß eine Trainingsform für Sportkletterer. Inzwischen hat sich daraus eine eigene Disziplin entwickelt, die Hobby- und Leistungssportler anzieht. Nicht das Erklimmen von Gipfeln oder von Felswänden steht hier im Vordergrund. Geklettert wird an unterschiedlich großen Felsblöcken mit **wenigen, aber kniffligen Kletterzügen** auf **kurzer Distanz**. Die Dörfer Cresciano und Chironico sind Bouldering-Paradiese.

Canyoning

Canyoning, also **einem Bachbett zu Fuß folgen**, lässt sich im Tessin an verschiedenen Orten ausüben. Neben der sportlichen Herausforderung geht es auch um das Erproben persönlicher Grenzen. Es ist ein Bergsport für Wasserfreunde mit Rutschen und Sprungmöglichkeiten bis zu 20 m. Im Verzasca- und Onsernonetal gibt es Strecken für Anfänger, während die Tour in Cresciano nördlich von Bellinzona nur wagen sollte, wer seine Fähigkeiten bereits tüchtig erprobt hat.

Tauchen

Am **Lago Maggiore** gibt es gleich mehrere interessante Tauchplätze: Vor San Nazzaro liegen einige Wracks, u. a. Hubschrauber, Boote und alte Flugzeuge. Darüber hinaus gibt es ein künstliches Riff in Magadino und die beeindruckenden Steilwände von Brissago. Ein besonderes Erlebnis ist das **Flusstauchen**. Populär sind die Verzasca, die wegen der Strömung nur Fortgeschrittenen zu empfehlen ist, und die Maggia für Tauchanfänger.

Baden

Die Flüsse und Seen laden natürlich auch zum Baden ein. Fast jede Gemeinde am Luganersee oder am Lago Maggiore verfügt über einen Lido mit Liegewiesen, Duschen, Umkleidekabinen und Verpflegungsmöglichkeiten. Ebenfalls sehr beliebt sind die lauschigen Badeplätze an den Flüssen Verzasca und Maggia, die aber aufgrund der Strömung heimtückisch sind. Das glasklare Wasser, das im Laufe der Zeit tiefe Wannen in den Felsen geschliffen hat, bietet traumhaft schöne Badeplätze, und die glatten Felsen laden zum Sprung ins kühle Nass ein. In Ponte Brolla findet im Juli die **Cliff Diving World Tour** statt: Von einer über 20 m hohen Plattform tauchen die Springer in die Maggia (►S. 321). Für Hobbyspringer gilt indes die Faustregel: vor einem Sprung stets die Tiefe des Wassers überprüfen! Auf der Website www.ti.ch/fiumi informieren die Tessiner Behörden über die Gefahren des Badens im Fluss.

Wassersport und Entspannung

Rudern, Segeln und Surfen wird auf dem Luganersee und dem Lago Maggiore seit jeher praktiziert, entsprechend umfassend ist die Angebotspalette. Groß in Mode ist seit einiger Zeit das **Stand-up-Paddeln**. Bei dieser Sportart steht man aufrecht auf einem Surfbrett und bewegt sich mit einem Paddel fort. Am Strand von Figino gibt es Leihboards und Unterricht. Das Lido di Locarno und das im Juni 2013 eröffnete Splash & Spa Tamaro, zwei ganzjährig geöffnete **Was-**

Nur für geübte Flusstaucher: in der Verzasca beim Ponte dei Salti

serparks**, gehören zu den modernsten in Europa. Wunderbar entspannen kann man auch in den **Spas der Luxus-Hotels**. Die Wellness-Bereiche der Hotels Eden Roc, Giardino, Castello del Sole, Villa Orselina oder des Kurhauses Cademario stehen auch auswärtigen Besuchern offen.

Der 1928 eingeweihte **Golfplatz von Ascona** mit 18 Bahnen, einer der schönsten Anlagen der Schweiz, befindet sich auf dem Schwemmland der Maggia, mitten in einer natürlichen Landschaft zwischen alten Bäumen. Als Alternative lockt der nur wenige Kilometer entfernte 18-Loch-Championship-Course des **Golf Gerre Losone**. Der dritte Golfplatz, ebenfalls mit 18 Löchern, befindet sich in **Caslano** bei Lugano. Alle drei Plätze sind das ganze Jahr über geöffnet. **Minigolf-Anlagen** sind für eine Feriendestination längst eine Selbstverständlichkeit. Die 1954 von der Familie Graf in Ascona eröffnete Anlage ist allerdings die älteste der Welt. Tochter Miranda Graf gewann 1991 den ersten WM-Titel der Frauen in dieser Disziplin.

Golf

Während man im Lago Maggiore und im Lago di Lugano ganzjährig angeln kann, ist dies in anderen Gewässern lediglich von Anfang April bis Ende September gestattet. Voraussetzung ist der Erwerb eines **2 oder 7 Tage gültigen Touristen-Fischerpatents** (patente turistica), erhältlich in Gemeinde- oder Fremdenverkehrsbüros. Das Angeln in den Bergseen ist auch bei Einheimischen ein beliebter Zeitvertreib im Sommer. Am Laghetto Audan in Ambrì gibt es eine Fischzucht, hier kann man auch eine Angelausrüstung mieten.

Angeln

Die Eisheiligen

Vergessen Sie die Rivalität zwischen Schalke 04 und Borussia Dort-
mund oder zwischen AC Milan und Inter Mailand! Die Stimmung
beim Derby zwischen Ambrì-Piotta und Lugano stellt alles in den
Schatten. Die Rede ist hier aber nicht vom Fußball, sondern vom
Eishockey, der Lieblingssportart der Tessiner.

Der HC Ambrì-Piotta ist mehr als nur der populärste Dorfverein der Schweiz. Der **Klub aus der Leventina ist ein Mythos**. Der ehemalige Trainer Pierre Pagé, ein Kanadier mit NHL-Erfahrung (NHL = National Hockey League, Eishockey-Profiliga in Nordamerika), brachte das Phänomen HCAP auf den Punkt: »Beating the odds« – das Unmögliche möglich machen. Dieses Motiv prägt den Verein der beiden Dörfer Ambrì und Piotta seit seiner Gründung am 19. September 1937, als eine Gruppe junger Männer den Entschluss fasste, den ersten Eishockey-Klub des Kantons zu gründen – ohne Geld, ohne Sportdress, ohne Eisbahn, aber mit viel Enthusiasmus.

Zwei Welten

Dass der Klub zu einer Institution wurde, verdankte er der Rivalität mit dem 1941 gegründeten Hockey Club Lugano. Am 11. Dezember 1964 kam es zum ersten Derby: 6:3 gewann der HCAP. Seitdem prallen bei »il derby« **zwei Welten** aufeinander. Das 398-Seelen-Dorf gegen die Bankenstadt, Schattental gegen Sonnenstube, klein gegen groß, Herz gegen Geld, Ambrì gegen Lugano. Das Faszinierende an dem ungleichen Duell: Man weiß nie, wie es ausgeht.

Denn die Bergler wissen sich zu wehren. Obwohl die Eishalle Valas-cia im Winter zwei Monate lang im Schatten der finsteren Gebirgskegel liegt, agieren die Spieler oft erstaunlich weitsichtig. So war Ambrì 1971 der erste Klub Europas, der einen Profi aus Übersee einflog: den Kanadier Andrew James Bathgate, damals 39 Jahre alt und gestählt von 1068 Einsätzen in der NHL. Sogar die New York Times widmete Bathgates neuem Arbeitsort eine ganze Seite: »Bathgates Stern geht über den Alpen auf.« Das Honorar des Stars (90 000 Franken) spielte Ambrì in einem einzigen Freundschaftsspiel wieder ein. Der Gegner hieß, na logisch, Lugano!

Auch im südlichen Kantonsteil ließ man sich nicht lumpen. Dank der Millionen des Mäzens Geo Mantegazza wurde der HC Lugano 1986 erstmals Schweizer Meister. In der darauf folgenden Saison siegte der HC Ambrì-Piotta. Nach dem Derby-Sieg in Lugano legte der HCAP-Trainer Roland von Mentlen den 87 km langen Heimweg zu Fuß zurück. Dies erzürnte den HC-Lugano-Trainer John Slettvoll derart, dass er sich einen Rache-Plan überlegte. Lugano engagierte eigens den schwedischen Haudegen Mats Hallin, der nur eine Aufgabe hatte: Unruhe zu stiften. Hallin löste im Januar 1987 in der Valascia eine Massenschlägerei aus, die zwanzig Minuten dauerte!

Ganz oben – ganz unten

Einen faszinierenden Schlagabtausch lieferten sich die beiden Klubs auch in der Saison 1998/99, als sie in den Playoff-Finals den Schweizer Meister unter sich ausmachten. Ambrì, das die Qualifikation souverän auf Rang eins beendet hatte, zog zwar den Kürzeren. Doch der zweite Rang ist neben dem zweimaligen Gewinn des europäischen Continental-Cups (1999 und 2000) der Höhepunkt in der Vereinsgeschichte. An diesen Erfolgen wäre der Klub aber beinahe zugrunde gegangen, denn man musste den Spielern Prämien bezahlen und das Publikum mit teuren Stars bei Laune halten, so wie in Lugano, das 2006 seinen siebten (und bisher letzten) Meistertitel feierte. Mit anderen Worten: Ambrì griff nach den Sternen und fiel dabei auf die Nase. Seitdem kämpft man beim HCAP jede Saison sportlich und finanziell ums Überleben.

Sehnsucht nach der Leidenschaft des Südens

Dass der Klub nicht zugrunde ging, verdankte er nicht zuletzt der Treue seiner Fans. 90 % legen zu einem Heimspiel mit dem Auto über 50 Kilometer zurück. Gut die Hälfte reist aus der Deutschschweiz an. Für Willi Ingold, einen Fan aus Biel, der ein Buch über den Klub geschrieben hat, drückt die Begeisterung der Deutschschweizer für den HCAP auch die Sehnsucht der Bevölkerung im Norden nach dem Süden aus, nach dessen Leidenschaftlichkeit. Tatsächlich gibt es in europäischen Stadien nur wenige Momente mit einem höheren Gänsehaut-Faktor, als wenn die Curva Sud nach einem Sieg »La Montanara« anstimmt.

Das »Lied der Berge« ist das Gegenstück zum Klagelied, das man im Tal oft hört: Die Zentralisierung des Landes hat die Leventina zu einer der strukturschwächsten Regionen der Schweiz gemacht. Züge halten in Ambrì schon längst keine mehr (im blau gestrichenen Bahnhofsgebäude ist jetzt die Geschäftsstelle des HCAP untergebracht). Bahn, Post und Armee bauten Stellen ab, das Stahlwerk Monteforno schloss die Tore, und die Autobahn versetzte vielen Gasthäusern entlang der Kantonsstraße den Todesstoß. An Spieltagen aber lebt das Dorf im Niemandsland wieder auf. Bis zu 8000 Zuschauer hauchen Ambrì dann Leben ein. Der **HCAP ist der letzte Hoffnungsträger** für das Tal, dem die Hoffnung längst abgekommen ist. Ambrì bedeutet Leben. »Non moriremo mai!«, »wir werden niemals sterben«, haben die Fans auf ein Plakat geschrieben. Mythen sind ebenunsterblich.

Weitere Informationen:

Der HC Ambrì-Piotta und der HC Lugano spielen in der höchsten Schweizer Liga (Informationen über beiden Profiligen A und B: www.nationalleague.ch).

Die Eishockey-Saison dauert von September bis April. Die Anstoßzeiten findet man auf den Webseiten der beiden Klubs: www.hcap.ch und www.hclugano.ch.

Die Derbys werden im Fernsehen der italienischen Schweiz live übertragen, www.rsi.ch.

Eishockey ist in der Schweiz ähnlich beliebt wie Fußball; hier ein Spiel des HCAP gegen den HC Davos im September 2014.

Reiten Vom kurzen Ausritt bis zum Alpentrekking zu Pferd – Reitern stehen viele Möglichkeiten offen. Zahlreiche Reithöfe (scuderie) bieten geführ-te und ungeführte, kurze und ausgedehnte Ausritte an, z. B. die **Ranch Amlögna** im Maggiatal oder die **Scuderia La Bolla** in Quartino auf der Magadino-Ebene. Auch La Bolla hat Horsetrekking im Programm: Der Ausritt auf den 1962 m hohen Monte Tamaro dauert zwei Tage.

Hike & Fly Nur fliegen ist schöner … Die Mountain-Glider führen kleine Grup-pen beim Hike & Fly zuerst den Berg hinauf. Schon nach 45 Minuten erreicht man Startpunkte, aber es gibt auch längere Wanderungen und Mehrtagestouren. Anschließend geht's per Tandemflug ins Tal. Den schweißtreibenden Aufstieg erspart man sich, wenn man mit der Bahn auf den Cardada oder Monte Generoso hochfährt, zwei beliebte Startpunkte für Hängegleiter.

Trekking Wer der Zivilisation überdrüssig ist, kommt auf der **Via alta Valle-maggia** in den Genuss von Natur pur. Dieser 50 km lange alpine Wanderweg von Locarnos Hausberg Cardada nach Fusio im Laviz-zaratal dauert sechs Tagesetappen. Drei der fünf Hütten sind unbe-wirtet, die Belohnung ist eine der schönsten Gratwanderungen im Tessin, stets in einer Höhe zwischen 1500 und 2500 m (▶S. 121).

Ähnlich aussichtsreich ist die **Via alta della Verzasca**, die fünf Hütten in vier Tagesetappen verbindet. Die Anforderungen sind hoch, zwei Etappen weisen den höchsten Schwierigkeitsgrad (T 6) auf. Doch das Erlebnis ist einzigartig, »zwischen Ziegen und Gemsen über ausgesetzte Grate balancieren, abschüssige Grashänge queren, weitläufige Blockfelder durchschreiten, über Felspassagen kraxeln – an der Grenze zwischen klassischem Bergwandern und traditionellem Bergsteigen« (so beschreibt Marco Volken diese Tour).

Wintersport

Das Tessin ist zwar ein Bergkanton, aber seine **Skigebiete** halten dem Vergleich mit alpinen Wintersportzielen wie St. Moritz, Gstaad, Adelboden oder Zermatt nicht stand. Wer keine allzu großen Ansprüche hat, kommt auf den Pisten in Airolo, Carì, Nara und im Walserdorf Bosco Gurin dennoch auf seine Kosten.

Yoga-Weg im Kraftort

Ein besonders erholsames Erlebnis bietet der **Sentiero dello Yoga** (»Yoga-Weg«) in Vairano in den Wäldern des Gambarogno hoch über dem Lago Maggiore. Inmitten jahrhundertealter Bäume sind neun Plattformen aus Kastanienholz und Steinen für Yoga-Übungen eingerichtet. Der Weg beginnt beim Hotel (www.b-yoga.ch).

Adressen

BOULDERING

Infos zu den Bouldering-Gebieten in Cresciano, Chironico und im Gotthard-Gebiet findet man unter www.ticinoboulder.ch

Rock Shop

Ponte Brolla
Via Vallemaggia 215
Tel. 091 780 75 65
www.rock-shop.ch

BUNGEE-JUMPING
Trekking Team

Centovalli, Tegna, Casa Rosina
Tel 091 780 78 00 und
▶Verzascatal, S. 296
www.trekking.ch

CANYONING
Indepth Outthere
Adventures

Gordola, Vicolo Cappella

Tel. 078 614 98 77
www.indepthoutthere.com

Canyoning Adventure

Roman Hutzli
Preonzo, Casa Cadola
Tel 078 740 69 96
www.canyoningadventure.ch

SwissChallenge

Al Boschétt
Cresciano
Tel. 076 325 28 82
www.swisschallenge.ch

GOLF
Golf Club Lugano

Magliasco, Via Boett
Tel. 091 606 15 57
www.golflugano.ch

Golf Club Patriziale Ascona

Ascona, Via Lido 81

Tel. 091 785 11 77
www.golfascona.ch

Golf Club Gerre Losone

Losone
Contrada San Giorgio 7
Tel. 091 785 10 90
www.golflosone.ch

Scuola di Golf Locarno

(Golfschule)
Locarno, Via Respini
Tel. 091 752 33 53
www.golflocarno.ch

HIKE & FLY / PARAGLIDING
Fly with MoutainGliders

Tel. 079 761 51 06
www.mountaingliders.com

Para Centro Locarno

Flughafen Locarno
Gordola
Tel. 091 745 26 51
www.paracentro.ch

Paramania Flying school

Renato Wüst
Sant'Antonino, Via Essagra
www.paramania.com

KLETTERN
Scuola Svizzera di alpinismo

(Kletterschule)
Massagno
Gradinata Pometta 3
Tel. 079 740 39 80
www.guidealpineticino.ch

Evolution – Centro di arrampicata

Taverne, Via Vedeggio 7
Tel. 091 930 91 18
www.evolutioncenter.ch

Sportklettern Luzzone Staudamm

Blenio Turismo, Olivone
Tel. 091 872 14 87
www.blenio.ch

Palestra di Roccia

Bellinzona, Via Pedemonte
Tel. 091 826 13 31
www.abctrackingteam.com

MINIGOLF
Minigolf Ascona

Ascona, Via Rotundo 8
Tel. 091 791 53 89
www.mcascona.ch

REITEN
Scuderia La Bolla

Quartino
Tel. 091 858 03 95

Leventina Western

Eva Cotti Cottini
Osco, Piazza Münicipi 5
Tel. 079 506 78 02
www.leventinawestern.ch

Ranch Amlögna

Fam. Maccarinelli
Maggia
Tel. 091 753 28 53 und
079 221 62 78

Agriturismo Pianaselva

Faido, Tel. 091 867 15 46
www.pianaselva.ch

STAND UP PADDLE
Lugano Stand up Paddle

Lido di Barbengo-Figino
Tel. 079 388 62 69
www.lugano-sup.ch

The Watersports Tenero

Tenero, Via Lido

Tel. 079 685 58 17
www.watersports.ch

TAUCHEN
Gruppo Sub Verzasca
Lavertezzo
Tel. 091 746 17 23
www.grupposubverzasca.ch

Tauchclub Ascona
Ascona, Vic. Pasini 12
Tel. 091 791 11 88
www.subascona.com

Planet Sea
Viganello/Lugano
Tel. 079 452 73 72
www.planetsea.ch

TREKKING
Via Alta Vallemaggia
Infopoint Valle Maggia
Tel. 091 753 18 85
www.viaaltavallemaggia.ch

Via Alta Verzasca
Società escursionistica verzaschese
www.fondazioneverzasca.ch

WASSERSPORT
Circolo Velico Agno
Agno, Via Rivera
Tel. 079 560 36 06
www.circolovelicagno.ch

Yachtsport Resort Brissago
Brissago, Al Lago
Tel. 091 793 12 34
www.yachtsport-resort.com

Lido di Locarno
Locarno, Via Respini 11
Tel. 091 759 90 00
www.lidolocarno.ch

Lido di Lugano
Cassarate, Viale Castagnola
Tel. 058 866 68 80
www.lugano.ch/sport

Asconautica
Ascona, Via Albarelle 6
Tel. 091 791 51 85
www.asconautica.ch

Ospizio S.Gottardo 2090 m

Val Tremola –
Motto Bartola 1 ora 10
Airolo 2 ore

Sentiero alto Val Bedretto –
Cap. Piansecco CAS 3 ore 50 min
Alpe di Cruina 5 ore 15 min
Cap. Corno Gries CAS 6 ore 15 min

Sentiero alto Val Bedretto: Discese a valle
Villa 3 ore 15 min
Bedretto 3 ore 45 min
Ronco 3 ore 45 min
All'Acqua 4 ore 35 min

Passo S.Gottardo 10 min
Brüggloch TI/UR 45 min
Hospental 2 ore

Alpe di Lucendro 1 ora 10 min
Passo di Lucendro 2 ore 10 min
Motto Bartola 4 ore 30 min
Airolo 5 ore 30 min

Laghi d'Orsirora 2 ore
Giro: 3 ore 45 min
Passo d'Orsirora 2 ore 25 min
(Gatscholalücke)
Realp (Urseren) 4 ore 30

Lago della Sella 45 min
Giübin (2776 m) 2 ore 45 min
Passo della Sella 2 ore 45 min
Andermatt 6 ore

Passo Scimfuss 1 ora
Pontino 2 ore
Airolo 3 ore 35 min
Piora (Ritóm) 4 ore 30 min

TOUREN

Über alpine Passstraßen im Norden des Tessin oder durch die mediterrane Landschaft des Südens, durch enge Täler oder entlang der Ufer von Lago Maggiore und Lago di Lugano – Vorschläge für abwechslungsreiche Wege durch das Tessin.

Touren durch das Tessin

Sie wissen noch nicht, wo es langgehen soll? Quer durch den mediterranen Süden des Tessin oder lieber in den alpinen Norden? Auf den folgenden Seiten stellen wir drei besonders schöne Touren sowie fünf besonders schöne Wanderrouten durch das Tessin vor.

Tour 1   **Das alpine Tessin**
Von Bellinzona durch das Bleniotal in die Alpen. Über den Lukmanierpass nach Graubünden und über den St.-Gotthard-Pass zurück ins Tessin. Eine Route mit Serpentinen ohne Ende und kulturhistorischen Besonderheiten am Wegesrand.
►Seite 114

Tour 2   **Italianità am Luganer See**
Immer entlang der Küstenstraße des südlichen Luganersees. Von Riva San Vitale mit dem frühchristlichen Battistero sind es nur wenige Kilometer zum Monte San Giorgio, gleichwohl mehrere Hundert Millionen Jahre zurück in die Vergangenheit: Einzigartige Fossilienfunde machten aus dem Berg ein Weltnaturerbe der UNESCO.
►Seite 117

Tour 3   **Zwischen mondänem Leben und alpiner Stille**
Von der Kulturstadt Locarno am Lago Maggiore geht es in das ruhige, beengte Centovalli und über die Grenze nach Italien. Über Cannobio, Brissago und Ascona – immer direkt am See – führt der Weg von der Einsamkeit zurück in das quirlige Locarno.
►Seite 119

Zu Fuß durch das Tessin: Wandern auf »höchstem Niveau«
Fünf Vorschläge für besonders schöne Wanderrouten
►Seite 120

Unterwegs im Tessin

Das Tessin ist nicht groß, jedoch durch mehrere, meist parallel zueinander verlaufende Täler, die fast alle im Gebirge enden, gekennzeichnet. So bleibt kaum etwas anderes übrig, als das Tal hinauf- und auf derselben Straße wieder zurückzufahren. **Rundtouren** sind durchaus machbar, wenn man sie mit einem Abstecher ins angrenzende Italien oder einem Umweg über ein Tal der nördlich gelegenen Kantone Uri und Graubünden verbindet. Die vorgeschlagenen Routen, von denen eine den gebirgigen Norden – das Sopraceneri – und zwei den Tessiner Süden – das Sottoceneri – erschließen, lassen sich problemlos an einem Tag und – mit Ausnahme der Route 1 – zu jeder Jahreszeit bewältigen.

Verkehrsmittel, wo nächtigen? Das Verkehrsmittel der ersten Wahl ist in unseren Zeiten der eigene fahrbare Untersatz, ob Auto, Motorrad oder Campingmobil. Damit ist man sowohl für einen »nomadischen« Urlaub wie für Ausflüge und Erkundungen von einem Standort aus bestens gerüstet. Es sei hier aber auch eine Lanze für die Benützung öffentlicher Verkehrsmittel gebrochen. Das Schweizer Bahnnetz ist exzellent, und mit dem Postauto sind auch entlegene Täler zu erreichen. Der Gewinn ist das Urlaubsgefühl: sich chauffieren lassen, Zeit haben, sich in Ruhe die herrliche Landschaft zu Gemüte führen und dann und wann, durch ein nettes Gespräch, mehr über das Tessin erfahren.

Unterkunft, egal ob in Pensionen, Hotels, auf Campingplätzen, in Ferienhäusern oder auf dem Bauernhof, ist überall zu finden, Auskunft ▶S. 93f.

Tour 1 Das alpine Tessin

Start und Ziel: Bellinzona   **Länge:** ca. 200 km
Dauer: 1 Tag

Die Tagestour verläuft durch die nördlichsten Täler des Tessin, überwindet zwei Alpenpässe – den Lukmanier- und den St.-Gotthard-Pass – und berührt mit Biasca und Giornico zwei kulturhistorisch bedeutende Ortschaften.

Von Bellinzona nach Norden Ausgangspunkt dieser Route, die auch in die benachbarten Kantone Graubünden und Uri führt, ist die Tessiner Kantonshauptstadt ❶**✶✶Bellinzona**. Ihre drei vorbildlich restaurierten Burgen sind von der UNESCO zum Kulturerbe von weltweiter Bedeutung erklärt worden. In Arbedo, am stark industrialisierten Nordrand von Bellin-

zona, überquert man den Ticino in Richtung Gorduno, um am westlichen Ufer des Flusses durch die **Riviera** gegen Norden zu fahren.

Durch das Valle di Blenio

Am Nordausgang des Städtchens ❷**Biasca**, das von der romanischen Kirche **Santi Pietro e Paolo** beherrscht wird, folgt man der
Straße ins * **Bleniotal** (Valle di Blenio). Sehenswert ist nach Malvaglia und dem ehemaligen Kurbad Acquarossa das Heimatmuseum
Museo di Blenio in Lottigna. Von Acquarossa aus sollte man aber
auch einen Abstecher auf die gegenüberliegende Talseite machen, zur
romanischen, freskenreichen Kirche **San Carlo Negrentino** oberhalb von Prugiasco. Im sehr hübsch gelegenen Dorf ❸*Olivone
verdient das Heimatmuseum Cà da Rivöi einen Besuch.

Über den Lukmanier-pass

Bei der Weiterfahrt in Richtung Lukmanier überwindet die Straße in
mehreren Kehren die Bergstufe von Camperio, während sich nach Osten prächtige Ausblicke auf das Adulamassiv auftun. Der Passo di Lucomagno (Lukmanierpass), mit 1916 m ein eher niedriger Schweizer
Alpenpass, wird nach Möglichkeit auch im Winter offen gehalten. Er
bildet die Wasserscheide Tessin/Po und Rhein und dazu die Sprach-
grenze zwischen italienischem und rätoromanischem Gebiet. Durch
das karge Val Medel geht es, nunmehr in Graubünden, abwärts nach
❹**Disentis/Muster** mit der einem Benediktinerkloster angeschlossenen Kirche St. Martin. Nun fährt man in westlicher Richtung 20 km
durch ein von hohen, teilweise vergletscherten Bergen eingeschlossenes
Tal hinauf zum 2044 m hohen Oberalppass, der gewöhnlich von November bis Mai gesperrt ist; doch in dieser Zeit können Autos per Bahn
von Sedrun bis Andermatt transportiert werden. Über mehrere Kehren
geht es zum Luftkurort ❺**Andermatt** (1436 m) hinab, einem bedeutenden Verkehrsknotenpunkt der Schweizer Alpen, wo sich die Straßen
vom Furkapass, vom St. Gotthard und vom Oberalppass kreuzen.

Auf den St. Gotthard

In Hospental, 3 km südwestlich von Andermatt, gabelt sich die Straße: Rechts geht es zum Furkapass weiter, links auf den 2108 m hohen
Gotthardpass mit einem kleinen See und dem interessanten Museo
Nazionale del San Gottardo auf der Passhöhe. Bei der Abfahrt vom
❻**St. Gotthard** nach ❼**Airolo** bieten sich schöne Ausblicke auf
das Val Bedretto. Bei schlechten Witterungsverhältnissen kann man
den Gotthardpass mit dem Straßentunnel zwischen Göschenen und
Airolo unterfahren. Von Airolo – hier lohnt die Besichtigung des
Forts und einer Käserei – geht die Fahrt durch die **Leventina** abwärts. In Rodi-Fiesso ist das ehemalige Zollhaus Dazio Grande zu
einem Kulturzentrum ausgebaut worden. Im Dorf ❽**Giornico**
steht die romanische Kirche San Nicolao, einer der interessantesten
Tessiner Sakralbauten. 9 km nach Giornico kehrt man wieder nach
Biasca und auf der Kantonsstraße Nr. 2, die am östlichen Ticinoufer
verläuft, nach Bellinzona zurück.

Italianità am Luganer See   **Tour 2**

Start und Ziel: Bissone   **Länge:** ca. 60 km
Dauer: 1 Tag

Schon der Ausgangsort Bissone stimmt mit seiner Uferpromenade und den gemütlichen Lauben ganz in die sehr italienische Atmosphäre ein, die man bei dieser Rundfahrt um den
südlichen Teil des Luganer Sees in sich aufnehmen kann. Da
die Fahrt auf der Küstenstraße erfolgt, sind prachtvolle Blicke
auf den See garantiert.

Von Bissone nach Capolago

Auf den ersten 2 km von ❶ **Bissone** nach Maroggia verläuft die Straße – bei herrlichen Ausblicken auf ****Morcote** und ***Vico Morcote** auf der gegenüberliegenden Seeseite – direkt am Ufer entlang, um dann – nach einigem Wettstreit mit Autobahn und Bahnlinie – bei **Capolago** wieder an den See zurückzukehren, den man jetzt die nächsten 20 km nicht mehr verlässt.

Zum Monte San Giorgio

Am Ortseingang von Capolago biegt man rechts in die Straße nach ❷ ****Riva San Vitale** ab, das von der hohen Renaissancekuppel der Kirche Santa Croce beherrscht wird. Noch berühmter als diese Kirche ist das frühchristliche Baptisterium dieser Ortschaft, unter dessen Lauben man sich einen (fast) italienischen Espresso schmecken lassen sollte. Dann wird es stiller. Der knapp 1100 m hohe ****Monte San Giorgio** drängt die Straße dicht ans Seeufer heran und lässt unterwegs nur Platz für das malerische Fischerdörfchen ❸ **Brusino-Arsizio**. Lohnend ist die Seilbahnauffahrt zum Luftkurort Serpiano am Hang des Monte San Giorgio.

Abstecher nach Italien

9 km hinter Riva San Vitale ist Italien erreicht, nach weiteren 1,5 km das Städtchen ❹ **Porto Ceresio**, ein beliebter Fremdenverkehrsort am südlichen Luganersee. Bei immer prachtvollen Seepanoramen erreicht man die Ortschaft Lavena, die sich in den See vorschiebt und fast den Monte Caslano am anderen Seeufer zu berühren scheint. Malerisch ist der aus dem Mittelalter stammende Ortsteil Castello. Lavena bildet eine Gemeinde zusammen mit ❺ **Ponte Tresa** (10 km von Porto Ceresio), das durch den Fluss Tresa und die italienisch-schweizerische Grenze geteilt wird.

Brusino-Arsizio, hübsches Fischerdorf am Luganersee

Wieder in der Schweiz, fährt man über **Caslano** (mit einem besuchenswerten Schokoladenmuseum), Magliaso und Agno Richtung Gentilino, dann jedoch am Ufer der Halbinsel **Ceresio** entlang. In der Ortschaft ❻**Morcote** laden der exotische Parco Scherrer am See und die Renaissancekirche Santa Maria del Sasso hoch oben am Hang zum Besichtigen ein, die vielen gemütlichen Trattorien unter den Lauben zur Einkehr. Weiter am Seeufer entlang und über **Melide** mit seiner Swissminiaturanlage kehrt man nach Bissone zurück.

Halbinsel Ceresio

Zwischen mondänem Leben und alpiner Stille   Tour 3

Start und Ziel: Locarno   **Länge:** ca. 80 km
Dauer: 1 Tag

Diese Route führt vom hektischen Treiben Locarnos ins Centovalli und am Ufer des Lago Maggiore zurück zum Ausgangspunkt. Auf den engen Straßen durch das Centovalli und Valle Cannobina braucht man mehr Zeit, als die 80 km der Rundfahrt glauben machen.

Man verlässt ❶****Locarno**, die mondäne Kultur- und Shoppingstadt am nördlichen Lago Maggiore, auf der Straße in Richtung ***Maggiatal**. An der ❷**Ponte Brolla**, unter der die Maggia schäumt, biegt man links in das ***Centovalli** ab, wo es auf einen Schlag ruhiger und sehr viel schlichter wird. Das Dorf Verscio bietet abendliche Attraktionen, wenn der weltberühmte **Clown Dimitri** hier in seinem Theater auftritt. In Cavigliano fährt man links und dringt in das immer enger werdende und sehr grüne Centovalli vor.

Von Locarno ins Centovalli

Der Ort ❸**Intragna** hat das Museo Regionale delle Centovalli und für Extremsportler Bungeesprünge von der Bahnbrücke zu bieten. Bei Ausblicken auf die Bahnlinie, die sich mehrmals mit der Straße kreuzt, gelangt man nach ❹**Verdasio**. Von hier bietet sich die Möglichkeit, mit einer Seilbahn nach Rasa, mit einer anderen auf den Monte Comino zu gelangen. Weiter hinten im Centovalli ist ein Abstecher nach Palagnedra lohnend, wo Antonio di Tradate in der Pfarrkirche San Michele wertvolle Fresken (15. Jh.) hinterlassen hat.

Centovallibahn – ein steter Begleiter

Nach Camedo folgt man dem nun italienischen Val Vigezzo über den viel besuchten Marienwallfahrtsort Rè bis ❺**Santa Maria Maggiore**, einem wunderschön von Wiesen und Wäldern umgebenen Fremdenverkehrsort. Volkskundlich und geschichtlich sehr interessant ist

Abstecher nach Italien

das Museo dello Spazzacamino (Schornsteinfegermuseum) im Ort. Das schmale, tief eingeschnittene und kurvenreiche Valle Cannobina, das bei Malesco östlich von Santa Maria Maggiore abzweigt, führt nach 25 km in die Ortschaft ❻ **Cannobio**, am westlichen, italienischen Ufer des ****Lago Maggiore**. Unterwegs (etwa 2,5 km vor Cannobio) biegt links ein Sträßchen zur Kirche Sant'Anna und zur eindrucksvollen Schlucht Orrido di Sant'Anna ab. Von Cannobio, das sich mit Lauben und alten Palais dem See zuwendet, fährt man am Seeufer in nördlicher Richtung weiter. Nach der schweizerischen Grenze berührt man ❼ **Brissago** mit der Renaissancekirche Madonna del Ponte und den dem Ort vorgelagerten, blühenden ****Isole de Brissago**, um dann über ❽ ****Ascona** wieder nach Locarno zurückzukehren.

Zu Fuß durch das Tessin

Von den belebten Touristenorten führen Fußwege in einsame Höhen, durch abgelegene Täler, entlang ungezähmter Flüsse und in stille Dörfer, wo Granit und Gneis das Ortsbild bestimmen. **Einige Wandervorschläge** erfordern Zeit, Muße und eine gute Kondition – belohnt wird man mit unvergesslichen Eindrücken.

Sentierone: auf den Spuren der schwarzen Brüder

Der Sentierone entlang der Verzasca ist einer der Top-12-Wanderwege der Schweiz. Der Name bedeutet so viel wie »langer Weg« und man braucht eine gute Kondition, will man auf dem alten Saumpfad von Tenero am Lago Maggiore nach Sonogno im hinteren Verzascatal wandern, beträgt die Distanz doch 25 km. Die traumhafte Idylle,

die man entlang der smaragdgrünen Verzasca mit unzähligen Badeplätzen genießt, steht im Gegensatz zur traurigen Vergangenheit des
Tals. Bis ins 20. Jh. hinein haben die armen Bauern ihre Kinder im
Winter nach Mailand geschickt, wo sie als lebendige Besen die Kamine der Fabriken reinigen mussten. Lisa Tetzner hat den **Spazzaca-
mini** in ihrem 1941 erschienenen Jugendroman »Die schwarzen Brüder« ein literarisches Denkmal gesetzt.
Start: Tenero, Ziel: Sonogno, Länge: ca. 25 km, Dauer: 1 bis 2 Tage;
die Wanderung kann jederzeit unterbrochen oder in Etappen unterteilt werden, unterwegs gibt es viele Haltestellen des Postautos.

Via Alta Vallemaggia: Rock-Hopping

Die Höhenroute, die im Sommer 2010 eingeweiht wurde, führt oft
weglos, immer aber ausgezeichnet markiert, über und entlang der
felsigen Grate zwischen dem Maggia- und Verzascatal von Cardada,
dem Hausberg von Locarno, nach Fusio im hintersten Maggiatal,
oder in umgekehrter Richtung. Die Via alta Vallemaggia bewegt sich
meistens im Alpinwanderbereich, führt oft über Schutt und Geröll,
über Gipfel und ausgesetzte Grate, entlang von steilen Gras- und Ge-
röllhängen. Trittsicherheit, Schwindelfreiheit, eine sehr gute Kondition und einwandfreie Wetterverhältnisse sind Voraussetzung für die
50 km lange Strecke. Als Belohnung winken einsame Gipfel und beeindruckende Felslandschaften in einer für die Schweiz kaum mehr
für möglich gehaltenen Abgeschiedenheit sowie Übernachtungen in
einigen der schönsten Tessiner Berghütten, welche die harten Wan-
derstrapazen immer wieder in den Hintergrund drängen.
Start: Locarno, Ziel: Fusio, Länge: 50 km, Dauer: 6 Tage; www.viaalta
vallemaggia.ch

Kastanien-weg: Wandern und Sammeln

Der **Sentiero del castagno** zieht sich durch die schönsten Winkel
des Malcantone, des hügeligen Hinterlands von Lugano. Er führt von
der Kirche San Michele in Arosio über die Dörfer Mugena, Fescoggia, Vezio, Caroggio und Mugena zurück an den Ausgangspunkt. Am
besten begeht man ihn im Herbst, wenn man das Wandern mit dem
Sammeln von Kastanien verbinden kann. Die Kastanienwanderung
ist keine Erfindung dieses Jahrhunderts. Schon lange bevor Touristen
das Tessin entdeckten, wanderten die Einheimischen zu den Bäumen. Während der Erntezeit zogen Familien aus Gebieten ohne Kastanienbäume für kurze Zeit dorthin, wo sie Ernterechte oder gar eigene Bäume besaßen, um die überlebenswichtigen Früchte zu
sammeln. Bei der Tour bieten sich dem Wanderer schönste Kastani-
enlandschaften in einer weitgehend urtümlichen Landschaft.
Start und Ziel: Arosio, Länge: 11,3 km, Dauer: 4 bis 5 Stunden

Weg der Transhumanz, Reise in die Steinzeit

Was für ein wildes Tal, das Bavonatal (▶Val Bavona)! Steil aufragende
Felswände, kreuz und quer übereinanderliegende Steinbrocken von
Furcht einflößender Größe, alte Dörfer aus Gneis und Granit, kilo-

Wanderung im seenreichen Parco Alpino Piora

meterlange Trockenmauern. Stein, wohin man schaut. Es ist eine Welt von herber Schönheit, die sich dem Wanderer auf dem **Percorso della transumanza** erschließt. Der 7,5 km lange »Weg der Transhumanz« führt vorbei an den Ländereien von Mondada, Fontana, Alnedo, Sabbione, Ritorto und Foroglio, vorbei an zahlreichen Zeugnissen der alten bäuerlichen Alpkultur: zu Unterständen, Ziegenställen, Vorratskammern, Holzlagern, die unter riesigen Felsbrocken angelegt wurden. »Dem Tal ist zu eigen, ständig vom Schrecklichen ins Liebreizende überzugehen«, beschrieb der Politiker Federico Balli 1885 die in Bignasco beginnende Tour, die man heute als Reise in die Steinzeit bezeichnen könnte.
Start: Bignasco, Ziel: Foroglio, Länge: 7,5 km, Dauer: 2 bis 3 Stunden

Strada Alta: hoch in den Süden

Die Strada Alta (auch Strada alta di Leventina genannt), der 45 km lange Höhenweg von Airolo nach Biasca, vermittelt ein ganz anderes Bild von der Leventina als das des Transitkorridors. Wiesen, Bergbäche, Wälder und malerische Dörfer bestimmen ihr Bild. Sie beginnt in Airolo; die erste Etappe führt über Altanca nach Osco. Zahlreiche Kirchen – die meisten schneeweiß und mit Dächern aus Granitplatten – säumen den Wegrand. Am Startpunkt beim Bahnhof Airolo spürt man noch die Hektik der nahen Gotthard-Transitachse, im Laufe der Wanderung trifft man dann auf Orte, wo die Zeit still zu stehen scheint. Man kann die Strada Alta in zwei oder drei Tagen durchwandern oder nur einzelne Etappen auswählen. Der Klassiker umfasst drei Etappen: Airolo – Osco, Osco – Anzonico und Anzonico – Sobrio, von wo es nach Biasca hinuntergeht.

Start: Airolo, Ziel: Biasca, Länge: 45 km, Dauer: 3 Tage, www.strada alta.ch

REISEZIELE VON A BIS Z

Faszinierende Landschaften von alpinem bis mediterranem Charakter wie hier in Brione, oberhalb von Locarno, eine Vielfalt an Pflanzen, urtümliche Dörfer, quicklebendige Städte, dazu jede Menge Anregungen für Spaß, Sport und Einkaufen – das Tessin steckt voller Sehenswürdigkeiten.

Airolo

E 3

Höhe: 1150 m ü.d.M.
Einwohnerzahl: 1560

**Wer mit der Bahn oder dem Auto den Gotthard-Tunnel ver-
lässt, dem entgleitet in Airolo, dem ersten Ort auf Tessiner
Boden, meist ein entzücktes »Ah« oder »Oh«. Endlich wieder
Licht! »Plötzliches Italien«, frohlockte der Bahnreisende Franz
Kafka. Sein Schweizer Schriftstellerkollege und Literatur-Nobelpreisträger Carl Spitteler beschrieb das Phänomen etwas
genauer: »In Airolo erblickt man bereits die Farben Italiens. Es
sind zwar noch nicht die Farben von Florenz und Venedig,
aber es sind schon nicht mehr die Farben des Nordens.«**

Alpin geprägt   Die Geschichte Airolos ist eng mit dem ►Sankt-Gotthard-Pass verbunden. Schon im 2./3. Jh. n. Chr. siedelten hier Menschen, das belegen römische Gräber im Ortsteil Madrano. Der Ortsname geht
wahrscheinlich auf »Oriolu« zurück, vulgärlateinisch »schmaler
Rand« oder »Kante«. Die ersten Erwähnungen stammen aus dem 13.
Jh., als der Gotthard-Pass durch den Bau des »stiebenden Stegs« in
der Schöllenen-Schlucht zur kürzesten Verbindung über die Alpen
wurde. Gastgewerbe und Säumerei erlangten früh große Bedeutung.
Vom alten Baubestand ist aber nach einem verheerenden Brand
1877, einem Bergsturz 1898 und einer Lawinenkatastrophe 1951 sehr
wenig erhalten. Heute ist Airolo – umringt von mächtigen, zwischen
2500 und 3000 m hohen Bergriesen – im Sommer vor allem ein beliebter Ausgangspunkt für Wanderungen, und die Bergbahnen von
Airolo-Pesciüm bilden das größte Wintersportgebiet im Tessin.

Bergbahnen   Ganz in der Nähe der Autobahnausfahrt startet die **Seilbahn Airolo-
Pesciüm-Sasso**, die von 1175 bis 2065 m ü.d.M. ansteigt. Fast im
rechten Winkel klettert 4,5 km östlich von Airolo die **Standseilbahn
Piotta-Piora** in die Höhe; sie wurde 1921 angelegt, überwindet auf
1369 m Länge einen Höhenunterschied von 786 m und ist mit einer
maximalen Steigung von 87,8 % eine der steilsten Bergbahnen der
Welt. Dass dieses Meisterwerk des Bergbahnbaus auch noch faszinierende Wandergebiete in der oberen Leventina erschließt – hervorgehoben seien die Höhenwanderung auf der Strada alta di Leventina
(►S. 122) sowie Hochtouren im ►Parco Alpino Piora –, macht die
Auffahrt doppelt reizvoll (►Abb. S. 122).

Funivia Airolo-Pesciüm: Ganzjährig geöffnet, Tel. 091 873 80 40, Preise
sind saisonabhängig (ein Skipass im Winter 45 CHF), www.airolo.ch/funivie
Funicolare Ritom: Juni – Okt., 8.30 – 18.30 Uhr, Tel. 091 868 31 51, Hin-
und Rückfahrt 10 bzw. 22 CHF, www.ritom.ch

Körperliche Leistungen in den Bergen wirken sich laut der »Federation for Sport at Altitude« dreifach verstärkend auf Herz, Lunge, Muskeln und Hirn aus, außerdem ist der Kalorienverbrauch bei einem Aufstieg bis zu zehn Mal höher als in flachen Gebieten. Zwei **Mountain-Fitness-Wanderwege** im Gebiet von Airolo-Pesciüm berücksichtigen diese Erkenntnisse: Der eine führt von der Bergstation der Seilbahn auf den **Sasso della Boggia**, der andere von Pesciüm nach **Comasné**. Unterwegs kann man den Kalorienverbrauch berechnen, seine Form prüfen und das Verhältnis zwischen Energieaufwand und Ernährung analysieren. Airolo-Pesciüm wartet außerdem noch mit einem **Sentiero del Mirtillo** auf, einem 4,6 Kilometer langen Nordic-Walking-Weg zum Thema Heidelbeeren.

Fit in den Bergen

SEHENSWERTES IN AIROLO

Von der 1224 erstmals erwähnten Pfarrkirche Santi Nazario e Celso ist nur der romanische Glockenturm erhalten. Die 1879 neu errichtete und 1931 umgebaute, dreischiffige Kirche besitzt in einer barocken Kapelle an der Nordseite Stuckarbeiten aus dem 17. Jh. Am Bahnhof erinnert ein Bronzerelief von 1882 vom dem Tessiner **Vincenzo Vela** an die Toten des Gotthardtunnel-Baus im 19. Jh. Am Südeingang des Autobahntunnels symbolisieren drei Figuren einer Granitskulptur von **Gianfranco Rossi** aus dem Jahr 1980 die Begegnung unterschiedlicher Völker und Kulturen.

Santi Nazario e Celso

Im **Caseificio del Gottardo**, einer Käserei direkt neben der Seilbahnstation, kann man bei der **Käserstellung** zuschauen (bzw. nach voriger Anmeldung selber käsen) oder Käse kaufen, der im Sommer nach althergebrachten Methoden auf den umliegenden Hochalmen Fieudo, Fortunei, Pontino und Sorescia hergestellt wird. Im Kiosk gibt es neben den Marken Gottardo, Tremola und Lucendro auch Butter, Joghurt und Gelati. Zur Käserei gehört ein kleines Museum.

❶ Museum, Käserei und Restaurant: tägl. 7.00–24.00 Uhr, Tel. 091 869 11 80, www.cdga.ch

BAEDEKER TIPP

Ein Geheimtipp!

Während des Zweiten Weltkrieges wurde beim Forte Airolo ein Stollen in den Berg getrieben, der unter die Kategorie »streng geheim« fiel. Nachdem die Festung 1947 aufgehoben und bis 1953 als Schulfestung diente, fand der Stollen ein halbes Jahrhundert später eine neue Bestimmung. Bei einer konstanten Temperatur von 9 °C und einer Luftfeuchtigkeit von 95 % reift hier ein ganz besonderer Rotwein heran: Der Merlot Gransegreto (dt. = Großes Geheimnis) ist im wahrsten Sinne des Wortes ein Geheimtipp! Erhältlich ist er bei Valsangiacomo Vini in Mendrisio (Viale alle Cantine 6, www.valswine.ch) oder bei der Cantina dell'Orso (Via Circonvallazione 7, www.orsovini.ch) in Ascona.

Airolo erleben

AUSKUNFT
Ente Turistico Bellinzona e Alto Ticino
Infopoint Leventina
6780 Airolo, Via della Stazione 22
Tel. 091 869 15 33
www.leventinaturismo.ch

ESSEN · ÜBERNACHTEN
Albergo Forni ⊜
Airolo, Viale Stazione
Tel. 091 869 12 70, www.forni.ch
Die Gerichte von Küchenchef Simone Ciaranfi sind rustikal auf hohem Niveau, dazu passt auch die Weinkarte mit über 200 Etiketten. In dem seit 1917 von der Familie Forni geführten Haus beim Bahnhof kann man nicht nur ausgezeichnet essen und trinken, sondern auch sehr anständig übernachten.

Chalet Stella Alpina Hotel & Wellness ⊜ – ⊜⊜
Ronco Bedretto, Tel. 091 869 17 14
www.chaletstellaalpina.com
Das Berghotel auf 1480 m Höhe in Ronco im Bedrettotal führt die Tradition der Schweizer Chalets mit hervorstehenden Steinen und blumengeschmückten Balkonen fort. Die modernen Zimmer und der Frühstücksraum sind komplett aus Lärchenholz. Zu den Spezialitäten gehören Risotto an Heidelbeeren und Steinpilzen und täglich frisch zubereitete Teigwaren.

Capanna Cristallina ⊜
Bedretto-Ossasco, Tel. 091 869 23 30
www.capannacristallina.ch
Ganzjährig geöffnet, im Sommer mit Hüttenwart (Abb. S. 23)
Einen unvergesslichen Aufenthalt bietet die 2575 m hoch gelegene Berghütte (17 Z., 120 Schlafplätze). Man erreicht sie zu Fuß von Ossasco in rund 4 Std. Die »Zigarrenkiste« entstand 1999 nach Plänen von Nicola Baserga und Christian Mozzetti und gehört zu den **schönsten Berghütten** im Tessin.

EINKAUFEN
Der Name des **Feinkostladens »Il Nostrano«** ist Programm: In der Via San Gottardo 58 (www.ilnostrano.ch) gibt es lokale Delikatessen, von Alpkäse über Wurstwaren bis zum Mürbeteiggebäck Pasta Frolla, einer Spezialität aus dem Bedrettotal.
Im ehemaligen Bahnhofsbuffet produziert Ari Lombardi mittlerweile preisgekrönte **Joghurts** (www.agroval.ch). Er verwendet nur Milch von Kühen, die im Sommer auf der Alm weiden und keine Silonahrung erhalten. Die Kastanien-, Honig-, Heidelbeeren-, Zwetschgen-, Mokka- und Erdbeer-Joghurts gibt es auch in den Tessiner Migros-Filialen (www.migrosticino.ch).
Der ehem. Bahnhof von Ambrì ist Sitz des **Eishockey-Clubs Ambrì-Piotta** (www. hcap.ch). In der Geschäftsstelle werden Fanartikel angeboten. Nebst Schals, Trikots und Wimpel darf im Sortiment natürlich eine CD mit der Klubhymne »La Montanara« (dt. »Das Lied der Berge«) nicht fehlen (▶Baedeker Wissen S. 104).

SPORT · VERANSTALTUNGEN
Start und Ziel des Bergrennens **Trail Ticino** im August ist der Piazzale Motta in Airolo. Auf dem 130 km langen Rundkurs durch vier alpine Haupttäler und an 33 Bergseen vorbei werden 9600 Höhenmeter überwunden. Informationen: www.trail-ticino.ch.

In sich hat es auch der **Granfondo San Gottardo** (www.granfondosangottardo. com), das Radrennen über die drei Pässe Gotthard, Furka und Nufenen. 110 km und 3000 Höhenmeter gilt es zurückzulegen. Weil die Strecke in der Tremola über Kopfsteinpflaster führt, wird das Rennen auch »das Paris-Roubaix der Alpen« genannt. Start- und Ziel des Gott-hard-Marathons befinden sich südlich von Airolo, auf dem ehemaligen Militär-flugplatz von Ambrì. Dort können Sie während der Eishockey-Saison bei einem Heimspiel des bekannten **Eishockey-Vereins HC Ambrì-Piotta** auch das Auto abstellen (▶Baedeker Wissen S. 104).

Forte Airolo

Zur Sicherung des südlichen Zugangs des 1882 eröffneten Gotthard-bahntunnels war zwischen 1886 und 1890 an der Straße zum Gott-hardpass, 1,5 km von Airolo entfernt, das Forte Airolo angelegt wor-den. In der ausgedehnten Befestigungsanlage sind Waffen, Pläne und Dokumente zur Geschichte der Festung zu sehen, die bis zum Ersten Weltkrieg als modernstes Fort in Europa galt.
❶ Führungen: Juni–Okt. Sa. um 13.30 und 15.00 Uhr, Tel. 079 313 14 38

VAL BEDRETTO

Malerisches Gebirgstal

Das malerische Hochgebirgstal zieht sich westlich von Airolo 17 km entlang des Oberlaufs des Ticino, der in der Nähe des Nufenenpasses entspringt. Hauptort des von Wanderern und Skilangläufern wegen seiner Stille und Schönheit geschätzten Tals ist **Bedretto** (1402 m, 70 Einw.). Hier und in den anderen, teils im Tal, teils auf halber Höhe am sonnigen Nordhang gelegenen Dörfchen Ossasco, Villa, Ronco und All'Acqua, dem letzten Ort im Tal (1605 m), sind noch charakteristische Holzhäuser erhalten, die mitunter noch mit »Pigne« genannten Öfen aus Topfstein beheizt werden. Von All'Aqua sind es zu Fuß 3 Std. zum San-Giacomo-Pass, dem Übergang ins italienische Val Formazza.

Nufenenpass

Die erst 1969 für den modernen Verkehr ausgebaute Talstraße, die das Tessin mit dem Wallis verbindet, verläuft über den Nufenenpass (Passo della Novena), den mit 2478 m höchsten Straßenpass der Schweiz. Hier, am westlichsten Punkt des Tessin, bieten sich faszinierende Ausblicke auf die Berge des Berner Oberlands und des oberen Wallis im Nordwesten und Westen und auf den nahen Griesgletscher im Süden. Über den 2479 m hohen **Griespass** am Fuß des Gletschers waren im frühen 13. Jh. die später als Walser bezeichneten Siedler aus dem Wallis ins italienische Val Formazza und in die Täler um den Monte Rosa gezogen, wo sie bis heute ihre Kultur und ihre alemannische Walsersprache beibehalten haben. Wegen Schneefall und Lawinengefahr ist der Nufenenpass nur Juni – Oktober geöffnet.

** Ascona

✦ F 6

Höhe: 196 m ü.d.M.
Einwohnerzahl: 5000

Die schöne Lage am Nordufer des ►Lago Maggiore und das milde Klima machten Ascona zu einem der beliebtesten schweizerischen Ferienorte, mondän und romantisch zugleich.

Mondän und romantisch

Hier gibt es einige der besten und schönsten Hotels der Schweiz, trendige Bars, mit Sternen ausgezeichnete Restaurants, schicke Läden und Galerien. Trotzdem erinnert die Innenstadt mit ihrer schönen, von Platanen gesäumten Uferpromenade und ihrem fast vollständig erhaltenen mittelalterlichen Ortsbild an ein verträumtes Fischerdorf. Im »St. Tropez des Nordens« kann man stundenlang in den Straßencafés dem »Dolce Far Niente« nachgehen und im sanften Abendlicht über den Lago Maggiore bis nach Italien schauen. »Ascona regt die meisten nicht zum Schaffen an, sondern zum Nichtstun«, schrieb Erich Maria Remarque (1898 – 1970), der jahrelang in der Region lebte. »Wie vielen bin ich schon begegnet, frisch angekommen mit dem Vorsatz, ›das Werk‹ zu schaffen, zu vollenden! Bald sah man sie gemächlich mit den anderen im Sonnenschein vor dem Albergo sitzen und fleissig auf den Lago Maggiore blicken.«

> **!** BAEDEKER TIPP
>
> ### *Besuch beim wilden Carlo*
>
> Vor ihm ist kein Hotel sicher: Der Tessiner Innenarchitekt Carlo Rampazzi (»Ich bin ein Spinner«) designte das Eden Roc in Ascona, das Tschuggen in Arosa, das Gourmetrestaurant Rico's Kunststuben in Küsnacht bei Zürich, Hotels in Miami South Beach und Beirut. Sein Markenzeichen: verrückte Möbel, wilde Farben. Im Selvaggio (ital. = wild) im Vicolo Ghiriglioni 3 in Ascona kann man in Rampazzis bunte Welt eintauchen (www.selvaggio.ch).

Ein Auto als Symbol

Seinen außergewöhnlichen Ruf erhielt Ascona Anfang des 20. Jh.s, als Exzentriker, Utopisten, Spinner und Weltverbesserer aus dem Norden den **Monte Verità**, den Hügel oberhalb des Dorfes, zu ihrer Experimentierwiese erkoren. Sie machten Ascona zum Ziel für Politiker, Künstler und Wissenschaftler – oder eben zum »seltsamsten Dorf der Welt« (Curt Riess in seiner Ascona-Monografie). Kein Wunder, dass der Rüsselsheimer Automobilhersteller Opel 1970 den Namen Ascona, diese Suggestion einer kontrollierten Exotik, für sein familientaugliches Mittelklassemodell wählte. Bis 1988 wurde der Opel Ascona mehr als drei Millionen Mal verkauft. Inzwischen machen jedes Jahr Hunderttausende Menschen Urlaub am Lago

Maggiore, »der nördlichsten Bucht des Mittelmeeres« (Karl Kerenyi, Kulturwissenschaftler). Denn der Anblick des trotz aller Neubauten nach wie vor malerischen Ortes, »wo von den dunklen Berggipfeln sehnsüchtige Schönheit sich im grünwelligen See spiegelt« und in der Ferne »die schneestrahlenden Zacken der Alpen« leuchten, bezaubert noch heute.

SEHENSWERTES IN ASCONA

Ausgangspunkt einer Stadtbesichtigung ist die nach dem Tessiner Bundesrat Giuseppe Motta (1871 – 1940) benannte **Uferpromenade**. Sehen und gesehen werden lautet hier das Motto. Im Sommer flaniert man im Schatten der ausladenden Platanen, die schon vor 400 Jahren Emigranten aus Frankreich mitgebracht hatten. Beachtung verdienen auch die bunt gestrichenen Häuser mit ihren Loggien und Arkaden. Das heutige Rathaus (Municipio) am nordwestlichen Ende der Piazza war im 16. Jh. als Stadtpalast für Bartolomeo Papio gebaut worden.

*Piazza G. Motta

Die Casa Serodine, auch Casa Borrani genannt, gegenüber vom Rathaus ist wohl der bemerkenswerteste Profanbau in Ascona. »Die schönste Fassade auf Schweizerboden« schwärmte Johann Rudolf Ra..., der Begründer der schweizerischen Kunstgeschichte 1895. Die lateinische Inschrift über dem Eingang gibt an, dass Cristoforo Serodine (ca. 1550 – 1631) das Haus im Jahre 1620 vergrößern und die prachtvolle Fassade anfertigen ließ. Als Weinhändler, Bankier und Bauunternehmer hatte er in Rom ein Vermögen gemacht. Die prächtige Fassade ist wahrscheinlich ein Gemeinschaftswerk seiner Söhne. Andrea, der Älteste, besuchte das Jesuitenkollegium in Rom und wurde später Erzpriester von Locarno. Vermutlich geht das religiöse Bildprogramm auf ihn zurück. Der eigentliche Schöpfer war der Bildhauer **Giovanni Battista Serodine** (1587 – 1626). Vielleicht setzte er Entwürfe seines jüngeren Bruders und Malers **Giovanni Serodine** (1594 – 1633) um, er war der berühmteste der fünf Kinder von Cristoforo und Caterina Serodine. Beeinflusst von Caravaggio schuf er Werke mit starken Licht-Schatten-Effekten, die heute im Louvre und im Prado zu bestaunen sind. Sein letztes Gemälde, »Die Krönung der Maria«, schuf er für die Pfarrkirche von Ascona. Maria mit dem nackten Christuskind auf dem Schoß ist auch der architektonische und thematische Mittelpunkt der Fassade der Casa Serodine. »Virtute duce« – »die Tugend führt« – lautet das Motto des biblischen Bildprogramms. Das **Antiquariat Libreria delle Rondine** im Parterre der Casa Serodine ist mit einem breiten Angebot an deutschsprachiger Literatur zum Tessin und zum Monte Verità bestückt.

*Casa Serodine

Ascona erleben

AUSKUNFT
Ente Turistico Lago Maggiore
Viale Papio 5, 6612 Ascona
Tel. 0848 091 091
www.ascona-locarno.com

VERANSTALTUNGEN
Die Saison beginnt vor Ostern mit der mehrtägigen **Primavera Locarnese**: Hochkarätige Autoren, Dichter, Regisseure und Architekten philosophieren rund um den Monte Verità über Gott und die Welt (www.eventiletterari.ch). An Christi Himmelfahrt (Auffahrt) verwandelt sich beim **Straßenkünstlerfestival** die Uferpromenade in eine große Bühne: Mimen, Komödianten, Tänzer, Jongleure, Feuerschlucker und Clowns bieten vier Tage lang kostenlose Vorstellungen (www.artistidistrada.ch). Fester Bestandteil des Veranstaltungskalenders ist auch das **Jazz-Festival** (www.jazzascona.ch) Ende Juni/Anfang Juli mit über 180 Konzerten, Jamsessions und Brass-Band-Paraden. Pferdefreunde zieht es im Sommer zu den **internationalen Spring- und Dressurwettkämpfen** (www.csi-ascona.ch) und zum **Ascona Polo Cup** (www.polo clubascona.ch), während sich Liebhaber der klassischen Musik die **Settimane Musicali** (www.settimane-musicali.ch) im Okt./Sept. nicht entgehen lassen. Beim Herbstfest **Sagra delle castagne** im Oktober bereiten »Marronimänner« über 2000 Kilo Kastanien auf offenem Feuer zu. Den ganzen Winter über geben Künstler im **Jazz Cat Club** (www.jazz catclub.ch) Kostproben ihres Könnens. Der **Karneval** markiert das Ende des Winters und wird mit einem Risottoessen an der Uferpromenade gefeiert.

ESSEN
❶ Ristorante Da Gina ❸ – ❸❸
Viale Monte Verità 19
Tel. 091 791 27 40
www.dagina.ch
Das Mehl kommt aus einer Tessiner Mühle, gebacken wird im Holzofen – kein Wunder, schmeckt die Pizza hier einmalig. Weitere Höhepunkte sind die Spezialitäten vom Grill, den Hausherr Christoph Eichenberger höchstpersönlich bedient – er war 2010 Schweizer Grill- und Barbecue-Meister. Saftige Spareribs, Bistecca alla fiorentina, pikant marinierte Riesencrevetten sind nur einige seiner Klassiker.

❷ Seven – Ristorante, Bar, Lounge ❸❸❸❸
Via Moscia 2
Tel. 091 780 77 88
www.seven-ascona.ch
Mit diesem Restaurant direkt am Hafen begann Ivo Adam 2007 die Gastroszene von Ascona aufzumischen. Die Küche des mehrmaligen Kochweltmeisters und Hobby-Rappers (seine CD »Räpzept« schaffte es bis in die Charts von New York) ist crossover und experimentell, regional und exotisch, kreativ und immer marktfrisch.

❸ Grotto Baldoria ❸
Vicolo S. Omobono 9
Tel. 091 791 32 98
www.grottobaldoria.ch
Baldoria bedeutet Ausgelassenheit. Tatsächlich geht es in dieser Beiz urgemütlich zu. Aufgetischt wird jeweils nur ein Tagesmenü, gekocht nach Großmutters Rezept. Und wetten, dass irgendwann mal das Licht ausfällt?

❹ *Ristorante Gnoccheria Zelindo* ©

Arcegno, Via Campo E. Pestalozzi 17
Tel. 091 791 34 46, Mi. geschl.
www.zelindo.ch
Pasta und Gnocchi sind die Spezialitäten
dieses Restaurants 4 km nordwestlich
von Ascona – mit großer Gartenterrasse
und einer Bocciabahn ideal für Familien
mit Kindern.

❺ *Grottino Ticinese* ©

Losone, Via San Materno 10
Tel. 091 791 32 30, Mi. gschl.
www.grottino-ticinese.ch
Seit 2008 sind Sandra und Claudio
Zanoli Gastgeber in diesem gemütlichen
Grotto. Sie wollten »etwas Neues, ein
Haus, in dem noch Tessiner Dialekt ge-
sprochen und folkloristische Musik ge-

Ascona

Essen
- ❶ Da Gina
- ❷ Seven
- ❸ Grotto Baldoria
- ❹ Gnoccheria Zelindo
- ❺ Grottino Ticinese
- ❻ Della Posta

Übernachten
- ❶ Eden Roc
- ❷ Castello del Sole
- ❸ Giardino
- ❹ Al Porto
- ❺ Garni Elena
- ❻ Riposo
- ❼ Boutique-Hotel La Rocca
- ❽ Losone

spielt wird. Eine nahrhafte Küche, in der wir alte Tessiner Rezepte wiederaufleben lassen können und wo mit Produkten aus unserer Heimat gekocht wird. Ein Ort, an dem sich Einheimische zu Hause und Gäste aus aller Welt wohlfühlen.«

❻ *Ristorante Hotel Della Posta* 🄲🄲
Ronco sopra Ascona
Via Ciseri 9, Tel. 091 791 84 70
www.ristorantedellaposta.ch
Wo früher die Schüler von Ronco die Bank drückten, lassen sich mittlerweile Feinschmecker verwöhnen. Wer übernachten will, für den gibt es im kleinsten 3-Sterne-Hotel des Tessin vier großzügige Zimmer mit atemberaubendem Blick auf die Brissago-Inseln.

ÜBERNACHTEN
❶ *Eden Roc* 🄲🄲🄲🄲
Via Albarelle 16, Tel. 091 785 71 71
www.edenroc.ch
Das mehrfach ausgezeichnete 5-Sterne-Hotel liegt in einem weitläufigen Garten direkt am See. In vier Restaurants zelebrieren erfahrene Köche eine abwechslungsreiche Küche. Im Seehaus La Casetta fanden im März 1945 geheime Verhandlungen zu einer vorzeitigen Beendigung des Zweiten Weltkriegs in Italien statt, daran erinnert eine Bronzetafel im heutigen Restaurant La Casetta.

❷ *Hotel Castello del Sole* 🄲🄲🄲🄲
Via Muraccio 142, Tel. 091 791 02 02
www.castellodelsole.ch
In dem 1540 von Francesco Orelli, einem Anhänger der protestantischen Lehre gebauten Anwesen wird der Gast mit jedem erdenklichen Luxus verwöhnt. Zum erstklassigen Ruf tragen auch die Wellness-Oase und natürlich Küchenchef Othmar Schlegel bei. Er ist einer

der ganz großen seiner Zunft und kocht häufig mit Produkten aus dem hoteleigenen Gutsbetrieb Terreni alla Maggia. Serviert wird im Restaurant Locanda Barbarossa oder im Tre Stagioni – an lauen Abenden im Park unter alten Himalaya-Zedern.

❸ *Hotel Giardino* 🄲🄲🄲🄲
Via del Segnale 10
Tel. 091 785 88 88
www.giardino.ch
Luxusherberge in einem Park. Im Restaurant Ecco ist Rolf Fliegauf für den kulinarischen Höhenflug zuständig: Der Deutsche ist der einzige 2-Sterne-Koch im Tessin. Im Giardino di Bellezza setzt sich Daniela Frutiger für die Schönheit ihrer Gäste ein. Die Kosmetikerin und Wellness-Managerin setzt ganz auf die Kraft der Natur und verwendet Essenzen aus dem Tessin.

❹ *Hotel Ristorante Al Porto* 🄲🄲🄲
Lungolago G. Motta
Tel. 091 785 85 85
www.alporto-hotel.ch
Die 36 eleganten Zimmer des 3-Sterne-Hotels direkt an der Uferpromenade in vier Tessiner Altstadthäusern bieten mit einem romantischen Innenhof und einem verträumten Garten die besten Voraussetzungen für erholsame Urlaubstage. Der ambitionierte Küchenchef Alberto Agosti ist Verfechter einer totalen Frischeküche.

❺ *Albergo Garni Elena* 🄲🄲
Losone, Via Gaggioli 15
Tel. 091 791 63 26
www.garni-elena.ch
Das B & B Elena liegt in einem Garten mit beheiztem Außenpool, rund 300 m vom bekannten und schön gelegenen

18-Loch-Golfplatz Gerre di Losone entfernt. Die zwanzig Zimmer sind zweckmäßig eingerichtet und verfügen größtenteils über Terrasse oder Balkon.

❻ *Hotel Riposo* ❸❸ – ❸❸❸
Scalinata della Ruga 4
Tel. 091 791 31 64
www.hotelriposo.ch
Die Panorama-Dachterrasse, der bezaubernde Innenhof mit den vielen Blumen, der Romeo-und-Julia-Balkon ... Es gibt viele Gründe, weshalb die Schweizer Sonntagszeitung diesen Familienbetrieb zum »Best Nice Price Hotel« wählte.

❼ *Boutique-Hotel La Rocca* ❸❸❸ – ❸❸❸❸
Ronco sopra Ascona
Via Ronco 61, Tel. 091 785 11 44
www.la-rocca.ch
Der plätschernde Brunnen vor dem Hintergrund der Brissago-Inseln ist eines der schönsten Fotomotive im Tessin. Alle Zimmer des Familienhotels haben Seeblick, dazu gibt es ein Hallenbad und einen hoteleigenen Privatstrand am See.

❽ *Albergo Losone* ❸❸❸
Losone, Via dei Pioppi 14
Tel. 091 785 70 00
www.albergolosone.ch
In diesem Familien-Hotel sind die Gäste auch zufrieden, wenn es regnet, denn Besitzer Diego Glaus bietet eine »Schlechtwetter-Versicherung«: Gibt es mehr als einen halben Zentimeter Niederschlag, ist die Übernachtung gratis.

NACHTLEBEN
Cooles Design und ein international ansprechendes Musikprogramm mit angesagten Szene-DJs sorgen im **Club Seventy 7** (Via Moscia 2, www.clubseventy7.

ch) für Partystimmung. An lauschigen Abenden ist die **Beach Lounge** (Via Lido 82, www.beachascona.ch) ein angesagter Treffpunkt. Im ehemaligen Kursaal von Ascona mit zauberhafter Dachterrasse gibt es Livemusik, Food-Events und Weindegustationen. Das Gebäude wurde 1930 im Bauhaus-Stil vom Architekten Otto Zollinger erbaut und liegt direkt neben dem Strandbad Lido. In der benachbarten **Lido Bar** (Via Lido 81, www.lido ascona.com) mit großer Terrasse herrscht ab 17.00 Uhr Partystimmung. Alternative für Nachtschwärmer: Die **Diskothek Piper** an der Via Aerodromo 3.

SPORT
Zum **Lido** (Via Lido 81, www.lidoascona. com), einem der **größten Strandbäder** der Schweiz, gehören ein Park mit alten Bäumen, ein 600 m langer Sandstrand, ein 3 und 5 m hoher Sprungturm, eine Wasserrutsche und mehrere Restaurationsbetriebe. Wer nicht bloß im See schwimmen will, kann sich im Wakeboard oder Stand-up-Paddle versuchen oder mit dem Banana-Boat über das Wasser flitzen. Beachvolleyball-Felder, Tischtennis-Tische und Kinderspielplätze vervollständigen das Angebot. In unmittelbarer Nähe lädt der **Golfplatz** von Ascona mit 18 Spielbahnen ein, einer der schönsten der Schweiz (www.golfasco na.ch). Eine sportliche Herausforderung stellen auch die blitzschnellen Greens und Fairways auf dem 18-Loch-Meisterschaftsplatz des **Golf Gerre Losone** (www.golflosone.ch) dar.

EINKAUFEN
Kostbare Ringe, Armbänder, Colliers und Ohrringe, alle in Handarbeit von der Schmuckdesignerin Linda und ihrem Mann Hayko Kalfayan, einem gelernten

Edelsteinfasser, angefertigt, gibt es in dem kleinen, feinen Laden **Kalfayan** (Carrà dei Nasi 24, www.kalfayan.ch). Im Flagship Store der Firma **Falke** warten edle Socken aus chinesischer Kaschmir- oder australischer Merinowolle, Strumpfhosen aus japanischer Seide, Damenstrümpfe, schicke Tops und Accessoirs auf neue Besitzer (Viale Papio 3, www.falke.com).

Flotte Tücher, Modeschmuck, aber auch Damen- und Herrenmode internationaler Labels findet man in der **Boutique Pancaldi** (Via Borgo 24).

Stilvolle Mode für sie und ihn von u. a. Akris, Wolford und Ralph Lauren hat die **Boutique Farfalla** (Via Borgo, www. boutiquefarfalla.ch) im Angebot. Die **Boutique Solleone** (Gallerie della Car-

rà, www.solleone.ch) ist eine Fundgrube für Manufakturmöbel, Kunstobjekte, Antiquitäten, Plakate, nostalgische Puppen, Geschirr usw.

In der **Cantina dell'Orso** wird eine große Auswahl an Tessiner und internationalen Weinen angeboten (Via Circonvalla zione 7, www.orsovini.ch). **Delikatessen** findet man im Laden des Landguts Terreni alla Maggia. Es bewirtschaftet auf dem fruchtbaren Schwemmland der Maggia das nördlichste Reisfeld Europas. Stolz ist man auch auf den eigenen Whisky und vieles mehr (Via Muraccio 105, www.terreniallamaggia.ch). Die passenden Süßspeisen werden in der nahe gelegenen **Konditorei** von Sandro Pinotti (Via Muraccio 49) angeboten: Seine Schokoladen-Amaretti sind legendär.

Pfarrkirche

Die Pfarrkirche Santi Pietro e Paolo mit ihrem sechsstöckigen Turm bei der Casa Serodine ist eine dreischiffige Säulenbasilika. 1264 erstmals erwähnt, wurde sie von 1530 bis 1535 grundlegend erneuert. Im Innern sind drei Gemälde von **Giovanni Serodine** aus dem frühen 17. Jh. beachtenswert, eine Marienkrönung, »Christus in Emmaus« und »Die Söhne des Zebedäus«. Die Gewölbefresken stammen von Pietro Francesco Pancaldi-Mola aus dem Jahr 1783.

Contrada Maggiore

In der Gasse Contrada Maggiore finden sich stattliche, zwischen 1590 und 1620 entstandene Häuser. Besondere Aufmerksamkeit verdient das schöne gotische Portal, zwei gemauerte Torbögen, zusammengefasst in der Mitte von einem einzigen Stein, vermutlich aus dem 14. Jh. Das Haus Nr. 23 ist die Adresse der empfehlenswerten Antica Osteria Vacchini, einem typischen Gasthaus aus dem Jahr 1685 (Tel. 091 791 13 96, www.osteriavacchini.ch).

Museo Comunale d'Arte Moderna

Zu Beginn und Mitte des 20. Jh.s verkehrten zahlreiche international angesehene Künstler in Ascona, darunter die expressionistische Malerin **Marianne von Werefkin** (1860 – 1938) und der Maler und Buchillustrator **Richard Seewald** (1896 – 1976). Beide schenkten eigene Werke sowie Teile ihrer Kunstsammlung der Stadt. Darüber hinaus zeigt die Museumssammlung im Palazzo Pancaldi Arbeiten von Paul Klee, Alexej von Jawlensky und Cuno Amiet. Außerdem finden hier Wechselausstellungen statt.

Komfort in mittelalterlichen Gemäuern: Castello Seeschloss

❶ Via Borgo 34, März – Dez. Di. – Sa. 10.00 – 12.00, 15.00 – 18.00, So. 10.30 – 12.30 Uhr, Eintritt 7 CHF, www.museoascona.ch

Das Collegio Pontificio Papio, von dem Patrizier Bartolomeo Papio (1526 – 1580) als Dominikanerkloster gestiftet und von Papst Gregor XIII. gefördert, wurde um 1584 im Auftrag des hl. Carlo Borromeo (1538 – 1584), Kardinal und später Erzbischof von Mailand sowie Testamentsvollstrecker von Bartolomeo Papio, erbaut. Als Architekt gilt Pellegrino Tibaldi (1527 – 1596), auch **Pellegrino Pellegrini** genannt. Der Innenhof mit zweigeschossiger Loggienreihe und toskanischen Säulen zählt zu den schönsten Renaissancehöfen der Schweiz. Das Gebäude beherbergt heute ein privates Gymnasium.

*Collegio Pontificio Papio

Mit dem Collegio Papio verbunden ist die Kirche Santa Maria della Misericordia. Sie entstand 1399 – 1442 an der Stelle eines älteren Gotteshauses, von dem noch der Chor erhalten ist; der Kampanile stammt von 1488. Der strenge, einschiffige Innenraum mit flacher Kassettendecke ist mit spätgotischen Fresken lombardischer Künstler geschmückt. Die Schutzmantelmadonna von 1519 am Hochaltar schuf **Giovanni Antonio de Lagaia**. Am linken Seitenaltar fällt eine hervorragende Darstellung der Madonna della Quercia (Madonna mit der Eiche) auf, die in der Mitte des 16. Jh.s von nach Viterbo abgewanderten Asconesen gestiftet wurde.

S. Maria della Misericordia

Castello Seeschloss Das einstige Schloss der Mailänder Adelsfamilie Ghiriglioni am Südostende der Uferpromenade entstand vermutlich um 1250. Als Teil der Stadtbefestigung besaß es ursprünglich vier Türme und einen Wassergraben. Der wehrhafte Bau wurde 1518 von den Eidgenossen geschleift und im selben Jahrhundert – ohne Attribute einer Wehranlage – wiedererrichtet. Im 20. Jh. bot das Gebäude vielen Künstlern ein vorübergehendes Zuhause, darunter Marianne von Werefkin und Alexej von Jawlenski, die von 1918 an drei Jahre hier lebten. 1927 kaufte es der Schweizer Künstler Hanns Wartmann und eröffnete hier die »erste freie Kunstschule der Schweiz«, die Accademia Cavallo Rosso. Neben der Kunstschule betrieb er eine kleine Pension, die Keimzelle des heutigen Hotels. In den hinteren Gebäuden (heute Casa Marionette) und dem Turm am Schwimmbad gründete Jakob Flach 1937 zusammen mit den Künstlern Mischa Epper, Fritz Pauli und Werner J. Müller das Marionettentheater, in dem bis Anfang der 1960er-Jahre Vorführungen stattfanden. Der berühmte Clown Dimitri hatte hier seine ersten Auftritte. Heute ist das Romantik Hotel Castello Seeschloss ein bezauberndes Refugium für Lebenskünstler und Menschen, die das Besondere schätzen (Tel. 091 791 01 61, www.castello-seeschloss.ch, €€€ – €€€€).

> **BAEDEKER TIPP**
>
> ### Die älteste Minigolfanlage der Welt
>
> Minigolfanlagen gehören in jedem Ferienort längst zum Inventar. Den Anfang machte Ascona, wo am 19. März 1954 der erste Minigolfplatz der Welt eröffnet wurde. Die patentierte Anlage wurde nach Plänen des Schweizer Gartenarchitekten Paul Bongni erstellt. Seither haben sich unzählige Hobby-Spieler auf dem Parcours mit den 18 Bahnen und den fiesen Hindernissen geärgert und gefreut. Nicht nur in Ascona, sondern auf der ganzen Welt. 1991 errang Miranda Graf den ersten Weltmeistertitel der Frauen in dieser Disziplin. Sie hatte in Ascona trainiert, die Anlage gehörte damals ihren Eltern. Die liebevoll gepflegten Bahnen unter Schatten spendenden Bäumen bilden heute noch ein beliebtes Vergnügen für Jung und Alt (Minigolf Ascona, Via Rotundo 8, April bis Okt. tägl. 10.00 – 20.00, Juli, Aug. bis 23.00 Uhr, www.mcascona.ch).

Museo Epper Das Museo Epper im ehemaligen Atelier des expressionistischen Künstlers **Ignaz Epper** (1892 – 1969) und seiner niederländischen Frau und Bildhauerin Mischa (1901 – 1978) präsentiert Holzschnitte, Gemälde, Zeichnungen und Aquarelle sowie Skulpturen aus Bronze, Terrakotta, Gips und Lehm. Zuweilen dient das Museum als Kulturforum für Konzerte, Vorträge und Diskussionen.

❶ Via Albarelle 14, Di. – Fr. 10.00 – 12.00, 15.00 – 18.00, Sa., So. 15.00 bis 18.00 Uhr, Eintritt frei, www.museo-epper.ch

Castello San Materno Das im 12. Jh. errichtete Castello San Materno auf einer Anhöhe nördlich außerhalb des Stadtzentrums ist die älteste Festung der

Stadt. 1513 ließen die Eidgenossen ein Teil der Anlage schleifen. Der Rest verfiel, darunter die romanische Kapelle San Materno mit einer Majestas Domini (um 1200) in der Apsis. Um 1850 kaufte der adlige Franzose Enrico de Loppinot die Gebäude und veranlasste einen Aus- und Wiederaufbau im romantischen Stil. 1919 erwarb der belgische Textilfabrikant Paul Bachrach das Wohnschloss. Nach dem Tod seiner Tochter Charlotte, einer berühmten Ausdruckstänzerin, kaufte die Stadt die Liegenschaft. Nach einer Totalrenovierung eröffnete das Castello San Materno 2014 als Museum für die Gemäldesammlung der Kulturstiftung Kurt und Barbara Alten. Diese spiegelt das künstlerische Schaffen im deutschsprachigen Raum des ausgehenden 19. Jh.s bis zum Ersten Weltkrieg wider. Zu sehen sind Arbeiten von den Impressionisten Max Liebermann und Lovis Corinth bis zum Expressionismus der Brücke-Künstler mit Ernst Ludwig Kirchner oder Emil Nolde und der Gruppe des Blauen Reiters mit Alexej Jawlenski und August Macke.

❶ Via Losone 10, März – Dez. Do. – Sa. 10.00 – 12.00, 15.00 – 18.00, So. 14.00 – 16.00 Uhr, Eintritt 7/10 CHF, www.ascona.ch

Die »Perle am Lago Maggiore«: Ascona

Teatro San Materno Auf der gegenüberliegenden Straßenseite ließ Paul Bachrach 1928 das Teatro di San Materno vom Bremer Architekten Carl Weidemeyer im Bauhausstil errichten – als Tanzschule und Bühne für seine Tochter Charlotte, die hier bis Ende der 1950er-Jahre auftrat. Das Theater mit hundert Sitzplätzen war der erste klassisch-moderne Kulturbau der Schweiz. Vorstellungen gaben hier u. a. auch Elsie Attenhofer, Therese Giehse, Erika Mann, der Clown Dimitri und Werner Finck. Seit 2009 erstrahlt das Bauhausjuwel in neuem Glanz. Programminformationen: www.teatrosanmaterno.ch.

✴ MONTE VERITÀ · BERG DER WAHRHEIT

Magische Anziehungskraft Mit seinen 321 Metern Höhe ist der Monte Verità eigentlich gar kein Berg, sondern bloß ein Hügel, der den Ortskern von Ascona nur knapp überragt. Und trotzdem übt der »Berg der Wahrheit« eine magische Anziehungskraft aus. Hängt es damit zusammen, dass hier zwei Welten aufeinanderprallen? Tatsächlich liegt der Monte Verità an der geologischen Trennlinie zwischen Europa und Afrika und gilt daher als Energie- bzw. Kraftort. Begründet wurde der Mythos des Monte Verità zu Beginn des 20. Jh.s, als der belgische Industriellensohn Henri Oedenkoven und die Münchner Pianistin Ida Hofmann den Hügel Monescia erwarben und dort die Vegetabile Cooperative Monte Verità einrichteten. Rasch lockte die Siedlung Utopisten, Theosophen, Naturapostel und früh gereifte Grüne an, die auf dem »Berg der Wahrheit« eine Alternative zu Kommunismus und Kapitalismus suchten und hier die Keimzelle für eine bessere Welt sahen (▶Baedeker Wssen S. 142).

> **! BAEDEKER TIPP**
>
> *Teehaus Loreley*
>
> Das Teehaus Loreley auf dem Monte Verità informiert in einer kleinen, aber ansprechenden Ausstellung über den Anbau, die Geschichte und die kulturelle Bedeutung des Tees und lädt zu einer Teezeremonie ein. Neben dem kleinen Museum verfügt die Casa del tè über ein Labor und einen Laden mit erlesenen Teesorten. Die einzige Tee-Ernte in Europa findet jeweils im Mai statt. Der Anbau geht auf die Initiative von Peter Oppliger zurück, einen ehemaligen Apotheker und Spezialisten für Natur- und Pflanzenheilkunde aus Luzern (April – Okt. Mi. – So. 13.30 – 18.00, Nov. – März Sa., So. 13.30 – 17.00 Uhr; www.peter-oppliger.ch).

Wiege der Alternativkultur Der Monte Verità, dem ein Ruf wie Donnerhall vorauseilte, übte eine magische Anziehungskraft auf Intellektuelle in ganz Europa aus. In der Besucherliste finden sich die Namen von Leo Trotzki, Erich Mühsam, Hermann Hesse, Erich Maria Remarque, Rudolf Steiner, Hugo Ball, Richard Strauss, Arthur Segal, Paul Klee, Carl Gustav Jung, Max Weber, Billy Wilder, Thomas Mann … Von einem »Bermuda-Dreieck des Geistes« sprach der Kulturwissenschaftler Harald Szeemann (gest. 2005). Er hatte die Geschichte des Monte Verità in der viel beachteten Ausstellung »Le mammelle delle verità« (»Die Brüste der Wahrheit«) aufgearbeitet, die zwischen 1978 und 1980 in Berlin, München, Wien und Zürich gezeigt wurde und dem Bedürfnis nach Alternativen eine historische Grundlage gab. Der Monte Verità kann in der Tat als Ausgangspunkt einer Bewegung betrachtet werden, die unsere Gesellschaft heute mehr denn je prägt: Green Lifestyle.

Von all dem ahnten Oedenkoven und Hofmann nichts, als sie ihre Gemeinschaft 1920 auf dem Monte Verità auflösten und nach Brasilien emigrierten. 1926 übernahm der **Bankier und Kunstsammler Eduard Freiherr von der Heydt** das Gelände, um an der Stelle des ehemaligen Gesellschaftshauses ein vom alternativen Geist des »Wahrheitsberges« durchwehtes, jedoch wirtschaftlich tragfähiges Hotel zu errichten. Nach Plänen des Architekten Emil Fahrenkamp entstand ein dreistöckiger Flachbau. Nicht zuletzt dank dem Bauhaus-Hotel war Ascona damals in aller Munde, und der Monte Verità avancierte zum Treffpunkt der internationalen High Society. Die snobistischste aller Zeitschriften der Zwischenkriegszeit, der Berliner »Querschnitt«, schwärmte: »Der Monte Verità ist eines der wenigen Zentren der neuen Intellektualität.« Der 1964 verstorbene Von der Heydt vermachte den Monte Verità dem Kanton Tessin, verbunden mit der Bitte, auf dem Hügel eine »ausstrahlende Kulturstätte« zu errichten.

Bauhaus-Hotel

? BAEDEKER WISSEN

Warten auf den Sperber

Künstler, Intellektuelle, Aussteiger und Weltverbesserer aus ganz Europa suchten vor dem Ersten Weltkrieg das Sanatorium auf dem Monte Verità auf, um hier den inneren Frieden zu finden. Auch Hermann Hesse unterzog sich 1907 einer Kur in Askese: »Insgesamt blieb ich sieben Tage ohne Essen.« Auf dem Monte Verità erlernte er die Kunst, »auf einem Felsen zu sitzen (…) und zu warten, ob etwa ein Sperber vorüberfliegt«.

Seit einigen Jahren bemühen sich der Kanton und die Stiftung Monte Verità, auf dem Monte Verità eine kulturelle Renaissance einzuleiten. Das Bauhaus-Hotel wurde renoviert und 2013 zum »historischen Hotel des Jahres« gekürt. Geplant ist, die legendäre Szeemann-Ausstellung in den verschiedenen historischen Gebäuden neu zu inszenieren. Die Restaurationsarbeiten für diesen Museumskomplex haben begonnen. Daher ist die **Casa Anatta**, einst Wohnsitz und Repräsentationsgebäude der Gründer der Vegetabilen Cooperative, bis auf Weiteres geschlossen. Dieser als originellstes Holzhaus der Schweiz apostrophierte Bau soll das Herzstück der Ausstellung bilden. Weitere Dokumente und Objekte zur Geschichte der Reformbe-

Museums-komplex

Geträumte Welten

Ihr sozialer und politischer Hintergrund hätte unterschiedlicher nicht sein können, aber ein Ziel verband sie: aus der gewohnten Lebenswelt auszubrechen, um im Tessin eine neue Existenz nach eigenen Maßstäben zu beginnen.

Schrullig soll sie gewesen sein und sonderbar – ungewöhnlich war sie auf jeden Fall, und sie hinterließ der Tessiner Bevölkerung eine Attraktion: **Antoinette de St-Léger**. Über ihre Abstammung wird auch heute noch gerätselt. War sie eine uneheliche Tochter des russischen Zaren Alexander II.? Sicher ist, dass sie im vornehmsten Töchterpensionat von Sankt Petersburg erzogen wurde, ehe man sie als 16-Jährige wegen Schwindsucht nach Italien schickte. Dort bewies sie einen guten Blick für einträgliches Heiraten. Als sie 1885 für 25 000 Franken die Brissago-Inseln kaufte, war sie in dritter Ehe mit dem Iren Lord Richard Fleming Viscount of Saint-Léger verheiratet. Bei ihren Geschäften agierte sie wie bei Monopoly: Sie steckte Geld in sizilianische Schwefelminen, Eisenbahnen in Rumänien und betrieb in Mailand ein Maklerbüro. Ihr ursprünglich karges Eiland im Lago Maggiore verwandelte sie in einen Garten Eden. Sie ließ Unmengen von Schwarzerde heranschaffen und pflanzten seltene, vor allem südländische Bäume, Büsche und Blumen, die im feuchtwarmen Klima des Alpensüdrandes prächtig gediehen. Darüber hinaus schrieb sie unablässig: Für die britische Royal Horticultural Society verfasste sie Artikel über ihren Gartenbau, und James Joyce versorgte sie mit Briefen über erotische Perversionen. Viele ihrer Brieffreunde statteten ihr früher oder später einen Besuch ab: Die Maler Daniele Ranzoni, Filippo Franzoni, Giovanni Segantini, der Komponist Ruggero Leoncavallo, aber auch James Joyce, Rainer Maria Rilke und Harry Graf Kessler gaben sich im Herrenhaus auf der Insel die Klinke in die Hand. Nach dem Ersten Weltkrieg wandte sich das Schicksal dann gegen die »Frau im See«. Nach und nach verarmte sie. 1927 musste sie die Inseln verkaufen. 1948 starb sie, 92-jährig, im Armenhaus von Intragna.

Südsee im Tessin

Der neue Besitzer, ein Hamburger Kaufmann namens **Max Emden**, sorgte ebenfalls für Aufregung. Er ließ die Villa abreißen und an ihrer Stelle den neoklassizistischen Palazzo errichten, der noch heute über dem Garten thront. Auch er wusste das Leben zu genießen: Es heißt, junge, hübsche Frauen gingen bei ihm ein und aus. »Ein ästhetisches, kein sexuelles Vergnügen«, wie Emdens langjährige Geliebte, Sigrid Renata Loup, zu wissen glaubte. 1949 kauften der Kanton Tessin, der Schweizer Heimatschutz, der Schweizer Bund für Naturschutz und die drei Ufergemeinden Ascona, Brissago und Ronco die Inseln für 600 000 Franken und gründeten hier den Parco Botanico del Cantone di Ticino.

»Wahrheitssucher« auf dem Monte Verità: links im Bild Henri Oedenkoven, zu seiner Rechten Ida Hofmann

Seither haben sich die Pflanzen von 250 auf 1800 Arten vermehrt. Wer sich keinen Urlaub in der Südsee erlauben kann – der subtropische Paradiesgarten auf der Isola Grande di Brissago bietet, mit etwas Fantasie, eine herrliche Alternative.

Berg der Wahrheit

Die Baronin de St-Léger legte den Grundstein für eine touristische Attraktion im Tessin. Dass sich der italienischsprachige Kanton aber zu einem Wallfahrtsort des Tourismus entwickelte, ist Aussteigern zu verdanken. Nach der Eröffnung des Gotthardbahntunnels 1882 entdeckten Besucher aus nördlichen Ländern, die sich die Reise leisten konnten, die attraktive Landschaft der bis dahin von der Welt verschlossenen Region für sich. 1901 kamen **Henri Oedenkoven**, ein belgischer Großindustriellensohn, und seine Lebensgefährtin, die deutsche Pianistin **Ida Hofmann**, nach Ascona und kauften sich am Monte

Monescia, am Nordostrand der Stadt am Lago Maggiore, ein 1,5 ha großes Gelände. Ihren 350 m hohen Hügel nannten sie Monte Verità – Berg der Wahrheit. 1905 riefen sie die »Vegetabilische Gesellschaft des Monte Verità« ins Leben. Das Ziel der Gesellschaft erläuterten ihre Gründungsmitglieder wie folgt: »Davon überzeugt, dass die heute übliche Weise der Ernährung, der Wohnung und Kleidung mit deren Folgen im schreiendsten Widerspruch zu den durch den Gang der Evolution berechtigten Ansprüchen der Menschen steht und die Hauptursache zur körperlichen und moralischen Entartung sowie zu den gesellschaftlichen Übelständen liefert, trachten die Vegetabilier, innerhalb ihrer Ansiedlungen soziale Einrichtungen auf vegetabilischer Grundlage zu schaffen, welche ihnen ermöglichen, mit den Naturgesetzen in besserem Einklang zu bleiben.«

Fleischlos glücklich

Diese Zurück-zur-Natur-Gesellschaft, die fleischlos, mit Freikörperkultur und freier Liebe, mit selbst genähten Kleidern und selbst geernteter Pflanzenkost, mit Meditationen und leidenschaftlichen Diskussionen nach der einzig selig machenden Wahrheit suchte und über die der Anarchist und Schriftsteller Erich Mühsam in einem »alkoholfreien Trinklied« spottete: »Wir sonnen den Leib, ja wir sonnen den Leib, das ist unser einziger Zeitvertreib. Doch manchmal paddeln wir auch im Teich, das kräftigt den Körper und wäscht ihn zugleich«, wirkte auf all die wie ein Fanal, die einem erstarrten, konservativen Bürgertum entfliehen wollten. Und sie strömten in Scharen zum Monte Verità: Literaten, Maler, Psychologen, Politflüchtlinge und Sektierer, Theosophen, Naturapostel und Nudisten, auch Schmarotzer und Scharlatane. Manche sahen nur mal kurz vorbei, so der Schriftsteller Hermann Hesse, der Sozialist August Bebel oder der Maler Hans Arp. Andere wiederum ließen sich hier für immer nieder. Die Einheimischen schüttelten zwar verständnislos den Kopf über diese Neuzuwanderer, doch zeigten sie sich den Gästen gegenüber tolerant – schließlich ließen sich bei so manchen »Spinnern« auch einige Franken verdienen.

20 Jahre währte die Blütezeit der Vegetabilischen Gesellschaft. Dann hatten sich nicht nur die Ideale abgenützt – Henri Oedenkoven war auch das Geld ausgegangen. Er verkaufte den Monte Verità und wanderte nach Brasilien aus, um dort, wie er hoffte, seine Vorstellungen von einem naturverbundenen Leben realisieren zu können.

(Sehr informativ: Monte Verità. Der Traum vom alternativen leben, Dokumentarfilm 2014, www.deckert-distribution.com).

Eine andere Welt

Auf die großen Denker und Wahrheitssucher folgten Leute der Hochfinanz und Politik. Auch unter ihnen gab es manch einen, der von der anmutigen Landschaft und dem milden Klima zur Schaffung einer Traumwelt inspiriert wurde. Bei Morcote am Luganer See schuf sich der St. Gallener Kaufmann **Arthur Scherrer** zwischen 1930 und 1956 eine unvergleichliche Parkanlage, den Parco Scherrer. Durch seine Geschäfte kam der Tuchhändler weit in der Welt herum und fand immer mehr Gefallen an asiatischen und antiken Kulturen. In seinem an einem steilen Hang gelegenen Garten ließ er dann, zwischen Palmen und Zedern, Eukalyptusbäumen und Bambushainen, farbenprächtigen Blumen und blühenden Büschen, die Gebäude nachbauen, die ihn am meisten fasziniert hatten. So kann man heute – en miniature – u. a. das Athener Erechtheion, einen ägyptischen und einen maurischen Tempel, einen Mogulpalast sowie viele weitere Bauten und Statuen von Hermes und Neptun bewundern. Manch einer mag das für etwas kitschig halten, doch viele ließen sich beim Anblick der hier versammelten Kunstgegenstände aus verschiedenen Erdteilen und Epochen dazu hinreißen, zumindest für einen Moment innezuhalten und in eine andere Zeit, in eine andere, eine bessere Welt einzutauchen.

wegung werden in der **Casa Selma** gezeigt, der 1904 erbauten »Licht-Luft-Hütte« der Cooperative, sowie in der **Casa dei Russi** (»Russenhaus«, wo ab 1910 russische Studenten lebten). Fester Bestandteil der Ausstellung wird auch der **Elisarion-Pavillon** sein mit dem 3,5 x 25 m großen Rundgemälde »Klarwelt der Seligen« (»Chiaro mondo dei Beati«) des baltischen Künstlers Elisar von Kupffer (1872 – 1942), das im Elisarion in Minusio, wo es ursprünglich ausgestellt war, keinen Platz mehr hat. Der Museumskomplex auf dem Monte Verità soll ab 2015/16 für die Öffentlichkeit zugänglich sein. Bei einem Spaziergang durch den Park (individuell oder mit Führung) kann man die verschiedenen Gebäude jederzeit von Außen betrachten.

❶ Geführter Rundgang auf dem Monte Verità: April – Okt. Sa. 14.00 Uhr, 18 CHF (Kinder und Jugendliche bis 16 gratis)
Restaurant im Hotel Monte Verità: April – Ende Okt. tägl. geöffnet, Infos über das Kultur- und Vortragsprogramm: www.monteverita.org.

Am Nordabhang des Monte Verità steht die 1617 – 1677 über einer Quelle erbaute, turmlose Wallfahrtskirche Madonna della Fontana mit Freskenschmuck aus dem 17. Jahrhundert. Nach der Überlieferung soll hier im 15. Jh. ein taubstummes Hirtenmädchen für ihre dürstenden Schafe gebetet haben; das Gebet sei erhört worden, die Quelle habe zu sprudeln begonnen und das Mädchen seine Stimme wiederbekommen. Vermutlich wurde die Stelle aber bereits von den Kelten als Quellheiligtum verehrt. Direkt neben der Kirche lässt es sich im Grotto Madonna della Fontana entspannen.

Madonna della Fontana

LOSONE

Nordwestlich von Ascona erstreckt sich rechts der Maggia die Nachbargemeinde Losone mit den drei nach ihren Kirchen benannten Ortsteilen **San Lorenzo, San Giorgio und San Rocco**. Losone hat sich trotz eines raschen industriellen Aufschwungs noch viel typisches Tessiner Flair und dörfliche Architektur bewahrt, insbesondere schöne Bauernhäuser aus dem 15. bis 18. Jh. mit Innenhöfen, Loggien und interessanter Bemalung. In der Via Ubrio 6 steht die **Casa Bianda**, ein wehrhaft erscheinender Wohnzylinder des Tessiner Architekten Mario Botta von 1989.

Dörfliche Architektur

Die Pfarrkirche San Lorenzo wurde 1597 an der Stelle eines älteren Gotteshauses erbaut, im 18. Jh. barockisiert und im 19. Jh. nochmals verändert. Sie besitzt einen bemerkenswerten Altar von **Giuseppe Buzzi** (1751), Gemälde von Pancaldi und Orelli sowie kunstvolle Beichtstühle und ein schönes Taufbecken von 1580. Auf dem Kirchplatz von San Lorenzo stehen die Stationskapellen und das Beinhaus.

San Lorenzo

San Giorgio   Die 1799 errichtete Kirche San Giorgio im gleichnamigen Ortsteil von Losone geht auf einen Bau des 11. Jh.s zurück, von dem noch der Kampanile und der Chor erhalten sind. Das Innere ist mit Fresken von **Nicolao da Seregno und Antonio da Tradate** aus dem 14. und 15. Jh. geschmückt.

San Rocco   Die Kirche San Rocco wurde im 16. Jh. anlässlich einer Pestepidemie erbaut und im 19. Jh. erweitert. Das Innere ist von **Giovanni Antonio Vanoni** im Jahr 1860 ausgemalt worden. Das Gemälde der Muttergottes mit den Pestheiligen Sebastian und Rochus hinter dem Altar ist von 1614.

Arcegno   Westlich oberhalb von Losone liegt auf 387 m Höhe und umgeben von Kastanienwäldern das Bergdorf Arcegno. Mit seinen urwüchsigen, aus Gneisbrocken geschichteten und mit Gneisplatten gedeckten Häusern ist es ein gutes Beispiel ländlicher Siedlungskultur. Die Pfarrkirche aus dem 14. Jh., Sant'Antonio Abate, schmücken eine bemalte Fassade sowie im Innern Freskenreste des 14. bis 16. Jh.s.

✳ RONCO SOPRA ASCONA

Malerisches Bergdorf   Etwa 3 km südwestlich von Ascona liegt das malerische Bergdorf Ronco (353 m ü.d.M., 750 Einw.) auf aussichtsreicher Felsterrasse am Abhang der Corona dei Pinci oberhalb der Isole di Brissago. Es ist die Heimat des Malers **Antonio Ciseri** (1821 – 1891), des Schöpfers der Grablegung Christi in der Wallfahrtskirche Madonna del Sasso (►S. 234). Bis zu Beginn der 1960er-Jahre war Ronco mit seinem alten Ortskern, den hohen Häusern des 17. Jh.s und von den Schwibbögen überspannten, engen Gassen ein begehrtes Künstlerdomizil: Hier lebten u. a. der Maler Richard Seewald (1896 – 1976; einige seiner Werke sind im »Museo Communale d›Arte Moderna« in Ascona zu sehen; www.richard-seewald.de) sowie der Schriftsteller Erich Maria Remarque (1898 – 1970; ►Berühmte Persönlichkeiten); beide sind auf dem Dorffriedhof von Ronco begraben. Heute hat sich der Tourismus des Dorfes bemächtigt, das durch Ferienwohnungs- und Hotelbauten weit über die ursprünglichen Grenzen hinaus angewachsen ist.

✳Piazza San Martino   Im Osten des alten Ortskerns gewährt die von einer alten Kastanie gekrönte Piazza einen prächtigen Ausblick über den Lago Maggiore. Die Bürger von Ronco behaupten gar, den schönsten Kirchplatz der Welt zu haben. Die Piazza wird beherrscht von der klassizistischen Fassade der Pfarrkirche San Martino aus dem 15. Jahrhundert. Im Chor blieben Reste der Fresken von **Antonio da Tradate** (1492) erhalten. Das Altarbild – den hl. Martin als Bischof – schuf Antonio Ciseri; sein Geburtshaus steht gegenüber der Kirche.

Malerisches Bergdorf Ronco sopra Ascona

Gegenüber der Pfarrkirche steht die angeblich im 17. Jh. als Kloster errichtete Casa Ciseri, später Geburts- und Wohnhaus des Malers Antonio Ciseri. Mit seinem Türmchen und dem eleganten Eingangshof gilt es als das schönste Patrizierhaus Roncos.

Casa Ciseri

Oberhalb der Pfarrkirche befindet sich die recht schlichte Barockkapelle Santa Maria delle Grazie aus dem 18. Jh. mit reizvoller toskanischer Vorhalle, von der man eine fantastische Aussicht auf den Lago Maggiore hat. Die Kuppelfresken stammen von Giuseppe Antonio Felice Orelli.

Santa Maria delle Grazie

Über einen steilen Treppenweg – die sogenannte Himmelsleiter – ist Ronco mit dem am Lago Maggiore gelegenen Hafen Porto Ronco verbunden. Der Weg führt durch üppige mediterrane Gärten, vorbei an den Wegkapellen Mater Dolorosa und Maria Assunta.

Porto Ronco

Das malerische Bergdorf Fontana Martina etwa 2 km südwestlich von Ronco war bis in die 1940er-Jahre nur auf einem Pfad erreichbar. Gegen Ende des 19. Jh.s war es von seinen Bewohnern aufgegeben worden. 1923 erwarb der Schweizer Buchdrucker **Fritz Jordi** (1886 bis 1938) die verlassenen Gemäuer, um dort eine Künstlerkolonie einzurichten, heute ein ruhiger, edler Wohnort mit fantastischer Aussicht auf den See und die Brissago-Inseln.

Fontana Martina

** Bellinzona

✦ H 5

Höhe: 223 m ü.d.M.
Einwohnerzahl: 18 100

Die drei zum UNESCO-Weltkulturerbe gehörenden Burgen der Kantonshauptstadt zeugen noch heute von der einstigen strategischen Bedeutung: Der Weg über die Alpen führt durch Bellinzona. In den Burgen ist die Geschichte vom 4. Jahrtausend vor Christus bis heute spürbar.

Bewegte Vergangenheit Der Krimiautor Andrea Fazioli (geb. 1978) vergleicht seine Heimatstadt mit »einer Dame mittleren Alters, über die getuschelt wird, sie sei in ihrer Jugend eine ganz Wilde gewesen«. Ihre »wildesten« Jahre erlebte die Stadt im Hochmittelalter. Ihre Lage am Schnittpunkt der drei großen Alpentransitwege – Sankt Gotthard, Lukmanier und San Bernardino – machte ihre strategische Bedeutung aus: Von hier konnte man den Heeres- und Handelsverkehr aus dem Norden in den Süden kontrollieren. Vom 9. bis zum 13. Jh. gehörte Bellinzona zum Herrschaftsgebiet der Bischöfe von Como, unter ihnen erhielt sie eine erste Festung auf einem Felssporn. 1396 fiel der Wachtposten an den Alpenpässen an die Mailänder Herzöge Visconti und Sforza. Das Castelgrande wurde um die Burgen Montebello und Sasso Corbaro erweitert, mit einer vier Meter dicken Wallmauer (Murata) über den Fluss Ticino verlängert und zu einer der mächtigsten Alpenfestungen ausgebaut. In der Zwischenzeit hatten sich die Eidgenossen aus Uri, Schwyz und Unterwalden in der Leventina festgesetzt und warfen immer begehrlichere Blicke nach Bellinzona, das ihnen den Zugang in die fruchtbaren Ebenen der Lombardei versperrte.

BAEDEKER WISSEN ?

Bellinzona capitale

Die Frage nach dem Kantonshauptort erhitzte im 19. Jh. die Gemüter im Tessin. Nach der Kantonsgründung 1803 beschloss man, dass die konkurrierenden Städte Bellinzona, Locarno und Lugano im Wechsel jeweils sechs Jahre lang Hauptort sein sollten. Doch nach über 70 Jahren waren die Beamten der Wanderschaft überdrüssig. In einer Volksabstimmung am 10. März 1878 stimmten 13 819 Tessiner für Bellinzona als Hauptort, dagegen waren 6851. Seither ist Bellinzona Hauptort des Tessin und Sitz der Exekutive und der Legislative.

Tessin wird Schweizer Untertanengebiet Aber erst als der König von Frankreich Ende des 15. Jh.s das Herzogtum Mailand besetzte, fiel Bellinzona ihnen in den Schoß. Aus Sorge vor Vergeltung – Bellinzona hatte an den Aufständen gegen den König teilgenommen – baten die Einwohner der Festungsstadt den Hauptmann einer zufällig in der Stadt weilenden Söldnertruppe aus der

Innerschweiz, den Bewohnern den Treueeid abzunehmen. Im **Frieden von Arona** wurde das Gebiet 1503 den drei deutschsprachigen Kantonen Uri, Schwyz und Nidwalden zugesprochen, ihre Vögte zogen in die Burgen ein. Bis zur Französischen Revolution blieben die Täler südlich des Gotthards als ennetbirgische (= jenseits der Alpen gelegene) Vogtei ein Untertanengebiet. Castelgrande hieß von da an Uri, das in der Mitte liegende Montebello Schwyz und die höchstgelegene Burg Unterwalden. In der Folgezeit erlangten die »Tre Castelli« zwar nie wieder strategische Bedeutung, als Kulisse zur 700-Jahr-Feier der Eidgenossenschaft 1991 allerdings einen hohen Symbolwert. Zu diesem Anlass hatte der Tessiner Architekt Aurelio Galfetti die Hauptfestung Castelgrande umfassend restauriert. Das Ergebnis war zwar nicht immer unumstritten, im Jahr 2000 wurden die Burgen aber als »bedeutendster Zeuge der mittelalterlichen Befestigungsbaukunst im Alpenraum« Teil des UNESCO-Weltkulturerbes.

Von 1803 bis 1878 wechselten sich Bellinzona, Locarno und Lugano alle sechs Jahre als Kantonshauptstadt ab, dann wurde die »Drei-Burgenstadt« zur ständigen Hauptstadt erklärt. Dennoch führte sie im Vergleich zu ihren weiter südlich am Lago di Lugano und Lago Maggiore gelegenen »Schwestern« viele Jahre ein – zumindest touristisch-kulturelles – Aschenputteldasein. Seit Jahrzehnten erlebt Bellinzona jedoch eine Metamorphose. Das Wirken zeitgenössischer Architekten, die historische Bauwerke restauriert und mit neuen Bauten Akzente in das Stadtbild gesetzt haben, und die Aufnahme ins UNESCO-Weltkulturerbe haben die Stadt zu neuem Leben erweckt.

Bellinzona heute

Castello di Montebello, eine der drei Burgen Bellinzonas

Bellinzona erleben

AUSKUNFT
Ente Turistico Bellinzona e Alto Ticino
Palazzo Civico, 6500 Bellinzona
Tel. 091 825 21 31
www.bellinzonaturismo.ch

VERANSTALTUNGEN
Bellinzona ist eine **Hochburg des Karnevals**. Am Rabadan (= Lärm) feiern über 150 000 Menschen auf den Straßen und in den Festzelten. Das närrische Treiben beginnt am Schmutzigen Donnerstag, danach haben fünf Tage lang die Narren das Sagen. Höhepunkt des seit 1862 stattfindenden Rabadan (www.rabadan.ch) ist der große Umzug am Sonntag; außerdem finden Maskenwettbewerbe, eine Talentschau, Seilziehturniere, Guggenkonzerte und ein Risotto-Essen statt.
In der Burg Montebello lebt im Mai für drei Tage das Mittelalter wieder auf: **»La spada nella rocca«** (www.laspadanellarocca.ch), »Das Schwert im Fels«, zeichnet Szenen aus dem mittelalterlichen Leben nach mit Turnieren für Schwertkämpfer, Ritter, Pfeilbogenschützen und Fahnenschwinger. Das **Montebello-Festival** im Juli steht im Zeichen der Kammermusik. Bei gutem Wetter finden die Konzerte in den Mauern des Castello di Montebello statt, bei Regen im ehemaligen Arsenal der Burg Castelgrande (www.montebello-festival.ch). Während der **Beatles Days** – ebenfalls im Juli – pulsiert die Stadt drei Tage lang im Rhythmus von Rock- und Pop-Musik der 1960er-Jahre.

EINKAUFEN
Besonders empfehlenswert ist ein Besuch am Samstagmorgen, dann findet der **Markt** statt, ein Farben- und Sinnesspektakel. Gegen 12.00 Uhr werden die ersten Stände abgebaut. Viele Leute gehen anschließend in eines der zwei Dutzend Restaurants, die ein besonders preisgünstiges Markt-Menü anbieten (www.commercianti-bellinzona.ch).
Zu den Trendsettern der Tessiner Modedesigner gehören Cristina und Michele Baggi, die gegenüber dem Rathaus **exquisite Lederwaren** feilbieten (Via Teatro 1, www.biasateliers.ch). An der Piazza Collegiata verkauft die Firma DiVarese edles und alltagstaugliches **Schuhwerk** zu erschwinglichen Preisen (Piazza Collegiata). Bei Monn können sich Damen und Herren **stilvoll einkleiden** (Piazza Collegiata 4, www.monn.com). Resi Gourmet (Viale Stazione 23, www.resinelli.ch) bietet eine große Auswahl italienischer und regionaler **Delikatessen**. Eine Auswahl interessanter **Weine**, auch eigene, gibt es bei Chiericati Vini (Via Convento 10, www.chiericati.ch). Die vielleicht größte Auswahl an Lebensmitteln aus der Region gibt es im Migros-Einkaufszentrum in Sant'Antonino, 7 km südlich von Bellinzona (www.migros ticino.ch).

ESSEN
❶ *Locanda Orico* ⓔⓔⓔ
Via Orico 13
Tel. 091 825 15 18
So. u. Mo. geschl.
www.locandaorico.ch
Das Lokal am Rand der Altstadt ist eine der besten Adressen im Tessin. Feinschmecker geraten hier ins Schwärmen, etwa bei einem »Filet eines piemontesischen Kaninchens in einer Kruste aus Kräutern und Salz von der Insel Mauritius ...«.

❷ *Trattoria Cantinin dal Gatt* Ⓔ
Vicolo al Sasso 4, Tel. 091 825 27 71
So.-Abend, Mo. geschl.
www.cantinindalgatt.ch
Gemütliches Restaurant mitten in der
Altstadt. Die schmackhafte, mediterrane
und moderne Küche nimmt auch Rück-
sicht auf die Tradition.

❸ *Ristorante Pedemonte* Ⓔ – ⒺⒺ
Via Pedemonte 12
Tel. 091 825 33 33, Mo. und mittags
(außer So.) geschl.
Zufällig kommt man nicht hierher. In der
ehemaligen Eisenbahnerkneipe hinter
dem Bahnhof (nördliche Passerelle be-
nützen!) kann man ausgezeichnet essen.
Die Speisekarte gibt es nur mündlich.
Wer bei der italienischen Version nur
Bahnhof versteht, erhält eine Wiederho-
lung auf Deutsch.

❹ *Sasso Corbaro* ⒺⒺ
Via Sasso Corbaro 44
Tel. 091 825 55 32, Mo. u. So.-Abend
geschl.
www.osteriasassocorbaro.com
Eine der romantischsten Lagen in Bellinzona: die Osteria di Sasso Corbaro in der
höchstgelegenen der drei Burgen. Athos
Luzzi pflegt eine moderne, frische und
fantasievolle Küche von großer Stil-
sicherheit.

❺ *Ristorante Malakoff* ⒺⒺ
Bellinzona-Ravecchia
Via Bacilieri 10
Tel. 091 825 49 40, Mi.-Abend u. So.
geschl.
Antonio und Rita Fuso sind im ganzen
Tessin für ihre hausgemachte Pasta be-
kannt. Unbedingt probieren: Ricotta-
Ravioli mit einem Hauch Zitrone an der
Butter, Gemüse-Lasagne und Tagliolini
mit Rucola-Pesto und mediterraner Sau-

ce. Und zum Schluss die süße Krönung:
Orangen-Tiramisù.

❻ *Fattoria l'Amorosa* ⒺⒺ
Sementina-Gudo, Via Moyar 11
Tel. 091 840 29 50, www.amorosa.ch
Nur wenig oberhalb der Kantonsstraße
Gudo – Sementina liegt die Fattoria
l'Amorosa mit schönem Ausblick über
das ganze Tal. Restaurant und Ag@turis-
mo (10 Zimmer, 3 Rustici) des bekannten
Weinhändlers Angelo Delea liegen mitten
in den Rebbergen; serviert wird regionale
Küche zu feinen Weinen des Hauses.

ÜBERNACHTEN
❶ *Hotel & SPA Internazionale* ⒺⒺ
Viale Stazione 35, Tel. 091 825 43 33
www.hotel-internazionale.ch
Der markante Belle-Epoque-Palazzo am
Bahnhofsplatz mit 60 Zimmern und drei
Suiten ist ein idealer Ausgangspunkt,
um die Region zu erkunden. Seit April
2013 gibt es auch einen kleinen Well-
ness- und Spa-Bereich.

❷ *Albergo Unione* ⒺⒺ
Viale Henri Guisan 1, Tel. 091 825 55 77
www.hotel-unione.ch
Das familiär geführte Hotel mit 45
zweckmäßig eingerichteten Zimmern
liegt am Fuß der Burgen bzw. am Rand
der Fußgängerzone.

❸ *Albergo Del Moro* Ⓔ
Giubiasco, Largo Libero Olgiati 67
Tel. 091 857 24 36, www.albergomoro.ch
Wer nicht in Bellinzona übernachten
will, findet in diesem renovierten Tessiner Haus aus dem 19. Jh. im 3 km entfernten Giubiasco eine gute Alternative.
Im Sommer kann man gemütlich draußen zu Abend essen und die Dolce-Vita-
Atmosphäre auf der Piazza Grande genießen.

SEHENSWERTES IN BELLINZONA

**
Castelgrande

Erstes Ziel eines Stadtbesuchs ist das direkt über der Altstadt aufragende Castelgrande. Man erreicht es zu Fuss oder mit einem Aufzug von der Piazza del Sole aus. Archäologische Untersuchungen belegen, dass der von eiszeitlichen Gletschermassen geformte Felsenhü-

Bellinzona

300 m

Campo Sportivo, Freibad Lavizzari
Lugano, Locarno,
Sankt Gotthard, San Bernardino

©BAEDEKER
Bahnhof
❶
❸

Via F. Chiesa
Via del Bramantino
Via Mirasole
Via Campo Marzio
Via Vincenzo Vela
Via Parco
V. Mirasole
Via Murate
Portone
Via Poggia del Mulini
Via Henri Guisan
Viale Visconti
Via Cancelliere Molo
Via Pedemonte
N. Cimitero
N. Pian Lorenzo

S. Giovanni
❷
Piazza Simen
Piazza del Sole
P
Murata
Castelgrande
Viale Stazione
Via Daro
Via

Piazza Orico
❶
V. G. Salvioni
V. Motta
Via Stefano
Salita di Castello Grande
Castello Grande
Piazza Collegiata
❷ Pza. Nosetto
Teatro Sociale
Palazzo del Governo
Via Dogana
Palazzo Civico
ℹ
P
SS. Pietro e Stefano
Castello di Montebello
Riale Lobbia

Franscini
Via Nizzola
Piazza Indipendenza
F. Borsarino
S. Rocco
Via Artore
Via B. Ferrini

❻
Via Franco Zorzi
Ghiringhelli
V. B. Bertoni
Via Camposanto
Canonica
Via Lugano
Via Convento
S. Maria delle Grazie
S. Biagio
Via Bekooggiorno
Ravecchia
Via F. Pedotti
Via Crecio
Ospedale
Via Sasso Corbaro
V. Sasso Corbaro
Castello di Sasso Corbaro
❹
Madonna della Neve

Giubiasco ❸ ‖ Monte Carasso, Palazzo Telecom

Villa dei Cedri
Via Rompeda
❺
RAVECCHIA

Torr. Dragonato

gel schon in vorgeschichtlicher und in römischer Zeit besiedelt war. Die zwischen 1250 und 1500 entstandene Anlage diente als Verteidigungs- und Fluchtburg für die Bevölkerung und besass daher ursprünglich neben militärischen Einrichtungen auch einen Palas, drei Kirchen sowie Wohn- und Vorratshäuser. Erhalten sind als ältester Teil der markante, 27 m hohe **Torre Bianca**, der Weiße Turm, und der einen Meter höhere **Torre Nera**, der Schwarze Turm. Den großen Innenhof umrahmen Wohn- und Wirtschaftsgebäude des 15. bis 19. Jh.s Vom Kastell führt die mit Schwalbenschwanzzinnen bekrönte Burgmauer Murata ins Tal hinab; einst reichte sie fast 600 m lang bis zur Ticino-Brücke zwischen Bellinzona und Monte Carasso, sodass das Tal hier gegen feindliche Eindringlinge verriegelt werden konnte. Über die Geschichte der Burgen informiert das **Museo Storico Archeologico** im Hauptgebäude. Ausgestellt sind ferner die Deckenmalereien aus der Casa Ghiringhelli (um 1470/80) sowie Münzen aus dem 16. Jahrhundert. Ein Nobel-Restaurant und ein modernes Grotto mit schöner Aussichtsterrasse sorgen für das leibliche Wohl.

❶ Innenhof: Di. – So. 9.00 – 22.00, Mo. 10.00 – 18.00 Uhr, freier Eintritt
Museo Archeologico: täglich, Nov. – März 11.00 – 16.00, April – Juni, Sept. – Okt. 10.00 – 18.00, Juli, Aug. 10.00 – 19.00 Uhr, Eintritt 2/5 CHF, www.bellinzonaturismo.ch
Mit dem **Bellinzona Cultura Pass** (15 CHF) erhält man Zutritt zu den drei Burgen (inkl. Museen) und der städtischen Kunstgalerie Villa dei Cedri.

*Castello di Montebello

Das Castello di Montebello, ursprünglich Castello Piccolo, später Burg Schwyz und im 19. Jh. Castello di San Martino genannt, thront östlich vom Castelgrande auf dem 90 m hohen Montebello-Hügel. Als Festungsbau auf dreieckigem Grundriss, mit wehrhaften Rundtürmen und zinnenbekrönten Ringmauern ist das Castello di Montebello die reizvollste der drei Burgen und ein hervorragendes **Beispiel lombardischer Festungsarchitektur**. Bergfried, Palas und Innenhof stammen aus dem 13./14. Jh. und sollen unter den Rusconi erbaut worden sein. Ihr heutiges Aussehen, v. a. die Gestaltung der äußeren Burghöfe, verdankt die Burg den Sforza, die sie 1460 – 1480 gegen die vordringenden Urner ausbauen ließen. Faszinierend ist der Ausblick, der bis zum etwa 12 km entfernten Lago Maggiore reicht. In der Burg zeigt ein Museum Ausgrabungsfunde aus dem Tessin von der Bronzezeit bis zum Mittelalter, eine Waffensammlung sowie Dokumente aus dem 14. bis 19. Jahrhundert.

Castello di Montebello: April – Nov. täglich 10.00 – 18.00 Uhr, das Museum im Juli, Aug. bis 19.00 Uhr, Eintritt 2/5 CHF, www.bellinzonaturismo.ch

*Castello di Sasso Corbaro

In einer Rekordzeit von nur gut sechs Monaten hatten die Mailänder Herren im Jahr 1479 das von Kastanienwäldern umgebene Castello di Sasso Corbaro bauen lassen. Etwa 230 m über dem Talgrund gelegen, sollte die neue Burg die bestehende Festungslinie verstärken und die Anhöhe über der Stadt gegen die vordringenden Eidgenossen sichern, die wenige Jahre später die Burg übernahmen und fortan die Herrschaft im Tal ausübten. Die **streng quadratisch gegliederte Anlage** besitzt einen kleinen mauerumschlossenen Innenhof mit anschließendem wuchtigem Bergfried (Mastio) und Wachturm (Torre di Vedetta) sowie eine Kapelle aus dem 17. Jahrhundert. Die ebenfalls prachtvoll gelegene Burg beherbergt Wechselausstellungen zu verschiedenen Themen.

❶ April – Juni, Sept. – Okt. tgl. 10.00 – 18.00 Uhr, Juli, Aug. bis 19.00 Uhr, Eintritt 2/5 CHF, www.bellinzonaturismo.ch??

Altstadt Bellinzonas Altstadt mit ihren Laubengängen und Palazzi aus der Renaissance erinnert an lombardische Städte; besonders belebt ist sie an Samstagen, dann findet hier ein beliebter Wochenmarkt statt. Allgegenwärtig ist das Stadtwappen mit der Visconti-Schlange, auch an der Fassade der Kirche **Santi Pietro e Stefano** an der Piazza Collegiata, dem Hauptplatz. Die Kirche, ab 1517 über einem Vorgängerbau von 1424 errichtet, ist ein Werk des Architekten Tommaso Rodari. Er stammte aus Maroggia am Luganersee und von ihm stammten auch die Pläne für den Comer Dom. Lisenen und Gesimse gliedern die monumentale Renaissancefassade. Über dem von Säulen flankierten Portal steht in einer Nische die Figur des hl. Petrus, darüber ein gotisierendes Radfenster mit dekorativen Reliefs.

Renaissance oder 20. Jahrhundert? Der Palazzo Civico gibt sich älter, als er tatsächlich ist: Baujahr 1924!

Die Kirchenglocken liefern sich eine Art Wettstreit um den schöneren Klang mit den Glocken des Rathausturms.

Den **Palazzo Civico** erreicht man über die von bemerkenswerten Häusern gesäumte Via Nosetto. Mit 30 m hohem Campanile und dreigeschossigem Loggienhof erinnert das Rathaus an einen Renaissancebau, tatsächlich entstand es erst 1924. Im Innenhof wird in 26 Bildern die Stadtgeschichte erzählt.

Ebenfalls stark italienisch geprägt ist das klassizistische **Teatro Sociale** am Rande der Altstadt. Es wurde 1846/47 vom Mailänder Architekten Giacomo Moraglia entworfen, aus dessen Feder unter anderem auch die Pläne für das Rathaus von Lugano stammen. Das Teatro Sociale ist das einzige erhaltene Theater aus dem 19. Jh. in der Schweiz. Mit seinen Logen entspricht es einem klassischen italienischen Theatergebäude. In Anlehnung an das berühmte Mailänder Vorbild wird es auch Piccola Scala genannt (Infos zu den Vorführun-

> **!** BAEDEKER TIPP
>
> *Bagno pubblico*
>
> Das öffentliche Schwimmbad von Bellinzona (Mai – Sept. tägl. geöffnet) mit seinen 3,5 und 10 m hohen Sprungtürmen und vier Schwimmbecken ist mehr als bloß eine Badeanstalt. Die von Aurelio Galfetti entworfene Anlage ist eine Ikone der modernen Architektur, ein »Schlüsselwerk der Tessiner Baukunst der 1970er-Jahre« (Martin Steinmann).

gen: www.teatrosociale.ch). Wenige Schritte westlich vom Theater steht an der Piazza del Governo das **ehemalige Ursulinenkloster** von 1743. Es wurde 1848 klassizistisch umgestaltet und ist heute Sitz der Tessiner Kantonsregierung und Tagungsort des Parlaments.

Knapp 2 km südlich der Innenstadt lohnen drei Sehenswürdigkeiten einen Besuch: Die Kirche ****Santa Maria delle Grazie** des 1848 aufgehobenen Franziskanerklosters besitzt mit den Renaissance-Fresken an der Lettnerwand ein großartiges Werk lombardischer Malerei: Die 15 Szenen aus dem Leben Christi schuf ein unbekannter Meister um 1500. Die Fresken im Langhaus und Chor datieren aus derselben Zeit. Wie durch ein Wunder wurden die kostbaren Fresken bei einem Brand in der Silvesternacht 1996/97 nicht beschädigt. Auf der anderen Seite der Bahngleise grüßt ein riesiger hl. Christophorus von der Fassade der dreischiffigen romanischen Kirche **San Biagio** (13. Jh.). Sie ist im Innern ganz und gar mit Fresken aus dem 14. und 15. Jh. ausgeschmückt. Die in klassizistischem Stil errichtete **Villa dei Cedri**, gleich neben der Kirche in einem schönen Park, beherbergt die **städtische Kunstgalerie** mit Schwerpunkt auf italienischen und Schweizer Künstlern des 19. und 20. Jh.s. Gezeigt werden Werke u. a. von Emilio Longoni, Giuseppe Pellizza da Volpedo, Giovanni Segantini und Vincenzo Vela. Darüber hinaus finden regelmäßig Wechselausstellungen statt.

*Südstadt

Museo Civico Villa dei Cedri: Di. – Fr. 14.00 – 18.00, Sa., So. 11.00 – 18.00 Uhr, Eintritt 5/8 CHF, www.villacedri.ch

Zeit-
genössische
Architektur

Man darf Bellinzona nicht verlassen, ohne ein paar Beispiele zeitge-nössischer Architektur besichtigt zu haben, u. a. das **Hauptpostamt** am Viale Stazione, ein Blockbau mit hellem überdachtem Innenhof, (Angelo Bianchi, Aurelio Galfetti und Renzo Molina, 1985), das **Businesscenter** (Via dei Gaggini) im Westen der Stadt von Mario Botta (1997) und der Sitz des **Bundesstrafgerichts** im Viale Franscini; die Fassade zur Straße wurde vom Vorgängerbau, einer Handelsschule, übernommen und rückwärtig durch einen dreigeschossigen Neubau ergänzt (Bearth und Deplazes in Zusammenarbeit mit Durisch und Nolli, 2013).

UMGEBUNG VON BELLINZONA

Giubiasco

Von der verkehrsgeplagten, im Süden fast mit Bellinzona zusammen-gewachsenen Ortschaft Giubiasco, wo die Kirche Santa Maria Assun-ta dank ihrer Fresken aus dem 15. Jh. Aufmerksamkeit verdient, steigt man in etwa 1 Std. zu den **Fortini della fame** auf, den Hunger-festungen. Es handelt sich um fünf über den Berghang verstreute, etwa 10 m hohe Türme mit Schießscharten. Sie waren zwischen 1853 und 1854 von Tessinern angelegt worden, die aus der damals öster-reichischen Lombardei vertrieben worden waren, weil sie die italie-nische Freiheitsbewegung unterstützten. Bei einem eventuellen Vor-stoß der Österreicher auf Schweizer Gebiet sollten die Türme der Verteidigung dienen (www.fortini-camorino.com).

*Valle
Morobbia

Vom Ortskern von Giubiasco führt eine steile Serpentinenstraße ins landschaftlich schöne Valle Morobbia mit Kastanienwäldern, guten Wandermöglichkeiten und teils malerischen Dörfern wie Sant'Antonio, Melera und Carena. Schon zu Beginn der Eisenzeit hatten sich Menschen in das Morobbiatal vorgewagt, das durch das Auseinanderdriften der afrikanischen und europäischen Platte ent-standen ist. Die Route über den San-Jorio-Pass verband bereits in der Römerzeit die Region des Comer Sees mit den Tälern des Ticino; bis ins Mittelalter wurde der Saumweg von Händlern und Soldaten rege begangen. Auch ist das San-Jorio-Massiv reich an Mineralien. Ab dem 8. Jh. wurden die Eisenerzadern ausgebeutet, daran erinnern heute noch Stollen, Brücken, Transportwege und Gebäude. Ein-drucksvoll sind die Reste der Eisenschmiede von **Carena**. Die Anla-ge aus dem Spätmittelalter wurde nach einem Brand 1831 aufgege-ben. Die am Fluss gelegenen Ruinen, die man von Carena in einem rund 40 minütigen Fußmarsch erreicht, sind ein schöner Picknick-Platz. Eine längere Tour führt zu den Monti di Ruscada hinauf. Inte-ressant ist auch die 2001 eröffnete »Via del ferro«, die Zweitagestour führt von Carena über den 2078 m hohen Motto di Tappo durch die Dörfer des Val Cavergna nach Porlezza (www.bellinzonaturismo.ch).

Auch in Monte Carasso, einst ein bedeutender Umschlagplatz am Westufer des Ticino, leben mittelalterliche und zeitgenössische Architektur bestens miteinander. Neben der Pfarrkirche Santi Bernardino e Girolamo mit schönem Christophorusfresko an der Fassade erstreckt sich das aus dem 15. Jh. stammende **Monastero delle Agostiniane**. Dieser ehemalige Klosterkomplex mit elegantem zweigeschossigem Säulengang wurde zwischen 1990 und 1993 radikalen Restaurierungsmaßnahmen unter Leitung des Architekten Luigi Snozzi unterzogen. Er beherbergt heute die Volksschule. Das an der Autobahn, bei der Autobahnraststätte Bellinzona Sud gelegene Mövenpick Hotel Benjamin erinnert mit zwei Rundtürmen und rusticaähnlichen Elementen an eine mittelalterliche Burg; es entstand 1989 nach Plänen der Architekten Bruno Reichlin und Fabio Reinhart.

Monte Carasso

Eine etwa halbstündige Wanderung führt von Monte Carasso an der Kirche Santa Trinità vorbei hinauf zur aussichtsreich gelegenen Kirche San Bernardo. Dieser schlichte romanische Bau, der auf die Wende vom 11. zum 12. Jh. zurückgeht, birgt im Innern Fresken, die überwiegend aus dem 15. Jh. stammen. Sehr originell ist der zwölfteilige Monatszyklus an der Nordwand, auf dem die Beschäftigungen dargestellt sind, denen Bauern und Adelige im Lauf des Jahres nachgingen. Und es ist immer das gleiche Lied: Während die einen arbeiten, genießen die anderen das Leben.

*San Bernardo

Reich an Fresken: die Kapelle San Bernardo oberhalb von Monte Carasso

Noch höher hinauf Noch höher hinauf kommt man mit der ganzjährig verkehrenden Seilbahn Monte Carasso – Mornera (1400 m ü.d.M.). Eine angenehme Wanderung führt von der Bergstation nach Baltico auf dem Monte di Carasso (1000 m ü.d.M.), wo eine Seilbahn aus Carasso ankommt, mit der man den Rückweg ins Tal antreten kann.

Gnosca Über Carasso und Gorduno, wo spätgotische Fresken die Kirche Santi Rocco und Sebastiano ausschmücken, erreicht man Gnosca. Die Ruine der im 12./13. Jh. erbauten Kirche **San Giovanni Battista**, die dem Verfall preisgegeben zu sein schien, wurde nach einem 1993 von den Architekten Tita Carloni und Angelo Martella ausgearbeiteten Plan vorbildlich restauriert. Die heutigen Anbauten aus Zement und Beton heben sich deutlich von der ursprünglichen Bausubstanz ab.

Arbedo Im Vorort Arbedo, der sich im Norden Bellinzonas mit Handelszentren und Industrieanlagen unkontrolliert ausgebreitet hat, bietet sich ein Besuch der Kirche **San Paolo** an. Sie wird auch »chiesa rossa« genannt, »rote Kirche«: sicher wegen der Farbe ihrer Fassade, vielleicht aber auch in Anspielung auf das viele Blut, das am 30. Juni 1422 in einer in Arbedo ausgetragenen Schlacht vergossen wurde. Die siegreichen Mailänder nahmen dabei den Eidgenossen (vorerst) wieder Bellinzona und die oberen Alpentäler ab, verloren aber im weiteren Verlauf des 15. Jh.s ihren Einfluss im Tessin.

✶✶ Biasca

✦ G 4

Höhe: 301 m ü.d.M.
Einwohnerzahl: 6000

Gefolgsleute des Mailänder Bischofs brachten im 4. Jh. das Wort Gottes in die drei Täler Leventina, Riviera und Blenio. Dort, wo sich die Straße zum Gotthard und Lukmanier gabelt, ließen die Mailänder Kirchenfürsten ein Gotteshaus errichten. Und was für eines!

SEHENSWERTES IN BIASCA UND UMGEBUNG

✶✶Stiftskirche Santi Pietro e Paolo Die dreischiffige Stiftskirche auf einem Felsplateau hoch über Biasca ist eines der **wichtigsten romanischen Baudenkmäler** der Schweiz. Der Bau der Mutterkirche der drei ambrosianischen Täler Leventina, Blenio und Riviera geht auf das 12. Jh. zurück, ihr Ursprung dürfte noch viel älter sein. Erbaut aus Bruchsteinen der Region, wächst sie in den Fels – gut sichtbar im Chor, wo der nackte Granit hervortritt.

Kirche Santi Pietro e Paolo

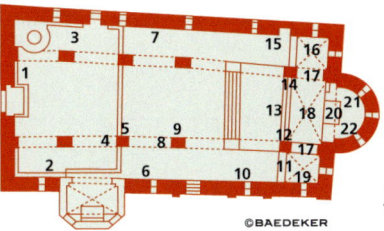

1 Madonna u. Heilige
2 Hl. Martha
3 Hl. Abendmahl
4 Hl. Luzius
5 Hl. Georg o. Mauritius
6 Hl. Karl Borromäus
7 Kreuzigung Christi
8 Hll. Thekla u. Dorothea
9 Hl. Petrus
10 Hl. Ambrosius
11 Madonna del latte

12 Hl. Katharina
13 Jesus a. d. Berg Tabor
14 Hl. Bartholomäus
15 Hl. Christophorus
16 Hll. Fabian u. Luzia
17 Kirchenväter
18 Romanische Malerei
19 Hl. Laurentius
20 Majestas
21 Quo vadis Domine
22 Hl. Philippus

©BAEDEKER

Die Achse des Baus ist leicht nach Süden verschoben und richtet sich den beiden Tälern Leventina und Blenio zu. Von der 1722 angefügten Säulenvorhalle genießt man einen wunderbaren Ausblick.

Die **Wandmalereien** im Innern aus dem 13. bis 17. Jh. laden zu einer Reise durch fünf Jahrhunderte lombardischer Malkunst ein. Besonders gut erhalten ist u. a. der Sennenheilige Luzius mit einem Käselaib (gemalt von einem Seregnesi). Ein Blickfang sind auch die roten und schwarzen Figuren eines unbekannten Malers zwischen den Flächen an den Gewölbekappen: ein Pferd als Sieger über den satanischen Wolf, ein Schmied als Meister des Feuers mit dem wachsamen Hahn, Schlange und Löwe als Symbole des Bösen sowie dessen Überwindung und der Pfau als Zeichen der Unsterblichkeit.

❶ Der Kirchenschlüssel befindet sich an der Eingangstür des hellen Hauses ca. 50 m unterhalb des Gotteshauses.

*Via Crucis

Der Kreuzweg, der gleich neben der Kirche beginnt, führt durch lichte Kastanienhaine an vierzehn Bildstöcken vorbei, die 1998 von Giuseppe Bolzani, Max Läubli, Giancarlo Tamagni und Marco Valsangiacomo mit Mosaiken ausgeschmückt wurden. Nach dem siebten Bildstock stößt man auf die Reste des in den Felsen gehauenen Kanals, mit dem einst das Wasser der »Froda« (= Wasserfall im lokalen Dialekt) ins Dorf geleitet wurde. Die beeindruckende Trockenmauer zwischen zehntem und elftem Bildstock begrenzt das Gelände eines alten Granitsteinbruchs.

*Petronilla-Wasserfälle

Wesentlich spektakulärer ist die Steinbrücke, die bei den Wasserfällen über den Ri della Froda führt. Die **Wallfahrtskirche Santa Petronilla** unmittelbar hinter der Brücke ist der Endpunkt des Kreuzwegs. Sie wurde 1638 aus Dank für das Ende der Pest gestiftet und ist der einzige der hl. Petronilla geweihte Sakralbau im Tessin. Petronilla, angeblich die Tochter des Apostels Petrus, ist Schutzpatronin der Reisenden und der Stadt Rom, dem Ziel zahlreicher Pilger, die vom Gotthard

Biasca erleben

AUSKUNFT
Ente Turistico Bellinzona e Alto Ticino
Infopoint Biasca
Contrada Cavalier Pellanda 4
Casella Postale 1436
6710 Biasca, Tel. 091 862 33 27
www.biascaturismo.ch

ESSEN · ÜBERNACHTEN
Albergo Ristorante Al Giardinetto ⓔ
Via Pini 21, Tel. 091 862 17 71
www.algiardinetto.ch
3-Sterne-Hotel mitten in Biasca (gehört zur MinOtel-Gruppe). Behagliche, moderne Zimmer mit allem Komfort. Auf der Terrasse werden Schweizer Gerichte und mediterrane Spezialitäten serviert – in letztere Kategorie fallen die hervorragenden Pizzas.

Ostello Cresciano ⓔ
Cresciano, In Trancera 11
Tel. 091 880 69 69
www.ostello-cresciano.com
Die preisgünstige Herberge ist vor allem bei Boulderern beliebt, liegt sie doch ganz in der Nähe der großen Felsbrocken im Kastanienwald von Cresciano.

Grotti di Biasca ⓔ
An lauen Sommerabenden schlägt das Herz von Biasca in der Via ai Grotti am Ortsrand (Richtung Lukmanier-Pass, Straße ist ausgeschildert). Rund 150 Grotti gibt es zwischen den Geröllhalden des Bergsturzes von 1513, fast alle sind privat. Mit vier Ausnahmen: Im Grotto Lino (Tel. 091 862 45 47), Grotto del Mulo (Tel. 091 880 03 04), Grotto Petronilla (Tel. 091 862 39 29) und Grotto Pini (Tel. 091 862 12 21) wird das kulinarische Erbe des Tessin aufgetischt. Die Palette reicht vom ge-

mischten Aufschnitt (Affettato misto) über sauer eingelegte Fische (Pesce in carpione) bis zu frischem Ziegenkäse.

BERGTOUREN
Eine schöne anspruchsvolle Bergwanderung führt von Biasca zur **Alpe di Cava** (Berghütte; man erreicht sie auch auf einem Fahrweg aus dem Val Pontirone (▶S. 303) und von dort über die Passhöhe Forcarella di Lago (2256 m ü.d.M.) zurück nach Biasca.

SPORT
Wo der Wildbach Nala in Osogna in einem Wasserfall den Talboden erreicht, gibt es einen **lauschigen Badeplatz**. Der »Pozzo di Osogna« ist auch der Endpunkt einer anspruchsvollen Canyoning-Tour. Die Swiss River Adventure Sports GmbH (Sitz im ehem. Bahnhof von Cresciano und Osogna, Tel. 081 936 01 04, www.swissriveradventures.ch) und die Swiss Challenge GmbH in Cresciano (Tel. 076 325 28 82, www.swiss challenge.ch) organisieren **Canyoning-Touren** in Osogna, Cresciano, Lodrino und Iragna sowie Rafting- und Kajakfahrten auf dem Fluss Ticino. Die Felsblöcke in Cresciano sind bei **Kletterfreunden** sehr beliebt (www.cresciano boulder.ch).

EINKAUFEN
Die Riviera ist »**steinreich**«. Bei Giannini Graniti in Lodrino (Tel. 091 863 22 86, www.giannini-graniti.ch) werden jährlich rund 60 000 Tonnen Stein zu Tischen, Stühlen, aber auch zu Schmuck, Uhren, Skulpturen, Vasen, Brief- und Flaschenhaltern und sogar zu Kugelschreibern verarbeitet (▶Baedeker Wissen S. 330).

oder Lukmanier her kommend, Biasca passieren. Einen schönen Ausblick auf die Nord-Süd-Achse und die neue NEAT-Linie genießt man von den **Badeplätzen unterhalb der Brücke**, die im Sommer ein echter Geheimtipp sind!

Von der Petronilla-Kapelle gelangt man auf einem breiten Weg hinunter zurück ins Zentrum von Biasca. Bemerkenswert ist hier noch die Casa Cavalier Pellanda, die 1586 von Giovan Battista Pellanda, Ritter (ital. Cavaliere) des Ordens vom goldenen Sporn, erbaut wurde. Das Bürgerhaus im Stil der lombardischen Renaissance wurde 1980 bis 1986 von Bruno Reichlin und Fabio Reinhart restauriert und beherbergt neben der Touristinformation auch ein Kulturzentrum (Centro culturale). Jährlich finden hier beachtenswerte Wechselausstellungen mit zeitgenössischer Kunst statt (dann ist das Haus auch zu besichtigen). Ein weiteres Beispiel für Tessiner Architektur ist die Scuola Materna (Kindergarten; Via Visani), 1964 nach Plänen von Aurelio Galfetti erbaut.

Casa Cavalier Pellanda

> **BAEDEKER TIPP** !
>
> ### Schlafen im Stroh
>
> Straw & Breakfast heißt die nicht alltägliche Übernachtungsmöglichkeit in Cresciano (zw. Osogna und Claro). Auf dem biologisch bewirtschafteten Bauernhof La Finca mit Reitstall kann man – wenn einem Matratzen zu komfortabel sind – auf Stroh übernachten. Auch Ausritte, Reitunterricht und ein Keramikatelier werden angeboten (Tel. 091 863 36 93, www.lafinca.ch).

Bis 1995 in Betrieb und streng geheim war das Artilleriewerk Forte Mondascia, rund 1 km südlich des Bahnhofs nahe der Kantonsstraße. Die Festung aus dem Zweiten Weltkrieg ist heute ein Museum und zeigt u. a. eine interessante Waffensammlung.

Forte Mondascia

❶ Führungen: jeden 1. Sa. im Monat um 13.30 Uhr, Tel. 091 941 75 60, 6/10 CHF, www.fortemondascia.ch

Nachdem der Ticino bei Biasca den Brenno aufgenommen hat, fließt er breit und lieblich Richtung Süden. Der Talabschnitt bis Bellinzona wird Riviera genannt. Durch das Tal führt – außer der Autobahn – auf beiden Uferseiten je eine Straße. Auf dem rechten Ticino-Ufer erreicht man 4 km südlich von Biasca das Dorf **Iragna**. Der auffallende Rathauskomplex aus heimischem Granit ist ein Beispiel zeitgenössischer Tessiner Architektur (Raffaele Cavadini, 1995). 3 km weiter folgt das für seine Granitbrüche bekannte **Lodrino**. Am Eingangsportal der Pfarrkirche Sant'Ambrogio fallen naivrustikale Skulpturen auf. In prachtvoller Lage erhebt sich auf einer Hangterrasse nördlich oberhalb Lodrinos die romanische Kirche San Martino mit schlichtem Glockenturm (ca. 45 Min. zu Fuß von Lodrino). Ihre mittelalterlichen Fresken im Innern schuf ein norditalienischer Wandermaler namens Thomas de Creppa 1433.

Riviera

»Seht ihr, Gott existiert nicht!«

Eine Naturkatastrophe, die Buzza di Biasca, stellte das Gottvertrauen der Einwohner von Biasca auf eine harte Probe.

Der Schuttkegel am Eingang des Bleniotals erinnert an eine der größten Katastrophen in den Alpen. In der Nacht des 30. Septembers 1513 donnerte ein gigantischer Felssturz vom Monte Crenone ins Tal. Das Geröll bildete einen über 60 m hohen Damm, der den Fluss Brenno staute. In den folgenden Monaten entstand ein 5 km langer See, der das Dorf Malvaglia (▶S. 302) bis zur halben Höhe des Kirchturms unter Wasser setzte. Die umliegenden Weiler und Dörfer wurden ebenfalls überflutet. Am 20. Mai 1515 brach der Damm, die sich ins Tal ergießenden Wassermassen verwüsteten Biasca, die Riviera, Bellinzona und die Magadino-Ebene. Zerstört wurden auch die 1487 errichtete Torretta-Brücke in Bellinzona sowie Teile der Wallmauer, die die Brücke mit den drei Burgen verband. Der Verkehr zwischen den beiden Ticino-Ufern bis zum Lago Maggiore blieb jahrhundertelang unterbrochen.

Zauberei

Die Bewohner des schwer zerstörten Biascas beschuldigten ihre Nachbarn aus Malvaglia, sich mit Hexerei vor der Überschwemmung verschont zu haben. Es kam sogar zu einem Prozess, bei dem die Bewohner von Malvaglia jedoch freigesprochen wurden. **Biasca verlor** für Jahrhunderte jede **Bedeutung.** Selbst das nahe gelegene, unwirtliche Pontironetal besaß zwischenzeitlich mehr Einwohner als Biasca.

Erst die im Jahr 1882 eröffnete Gotthard-Bahn weckte Biasca aus seinem Dornröschenschlaf. Im Historischen Lexikon der Schweiz ist zu lesen: »Kennzeichnend für die Geschichte von Biasca in den ersten Jahrzehnten des 20. Jh.s ist die beachtliche Anzahl von Atheisten sowie eine Reihe von Zwischenfällen antiklerikaler Art. Noch 1980 war Biasca die schweizerische Gemeinde mit dem höchsten Anteil an Konfessionslosen. Ursache dieses Phänomens ist wohl der Einfluss der Einwanderer und Eisenbahnarbeiter im 19. Jh.« Die Baustellen entlang der Gotthardstrecke und die Steinbrüche hatten viele Arbeiter aus Italien angelockt. Arbeitsbedingungen und Löhne waren jedoch derart miserabel, dass sich hier die erste Gewerkschaftsbewegung im Tessin bildete. Außer sozialistischen kamen auch anarchistische und atheistische Ideen auf.

Mussolini

Eine unumstrittene Autorität war die Kirche nie. Die Jäger schossen schon mal auf die Kirchturmspitze, wenn sie ein Gewehr ausprobieren wollten. So störte man sich in Biasca denn auch nicht an Benito Mussolini, der im Juli 1902 auf dem Dorfplatz die Priester als »schwarze Wächter des Kapitalismus« verhöhnte. Er gebe Gott zehn Sekunden, um ihn mit einem Blitz zu bestrafen. Als nach zehn Sekunden nichts dergleichen geschah, sagte er: »Seht ihr, Gott existiert nicht!«

Das 1000 Einwohner zählende Osogna am linken Ticino-Ufer, 6 km   **Osogna**
südlich von Biasca, ist – Biascas Bedeutung und Größe zum Trotz –
der **Hauptort der Riviera**. Sehenswert sind der hübsche Dorfplatz
und die etwas höher gelegene Kirche Santa Maria del Castello mit
einem Flügelaltar von 1494, der dem schwäbischen Holzbildhauer
Ivo Strigel zugeschrieben wird. Von dem Kastell, zu dem das Gotteshaus einst gehörte, ist leider nichts mehr erhalten. Auch die Granit-
industrie, die im 19. Jh. Hochkonjunktur genoss, gehört der Vergangenheit an. Ihr Niedergang setzte mit der Eröffnung der
Gotthard-Bahn (1882) ein. Der letzte Steinbruch schloss in den
1960er Jahren. In der Riviera sind heute noch die Steinbrüche in Cresciano, Lodrino und Iragna in Betrieb (▶Baedeker Wissen S. 330).
Hoch über dem stark zersiedelten **Claro** 7 km weiter ragt auf einem
Felsvorsprung der helle Gebäudekomplex des 1490 gegründeten Monastero di Santa Maria Assunta auf. Die neun Benediktinernonnen
zählende Gemeinschaft lebt nach den Regeln des hl. Benedikts (»Ora
et labora«, Arbeite und bete) und restauriert vor allem alte Bücher
und liturgische Utensilien. Man erreicht das Kloster über eine Forst-
straße, mit der Seilbahn oder auf einem alten Saumpfad (www.mo
nasterodiclaro.ch).

Brissago · **Isole di Brissago

F 6

Höhe: 219 m ü.d.M.
Einwohnerzahl: 1950

**Münzfunde belegen es: Das römische Brixagium war ein be-
vorzugter Sommersitz wohlhabender Familien. Nicht verwunderlich, denn die Vorzüge von Brissago, wie der Kurort am
Lago Maggiore heute genannt wird, waren damals so offensichtlich wie heute: Am Fuß des Monte Limidario gedeihen
dank des außergewöhnlich milden Klimas subtropische Gärten mit Azaleen, Magnolien und Kamelien; Weinreben über-
ziehen die Hänge.**

Die römische Okkupation ist Vergangenheit, die der Touristen Gegenwart. Doch es ist nicht die Stadt mit ihren prächtigen Bürgerhäusern mitten in einer üppigen Vegetation, die die meisten Besucher
anzieht, die nördlich vorgelagerten Isole di Brissago stehen im Mittelpunkt des touristischen Interesses.

Dank der Lage am Rand der Einflussbereiche von Mailand und   **Privilegierte**
Como entwickelte sich Brissago im Mittelalter zu einer reichsunmit-   **Zwerg-**
telbaren Stadtrepublik mit großer Autonomie. Die Privilegien um-   **republik**

fassten Gerichtsbarkeit sowie Steuer- und Zollfreiheit. Der Handel mit dem benachbarten Italien gedieh, Kaufmannsfamilien siedelten sich an. Seit 1521 eidgenössisch, verteidigte die Zwergrepublik Brissago im 16. und 17. Jh. ihre Sonderstellung. Erst 1798 wurde die von der Orelli-Familie regierte Stadtrepublik aufgelöst. Die wirtschaftliche Entwicklung des Ortes litt seit jeher unter den schwierigen Verkehrsbedingungen. Bis zum Bau der Uferstraße nach Ascona 1863 war Brissago eigentlich nur auf dem Seeweg erreichbar. Wie auch in anderen Tessiner Gemeinden trieb Arbeitslosigkeit viele Bewohner zur Auswanderung.

Rauchzeichen Die abgeschiedene Lage in Grenznähe bewog 1847 Investoren dazu, in Brissago die **Fabbrica Tabacchi**, die älteste Manufaktur im Kanton Tessin, zu gründen. Lombardische Emigranten hatten die Produktionsgeheimnisse der venezianischen Virginia-Zigarren ausspioniert mit dem Ziel, das österreichische Tabakmonopol zu brechen. Italien wurde mit langen, dünnen Virginia-Zigarren überschwemmt. Kult wurde »die Krumme« auch dank des Schriftstellers Friedrich Glauser, der ihr mit dem Brissago-Liebhaber Jakob Studer von der Berner Kantonspolizei ein literarisches Denkmal setzte.

Bau-spekulation Die Tabakfabrik auf einer kleinen Halbinsel, mittlerweile im Besitz der Firma Dannemann (www.centrodannemann.com; Besichtigung nach Voranmeldung beim Tourismusbüro), prägt das Ortsbild bis heute. Längst werden hier keine Zigarren mehr gedreht, stattdessen finden Feste und Veranstaltungen statt. Dank der sonnigen Lage ist Brissago mittlerweile ein beliebter Wohnort mit einem hohen Anteil an Zweitwohnungen. Zahlreiche alte Fischerhäuser und mit Loggien und Arkaden geschmückte Patrizierhäuser mussten einer modernen, oftmals banalen Bebauung weichen. Auch das nach einem Brand zur Ruine verkommene Grand Hotel von 1907, in dem einst Thomas Mann, Ernest Hemingway, Hermann Hesse, Erich Kästner und Vladimir Nabukov logierten, wurde abgerissen und durch ein zehngeschossiges Wohnhaus ersetzt.

Leoncavallo und Brissago Auch der aus Neapel stammende Komponist Ruggero Leoncavallo (1857 – 1919) hielt sich häufig in Brissago auf. Als ihm die Gemeinde 1904 das Ehrenbürgerrecht verlieh, war er bereits weltberühmt. Seine Oper »Der Bajazzo« (im italienischen Original »I Pagliacci«), die auf einen Mordfall zurückgeht, den er in Kalabrien miterlebt hatte, wurde 1892 in Mailand uraufgeführt und war sofort erfolgreich. Es ist Leoncavallos einziges Werk, das heute noch regelmäßig aufgeführt wird. Begraben wurde Leoncavallo zunächst auf dem Friedhof Cimitero delle Terre Sante in Florenz. Im November 1989 wurden seine sterblichen Überreste, wie von ihm gewünscht, nach Brissago überführt. Im Hof der Kirche Madonna di Ponte fand er seine letzte Ruhestätte. Das kleine Museo Ruggero Leoncavallo in der Casa Branca-Baccalà (▶S. 164) erinnert an das Leben und Werk des Komponisten.

Brissago erleben

AUSKUNFT
Ente Turistico Lago Maggiore
Infopoint Brissago
Via Leoncavallo 25
6614 Brissago
Tel. 0848 091 091
www.ascona-locarno.com

VERANSTALTUNGEN
Das **Drei-König-Schwimmen** am 6. Januar im Hafen von Brissago geht auf das Jahr 2001 zurück. Damals sprangen elf Wagemutige in den Lago Maggiore. Aus dem Gag wurde Tradition: Mittlerweile legen Dutzende aus dem In- und Ausland die 80 m lange Strecke im Hafenbecken zurück und stellen dabei fest, dass das Seewasser zu dieser Jahreszeit meist wärmer ist als die Luft. Wesentlich wärmer ist es am 1. August zur **»Traversata a nuoto«**: Dann werden die 3,8 km von Brissago nach Dirinella (I) am gegenüberliegenden Ufer schwimmend zurückgelegt; teilnehmen kann jeder geübte Schwimmer ab 14 Jahren.

ESSEN
Al Giardinetto ⊖⊖
Muro degli Ottevi 10
Tel. 091 793 31 21
www.al-giardinetto.ch
mittags und Mi. geschl.
In einem historischen Tessiner Haus verströmt die Osteria neben dem Charme längst vergangener Zeiten auch den verführerischen Duft von allerlei südländisch angehauchten kulinarischen Genüssen; Küchenchef Rolf Heiniger organisiert auch Kochkurse!

Osteria Borei ⊖
Brissago-Piodina
Via Ghiridone
Tel. 091 793 01 95, Do. geschl.
www.osteriaborei.ch
Gegenüber der Kirche Madonna di Ponte beginnt eine Straße, die 5 km steil bergauf Richtung Piodina führt. Das Angebot an einheimischer Küche in der hoch über dem Lago Maggiore gelegenen Osteria variiert, gut und deftig ist es immer.

ÜBERNACHTEN
Yachtsport Resort ⊖⊖⊖⊖
Al Lago
Tel. 091 793 12 34
www.yachtsport-resort.com
Die zehn Zimmer und Junior-Suiten des 5-Sterne-Hauses sind luxuriöse Kapitänskabinen mit Balkon oder Loggia. Die maritime Atmosphäre setzt sich im Gourmet-Bistro mit einer mediterranen Küche fort. Selbstredend verfügt das Haus über einen eigenen Strand, eine Motor- und Segelbootschule sowie Mietboote.

Parkhotel Brenscino ⊖⊖ – ⊖⊖⊖
Via Sacro Monte 21
Tel. 091 786 81 11
www.brenscino.ch
Seinen Namen verdankt das 3-Sterne-Hotel dem großen Park, in dem es steht. Ideal für Familien mit Pool-Landschaft, Spielplätzen, Pingpong-Tischen, Minigolfanlage, Tennisplatz, Kegelbahn und Billardraum mit Playstation. Das große Schlemmerbuffet donnerstags um 19.00 Uhr im Restaurant Brenscino Blu steht auch Nicht-Hotelgästen offen.

SEHENSWERTES IN BRISSAGO UND UMGEBUNG

Pfarrkirche
Santi Pietro e
Paolo

Im Mittelpunkt des alten, auf dem Schuttdelta des Valle del Sacro Monte angelegten Dorfkerns steht die Pfarrkirche Santi Pietro e Paolo, die im 16. Jh. von Giovanni Beretta und seinem Sohn Pietro aus Brissago an der Stelle einer Vorgängerkirche aus dem 13. Jh. errichtet wurde. Sie besitzt im Innern eine schöne geschnitzte Orgel sowie ein beachtenswertes Marienstandbild. Den Kirchplatz prägen mehr als 600 Jahre alte Zypressen.

*Museo
Ruggero
Leoncavallo

Auf der Rückseite der Kirche Santi Pietro e Paolo führt die Via Pioda in wenigen Schritten zur barocken Casa Branca-Baccalà, einem Herrschaftshaus aus den Jahrzehnten vor und nach 1700, heute Sitz des Museo Leoncavallo. Ausgestellt sind persönliche Gegenstände, Briefe und Partituren, Möbel sowie der 1841 gebaute und aufwendig restaurierte Flügel des Komponisten. Jeweils im Mai findet in der Kirche Madonna di Ponte das **Festival Ruggero Leoncavallo** statt. Unter der Leitung des Dirigenten Ottavio Palmieri werden Opern und klassische Musik aufgeführt.
❶ März – Okt. Mi. – Sa. 10.00 – 12.00, 16.00 – 18.00 Uhr, Eintritt 5 CHF, www.leoncavallo.ch

*Madonna
di Ponte

Am Seeufer ist neben der ehemaligen Tabakfabrik eines der schönsten Beispiele lombardischer Architektur in der Schweiz zu bewundern, die Renaissancekirche Madonna di Ponte. Sie wurde 1526 – 1546 nach den Plänen **Giovanni Berettas** mit achteckiger Vierungskuppel und weithin sichtbarem Kampanile an der Stelle eines älteren Baus aus dem 13. Jh. erbaut. Im Kirchhof befindet sich das Grab des Komponisten Ruggero Leoncavallo.

Kraftwerk
Verbano

In Crodolo, nördlich außerhalb von Brissago, ist die Zentrale des unterirdischen Kraftwerks Verbano nach Anmeldung beim Verkehrsamt Brissago zu besichtigen.

Sacro Monte
dell'
Addolorato

In der Mitte von Brissago (beim Postamt) führt die Straße Costa di Mezzo zur Wallfahrtskapelle Sacro Monte dell'Addolorato aus dem 18. Jh. mit Fresken von Giuseppe Orelli. 300 m weiter und auf der gegenüberliegenden Schluchtseite gelangt man zu einer bereits von der Kirche aus sichtbaren, imposanten Kreuzigungsgruppe.

✳✳ ISOLE DI BRISSAGO

Lage und
Anfahrt

Unweit nördlich von Brissago liegen im Lago Maggiore die beiden lang gestreckten Isole di Brissago. Sie sind die über den Wasserspiegel hinausragenden Gipfel einer unterseeischen Hügelkette, die ein zwi-

Isola Grande mit der Villa Emden aus der Vogelperspektive

scheneiszeitliches Nebental vom Tal des Ticino trennte. Die größere der beiden Brissagoinseln, **Isola Grande** oder auch San Pancrazio genannt, ist mit dem Boot am schnellsten von Porto Ronco, aber auch von Brissago, Ascona und Locarno aus zu erreichen. Die kleinere **Isola di Sant'Apollinare** ist nicht zugänglich.

Isola Grande: März – Okt. tägl. 9.00 – 18.00 Uhr, www.isolebrissago.ch

Klima und Vegetation

Das milde insubrische Klima ist auf den Brissagoinseln durch die Lage im See besonders ausgeglichen: Die mittlere Jahrestemperatur liegt bei knapp 13 °C, und im Jahresdurchschnitt sinkt das Thermometer nur an 14 Tagen unter den Gefrierpunkt. Auf den Inseln wachsen einheimische und Kulturpflanzen, Letztere besonders auf der Isola Grande.

Zur Geschichte der Inseln

Reste eines auf der größeren der beiden Brissagoinseln gefundenen römischen Weihaltars – heute im Museo Civico von ▶Locarno zu sehen – lassen eine Nutzung der Inseln schon im Zeitalter der Römer vermuten. Im 13. Jh. ließen sich Humiliaten auf den Inseln nieder. Als Gebetshäuser erbauten sie sich die einschiffige Kirche **Sant' Apollinare** auf der kleineren Insel und die dreischiffige Kirche **San Pancrazio** auf der größeren. Der Orden hatte sich der Armut und Askese verschrieben, entsprechend streng waren die Regeln. 1571 wurde der Orden aufgehoben und die Klostergebäude verfielen. Einzig das Kirchlein auf der kleineren Insel diente bis ins 19. Jh. als Ziel von Flurprozessionen der Einheimischen. Die Inseln verwilderten im Lauf der Jahre mehr und mehr; Kaninchen breiteten sich aus, was ihnen den Beinamen Isole dei Conigli (Kanincheninseln) einbrachte.

Schwimmen-de Gärten Nachdem es 1875 in der bei Ascona gelegenen Dynamitfabrik Brochon & Chavannes, die Nitroglyzerin für den Bau des Gotthardtunnels geliefert hatte, zu schweren Explosionen gekommen und die Fabrik aufgrund der Proteste der Bevölkerung geschlossen worden war, wollte man den Betrieb auf die Inseln verlagern. Zu diesem Zweck ließ man auf der Isola Grande alle Gebäude niederreißen. Doch auch hier verhinderten Bürgerproteste den Bau eines neuen Werks. Die Inseln blieben verlassen, bis 1885 **Baronin Antonietta de Saint Léger** (1856 – 1948) die Brissagoinseln erwarb und auf der Isola Grande, über den Grundmauern der ehemaligen Kirche, eine Villa im lombardischen Stil errichten ließ. Unter großem persönlichen Einsatz legte sie einen prachtvollen subtropischen Park an und machte die Inseln zu einem Zentrum des Kunst- und Geisteslebens (▶Baedeker Wissen S. 142). Nachdem sie sich jedoch finanziell übernommen hatte, musste sie die Inseln verkaufen. Sie gelangten 1927 in den Besitz des Hamburger Kaufmanns **Max James Emden** (1874 bis 1940). Im Jahr 1949 verkaufte sein in Chile lebender Sohn die Brissagoinseln an den Kanton Tessin, die Ufergemeinden Ascona, Brissago und Ronco sopra Ascona sowie an den Schweizer Heimatschutz und den Schweizer Bund für Naturschutz, die hier den **Parco Botanico del Cantone di Ticino** (Botanischer Garten des Kantons Tessin) anlegten. Er wurde am 1. April 1950 eröffnet, und seither zieht der exotische Paradiesgarten der Isola Grande jedes Jahr Abertausende von Ausflüglern an.

? *Auch das Leben ist eine Kunst*

Der ausschweifende Lebensstil Max Emdens beflügelte die Fantasie der »Landbewohner«. Oft pflügte er mit einem seiner 13 Boote mit Tempo 80 durch den See, an Bord »seinen Strauß schöner nordgermanischer Ladies«, wie man in der Berliner Zeitschrift »Querschnitt« lesen konnte. »Das Wort Orgie war in aller Munde«, notierte der Schriftsteller Curt Riess. Aber beißen bellende Hunde? Emden sei immer um 22.00 Uhr im Bett gewesen und zwar allein, wussten Vertraute. Tatsache ist: Als Emden auf die Insel übersiedelte, steckte er in einer Lebenskrise: Von seiner chilenischen Frau hatte er sich scheiden lassen und der Aufstieg Hitlers beunruhigte den jüdischen Geschäftsmann sehr. In seinem selbst geschaffenen Paradies konnte er dagegen ungestört nach seinem Lebensmotto handeln, das er im Bootshaus eingravieren ließ: »Auch das Leben ist eine Kunst.«.

Isola Grande *Botanischer Garten Das reiche Artenspektrum auf der Isola Grande oder Isola di San Pancrazio ist dem Eingriff des Menschen zu verdanken. Von ausgedehnten Reisen hatten die Baronin de Saint Léger und ihr Ehemann unermüdlich ausgefallene Pflanzenarten mitgebracht, die auf der mit Schwarzerde aufgefüllten Insel prächtig gediehen. Die mächtigen Eukalyptusbäume wurden Ende des 19. Jh.s, die Sumpfzypressen im Norden der Insel zu Beginn des 20. Jh.s gepflanzt. Eine besondere

Blütenpracht entfalten die über 20 verschiedenen Rhododendren- und drei Azaleen- sowie die fast 20 Zistrosenarten und die exotischen Proteengewächse. Die Pflanzenfamilien sind in Gruppen entsprechend ihren Herkunftsregionen angeordnet.

Nachdem Emden, ihm gehörten Kaufhäuser wie das KaDeWe in Berlin oder das Oberpollinger in München, die Vorgängervilla der Baronin de Saint Léger hatte abreißen lassen, entstand nach den Plänen des Berliner Architekten Alfred Breslauer ein Herrenhaus im neoklassizistischen Stil mit 24 Zimmern, Arkaden und Balustraden und einer Reihe von Statuen auf dem Dach – »ein Palazzo, wie ihn seit Menschengedenken auf dem Boden unseres Landes kein zweiter Privatmann gestaltet hatte« (Willy Zeller 1960 in den Schweizer Heimatbüchern). Treppenhaus und Empfangshalle wurden mit weißem Marmor ausgekleidet, der Fußboden im Wohnraum nach dem Vorbild des Mailänder Doms gefertigt, im ehemaligen Gemüsegarten der Baronin auf einer Terrasse über dem See entstand ein Schwimmbad. Heute finden hier **Kunstausstellungen**, kleinere Seminare und Tagungen (mit Unterkunftsmöglichkeit) statt, auch gibt es ein **Restaurant mit schöner Terrasse**.

Villa Emden

Die Flora der kleineren, unzugänglichen Isola di Sant'Apollinare wird von dem Muttergestein bestimmt. Auf dem kargen, humusarmen und trockenen Boden konnte sich nur eine genügsame, weniger artenreiche und überwiegend einheimische Pflanzenwelt entfalten. So dient die kleine Insel der Pflege der endemischen Vegetation.

Isola di Sant' Apollinare

✳ Centovalli

 E/F 5/6

Schon der Name Centovalli, »hundert Täler«, macht neugierig. Und tatsächlich münden von beiden Seiten viele Täler, Schluchten und Rinnen in die von der Melezza durchflossene, 20 km lange Talfurche.

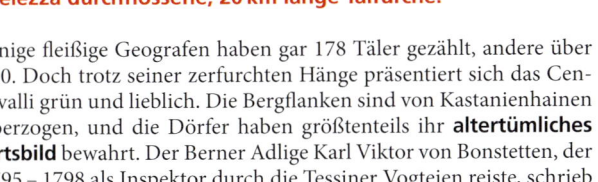

Einige fleißige Geografen haben gar 178 Täler gezählt, andere über 200. Doch trotz seiner zerfurchten Hänge präsentiert sich das Centovalli grün und lieblich. Die Bergflanken sind von Kastanienhainen überzogen, und die Dörfer haben größtenteils ihr **altertümliches Ortsbild** bewahrt. Der Berner Adlige Karl Viktor von Bonstetten, der 1795 – 1798 als Inspektor durch die Tessiner Vogteien reiste, schrieb über das Centovalli: »Der Hauptcharakter dieser italienischen Alpen ist, dass alle Berge steiler sind, und sich näher an einander drängen, als in der nördlichen Alpenkette. Darum gruppiert sich alles so malerisch und lustig, und da die Vegetation kräftiger ist, so ist jeder Stein bemalt, und jede Felsenkluft beschattet.«.

*Centovalli-
bahn
Die Attraktion des Centovalli ist die Schmalspurbahn von Locarno nach Domodossola, die hier im Tal **Centovallina**, auf der italienischen Seite, wo sie durch das Val Vigezzo verläuft, Vigezzina genannt wird. Sie startet in Locarno unterirdisch auf 198 m ü.d.M. und endet ebenfalls unterirdisch auf 270 m ü.d.M. Die 52,2 km lange West-Ost-Verbindung durch steiles Terrain, über reißende Bäche und tiefe Schluchten verbindet mit 83 Brücken und 31 Tunneln die Gotthard- mit der Simplonlinie. Wie es dazu kam, ist eine Geschichte für sich: 1898 wurde das Konzessionsgesuch eingereicht. Bald zwangen knappe Kassen zur schlankeren Schmalspur. Um 1906 verweigerte das italienische Verteidigungsministerium aus Sicherheitserwägungen den Bau, ließ sich aber zwei Jahre später von der Ungefährlichkeit der Linie überzeugen. Dann kletterten die prognostizierten Baukosten alleine für den Schweizer Abschnitt auf über drei Millionen Franken, mehr als doppelt so viel wie budgetiert. 1911 war die Finanzierung gesichert, 1912 folgte die Baubewilligung. Die Arbeiten kamen rasch voran, mussten aber eingestellt werden, als die kreditgebende Bank in Konkurs ging. 1914 wurde eine neue Bank gefunden, dafür zog das Militär nach Ausbruch des Ersten Weltkrieges die Arbeitskräfte ein und requirierte das Baumaterial für den Fronteinsatz. 1920 konnten die Arbeiten endlich wieder aufgenommen werden. Im März 1923

Centovallibahn auf einer der 83 Brücken, im Hintergrund das Dorf Intragna

trafen sich die italienische und die Schweizer Arbeiterkolonne in **Santa Maria Maggiore**, dem auf italienischem Boden im Val Vigez-zo, mit 816 m ü.d.M. höchstgelegenen Punkt der Strecke. Am 25. November 1923 wurde die Centovallibahn eingeweiht – die raue To-pografie war das geringste Hindernis gewesen. Heute benutzen jähr-lich rund 700 000 Reisende die Bahn und genießen die Fahrt durch 31 Tunnel und über 83 Brücken mit Ausblicken in tiefe, Schwindel erregende Schluchten und auf reizende Dörfer. Für die Fahrt von Lo-carno zum Grenzort Camedo braucht die Centovallina, die an jedem Bahnhof hält, etwa 40 Minuten, nach Domodossola anderthalb Stun-den. Mit dem Val Vigezzo verbindet das Centovalli nicht nur diese abenteuerliche Bahnlinie, sondern auch eine sozialgeschichtliche Besonderheit: Aus beiden Tälern wanderten vor allem im 19. Jh. sai-sonweise Männer und Kinder aus, um sich in der piemontesisch-lombardischen Po-Ebene als Kaminfeger zu verdingen.

Das Centovalli ist das Herzstück des geplanten **Parco Nazionale del Locarnese**. Er soll von den ►Brissago-Inseln mit ihrem subtropi-schen Klima bis zum 2863 Meter hohen Wandfluhhorn (Pizzo Biala) reichen und diese einmalige Natur- und Kulturlandschaft schützen. Spätestens 2016 stimmen die Bewohner der 14 betroffenen Gemein-den über das Projekt ab. Bereits jetzt gibt es verschiedene Angebote, u. a. das **Trekking dei fiori**, die fünftägige Hochgebirgstour führt über den Pizzo Ghiridone, durch das Centovalli, das Onsernonetal bis nach Bosco Gurin, Besuche bei Bienenzüchtern und Käsern oder eine »Reise in die Vergangenheit«, als noch Landvögte regierten.
❶ www.parconazionale.ch oder Tel. 091 751 83 05

Nationalpark-pläne

VON LOCARNO NACH DOMODOSSOLA

Die Straße ins Centovalli verlässt Locarno in nordwestlicher Rich-tung auf der auch ins Maggiatal führenden Strecke. Nach 4 km führt sie auf einer 33 m hohen Brücke über die tosende Maggia und er-reicht sodann Ponte Brolla (►S. 322). Direkt vor der Brücke zweigt die ins Centovalli bzw. ins ►Onsernonetal führende Straße ab. Erstes Ziel ist Tegna (660 Einw.), wo mit dem (sommerlichen) Touristen-rummel um Locarno schlagartig Schluss ist – die Krimiautorin **Pat-ricia Highsmith** lebte bis zu ihrem Tod 1995 in Tegna, weil sie die Ruhe dieses Dorfs liebte. Der Ort besitzt eine hübsche barocke Pfarr-kirche und eine einladende Piazza, die von städtisch wirkenden Bür-gerhäusern – Casa Zorbola, Casa Zurini – umgeben wird. Kunstbe-flissene sehen sich unter den Arkaden des Restaurants Croce Federale das Pietà-Fresko von **Giuseppe Antonio Felice Orelli** aus dem Jahr 1753 an, Feinschmecker kehren in dieses traditionsreiche Haus aus anderen Gründen ein.

Tegna

Centovalli erleben

AUSKUNFT
Ente Turistico Lago Maggiore
Infopoint Centovalli
Piazza Intragna, 6655 Intragna
Tel. 091 780 75 00
www.ascona-locarno.com
www.centovalli.net

ESSEN
Ristorante 3 Terre ⓔⓔ
Ponte Brolla
Tel. 091 743 22 22, www.3terre.ch
Die Dörfer Tegna, Verscio und Cavigliano
werden im Volksmund »Tre Terre« genannt. Diesen Namen wählten auch Lo-
redana und Marco Meneganti für ihr Ris-
toriante, das 2013 als »Best of Swiss
Gastro« ausgezeichnet wurde. Serviert
werden in dem roten Haus mediterrane
Gerichte, ergänzt mit Tessiner Spezialitäten. Mit fünf modern eingerichteten,
gemütlichen Gastzimmern.

Urgemütlich: Grotto du Rii in Intragna

Ristorante Stazione da Agnese ⓔⓔ
Intragna, Tel. 091 796 12 12
www.daagnese.ch
In dem Haus an der Centovalli-Bahn hat
Agnese Broggini Tessiner Kochgeschich-
te geschrieben. Die Luzernerin kam vor
über 40 Jahren der Liebe wegen ins malerische Intragna und machte dort aus
einem kleinen Haus einen im ganzen
Land bekannten Genusstempel. Mittlerweile sorgt Schwiegertochter Adriana in
der Küche für die Fortsetzung der Er-
folgsgeschichte (mit Gastzimmern).

*Ristorante Boutique Hotel
Tentazioni* ⓔⓔ
Cavigliano, Via Cantonale
Tel. 091 780 70 71, Mo. geschl.
www.ristorante-tentazioni.ch
Tentazioni – das bedeutet Versuchung.
Und die Gastgeber Dario Pancaldi und
Andreas Schwab verstehen es wirklich,
zu verführen: mit einer ausgezeichneten
Küche, ebensolchen Weinen und einem
stilvollen, modernen Ambiente (mit vier
eleganten Zimmern). 2014 erhielten sie
den »Best of Swiss Gastro«.

Grotto du Rii ⓔⓔ
Intragna, Via Cantonale
Tel. 091 796 18 61
www.grottodurii.ch
Die alte Mühle am Rii (= Fluss) ist bekannt für Bachforellen und Risotto mit
Luganighe; man sitzt auf einer Terrasse
direkt an einem rauschenden Wasserfall
über einer tiefen Schlucht und kann sich
seinen Fisch selber aussuchen.

Grotto America ⓔ – ⓔⓔ
Ponte Brolla, Tel. 091 796 23 70
www.grottoamerica.ch
Im 19. Jh. versammelten sich hier die

Wanderungswilligen, ehe sie in die Neue Welt aufbrachen. Tradition wird hier – auch kulinarisch! – großgeschrieben!

Ristorante Da Enzo ©©
Ponte Brolla, Tel. 091 796 14 75
www.ristorantedaenzo.ch, Mi. geschl.
Ein üppiger Garten mit Rosen, Bambus und Palmen, dahinter eine steil aufragende Felswand: ein außergewöhnlicher Ort für die seit Jahren praktizierte vorzügliche Regionalküche (mit zwei Rustici zum Übernachten ©©©).

ÜBERNACHTEN
Cà Vegia ©
Golino, Tel. 091 796 12 67
www.hotel-cavegia.ch
Herberge in einem Patrizierhaus aus dem 17. Jh. am Dorfplatz, Freskengeschmückte Mauern und Deckenbalken, alte Steinböden, Kamine und massive Holztüren vermitteln ein mittelalterliches Wohnerlebnis. Toiletten und Bäder sind selbstverständlich modern.

Campo Rasa ©
Intragna, Rasa, Tel. 091 798 13 91
www.camporasa.ch
Christliches Kurs- und Ferienzentrum in drei alten Palazzi im autofreien, ruhigen Rasa. Auf Luxus wurde verzichtet. Die Räume sind schlicht und behaglich eingerichtet; Lesezimmer, Bibliothek und Cafeteria mit offenem Kamin.

Alloggi alla Cantina © – ©©
Tegna, Piazza Gottardo Zurini
Tel. 091 780 75 60
www.allacantina.ch
Das wegen seinen alten Kellern Alla Cantina genannte Haus im Ortskern von Tegna war schon 1923 eine Gaststätte. Heute beherbergt es ein Restaurant im Erdgeschoss und die »Alloggi« im 1. und 2. Stock. Jedes Zimmer und jede Ferienwohnung hat einen ganz eigenen Charakter.

BADEN & WANDERN
In Ponte Brolla, beim Zusammenfluss von Maggia und Melezza, kann man **baden** oder sich auf glatt geschliffenen Felsen **sonnen**. Von Ponte Brolla geht es entweder auf einem kleinen Umweg über Tegna zum Sandstrand Al Pozzo hinunter oder man folgt der Maggia auf einen großen Felsbrocken. Aber Achtung: In den wilden Wassern kommt es immer wieder zu tödlichen Unfällen.
Das Centovalli ist ein **Wanderrevier**. Eine ganztägige Rundtour beginnt in Intragna am Grotto du Rii (Abb. S. 172); von hier geht es zur Bergstation der Seilbahn Verdasio – Monte di Comino hinauf und weiter entlang eines Höhenweges über Verdasio bis nach Camedo (von hier geht es mit der Centovallibahn zurück nach Intragna).
Einen halben Tag sollte man für die 8,5 km lange Wanderung von Rasa über Bordei nach Palagnedra einplanen, Ausgangs- und Endpunkt sind ebenfalls an die Centovallibahn angeschlossen. Weitere Routenvorschläge: www.ascona-locarno.com.

EINKAUFEN
In der **Metzgerei** der Gebrüder Freddi in Intragna (Tel. 091 796 12 49) gibt es legendäre Salametti, Schinken und Würste, u. a. Violina di Camoscio im Herbst, Wurst vom luftgetrockneten Hinterbein der Gämse.
In der Villa Ramazzina in Verscio finden **Antiquitäten- und Kunstliebhaber** von Statuen und Vasen über Geschirr bis hin zu Bildern alles (Via Stradon 8, www.irigattieri.ch).

**Teatro Dimitri in Verscio

Freunde des »komischen Theaters« zieht es dagegen fast jeden Abend ins Nachbardorf Verscio: Der heute in aller Welt berühmte Clown Dimitri wurde 1935 in eine Künstlerfamilie in Ascona geboren. Er ging in die Töpferlehre, um ein »solides Handwerk« zu erlernen, nahm zugleich aber auch Unterricht in Schauspiel, Musik, Ballett und Akrobatik. Er wollte Clown werden und die Menschen zum Lachen bringen, das hatte er sich schon als Kind in den Kopf gesetzt. Nach langen Tourneen mit verschiedenen Zirkussen durch halb Europa gründete er 1971 zusammen mit seiner Frau Gunda ein eigenes Theater – in der 350 Jahre alten **Casa Leoni** in Verscio. Erfolg stellte sich schnell ein: Mit seiner fast ganzjährig bespielten Bühne, der auch eine Theaterschule und ein kleines Museum mit Objekten zum »komischen Theater« angeschlossen sind, bringt er alljährlich über 20 000 Zuschauer nach Verscio. Der Spielplan des Teatro Dimitri reicht von der Pantomime bis zum Sprechtheater, von grotesker Clownerie bis zu scharfzüngigem Kabarett und von klassischer und volkstümlicher Musik bis zum Tanz.

Weitgehend unbekannt: Ponte Romano

Sehenswert ist in Verscio auch die am südlichen Ortsrand gelegene Pfarrkirche **San Fedele**. Das barocke Bauwerk birgt im Innern mittelalterliche Fresken. Künstlerisch wertvoll sind die spätgotischen Wandmalereien im ehemaligen Chor, die die Maiestas Christi mit den Evangelisten sowie Propheten, Heilige, Apostel und Monatsbilder darstellen. Im Stil und im ikonografischen Programm erinnern diese Fresken an die Malereien der Kirche San Michele in Palagnedra (▶S. 176), weshalb sie auch dem lombardischen Maler Antonio da Tradate zugeschrieben werden.

Teatro Dimitri: Programm-Information: Tel. 091 796 25 44 und www.teatro dimitri.ch; Kartenvorverkauf: Tel. 091 796 15 44; **Museo:** März – Nov. 17.00 bis 24.00 Uhr, Eintritt 5 CHF (mit Theaterkarte frei). Die Scuola Teatro Dimitri ist seit 2006 anerkannte Fachschule für Bewegungstheater.

Gleich nach Cavigliano, wo rechts die schmale Straße ins Valle Onsernone abzweigt, ragt über den Dächern von Intragna der hohe,
schlanke Kampanile der Pfarrkirche **San Gottardo** auf. Das Gotteshaus zeichnet sich aber nicht nur durch diesen mit 65 m höchsten
Glockenturm des Tessin aus (tolle Aussicht), sondern auch durch
beschwingte Rokokowerke im Innern. Stuckarbeiten aus der Renaissance, wie sie im Tessin selten anzutreffen sind, schmücken dagegen
die Kapelle links hinter der Kirche. Aus der Barockzeit stammt auch
die **Casa Maggetti** an der Hauptstraße, die sich mit einer mehrstö-
ckigen Loggia auf einen Innenhof öffnet. Das noble Haus aus dem
17. Jh. ist Sitz des **Museo Regionale delle Centovalli e del Pedemonte**. Außer Werken zeitgenössischer Tessiner Künstler dokumentiert es Alltag und Arbeit im Tal von einst.

Intragna

Museo: April–Okt. Di.–So. 14.00–18.00 Uhr, Eintritt 5 CHF, Campanile
7 CHF, www.museocentovalli.ch

Von Intragna aus führt eine kleine Seilbahn zu den beiden Weilern
Pila und Costa, geeignete Ausgangspunkte für Wanderungen. Die
Talstation der Bahn befindet sich bei der Centovallibrücke. Bungee-
springer sind den Planern der Centovallibahn dankbar, dass sie beim
Bau dieser Zugverbindung den Melezzafluss mit einer 70 m hohen
Stahlbrücke überspannt haben. So können sie hier ihrem nervenauf-
reibenden Hobby nachgehen (Tel. 091 780 78 00, www.trekking.ch).

**Bungee-
sprung in die
Tiefe**

Weniger spektakulär geht es auf der Ponte Romano zu, einer 1578 erbauten **Steinbogenbrücke** über die Melezza. Grund für ihre geringe
Beachtung mag die versteckte Lage sein: Am westlichen Ortsausgang
von Intragna passiert man das idyllische Grotto du Rii; ca. 100 m hinter der Schänke führt ein schmaler Saumpfad in 15 Minuten abwärts
zum Talgrund mit der dem hl. Nepomuk geweihten Brücke. Das Ufer
der Melezza bietet sich im Umfeld der Ponte Romano für ein Sonnen-
bad inklusive Abkühlung im immer kalten Nass des Flusses an.

***Ponte
Romano**

Unterhalb von Intragna liegt am rechten Melezza-Ufer das Dorf **Golino**, einst ein bedeutender Warenumschlagplatz am alten Centoval-
lisaumpfad. Dieser verlief teils am rechten und teils am linken Talhang und führte über malerische mittelalterliche Brücken – wie die
Ponte Romano bei Intragna – von einer Seite auf die andere. Die
Pfarrkirche **San Giorgio** ist im Innern ganz von heiterem Barock
und Rokoko geprägt.

Golino

Ein geschlossenes Ortsbild mit schmalen Gassen und überwölbten
Durchgängen erwartet den Besucher in Verdasio, oberhalb der
Durchgangsstraße durch das Centovalli. Zu erreichen ist das Dorf
über ein steiles Sträßchen, das von der besagten Durchgangsstraße,
kurz nach den Talstationen zweier Seilbahnen, rechts aufwärts führt.

Verdasio

Rasa Die über die Melezzaschlucht schwebende Seilbahn Verdasio – Rasa endet im autofreien Bergnest Rasa, das vom Glockenturm der barocken Pfarrkirche **Sant'Anna** überragt wird. Die Bewohner des heute fast ausgestorbenen Dorfes hatten – neben den Männern aus Ronco und Losone bei Ascona – von 1630 bis Mitte des 19. Jh.s das Monopol als Dockarbeiter im Hafen von Livorno inne: Die Armut trieb die Bewohner dieser Bergtäler einst in die Ferne. Die meisten aber kehrten in ihre Heimat zurück und stellten ihren Wohlstand zur Schau: Das erklärt die vielen nobel-eleganten Wohnhäuser gerade in den ärmsten Tälern des Tessin.

Monte di Comino Die zweite Seilbahn ab Verdasio endet in einer kleinen Rusticisiedlung am Monte di Comino. Die 1220 m hoch gelegene, aussichtsreiche Hangterrasse bietet Unterkunfts- und Einkehrmöglichkeiten und ist Ausgangspunkt schöner Wanderungen durch eine noch weitgehend unberührte Alpenlandschaft. Wer gut zu Fuß ist, kann von hier ins ▶**Valle Onsernone** hinüberwandern.

*Palagnedra Kurz nach Verdasio zweigt beim Palagnedra-Stausee links die Straße nach Palagnedra ab. Das in Kastanien- und Nussbaumhaine eingebettete, in 650 m Höhe zusammengedrängte Bergdorf wartet mit einem künstlerischen Meisterwerk auf: Eine Seitenkapelle der Kirche **San Michele**, ursprünglich der Chor des Gotteshauses, wurde am Kreuzgewölbe und an den Seitenwänden von Antonio da Tradate mit Fresken ausgemalt (15. Jh.). Die kräftig-harmonischen Farben und typischen Stilelemente – frontal wiedergegebene Figuren und stereotype Gesten –, wie sie auch auf sicher von **Antonio da Tradate** stammenden Arbeiten zu finden sind, haben die Kunsthistoriker veranlasst, den lombardischen Maler als Schöpfer dieser Malereien anzusehen. Volkskundlich interessant sind die Monatsbilder, die das ländliche Leben zum Thema haben – z. B. das Baumbeschneiden im Februar und das Vorbereiten der Weinbottiche im September.

> **?** **BAEDEKER WISSEN**
>
> ### Ein betörender Duft
>
> Wer an einem Frühlingsmorgen, am besten nachdem es geregnet hat, im Centovalli oder im Vigezzotal tief einatmet, riecht denselben Duft wie einst **Johann Maria Farina** (1685 – 1766). Der in Santa Maria Maggiore geborene Italiener schuf in Köln eines der berühmtesten Parfüms der Welt, das er zu Ehren seiner Wahlheimat »Eau de Cologne«, »Kölnisch Wasser« nannte. Inspirieren ließ er sich, wie er 1708 schrieb, von seinen Erinnerungen: »Mein Duft erinnert mich (…) an Orangen, Zitronen, Pampelmuse und Bergamotte, Cedrat, die Blüten und Kräuter meiner Heimat.«

Camedo, Val Vigezzo, Domodossola Letzte Ortschaft im Tessin ist Camedo. Jenseits der Staatsgrenze führen Centovallibahn und Fahrstraße weiter durch das Tal der Melezza, das hier Val Vigezzo heißt, hinauf zu dem Wallfahrtsort **Rè** mit der

1958 geweihten Kirche »Blutende Madonna« und weiter nach **Santa Maria Maggiore**, dem Hauptort des Tals mit einem **Schornsteinfegermuseum**. Bei Druogno überschreitet man die Wasserscheide und folgt dem Lauf der westlichen Melezza noch 13 km bis **Domodossola**, ein Bergstädtchen mit 20 000 Einwohnern, einem hübschen Marktplatz und einer beachtenswerten dreischiffigen Kollegiatskirche.

** Ceresio

G 7

Die Halbinsel Ceresio schiebt sich südlich von Lugano in den Luganersee und ist einer der schönsten und lieblichsten Landstriche in den südlichen Voralpen.

Im Osten bestimmt der 912 m hohe Monte San Salvatore das Bild der Collina d'Oro (Goldhügel), wie sich die Region nennt. Gold wurde auf der Halbinsel allerdings nie geschürft. Vielleicht erinnert der Name an die Blütenfarbe des Ginster, der hier früher angeblich sehr verbreitet war. Vielleicht ist der Name auch eine Abwandlung von »Orlo« (= Rand, Saum) und beschreibt die geografische Randlage des Hügels. Heute wird »Gold« häufig spöttisch mit »Geld« gleichgesetzt, da Ceresio vor allem das Geld anzieht. Die Halbinsel ist bei Reichen ein beliebter Wohnort: Es ist ruhig, Lugano ist sehr nah, die Lebensqualität hoch und der Steuersatz niedrig. Die **Gemeinde Collina d'Oro** entstand 2004 durch den Zusammenschluss der Dörfer Agra, Montagnola und Gentilino. Literarischen Ruhm erhielt Ceresio durch Hermann Hesse, der sein halbes Leben in Montagnola verbrachte.

Name und Geschichte

Wenn der spätere **Literatur-Nobelpreisträger Hesse** in den 1920er-Jahren seine zukünftige Frau Ruth in Carona auf der gegenüberliegenden Bergflanke besuchte, ging er zu Fuß von Montagnola bergab nach Pambio-Noranco und stieg auf der anderen Seite über Pazzallo, Carabbia und Ciona den Berg ins Künstlerdorf Carona hinauf. Oder er spazierte über Barbengo und über das idyllisch gelegene einstige Kloster Torello zur Kirche Madonna d'Ongero und von dort weiter nach Carona. Unterwegs erreicht man immer wieder Lichtungen, von denen aus man einen **atemberaubenden Ausblick** auf den See und die Alpen genießt (von dem planlos in die Scairolo-Ebene gepflasterten Industrieviertel mit Einkaufszentren, Öllagern und Gewerbebetrieben wendet sich das Auge schaudernd ab). Nichtsdestotrotz kann man auf einer Rundfahrt über die anmutige Ceresio-Halbinsel nachvollziehen, weshalb Hesse über seine Wahlheimat schrieb: »Nie habe ich so schön gewohnt wie im Tessin.«

Auf den Spuren von Hesse

Ceresio erleben

AUSKUNFT
Ente Turistico del Luganese
Infopoint Morcote
Riva dal Garavell
6922 Morcote
Tel. 058 866 49 60
www.luganoturismo.ch

ESSEN
Osteria Al Böcc ●●
Vico Morcote
Casa Portichetto 1
Tel. 091 980 26 27, www.bocc.ch
Die Menü-Auswahl der »Cucina della
nonna« (Küche der Großmutter) schlägt
einen Bogen vom südlichen Tessin bis
zum Mittelmeer.

Ristorante Vicania ●●
Vico Morcote, Alpe Vicania
Tel. 091 980 24 14, Mo., Di. geschl.
www.ristorantevicania.ch
Das einstige Grotto auf der Alpe Vicania
(nun mit dem Pkw erreichbar) hat sich zu
einem Gourmet-Lokal entwickelt. Chef-
koch Daniele Giordano kocht ausschließlich mit Produkten aus der Region und
südalpin inspiriert. Wie wär's mit Brenn-
nesselgnocchi und einer Creme aus Ziegenfrischkäse und Maggiapfeffer?

Grotta del Cavicc ●
Montagnola, Via Canvetti
Tel. 091 994 79 95
Juni – Aug. tägl, sonst Di. geschl.
www.grottocavicc.ch
Wenn Hermann Hesse Geselligkeit such-
te, ging er am liebsten in das Grotto Ca-
vicc, trank im Schatten hoher Bäume ein
Glas Rotwein, spielte mit Freunden und
Zufallsbekanntschaften Boccia und speis-
te. Heute noch zur Nachahmung emp-
fohlen!

Grotto Morchino ●
Lugano-Pazzallo, Via Carona 1
Tel. 091 994 60 44
Mo. und Sa.-mittag geschl.
www.morchino.ch
Auch das Grotto Morchino in Pazzallo,
an der Straße nach Carona, verbindet ei-
niges mit Hermann Hesse, der es schon
1919 in »Klingsors letzter Sommer« beschrieb. Zum Dessert unbedingt nach
dem Kastanienstollen fragen!

Ristorante Posta ●
Carona, Via Principale 35
Tel. 091 649 72 66
Mo. u. Di.-mittag geschl.
www.ristorante-posta.ch
Einfaches, kleines, überaus sympathi-
sches Restaurant mitten in Carona. Eine
Karte gibt es nicht – die Menüs wech-
seln täglich.

ÜBERNACHTEN
Swiss Diamond Hotel ●●●●
Vico Morcote, Riva Lago Olivella
Tel. 091 735 00 00
www.swissdiamondhotel.com
Das imposante 5-Sterne-Hotel direkt am
Luganer See verkörpert traditionelle Ho-
tellerie auf höchstem Niveau. Erstklassi-
ge Materialien vom Wandschmuck bis
zur Badezimmerausstattung, Kronleuch-
ter neben modernster Technik: Dolce
Vita fürs 21. Jahrhundert.

Hotel Dellago ●● – ●●●
Melide, Lungolago G. Motta 9
Tel. 091 649 70 41
www.hotel-dellago.ch
Stilvoll gestaltetes Haus direkt am
See mit von Künstlern entworfenen
Zimmern

Romantik Hotel Villa Carona ⓒⓒ
Carona, Piazza Noseed
Tel. 091 649 70 55
www.villacarona.ch
200 Jahre alte Patriziervilla mit schönem
Garten. Im gemütlichen Ristorante La
Sosta wird eine leichte, mediterrane
Küche serviert.

B & B Grotto Flora ⓒⓒ
Bigogno d'Agra, Via Municipio 6
Tel. 091 994 15 67
www.grottoflora-bnb.ch
Das Bed & Breakfast befindet sich in der
nach dem berühmten Architekten benannten Casa Adamini aus dem 18. Jh.;
empfehlenswert sind auch die lokalen
Gerichte des Grotto!

Bellavista ⓒ
Montagnola, Via Collina d'Oro 72
Tel. 091 985 89 00
www.bellevue-bellavista.ch
Im Restaurant Bellevue in der Nähe des
Hesse-Museums speist man mit wunder-
barem Blick auf den See und den Monte
Lema, wie es schon Hermann Hesse ge-
tan hat. Im angeschlossenen Hotel haben seine Gäste häufig übernachtet,
u. a. auch Thomas Mann.

SPORT
Die Ceresio-Halbinsel ist ein **Wanderparadies**. Eine gemütliche (Tages-)Tour
und ein Höhepunkt für Genusswanderer
ist die Strecke vom San Salvatore (hinauf
geht es von Lugano-Paradiso mit der
Standseilbahn [Funicolare] nach Morcote. Nachdem man vom Gipfel den
Ausblick genossen hat, geht es durch
Kastanienwälder nach Carona hinunter.
Von dort gibt es zwei Möglichkeiten: Die
erste etwas weniger bekannte Alternative führt hinunter zur Kapelle von Torello
und weiter nach Morcote. Die zweite
und klassische Route führt durch den
botanischen Garten von San Grato zur
Alpe Vicania und von dort über eine
schier endlose, steile Treppe hinunter
nach Morcote. Mit dem Postauto oder
dem Schiff gelangt man wieder nach Lugano-Paradiso zurück.
An heißen Sommertagen erfrischt ein
Bad im See, z. B. im Lido von Melide
oder am Strand von Figino, wo man sich
im Stand-Up-Paddling (Stehpaddeln) versuchen kann. In Carona gibt es ein
Schwimmbad mit 10-m-Turm.

RUNDFAHRT ÜBER DIE HALBINSEL CERESIO

Erster Halt auf einer Entdeckungstour auf die Collina d'Oro von Lu-   *Gentilino
gano aus ist das Dorf Gentilino bzw. die barocke **Pfarrkirche
Sant'Abbondio** auf einer Terrasse außerhalb des Dorfes. Zwei Zyp-
ressenalleen führen aus zwei Richtungen zu der schon im 14. Jh. erwähnten Kirche, ein malerisches Ensemble aus hohem Campanile,
Beinhaus und Kreuzwegkapellen. Den Chor der Kirche schmücken
Fresken sowie Stuckaturen der Gebrüder Camuzzi. Sehenswert ist
auch die barocke Ausmalung des Beinhauses von Giuseppe Antonio
Petrini. Das wertvollste Grabmal auf dem **Friedhof** gegenüber schuf
der Bildhauer Vincenzo Vela für den Architekten Pietro Boffa, der
wie viele Tessiner Künstler in Russland gearbeitet hat. Ihre letzte

Das Schmuckstück von Gentilino: die Pfarrkirche Sant'Abbondio

Ruhe fanden auf diesem Friedhof außerdem der Architekt Domenico Gilardi, der Dirigent Hugo Walter, die Schriftsteller Hugo Ball und seine Frau Emmy Ball-Hennings und natürlich **Hermann Hesse**. Das Grabmal des Literatur-Nobelpreisträgers, geschmückt nur mit einem Naturstein und einer Vogeltränke, wirkt bescheiden.

*Montagnola Hesse lebte bis zu seinem Tod im Jahre 1962 im Nachbarort Montagnola. Als er 1919 ins Tessin übersiedelte, fühlte er sich als »kleiner, abgebrannter Literat«. Auf dem Collina d'Oro blühte er auf. Hier verfasste »der sonderbare Deutsche mit dem Strohhut«, wie ihn die Einheimischen nannten, Weltliteratur wie »Siddhartha« (1922), »Der Steppenwolf« (1927) oder »Narziss und Goldmund« (1929). Titel, die ihm den Goethe-, Friedens- und den Nobelpreis einbrachten. Eine Bleibe fand er zunächst in dem »halb feierlichen, halb drolligen Palazzo«, den der Architekt Agostino Camuzzi (1808–1870) nach seiner Rückkehr aus Russland hatte bauen lassen. Hesse bezog vier kleine Stuben im Obergeschoss des Ostflügels, die – ihres desolaten Zustandes wegen – zu einem Spottpreis zu mieten waren. Auf den kleinen Steinbalkon, den Hesse als »mein bester Besitz« pries, kann man heute zwar nicht mehr treten (Privatbesitz). Doch dafür erhält man in der **Torre Camuzzi** einen Einblick in Hesses Welt.
Seit 1997 ist in dem Seitenflügel ein ****Hesse-Museum** untergebracht. Auf fünf Ebenen zeigt es das Werk und die Persönlichkeit in einer wunderbar lebendigen Inszenierung. Zu den vielen persönli-

chen Gegenständen gehören neben Farbkasten, Pinseln und Strohhut auch der Schreibtisch, übersät mit Briefen prominenter Zeitgenossen von Thomas Mann bis Theodor Heuss. In der alten, schwarzen Schreibmaschine vom Typ Smith Premier No 4 steckt ein Papier – als ob Hesse jederzeit von einem Spaziergang zurückkehren und weiterschreiben würde. Ungebetene Gäste in seinem Refugium vorzufinden, hätte ihn nicht sonderlich erfreut. Auf dem Höhepunkt seiner Karriere hatte er am Hauseingang ein Schild »Bitte keine Besuche!« angebracht. Mittlerweile ist das Museum ein Besuchermagnet. Ein Themenweg führt zu den Orten, die in Hesses Leben und Werk eine wichtige Rolle spielten.

❶ März – Okt. tägl. 10.30 – 17.30, sonst Sa., So. 10.30 – 17.30 Uhr, Eintritt 8,50 CHF, www.hessemontagnola.ch

Agra

Wie in Montagnola ist auch im nahen Agra vom ursprünglichen Ortsbild nur noch wenig erhalten, denn die landschaftlich-klimatischen Vorzüge dieser Gegend und der weite Ruf, den ihr hier ansässig gewordene Persönlichkeiten aus Kunst und Kultur einbrachten, haben zu einem Bauboom und zum Zuzug vieler wohlhabender Fremder geführt. Wie beklagt doch gleich Hesse in seiner Erzählung **»Rückkehr aufs Land«** die schon in seiner Zeit zunehmende Bauwut im Tessin: »Der Letzte von uns wird sich am letzten alten Kastanienbaum des Tessins, am Tag, eh der Baum im Auftrag eines Bauspekulanten gefällt wird, aufhängen.« Niemand hat aber die prachtvolle, sonnige Lage von Agra beeinträchtigen können, und vom Fantasiereichtum eines wahrscheinlich heimischen Künstlers zeugen die im späten 18. Jh. ausgeführten Illusionsmalereien in der Pfarrkirche San Tommaso.

! BAEDEKER TIPP

Wellness auf dem Collina d'Oro

Die wunderschön gelegene Anlage wurde 1913 als Lungenheilanstalt eröffnet. In den 1930er-Jahren erholten sich hier prominente Patienten wie Sven Stolpe, Erich Kästner und Bertolt Brecht. Nach dem Zweiten Weltkrieg begann der Niedergang, 1969 wurde die Klinik geschlossen. 2013 sorgte der neue Inhaber Silvio Tarchini für eine Renaissance. Es entstand ein Wellness-Resort mit allen erdenklichen Einrichtungen einschließlich eines Gourmet-Restaurants. Jünger man im Resort Collina d'Oro zwar nicht, aber laut Tarchini sehen die Gäste nach einem Wellaging-Aufenthalt zehn Jahre jünger aus« (www.resortcollinadoro.ch).

Barbengo, Figino

Ein reizvoller Ortsteil der weit verzweigten Gemeinde Barbengo, die sich mit mehreren Dörfern über die Hänge des Collina d'Oro ausbreitet, ist das hübsche Figino unten am See, auf der Westseite der Ceresio-Landzunge mit herrlichem Ausblick auf das nahe italienische Ufer des Lago di Lugano. Ab Figino führt ein malerisches Ufersträßchen nach Morcote und weiter nach Melide.

Melide   Ein Denkmal auf der **Piazza Domenico Fontana** in Melide erinnert daran, dass der berühmte Barockbaumeister (1543 – 1607) hier geboren wurde; sein Geburtshaus musste dem zunehmenden Straßenverkehr weichen. Während Domenico Fontana in Rom den Lateranpalast und die Vatikanische Bibliothek und in Neapel den Königspalast schuf, gab sein Bruder Marsilio sich mit Arbeiten in der Heimat zufrieden: Von ihm stammt das elegante Renaissanceportal der Pfarrkirche **Santi Quirico e Giulietta** im Ort.

Die Hauptsehenswürdigkeit in Melide ist allerdings ***Swissminiatur** am Beginn des Straßen- und Bahndamms. Hier liegt einem die Schweiz »zu Füßen«: Verschneite Gipfel, Burgen, Kathedralen, Heidi-Dörfer, Dampfschiffe, das Bundeshaus, das Telldenkmal – alles, was zum Bild der Schweiz gehört, ist in dem Freizeitpark versammelt. Die über 120 liebevoll gepflegten Modelle sind detailgetreu im Maßstab 1:25 nachgebildet. Auf einem 3500 Meter langen Schienennetz verkehren 18 Züge, etliche Standseil-, Zahnrad- und Luftseilbahnen. Die riesigen Karpfen im »Rheinhafen von Basel« sind übrigens echt.

Swissminiatur: tägl., Mitte März – Ende Okt. 9.00 – 18.00, Jan. – März 13.00 bis 16.00 Uhr, Eintritt 12/19, Familienkarte 55 CHF, www.swissminiatur.ch

** MORCOTE

Ein **Touristentraum** unter den Südtessiner Dörfern ist Morcote (750 Einw.) an der Südspitze der Ceresio-Landzunge. Nur an hochsommerlichen Wochenenden wird dieser Traum zu einem Alptraum, wenn kein Parkplatz zu finden ist und man sich dem Menschenstrom, der sich durch die Laubengänge wälzt, nicht entziehen kann. Ein viel frequentierter Ort war Morcote auch schon in vergangenen Zeiten, als hier, am einst größten Hafen des Luganersees, Flöße und Boote anlegten und internationaler Warenverkehr abgewickelt wurde. Den Morcotesi, wie die Einheimischen heißen, war es sogar gelungen, den Mailänder Herzögen Sonderstatuten und Privilegien abzuringen – wie zum Beispiel das Fischereirecht in diesem Teil des Sees und das Marktrecht. Das meistfotografierte Motiv in Morcote ist die Häuserzeile am See mit mittelalterlichen Lauben, in die Restaurants, Pubs und Souvenirläden eingezogen sind. Das Rathaus hat seinen Sitz im gotischen **Torre del Capitano**, an dessen Fassade ein Barockfresko mit dem Stadtwappen zu sehen ist: Eine ihre Jungen säugende Sau wird als Symbol der Freigebigkeit interpretiert.

Beim Rathaus beginnt eine monumentale, 404-stufige Treppe, die zum Friedhof hochführt. Finanziert wurde diese ***Himmelsleiter** vom Bankier und Geschäftsmann Davide Fossati, der in Venedig reich geworden war. Er löste damit ein Gelübde gegenüber der hl. Jungfrau ein, nachdem er von einem Krebsleiden geheilt wurde. In fünf Jahren, von 1727 bis 1732, entstand dieser grandiose Treppenaufgang. Ironie der Geschichte: Im Jahr der Fertigstellung verstarb der Stifter an einem Herzversagen. Etwas weniger pompös ist der zweite Aufstieg zur eindrücklichen Totenstadt. Er beginnt mitten im Dorf, bei der »Strecia di mort«, der »Todesgasse«.

Auf dem terrassenförmig angelegten Friedhof liegen Berühmtheiten ***Friedhof** wie der Komponist Eugen d'Albert (1864 – 1932), der Dramatiker Georg Kaiser (1878 – 1945) und der Schauspieler Alexander Moissi (1880 – 1935) begraben. Auf Steinplatten ließ Moissi, ein Österreicher albanischer Herkunft, viersprachig folgende Mahnung meißeln: »Hodie mihi, cras tibi, oggi a me, domani a te, heute mich, morgen dich, aujourd'hui a moi, demain a toi«. Großtönend und bombastisch wirken mehrere Familiengruften, die von im Ausland zu Wohlstand gelangten, heimischen Künstlerfamilien wie den Caccia, Isella und Maspoli errichtet worden sind. Das Grab des Mailänder Bankiers Carlo Bombieri schmückt eine **Plastik von Henry Moore**.

Auf gleicher Höhe – und ebenfalls über eine 400-stufige Treppe aus ***Santa Maria** dem 18./19. Jh. erreichbar – thront die Pfarrkirche Santa Maria del Sas- **del Sasso** so. Der Renaissancebau mit weithin sichtbarem, barock aufgestocktem Kampanile ist im Innern mit Wandmalereien aus dem frühen 16. Jh. ausgeschmückt. Die Darstellung des **»Wunderbaren Fischzugs«** an der Westwand wird als Anspielung auf das Fischereiwesen angesehen, das in vergangenen Zeiten eine bedeutende Rolle gespielt und Morcote erheblichen, bis heute sichtbaren Wohlstand beschert hat.

Wie Melide sich mit seiner »Swissminiatur« brüstet, so wirbt Morcote ***Parco** mit einer **»Miniatur des Fremdländischen«**. Auf einem großartigen **Scherrer** Grundstück direkt am See ließ der von fernen Ländern faszinierte Schweizer Tuchhändler Arthur Scherrer in den 1930er-Jahren des 20. Jh.s den Parco Scherrer anlegen. Im Kleinformat entstanden hier Bauwerke, die ihn auf seinen Auslandsreisen beeindruckt hatten – einen griechischen Tempel, ein siamesisches Teehaus und einen indischen Palast. Im exotischen Garten blühen und gedeihen Kamelien, Glyzinien, Oleander, Zedern, Zypressen, Kampferbäume, Magnolien, Azaleen und andere Gewächse der subtropischen Pflanzenwelt.

Exotik im Tessin: der Parco Scherrer in Morcote

❶ März – Okt. tägl. 10.00 – 17.00, Juli, Aug. bis 18.00 Uhr

*Vico Morcote Vom 400 m höher gelegenen Vico Morcote (Auffahrt oder Aufstieg von Morcote) genießt man einmalige Ausblicke auf den Luganer See und den Monte San Salvatore. Die verwinkelten Gassen laden zu einem Bummel ein. Einen Besuch wert ist die Pfarrkirche **Santi Fedele e Simone**, die sich in schöner Lage unterhalb des Dorfs erhebt. Das Glanzstück dieses Sakralbaus ist über dem südlichen Seitenportal ein in Stein gehauenes Triptychon im Stil der Frührenaissance, das im frühen 16. Jh. vermutlich in der Werkstatt der Künstlerfamilie Rodari ausgeführt wurde. Wer den Besuch von Vico Morcote mit einer interessanten Wanderung abschließen möchte, erreicht von hier zu Fuß in knapp anderthalb Stunden Carona.

* CARONA

Von Morcote führt ein abwechslungsreiches Sträßchen durch die Hänge des Monte Arbóstora (822 m) und des Monte San Salvatore (912 m), über Vico Morcote weiter nach Carona, **eines der schönsten Dörfer** im Tessin. Künstler, Denker und Romantiker kamen als Touristen und blieben nicht selten als Hausbesitzer. Etwa das Schriftstellerpaar Lisa Tetzner und Kurt Held, das durch Kinderbücher wie »Die Schwarzen Brüder« und »Die Rote Zora« berühmt wurde. Hermann Hesse verliebte sich hier in die zwanzig Jahre jüngere Ruth Wenger, seine spätere Ehefrau. Zum Künstlerkreis von Carona zählen außerdem Meret Oppenheim, Maria Braun und nicht zuletzt Bertolt Brecht. Darüber hinaus haben »große Namen wie Petrini, Casella, Aprile, Scala und Adami unserem Dorf und der Welt bedeutende Kunst hinterlassen«, schreibt die Gemeinde auf ihrer Homepage stolz. Besonders hervorzuheben gilt es die **Solari**, eine Familie von Steinmetzen, die Venedig, Ravenna und Salzburg verschönerten.

BAEDEKER WISSEN **?**

Postauto-Manöver am Dorfeingang

Bis zu 26-mal verkehren werktags die gelben Postautos zwischen Lugano und Carona. Ein Spektakel ist jeweils die Einfahrt ins Dorf durch den engen Torbogen bei der Pfarrkirche San Giorgio. Tatsächlich passiert das Fahrzeug dieses Nadelöhr nur mit speziellen Rückspiegeln und Hydraulik, auch befindet sich die Klimaanlage im Motorraum und nicht auf dem Dach wie bei anderen Fahrzeugen. Solchermaßen ausgestattet geht es dann Zentimeter für Zentimeter durch das Tor hindurch.

Casa Solari, San Giorgio In seinem Heimatort hat der erst 23-jährige **Giuseppe Antonio Solari** 1759 ein Porträt an der stuckverzierten Decke der Casa Solari signiert. Ebenfalls ausgiebig mit Stuckaturen und Fresken des 16. Jh.s versehen ist die Pfarrkirche **San Giorgio**. Blickfang im Innern des Renaissancebaus ist ein Abendmahl, nicht ganz so berühmt wie jenes in Sala Capriasca, dafür schuf es Andrea Solari der Bucklige, ein

Schüler Leonardo da Vincis. Er malte auch die Enthauptung des Johannes, während das Jüngste Gericht, eine der gelungensten Kopien nach Michelangelo, die Kreuzigung und die Herrlichkeit des Himmels von Domenico Pozzi aus der Valsolda stammen. Mittelpunkt der Kirche ist ein Hochaltar aus heimischem Arzo-Marmor. Unter den sehenswerten Skulpturen fehlt der hl. Georg (San Giorgio) nicht; allerdings hat der Bildhauer nicht nur den Drachentöter dargestellt, sondern auch die Königstochter, die das Ungeheuer vertilgen wollte. An die harmonische Kirchenfassade schließt die **Loggia del Comune** aus dem späten 16. Jh. an. An der Wand über der offenen Säulenhalle täuschen Illusionsmalereien Pfeiler und Fenstertympanons vor.

Die mittelalterliche, später barockisierte Kirche Santa Marta etwas oberhalb von Carona besitzt im Innern spätgotische Fresken, die um 1486 vielleicht von einem Familienmitglied der im Tessin so häufig vertretenen Seregnesi gemalt wurden. **Santa Marta**

Wieder ganz barocke Heiterkeit verströmt die Wallfahrtskirche Santa Maria d'Ongero südwestlich von Carona im Wald. Reiche Stuckaturen und große Freskenzyklen zum Leben Jesu, die teilweise 1750 vom heimischen Maler Giuseppe **Antonio Petrini** ausgeführt wurden, verschmelzen zu einem harmonischen Innenraum. Atemberaubend ist auch die Aussicht auf den Collina d'Oro und die Berge des Malcantone. Hesse beschrieb sie 1923: »Es gibt viel Schönes auf der Erde, Schöneres als dies gibt es nicht«. ***Santa Maria d'Ongero**

Die schlichte Strenge des Mittelalters kennzeichnet dagegen die Kirche Santa Maria di Torello. Der bestens erhaltene, spätromanische Sakralbau, der sich in aussichtsreicher, einsamer Lage an den Hängen des **Monte Arbóstora** erhebt, gehörte zu einem 1217 vom Bischof von Como, Guglielmo della Torre, gegründeten, aber schon im Jahr 1389 aufgehobenen Augustinerkloster. Bemerkenswert ist das spätromanische Kreuzigungsfresko in der Eingangshalle. ***Santa Maria di Torello**

Im Parco San Grato oberhalb von Carona gedeiht eine äußerst vielseitige Sammlung an Azaleen, Rhododendren, Koniferen und Nadelbäumen. Angelgt wurde er von dem Sankt Galler Industriellen Martin Othmar Winterhalter, der 1923 das Patent für den modernen Reißverschluss erworben hatte. Mittlerweile gehört der Park dem Luganeser Tourismusverein, der Themenpfade durch das bunte Blütenmeer und einen schönen Kinderspielplatz anlegte. **Parco San Grato**

Die beiden erwähnten Kirchen Santa Maria d'Ongero und Santa Maria di Torello liegen an einem unvergesslichen Wanderweg von Carona nach Morcote. Die Tour berührt auch die 659 m hohe **Alpe Vicania**, führt dann steil nach Morcote hinab (sie dauert knapp 2 Std.). ***Wanderweg von Carona nach Morcote**

* Como

H 8

Italien: Lombardei
Einwohnerzahl: 84 000
Höhe: 202 m ü.d.M.

Como nähert man sich am besten vom Wasser aus, denn dann erspart man sich die Industriebauten und Wohnanlagen und gelangt gleich in die Città murata, die weitgehend ummauerte Altstadt. Hier laden viele hübsche Plätze und gepflasterte Gassen mit Boutiquen und Straßencafés zu einem angenehmen Aufenthalt ein.

Hauptstadt der Provinz Como

Die Hauptstadt der Provinz Como liegt an der Südwestspitze des Comer Sees, etwa 50 km nördlich von Mailand. Die Ursprünge der Stadt gehen auf eine keltische Siedlung zurück. Im Jahr 196 v. Chr. eroberten die Römer das Gebiet und gründeten **Novum Comum** als Grenzfeste. Die Rivalität zum mächtigen Mailand, unter dessen Herrschaft Como 1335 schließlich fiel, bestimmte die Entwicklung im Mittelalter. Zu Beginn des 18. Jh.s erlebte es dank der Textil- und Seidenindustrie einen enormen Aufschwung. Mittlerweile kommt jedoch der Großteil der Garne aus Asien, die dann hier zu Stoffen weiterverarbeitet werden. Die berühmtesten Söhne Comos waren der römische Historiker Plinius d. Ä. (23/24 – 79 n. Chr.), sein Neffe, der Jurist Plinius d. J. (61/62 – um 111) sowie der (Elektro-)Physiker Alessandro Giuseppe Antonio Anastasio Volta (1745 – 1827).

SEHENSWERTES IN COMO

**Piazza del Duomo

Städtischer Mittelpunkt ist der wegen häufiger Überschwemmungen etwas erhöht gelegene Domplatz. Im Osten wird er vom Dom, Broletto und Torre Comunale abgeschlossen, der Stadtturm und das an den Dom angebaute, ehemalige Rathaus mit der offenen Arkadenhalle im Untergeschoss stammen im Kern aus dem frühen 13. Jh.

**Duomo

Der Bau des Doms mit einer 78 m hohen Kuppel wurde erst 1396 in Angriff genommen, die Fassade stammt aus der zweiten Hälfte des 15. Jh.s. Der Gesamtentwurf ist ein Meisterwerk der einheimischen Steinmetz- und Bildhauerschule, der **Maestri Comacini**, die seit dem 11. Jh. für ein Jahrtausend die Kirchenbaukunst von Oberitalien aus bis weit in die Länder nördlich der Alpen entscheidend bestimmt hat. Für die Bauplastik war im 15. und 16. Jh. die Tessiner Familie Rodari aus Maroggia verantwortlich; vor allem das nördliche Seitenportal, die Porta della Rana (»Froschtor«), und das Südportal mit den bei-

Broletto und Dom auf der Piazza del Duomo

den Sitzfiguren von Plinius d. Ä. und Plinius d. J. tragen ihre Hand-schrift (die Wahl der beiden in Como geborenen heidnischen Ge-lehrten spricht für die Bedeutung, die die Philosophie des italienischen Humanismus in Como damals genoss).

Die Innenausstattung stammt v. a. aus dem 17. Jh.; hervorzuheben sind das Weihwasserbecken (aus dem Vorgängerbau, der antiken, römischen Basilika Santa Maria Maggiore), die Gobelins, eine Kreuz-abnahme sowie die Altarbilder im rechten Seitenschiff von **Bernar-dino Luini** (»Anbetung der Könige«, »Madonna mit Heiligen«) und **Gaudenzio Ferrari** (»Flucht nach Ägypten«).

San Fedele, nur ein paar Schritte südlich vom Dom, wurde im 12. Jh. auf den Mauern eines karolingischen Vorgängerbaus errichtet. Sein kleeblattförmiger Grundriss erinnert an die Aachener Pfalzkapelle Karls des Großen. **B**eachtenswert sind vor allem das schmuckvolle Nordportal sowie Freskenreste im Innern aus dem 12. und 13. Jh.
San Fedele

Die Bauten von **Giuseppe Terragni** (1904 – 1943) sind Musterbei-spiele der rationalistischen Architektur, die an die Bauhaustradition anknüpft. Der in Como aufgewachsene Architekt war ein Anhänger Benito Mussolinis. Ab 1932 entstand nach seinen Plänen hinter dem Dom die Parteizentrale der Faschisten von Como, die Casa del Fascio
Casa del Fascio bzw. Casa Terragni

Como erleben

AUSKUNFT
Ufficio Informazioni e Accoglienza Turistica (IAT) Como
Piazza Cavour 17, 22100 Como
Tel. 031 26 97 12
www.lakecomo.it
www.comune.como.it

ESSEN
❶ Il Vecchio Borgo ©
Piazza Matteotti 1
Tel. 031 304 522
www.ilvecchioborgocomo.it
Zentral gelegen beim Bahnhof der Ferrovie del Nord. Eine Karte, die keine Wünsche offen lässt: Fisch, Grillspezialitäten, Pizza, Pasta, Salate.

❷ Locanda Barbarossa ©
Via Odescalchi 10/12
Tel. 031 275 34 21, Mo geschl.
www.locandabarbarossa.net
Mit Natursteinmauern und puristischem Mobiliar. Topadresse für Pasta und leckerste Pizza.

❸ Osteria Rusticana ©
Via Carso 69
Tel. 031 30 65 90, So. geschl.
In diesem gemütlichen, etwas außerhalb gelegenen Restaurant wird nach alten lokalen Rezepten gekocht.

❹ Ristorante Navedano © ©
Via G. Velzi, Tel. 031 30 80 80
www.ristorantenavedano.it
Di., Mi.-mittag geschl.
Stilvolles Restaurant. Die Küche verwöhnt mit klassischen Gaumenfreuden, der Keller mit erlesenen Tropfen.

❺ Il Birrificio di Como ©
Via Pasquale Paoli 3

www.ilbirrificio.com
In dem alten Brauereigebäude gibt es selbst gebrautes Bier, eine große Auswahl an Cocktails, einen großen Garten und ein Restaurant.

❻ Caffè Ambrosiano ©
Piazza Cavour 8, Tel. 031 207 02 86
www.ambrosianocomo.it
Perfekt nach einem Einkaufsbummel für einen Cappuccino oder einen Apéro bei cooler Musik und mit Seeblick. Gegen den Hunger gibt es Pizze, Panini und Salate.

ÜBERNACHTEN
❶ Hotel Villa Flori © © © ©
Via per Cernobbio 12
Tel. 031 338 20, www.hotelvillaflori.com
Die 52 Zimmer mit Seeblick in der Villa aus dem 19. Jh. bringen antiken Stuck, floreale Fresken und edle Parkettböden mit zeitgenössischem Design und Komfort in Einklang.

❷ Metropole & Suisse © © – © © ©
Piazza Cavour 19
Tel. 031 26 94 44
www.hotelmetropolesuisse.com
Das seit vier Generationen von der Familie Cassani geführte Hotel mit 71 modernen Zimmern mit Seeblick liegt zentral zwischen Uferpromenade und Domplatz.

❸ Hotel Avenue ©
Piazzolo Terragni 6
Tel. 031 27 21 86
www.avenuehotel.it
Das zentral gelegene 4-Sterne-Hotel mit 18 modernen Zimmern hält, was es verspricht. Sehr gutes Preis-Leistungs-Verhältnis!

Como

Lecco, Gravedona, Bellagio   **Villa Gemo, Bellagio**

Villa Olmo
Villa la Gallia
Villa Resta Pallavicini

Chiasso, Lugano
Via Borgo Vico

San Giorgio
VICO

V. XXIV Maggio

Piazzale S. Teresa

Via Borgo Vico

Monumento ai Caduti
Tempio Voltiano

V. Puecher
Stadio Sinigalia
Novocomum

V. F. Rosselli

Lago di Como (Lario)

Lung. Trento

Funicolare per Brunate
SANT' AGOSTINO
S. Agostino

V. Colonna
V. Trieste
V. Brambilla
V. Marzoni

Piazza Matteotti

Piazza Lungolario
Piazza Cavour
Palazzo Vescovile
San Giacomo
Broletto

Bhf. F. N. Lago
S. Provino
Casa del Terragni
Duomo
Palazzo Rusca
Municipio

Masia
Viale Cavallotti
Viale Marconi
Via Recchi

Piazza Volta
Piazzale S. Rocchetto
Bahnhof

P. Cacc. d. Alpi

Collegio Gallio

Via Cinque Giornate

San Fedele

Biblioteca Civica

Museo Civico
Santa Cecilia

V. Vitt. Em. II
Viale Dante
Viale Lecco
Via Italia libera

Torre San Vitale
Brunate

Via S. Marta
Viale Teresa
Via A. Volta
Via Indipendenza
V. Giovio
V. Battisti

Torre di Porta Vittoria
Santa Annunziata
Torre Porta Nuova

Via Regina Teodolinda
Viale Innocenzo XI.

V. Cattaneo
Via Italia libera
Via Cadorna
Via Milano
Via Giulini

Piazza Vittoria
SAN BARTOLOMEO

Lecco, Bergamo
Via Mentana

300 m
©BAEDEKER

Sant' Abbondio

Viale Roosevelt

San Bartolomeo
Museo della Seta, Milano

Castel Baradello

Essen

1 Il Vecchio Borgo
2 Barbarossa
3 Rusticana
4 Navedano
5 Il Birrificio di Como
6 Caffè Ambrosiano

Übernachten

1 Villa Flori
2 Metropole & Suisse
3 Avenue
4 Firenze
5 B & B Antico Chiostro

4 *Albergo Firenze* ⓖ
Piazza Volta 16
Tel. 031 30 03 33
www.albergofirenze.it
Kleines, gemütliches 3-Sterne-Hotel an der autofreien Piazza Volta mitten in der Altstadt

5 *B & B Antico Chiostro* ⓖ
Via Lambertenghi 4
Tel. 032 87 65 59 82
www.anticochiostro.info
Zentral gelegenes Bed and Breakfast mit zwei modernen Appartements in einem ehemaligen Kloster aus dem 12. Jahrhundert

ZU WASSER UND IN DER LUFT

Como verfügt über den weltweit ältesten Wasserflughafen. Schon 1913 fand hier die erste Flugshow statt. Beim Aero Club Como (Via Masia 44, www.aeroclubcomo.com) kann man Rundflüge über den See und die Alpen buchen. Landen dürfen die Flugzeuge aber nur in Italien. Wer lieber auf einer alten Holzjacht lautlos über den See gleiten oder mit einem 8-Zylinder-Speedboat übers Wasser preschen möchte, der wendet sich an den Segelklub Annje Bonnje (Via Borsieri 15, www.annjebonnje.it). Entweder mietet man wie George Clooney einen Skipper oder man absolviert einen Segelkurs.

EINKAUFEN

Di.- und Do.-vormittag sowie Sa. ganztägig findet rund um den mittelalterlichen Turm bei der Piazza Vittoria ein großer **Markt** statt. Moritz Mantero, der größte **Seidenproduzent** Comos, unterhält in einer alten Weberei einen Megastore (Viale Roosvelt 2, www.latessitura.com) mit Café, Bibliothek und Galerie. Ein großes Angebot an Seidenprodukten in bezaubernden Mustern findet man auch im Emporio della Seta (Via Canturina 190, www.frey.it). Für namhafte Designer hergestellte **Seidentücher** und **Krawatten** zu Sonderpreisen gibt es bei der Seteria Ratti (Villa Sucota, Via Cernobbio 19, www.ratti.it).

Bei **Gerosa Design** (Lungo Lario Trento 15, www.gerosadesign.com) findet man all das, was italienischem Design zu Weltruhm verholfen hat. Schmuck aus edelsten Materialien bietet der **Juwelier** Felice Gabaglio (Piazza Duomo/Ecke Via Ballarini, www.felicegabaglio.com). Deutlich schonender für den Geldbeutel ist die große Auswahl an **Schuhen** zu vernünftigen Preisen bei Filippo Caimi (Via Natta 17).

(heute Casa Terragni), ein Prisma aus weißem Marmor. Weitere Bauten Terragnis sind der Kindergarten Asilo Sant'Elia (Via Alciato), das Apartmenthaus im Viale Fratelli Roselli 24 und das Wohnhaus Novocomum (Viale Sinigaglia 2 bis 6). Eines seiner frühesten Werke war übrigens die Neugestaltung der Fassade des Hotels Metropole & Suisse auf der Piazza Cavour.

Auf den Spuren von Volta Geboren wurde der Physiker Alessandro Volta in der nach ihm benannten Straße im Haus Nummer 62 (im 19. Jh. umgebaut). Die Taufe fand in der Chiesa di San Donnino an der Piazza Volta statt. Heute erinnert dort eine Statue an den Elektrizitätsforscher. Aufgewachsen ist der Erfinder der Batterie und Entdecker des Methangases in der Via Volta 5 in Brunate. Seine Experimente führte er in seinem ersten Labor in der Torre Gattoni (Ecke Viale Cattaneo/Viale Varese) durch. Die erste Batterie und andere Apparate des Physikers sind im **Tempio Voltiano** ausgestellt, der 1928 in neoklassizistischem Stil an der Uferpromenade erbaut wurde.

Tempio Voltiano: Viale Marconi, Di. – So. 10.00 – 12.00, 15.00 – 18.00, Okt. – März mittags nur 14.00 – 16.00 Uhr, Eintritt 4 €, http://cultura.comune.como.it/tempio-voltiano/

Die im 18. Jh. im neoklassizisitischen Stil erbaute Villa Olmo steht an der Stelle, wo Plinius d. J. eine Ulme (ital. Olmo) gepflanzt haben soll. Die Pläne für den stilvollen Bau mit Spiegelsaal und Theater lieferte der aus Muggio im Tessin stammende Simone Cantoni. Erster Eigentümer war der Marquis Innocenzo Odescalchi. Später ging die Liegenschaft an die Familie Raimondi. Zu einem Eklat kam es 1848, als Giorgio Raimondi, der den Aufstand Comos gegen die Habsburger unterstützt hatte, ins Tessin fliehen musste. 1859 kehrte er zurück und lud Giuseppe Garibaldi in die Villa Olmo ein, der hier Raimondis Tochter Giuseppina heiratete. Heute gehört die wunderschön am Seeufer gelegene Villa der Stadt, die dort Wechselausstellungen renommierter Künstler organisiert.

Villa Olmo

❶ Via S. Cantoni 1; bei Ausstellungen geöffnet: Di.–Do. 9.00–18.00, Fr. bis So. 9.00–22.00 Uhr, Eintritt: 8/10€, www.grandimostrecomo.it

Die Comer Seide ist weltbekannt für ihre herausragende Qualität. Ihre Geschichte geht auf den Mailänder Herzog Ludovico Sforza zurück, der um 1400 den Bauern befohlen hatte, Maulbeerbäume auf ihren Feldern zu pflanzen. Heute gibt es in der Region noch rund 400 Betriebe, die auf das Färben oder Bedrucken der Seidenstoffe spezialisiert sind. Im **Seidenmuseum** erfährt man alles über die Seidenherstellung. Im September findet alljährlich die **Idea Como** statt, Europas größte Seidenmesse.

Museo della Seta

❶ Via Castelnuovo 9, Di.–Fr. 9.00–12.00, 15.00–18.00 Uhr, Eintritt 10 €, www.museosetacomo.com

Die 1095 geweihte Basilika Sant'Abbondio, einer der bedeutendsten Sakralbauten der lombardischen Frühromanik, liegt etwas versteckt in der Nähe der Bahngleise. Besonders schön sind die Fresken in der Apsis, die um 1350 ein Sieneser Meister schuf.

*Sant' Abbondio

Von der Ruine des Castello Baradello (1158 erbaut; 3 km südlich auf dem 536 m hohen Monte Croce) genießt man eine wunderbare Aussicht auf die Stadt. Besonders interessant ist ein Besuch während des **Palio del Baradello**, ein Volksfest Anfang bis Mitte September.

Castello Baradello

❶ Sa., So. 10.00–17.00 Uhr, Eintritt 2 €, www.spinaverde.it

Brunate, bis zum Bau der Standseilbahn 1894 ein kleiner Weiler oberhalb von Como, entwickelte sich zu einem beliebten Villenvorort. In den gepflegten Gärten der 1800-Einwohner-Gemeinde verstecken sich Dutzende Jugendstilvillen, reich an Türmchen und Girlanden, schmiedeeisernen Rosetten und farbenfrohen Bordüren. »Liberty« (= ital. Jugendstil) findet sich hier in seltener Dichte, die reichen Mailänder Industriellen ließen sich ihr Sommerrefugium gerne etwas kosten. Mit der Standseilbahn gelangt man in knapp 7 Minuten von der Piazza Alcide de Gasperi am Seeufer hoch auf den

Leuchtturm auf dem Alpenbalkon

Balcone sulle Alpi (= Alpenbalkon), wie Brunate genannt wird. Bei der Bergstation beginnt ein 2 km langer Fußweg zu einem Leuchtturm. Der 29 m hohe **Faro Voltiano** wurde 1927 zum hundertsten Todestag des Physikers Alessandro Volta errichtet und leuchtet nachts in den Farben der italienischen Tricolore. Über eine Wendeltreppe mit 143 Stufen erreicht man die Turmspitze, von der aus man eine **grandiose Aussicht** genießt. Wer möchte, der gelangt von hier zu Fuß und an der Einsiedelei San Donato vorbei zurück nach Como.

Funicolare Como: tägl. 6.00 – 22.30, Juni – Sept. bis 24.00 Uhr, Hin- und Rückfahrt 5,30 €, www.funicolarecomo.it

* Gambarogno

F/G 6

Höhe: 1962 m ü.d.M. (Monte Tamaro)
Einwohnerzahl: 5000

Gambarogno heißt der 15 km lange Streifen auf der Nordostseite des Lago Maggiore, der sich von der Magadino-Ebene bis zur italienischen Grenze erstreckt. Ein Teil des Gebiets liegt im Schatten der beiden Berge Tamaro und Gambarogno, die auf 1962 bzw. 1734 m ansteigen.

Im Vergleich zum gegenüberliegenden Uferabschnitt mit Locarno und Ascona ist das Gambarogno weit weniger bekannt. Die Gemeinde entstand 2010 durch den Zusammenschluss der Dörfer Magadino, Piazzogna, San Nazzaro, Sant'Abbondio, Caviano, Contone, Gerra, Indemini und Vira: 5000 Einwohner, 900 Kamelien- und Magnolienarten sowie 200 Kilometer Wanderwege sind ihre Eckdaten, im Sommer ist sie ein Badeparadies.

PIANO DI MAGADINO · MAGADINO-EBENE

Die terrassenähnlichen Hänge an der Bergflanke waren schon zu Zeiten der Römer besiedelt. Über den See wurde der Handelsverkehr zwischen der Po-Ebene und den Alpen abgewickelt, die zentralen Umschlagplätze im Mittelalter waren Locarno und Magadino, bis ein Unglück Locarno ins Abseits geraten ließ: 1515 lief ein von einem Bergsturz bei ▶Biasca aufgestauter See über, die Flutwelle ergoss sich bis zum Lago Maggiore und zerstörte u. a. die Brücke über den Ticino bei Bellinzona. Die Verbindung nach Locarno brach ab. Magadino entwickelte sich zum wichtigsten Seehafen. Die sumpfige, malariageplagte Schwemmlandebene zwischen Bellinzona und Locarno erholte sich erst im späten 19. Jh. nach der Trockenlegung. Auf dem neu gewonnenen, fruchtbaren Land wurde Mais und Gemüse angebaut, die **Piano di Magdino** wurde zur **Kornkammer des Kantons**. Heute werden die aus der Vogelperspektive einem Patchwork gleichenden Felder zunehmend durch Industrieanlagen und immer neue Straßen verdrängt. Bestens gehütet sind dagegen die Weinberge, die sich am Nordrand der Magadino-Ebene zwischen Monte Carasso und Tenero am Fuß der 2390 m hohen Cima dell'Uomo hinziehen.

Das Wahrzeichen des Dorfs am Ostende des Lago Maggiore ist die erhöht thronende **Pfarrkirche San Carlo**, die den von Norden anreisenden Besucher schon von Weitem begrüßt. Sie entstand nach Plänen von Giacomo Moraglia, der auch das Teatro sociale in Bellinzona entwarf. 1847 wurde sie eingeweiht. Die Fresken schuf der deutsche Maler Richard Seewald (1889 – 1976). Die berühmte **Orgel** mit 2300 Pfeifen und 40 Registern stammt aus der Werkstatt der Orgelbauer Mascioni in Cuvio (ital. Provinz Varese) und ist die Hauptattraktion der immer im Juli stattfindenden Internationalen Orgelfestspiele. Das **Festival internazionale di musica organistica** (www.organ-festival.ch) ist für seine kleine, exklusive Auswahl an Orgelkonzerten bekannt und lädt dazu die bedeutendsten Organisten Europas ein. Gespielt werden vor allem Bach-Werke.

Magadino

Ein Natur- und Vogelparadies: die Sumpflandschaft Bolle di Magadino

Gambarogno erleben

AUSKUNFT
Gambarogno Turismo
Via Cantonale
6574 Vira
Tel. 091 795 18 66
www.gambarognoturismo.ch

ESSEN
La Fosanella 🄴
Vira-Fosano, Via per Indemini
Tel. 091 795 16 14
www.fosanella.ch.
Schon die Aussicht vom Restaurant ist ein Genuss, ergänzt wird das mit der natürlich-kreativen Küche von Sandra und Thomas Wälti Utz. Ihre Spezialität ist Piccata mit Steinpilzrisotto. Es gibt auch acht stilvolle Gästezimmer, alle mit Seeblick.

La Baita 🄴
Magadino, Via Orgnana 75B
Tel. 091 780 43 38, Mo. geschl. (außerhalb der Hauptsaison)
www.grottolabaita.ch
Das bei Einheimischen und Touristen beliebte Grotto im Ortskern von Orgnana bei Magadino setzt auf traditionelle Gerichte, z.B. ein Teller Ziegenfrischkäse »Büscion« aus der Magadinoebene oder ein frischer Merluzzo (Dorschfilet) aus dem Lago mit Tessiner Polenta.

Ristorante Rodolfo 🄴🄴
Vira-Gambarogno, Via Cantonale
Tel. 091 795 15 82
www.ristoranterodolfo.ch
Seit Jahren die feinste Adresse im Gambarogno (das gilt auch für Pablo Ratti, der Anfang 2014 das Zepter übernahm). Spezialität des Hauses ist Fritto Misto di Lago: Der Teig ist so dünn, dass das Fleisch von Zander, Forelle und Egli hindurchscheint.

ÜBERNACHTEN
Hotel Bellavista 🄴🄴
Vira-Gambarogno, Strada d'Indeman 18
Tel. 091 795 11 15
www.hotelbellavista.ch
Ob im Hauptgebäude, in der Dependance oder im Bungalow – die Sicht auf den See macht dem Namen Bellavista alle Ehre. Im Schwimmbad im Park mit seinen zahlreichen Pflanzen- und Blumenarten lässt sich bestens dem Dolce Far Niente frönen.

Villa Sarnia 🄴🄴
San Nazzaro, Via Cantonale 45
Tel. 079 471 72 31, www.villa-sarnia.ch
Der in Italien reich gewordene Zuckerbäcker Giovanni Ambrosini ließ sich 1886/87 in San Nazzaro ein Haus am Uferweg bauen. In den sorgfältig restaurierten Räumen mit prächtigen Deckenmalereien und Antiquitäten weht noch immer ein Hauch von Belle Epoque.

Sass da Grüm 🄴 – 🄴🄴
San Nazzaro, Via Campea 27
Tel. 091 785 21 71, www.sassdagruem.ch
Das hoch über dem Lago Maggiore gelegene Öko-Hotel bezeichnet sich als »Ort der Kraft«. Wissenschaftlich bestätigt sind hohe positive Strahlenwerte durch die seltene Konstellation der Natur (Lage auf einem Plateau, unterirdische Wasserader, langwellige tellurische Globalzone). Im Restaurant wird biologisch-vegetarische Vollwertküche serviert.

Agriturismo La Vigna 🄴
Cadenazzo, Ala Revöira
Tel. 091 858 10 30
www.agriturismolavigna.ch
Wunderschön mitten in Rebbergen gelegener Agriturismo mit Ausblick auf die

Magadino-Ebene und den Lago Maggiore. Zum Essen gibt es z. B. hausgemachte Pasta sowie Küche der Saison, der Wein stammt natürlich aus Eigenproduktion.

SPORT

Schöne **Badeplätze** gibt es etwa in Vira, am Delta der Vadina unter majestätischen Bäumen, größer und vor allem bei Familien beliebt ist der öffentliche Strand von Gerra. Im Strandbad von Magadino gibt es eine Wakeboard-, Wakesurf-, Wakeskate- und Wasserski-Schule (Via Cantonale 138, www.toucanclub.ch). Bei **Bikern** sehr beliebt ist der extrem steile und kurvenreiche Aufstieg auf die Alpe Neggia. Weniger anstrengend ist ein Ausflug mit dem Rad auf einem der zahlreichen Radwege in der Magadino-Ebene. Auf **Wanderer** wartet ein über 200 km langes Wegenetz; attraktiv ist auch der **Yoga-Weg** beim Kraftort Sass da Grüm in San Nazzaro (Via Ronchitt 7, www.b-yoga.ch). Der nach den Prinzipien eines Vita Parcours gestaltete Pfad in einem Kastanienwald bedarf eines Zeitaufwands von etwa einer Stunde und verfügt über neun Stationen mit Yoga-Übungen.

EINKAUFEN

Einen Ausflug wert ist **Luino** (24 km südlich von Vira, Italien). Jeden Mittwoch findet dort 9.00 – 16.00 Uhr ein berühmter Markt statt, ein buntes Schauspiel, das sich seit dem 16. Jh. Woche für Woche wiederholt. Händler aus Italien und der Schweiz bieten von Lebensmitteln über Blumen bis hin zu Haushaltsgeräten, Kosmetikartikeln und Bekleidungsstücken (fast) alles, was das Herz begehrt (www.comune.luino.va.it).

Zwei Auenwälder und über ein Dutzend Moorbiotope bilden das **größte Feuchtgebiet der Schweiz**: die Bolle di Magadino, das weitgehend natürliche Mündungsgebiet von Verzasca und Ticino nördlich von Magadino. Das italienische Wort »Bolle« bezeichnet die Methangasblasen, die in sumpfigen Gewässern an die Oberfläche steigen. Solche Feuchtgebiete mit stehenden Gewässern säumten einst den Unterlauf des Ticino vor seiner Mündung in den See. Das, was davon heute übrig geblieben ist, das etwa 1 km² große Gelände bei der Mündung, bildet heute das wichtigste Schutzgebiet der italienischen Schweiz. Das Gebiet zwischen Wasser und Land ist der Lebensraum für eine erstaunliche Tier- und Pflanzenwelt. Gezählt wurden 300 Vogelarten, bis zu 60 davon brüten auch hier, der Rest sind Zugvögel. Im Wasser leben bis 1,20 m lange Hechte, Forellen, Egli, Zander, Aale, zu Land u. a. Kreuz- und Ringelnattern, Hirsche, Rehe, Füchse und Dachse. Vielfältig ist auch die Flora mit einer Vielzahl Algen, Moosen und Flechten, Farnen und Schachtelhalmen sowie 387 Pilzarten. Man erreicht das Naturschutzgebiet von Gordola und von Magadino auf markierten Pfaden, die nicht verlassen werden dürfen. Alle Jahreszeiten eignen sich für einen Besuch, der Frühling speziell zur Vogelbeobachtung. Die Stiftung Bolle di Magadino organisiert Führungen.

*Bolle di Magadino

❶ Auskunft: Tel. 091 795 31 15, www.bolledimagadino.com (hier gibt es einen guten Übersichtsplan und viele weitere Informationen)

Vira　Einer der vier großen Bäche, die den Monte Tamaro entwässern, fließt in den Lago Maggiore. An der Mündung hat er im Laufe der Zeit einen beachtlichen Schwemmkegel angehäuft, auf dem liegt Vira (600 Einwohner). Römische Gräber und ein Grabfragment mit nordetruskischer Inschrift (heute im Museum der Burg Montebello in ▶Bellinzona) belegen die frühe Besiedlung dieser Gegend. Die im 17. Jh. erneuerte **Kirche San Pietro** an der Stelle eines Vorgängerbaus aus dem 8. Jh. war lange die Mutterkirche des ganzen Gambarogno. Ursprünglich lebte der Ort vor allem von Landwirtschaft und Fischerei, dann sorgte im 20. Jh. der **Tourismus für einen Aufschwung** und die deutliche Zunahme an Ferienwohnungen. Heute wartet Vira mit einem **»malerischen« Ortskern** auf: Künstler schmückten einige Hausfassaden mit Wandmalereien und Fresken. Von Mitte Dezember bis zum Dreikönigstag werden mitten im Ort an die dreißig **Krippen ausgestellt**, die die Weihnachtsgeschichte teils ganz eigenwillig inszenieren. Die schönsten Darstellungen werden von den Besuchern prämiert. Ein kurvenreiche Straße führt von Vira zur **Alpe di Neggia** hinauf (und weiter ins Bergdorf Indemini, ▶S. 197), Ausgangspunkt für verschiedene Wanderungen, u. a. auf den 1734 m hohen Monte Gambarogno.

Parco Eisenhut　Auf der Hügelterrasse zwischen den Ortschaften Piazzogna und Vairano hat der Pflanzenliebhaber und Gärtner Otto Eisenhut einen **prachtvollen botanischen Garten** angelegt. An die tausend Arten Kamelien, 450 verschiedene Magnolien, Azaleen, Pfingstrosen und Rhododendren, aber auch andere, teils seltene europäische und exotische Pflanzen wachsen hier, zwei Bäche und winzige Wasserfälle gurgeln über moosbewachsene Steine. Am schönsten ist der Parco Botanico Eisenhut im März, wenn die Magnolien zu blühen beginnen. Ab Anfang November schafft es die Sonne nicht mehr über den Monte Gambarogno und den Monte Tamaro hinaus. Fortan dämmern Flora und Fauna im Schatten. Paradoxerweise schafft gerade die winterliche Sonnenabsenz die Bedingung für das botanische Wunder: Die Temperatur schwankt in der kalten Jahreszeit nur minimal. Das verhindert, dass die empfindlichen Pflanzen vorzeitig knospen und dann bei einem späteren Kälteeinbruch erfrieren.

❶ Tägl. 7.00 – 20.00 Uhr, Eintritt 5 CHF, www.parcobotanico.ch und www.eisenhut.ch/parcobotanico

Centocampi　Ein Ausflug in die Vergangenheit führt zu den 685 m hoch gelegenen Centocampi, »hundert Felder«, südlich von Caviano. Man erreicht sie zu Fuß von der Postauto-Haltestelle Scaiano Paese in einer Stunde. 1997 wurden zwei Bauernhöfe der Siedlung originalgetreu renoviert; auch Getreide wird wieder angebaut. Bei Regula und Walter Keller kann man sich mit Verpflegung und anderen lokalen Produkten eindecken (www.gambarognoturismo.ch).

IN DIE BERGE NACH INDEMINI

In Vira beginnt eine 17 Kilometer lange Straße, die in 37 Haarnadel- ****Indemini**
kurven auf die 1395 m hohe Alpe di Neggia führt. Danach geht es
hinunter ins Veddascatal, das zu
weiten Teilen zu Italien gehört.

Das hinterste Dorf Indemini (942
m ü.d.M.) gehört jedoch zur
Schweiz. Dank seiner abgeschie-
denen Lage hat es sich sein **zau-
berhaftes Ortsbild** bewahrt mit
einer fein gestuften Dachland-
schaft, kleinen Dorfplätzen mit
verschachtelten Loggien, steilen
Treppen und engen Gassen, Balkonen, auf denen einst Mais und
Wolle getrocknet wurden, und
eindrucksvollen Trockenstein-
mauern. Verschwunden ist aber
ein Großteil der Bevölkerung. Sie
schrumpfte in 100 Jahren von 400
auf heute rund 50 Personen
zusammen. Einkehren und übernachten kann man bei Fausto Do-
menighetti, der langjährige Sin-
daco (Bürgermeister) und Wirt
des **Ristorante Indeminese** **Da möchte man eintreten:**
kennt viele Anekdoten aus der **Hauseingang in Indemini**
Ortsgeschichte; in seinem Lokal
werden vorzügliche Spezialitäten aus der Region serviert (Tel. 091
795 12 22, www.ristorante-indeminese.ch).

Ein guter Ausgangspunkt für Wanderungen ist die Alpe di Neggia, **Alpe di**
von der man in gut zwei Stunden den Gipfel des **Monte Tamaro** **Neggia**
(▶S. 257) erreicht. Eine schöne, rund vier Stunden während Rundwanderung führt zum Gipfel des **Monte Gambarogno** und von dort
abwärts zur Wallfahrtskapelle Sant'Anna. Das Kirchlein aus dem
15. Jh. (mit Schutzhütte und Matratzenlager für Wanderer) ist alljährlich am 26. Juli Endpunkt eines Bittgangs von Indemini aus. An
der Westseite der Kapelle erinnern in einen Felsblock gemeißelte Ini-
tialen an die Zeit der Weltkriege, als Soldaten auf der grenznahen
Anhöhe von Sant'Anna wachten. Ab der Kirche folgt man dem Pfad
Richtung Indemini. Nach 15 Min. teilt sich der Weg an einem Hoch-
spannungsmast: Links führt der Weg zurück zum Ausgangspunkt,
abwärts erreicht man nach 30 Min. Indemini. Von hier gelangt man
per Postbus zurück zur Alpe di Neggia.

** **Giornico**

G 4

Höhe: 394 m ü.d.M.
Einwohnerzahl: 850

Giornico in der unteren Leventina hat – wie alle Orte im Tal – mit dem Bau von Eisen- und Autobahn seine einstige Bedeutung als Warenumschlagplatz und Raststätte verloren. Dafür ist es aber ein Reiseziel für Kunstfreunde: San Nicolao, das bedeutendste Gotteshaus dieses Sieben-Kirchen-Dorfs, ist das bemerkenswerteste Baudenkmal romanischer Kunst im Tessin.

Schlacht der großen Steine Ein nicht gerade kunstvolles, 1937 aufgestelltes Denkmal in einem Park am Nordrand von Giornico erinnert an einen militärischen Geniestreich des 15. Jh.s: Am 28. Dezember 1478 besiegte hier eine mit den Urnern verbündete Leventiner Bauernmiliz bestehend aus 600 bewaffneten Mann das 8000 Mann starke Mailänder Heer. Trotz der zahlenmäßigen Übermacht kam die Niederlage der Lombarden nicht überraschend: Die Soldaten waren vom mühsamen Anmarsch durch Neuschnee, der in der Nacht zuvor gefallen war, ermüdet. Zudem hatten die Leventiner einen Trick ausgeklügelt: Sie, die Ortskundigen, ließen in der Schlucht bei Giornico Erde, Steine und Felsblöcke von den steilen Talhängen auf die Lombarden herabstürzen. Daher ging die Schlacht als **»Battaglia dei Sassi Grossi«** in die Geschichte ein.

San Nicolao: schönes Zeugnis der Romanik

Wer aus dem Norden anreist, trifft in Giornico auf die nördlichsten Rebstöcke des Tessin. Der Untergrund aus Granit und Gneis verleiht den Weinen ihre typischen mineralischen Eigenschaften und lässt sie gut altern. So sollte man sich in Giornico gleich einen vor Ort gekelterten Merlot servieren lassen, etwa einen ausgezeichneten »Sassi Grossi« des Winzers Feliciano Gialdi. Zur

Einkehr empfiehlt sich das **Grotto dei due Ponti**, das idyllisch auf dem Felseninselchen liegt, das den Ticino hier in zwei Arme teilt und den mittelalterlichen Bogenbrücken als natürlicher Stützpfeiler dient.

SEHENSWERTES IN GIORNICO UND UMGEBUNG

Eben über diese Brücke gelangt man zu Fuß oder ein wenig weiter nördlich über eine modernere Brücke mit dem Auto aus dem Ortszentrum in den »sakralen Bereich« am rechten Ticino-Ufer. Die ursprünglich romanische Pfarrkirche San Michele wurde im 18. Jh. zum heutigen einschiffigen Bau mit modernem Altar umgestaltet; die zweischiffige Hügelkirche Santa Maria di Castello mit ihren spätgotischen Fresken im Südchor war einst die Kapelle einer Burg der Mailänder, die 1518 von den immer mächtigeren Urnern bis auf wenige Grundmauern zerstört wurde.

San Michele, Santa Maria di Castello

Der Glanzpunkt unter den zahlreichen Tessiner Gotteshäusern aus der Romanik ist aber die Kirche San Nicolao. Sie geht auf das späte 12. Jh. zurück und war ursprünglich Teil eines im 15. Jh. aufgehobenen Benediktinerklosters. Zwei steinerne Löwen am Westportal und stilisierte Plastiken von Drachen, Affen, Hasen, Stieren und Lämmern an den Außenwänden und im Innern, besonders am Taufbecken und an den Säulenkapitellen der dreischiffigen Krypta, versetzen den Betrachter in die rätselhafte und figurenreiche Welt des Mittelalters. Die Apsis schmückte der lombardische Maler **Nicola da Seregno** im Jahr 1478 mit spätgotischen Fresken: In der Kalotte thront Christus von den Evangelistensymbolen umgeben, im Mittelstreifen ist neben anderen Heiligen auch Nikolaus mit den drei Kindern im Bottich zu erkennen.

**San Nicolao

Im alten Dorfzentrum auf dem linken Ticino-Ufer verdient die Casa Stanga einen Besuch. Das Gebäude direkt am Ticino und an der Gotthard-Route der Familie Stanga (Hauptmann Stanga war einer der Anführer bei der Schlacht von 1478) genoss unter Reisenden einen guten Ruf. Wer Rang und Namen hatte, stieg in der Herberge ab. Die über fünfzig Wappen an der Fassade des Gebäudes erinnern an die illustren Gäste. Gemalt wurden sie von Giovanni Battista Tarilli und Domenico Caresana, die 1589 in der nahe gelegenen Kirche San Pellegrino tätig waren und im Gegenzug in der Herberge Kost und Logis erhielten. Das Gebäude aus dem 15. Jh. beherbergt mittlerweile das **Museo di Leventina**, das mit Alltagsgegenständen die bewegte Geschichte des einstigen Untertanengebiets der Urschweizer Kantone erzählt. Neben allerlei Gerät aus Haus und Stall, Kunsthandwerk und Brauchtum wird auch eine Sammlung hölzerner Backformen ausgestellt.

*Casa Stanga

❶ Di.–So. 14.00–17.00 Uhr, Eintritt 4/7 CHF, www.museodileventina.ch

Giornico erleben

AUSKUNFT

Giornico hat kein Touristeninformations-
büro. Auskünfte für die gesamte Leventina erteilt:

*Ente Turistico Bellinzona
e Alto Ticino*
Infopoint Leventina in ▶Airolo
Geografisch näher liegt der Infopoint in
▶Biasca

ESSEN

Grotto dei due Ponti ⊜
Tel. 091 864 20 30
Mai – Okt., Di. geschl.
www.grotto2ponti.ch
Um Missverständnissen vorzubeugen:
Dieses Grotto ist kein Grotto im traditionellen Sinn, sondern ein Restaurant. Es
liegt mitten auf einer Felseninsel des Ticino. Entenbrust, Kaninchen und
Schweinshaxen werden gekonnt
zubereitet.

Grotto Val d'Ambra ⊜
Personico, Tel. 091 864 18 29
Mai – Okt., Mo. geschl.

www.grottovaldambra.ch
Inmitten großer Felsblöcke und Kastanienbäume liegt dieses kleine, bernstein-
farbene Grotto. Was es zu Essen gibt,
trägt die Chefin Nadine Ambord mündlich vor: Hausmannskost, Tessiner Platte,
Alpkäse, Braten, Fondue …

ÜBERNACHTEN · ESSEN

B & B Grotto Pergola ⊜
Via San Nicolao, Tel. 091 864 14 22
www.grottopergola.ch; Mo. geschl.
Gemütliches Bed and Breakfast nahe der
Kirche San Nicolao und den Bahngleisen.
Fiorella und Maria Macullo servieren typische Hausmannskost. Schöner Garten
zum Entspannen; Übernachten kann
man in einem frisch renovierten Appar-
tement.

Albergo Stazione Bodio ⊜
Bodio, Tel. 091 864 19 37
www.albergostazionebodio.ch
Familiär geführtes Hotel 4 km südlich
von Bodio, auf dessen Terrasse es sich
auch gut essen lässt.

La Congiunta Liebhaber moderner Kunst suchen den etwas außerhalb Giornicos
zwischen Weinhängen, Ticino und Berghängen gelegenen Museums-
bau La Congiunta auf, den der Züricher Architekt Peter Märkli 1992
eigens für rund dreißig zwischen 1950 und 1991 geschaffene, massive
Reliefs und Skulpturen des Bildhauers **Hans Josephson** (1920 – 2012)
entworfen hat. Das von oben einfallende, diffus-gleichmäßige Licht
bringt die Kunstwerke bestens zur Geltung.
❶ Tägl. geöffnet; Museumsschlüssel in der Osteria Giornico an der
Durchfahrtsstraße; www.lacongiunta.ch.

Altirolo Bei Altirolo, 2 km nördlich von Giornico, wurde die im 14. Jh. geweihte Kirche **San Pellegrino** 1589 mit umfangreichen Fresken ausgemalt, die stilistisch auf die italienische Renaissance verweisen. Der
riesige hl. Christophorus, Schutzpatron der Reisenden, an der südli-

chen Außenwand belegt, dass die Kirche Sant'Ambrogio bei **Segno** (hoch über Giornico am linken Talhang) an einem alten Verkehrsweg lag, den man heute bei einer Wanderung auf der Strada alta di Leventina (▶S. 122) begehen kann. Der plumpe Glockenturm des Gotteshauses kontrastiert mit den feinen spätgotischen Fresken im Innern von lombardischen Künstlern des 15. Jh.s.

✱✱ Lago di Como

✦ H – K 6 – 8

Land: Italien, Lombardei
Wasserspiegel: 198 m ü.d.M.

Vom Südtessin aus lohnt sich eine Fahrt an den Comer See, italienisch auch Lario genannt. Mit 146 km² Oberfläche ist er nach dem Gardasee und dem Lago Maggiore der drittgrößte der oberitalienischen Seen.

Dank seiner drei lang gestreckten Arme erinnert er an ein auf dem Kopf stehendes »Y«. Er ist 50 km lang, bis zu 5 km breit und füllt das eiszeitliche Gletschertal der Adda, die aus dem Valtellina (Veltlin) kommend bei Colico in den See mündet und ihn im südöstlichen Seitenarm bei Lecco wieder verlässt. Mit 410 m Tiefe ist er der **tiefste Binnensee Europas**.

Der schon in der Antike besungene See liegt, umgeben von mediterraner Vegetation, in traumhaft schöner Bergkulisse. Dank des milden Klimas gedeihen an den Seeufern Jasmin, Oleander, Zypressen und Feigenbäume. An den schon von den Römern zu Terrassen geformten Berghängen werden Wein und Oliven angebaut. Das Westufer bietet das mildeste Klima. Besonders schön ist der von sanften Bergen umrahmte Abschnitt zwischen Menaggio und Cernobbio sowie die Halbinsel Bellagio. Surfer kommen am nördlichen Teil des Sees auf ihre Kosten. Ruhiger wird es am **Lago di Lecco**, der von der steil abfallenden Grigna (2410 m) überragt wird. **Landschaftsbild**
Viele Prominente, darunter George Clooney, besitzen Ferienhäuser am **Comer See**, der auch immer wieder als **Filmkulisse** dient. So ist die Villa Balbianello Schauplatz der Romanze zwischen Anakin Skywalker und Padme Amidala in »Star Wars Episode 2« (»Angriff der Klonkrieger«). Auch der James-Bond-Film »Casino Royale« wurde teilweise in Lenno gedreht sowie verschiedene Szenen aus »Ocean's 12« mit George Clooney.

Schon in frühgeschichtlicher Zeit zogen sich Steige durch die Hänge am westlichen Seeufer. Sie wurden aufgegeben, als die Römer zur **Verkehrswege am See**

Lago di Como erleben

AUSKUNFT

Offizielle Website Comer See:
www.lakecomo.it
Ganzjährig geöffnete Informationsschalter:
Como, Piazza Cavour 17
Tel. 031 26 97 12
Lecco, Via Nazario Sauro 6
Tel. 0341 29 57 20
Bellagio, Piazza Mazzini
Tel. 031 95 02 04
Menaggio, Piazza Garibaldi 8
Tel. 0344 32 924

SCHIFFFAHRT

Die Linienschiffe sind mehr als bloß eine Touristenattraktion: So nutzen Pendler und Studenten gerne die Aliscafi, die Tragflügelboote, um nach Como zu gelangen. Die Flotte besteht aus 35 Schiffen, u. a. dem Dampfschiff »Concordia« oder dem modernen Katamaran. Täglich mehrere Verbindungen zw. Como und Colico im Norden, zw. Como, Menaggio und Lecco. Autofahrer schätzen die Fährverbindungen zwischen Varenna, Menaggio und Bellagio. Neben normalen Kursfahrten gibt es auch Themenrundfahrten.
Società Navigazione Lago di Como
Via per Cernobbio 18
Como-Tavernola
Tel. 031 57 92 11
www.navlaghi.it

VERANSTALTUNGEN

Im Mai findet alljährlich im Park der Villa d'Este in Cernobbio der »Concorso d'Eleganza« statt, eine der **exklusivsten Oldtimer-Shows der Welt** (www.concorsodeleganza.com). In Gera Lario stehen Mitte September dagegen **Segelboote** im Blickpunkt: Die **Regatta** ist

nach dem thermischen Wind benannt, der im oberen Teil des Comer Sees täglich weht.

ESSEN

Weitere Restaurants und Übernachtungsmöglichkeiten ►Como S.188

Ristorante Le Tout Paris ⊕⊕⊕

Menaggio (ITA)
Lungolago Castelli 7
Tel. 034 43 20 03
www.grandhotelvictoria.it
Restaurant mit Veranda im prächtigen Grand Hotel Victoria direkt am See. Internationale Menüs, traditionelle italienische und lombardische Gerichte. Das Auge isst mit: Terrasse mit Blick auf Bellagio!

Ristorante Salice Blu ⊕⊕⊕

Bellagio (ITA)
Via Per Lecco 33
Tel. 031 95 05 35, Di. geschl.
www.ristorante-saliceblu-bellagio.it
Etwas außerhalb von Bellagio taucht an der Straße nach Lecco die weinumrankte Terrasse des Restaurants Salice Blu auf. Bei jedem Gang gerät man etwas mehr in Ekstase, bis sie bei den Dolci im Glück mündet.

Hotel Ristorante Fioroni ⊕⊕

Carate Urio (ITA)
Piazza Minoletti 1
Tel. 031 40 01 49
www.hotelfioroni.it
Das Ristorante am Seeufer sollte man nicht nur wegen seines ausgezeichneten Tiramisus besuchen. Giusé umgarnt mit seinem Charme jeden Gast, darunter auch Prominente, und serviert zu jedem Gang außerdem eine Anekdote.

Il Gatto Nero ⓔⓔ
Cernobbio (ITA), Via Monte Santo 69
Tel. 031 51 20 42, Mo. geschl.
www.gattonerocernobbio.com
War mal ein Geheimtipp. Doch seit
George Clooney hier öfter speist, emp-
fiehlt sich die Reservation in diesem
Gasthaus hoch über dem See.

Ristorante Pesa Vegia ⓔ
Bellano (ITA), Piazza G. Verdi 7
Tel. 0341 81 03 90, www.pesavegia.it
Andrea Mancin interpretiert in der »Al-
ten Waage« Großmutters Rezepte auf
moderne Art. Für seine Gerichte verwen-
det er vorwiegend lokale Produkte
Große Küche zu kleinen Preisen!

ÜBERNACHTEN
Villa d'Este ⓔⓔⓔⓔ
Cernobbio (ITA), Via Regina 40
Tel. 0 31 34 81, www.villadeste.com
Der Kardinalssitz aus dem 16. Jh. mit pa-
radiesischem Park zählt zu den besten
Hotels der Welt.

Castadiva Resort & Spa ⓔⓔⓔⓔ
Blevio (ITA), Via Enrico Caronti 69
Tel. 031 3 25 11
www.castadivaresort.com
Die exklusive Anlage 5 km außerhalb
von Como erstreckt sich entlang dem
Seeufer auf einem Parkgelände. Es gibt
luxuriöse Wellness-Angebote und eine
gehobene Gastronomie. Das Ambiente
verströmt Wohlfühlatmosphäre.

Casa sull'Albero ⓔⓔ
Malgrate (ITA), Viale Penati 5/7
Tel. 0341 18 80 440
www.casa-sullalbero.eu
Statt auf Prunk und Klassik setzt die Casa
sull'Albero auf Schlichtheit. Die zwei
holzverkleideten, energieeffizienten Villen verblüffen mit fließenden Übergän-
gen zwischen Drinnen und Draußen. Von
den zwölf Zimmern blickt man durch
hundertjährige Bäume auf den See.

Hotel du Lac ⓔⓔ
Varenna (ITA)
Contrada del Prestino 11
Tel. 0341 83 02 38
www.albergodulac.com
4-Sterne-Hotel in einer romantischen Villa am Seeufer in der Altstadt. Angeblich
zog sich die langobardische Königin
Theodelinde im Sommer gerne hierher
zurück. Man kann es ihr nicht verübeln!

Agriturismo La Florida ⓔⓔ
Mantello (ITA), Via Lungo Adda
Tel. 0342 68 08 46, www.lafiorida.com
Bio-Wellnesshotel der Extraklasse mit
vier Restaurants unweit vom Comer See
am Eingang des Veltlins. Zum Hotel gehört ein Landwirtschaftsbetrieb mit Hofladen.

Residence Oasi dei Celti ⓔ
Dorio Lecco (ITA), Via Piave 31
Tel. 0341 80 68 64, www.oasideicelti.com
Neue Ferienanlage mit Restaurant und
Pool in traumhafter Lage am Ostufer des
Comer Sees. Jedes der 58 Appartements
hat Seesicht.

Albergo Vapore ⓔ
Torno (ITA), Via Plinio 20
Tel. 031 41 93 11, www.hotelvapore.it
Günstige, gemütliche Unterkunft 6 km
außerhalb von Como: Zimmer mit nichts
außer dem Comer See vor der Tür, eine
schattige Restaurantterrasse und zum
Einschlafen die Musik der Wellen.

WASSERSPORT
Der Comer See ist ein **beliebtes Surfer-
Revier**. Im oberen Teil des Sees weht –
außer im Winter – die **Breva**. Morgens

beginnt sie ab 10.00 Uhr mit 1 bis 3 Bft, nachmittags frischt sie auf 3 bis 6 Bft auf. Juni bis September sind die besten Monate zum Wind- und Kitesurfen. Im Oktober lässt die Breva nach, um dann bis Anfang Februar ganz einzuschlafen. Die zuverlässigsten Windverhältnisse herrschen zwischen Bellagio und Colico. Beim **Baden** ist Vorsicht geboten: Die Wasserqualität ist an manchen Stellen wegen fehlender Kläranlagen nicht gut genug. Generell gilt, dass im nördlichen Teil des Sees die besten Strände liegen (Infos auf Italienisch und Englisch: www. lakecomo.it/territorio/spiagge_e_lidi).

EINKAUFEN

Bei Il Coccio in Menaggio (Via Roma 1, www.ilcoccio.it) gibt es **Keramik** und Terrakotta-Vasen. In Bellagio, wo die Tradition der **Glasbläserei** lebendig ist, findet man bei I Vetri di Bellagio Spiegel, Vasen, dekorierte Teller oder Christbaumschmuck (Via Garibaldi 60 und Via Roma 26, www.bellagio.co.nz/vetri/); bei Luigi Tacchi (Via Garibaldi 22) dreht sich alles um **Olivenholz**. In Lenno, an der Westseite des Sees, befindet sich die nördlichste **Ölmühle** (Oleificio Vanini Osvaldo, Via Silvio Pellico 10, www.olio vanini.it) mit Verkauf.

In Lecco gibt es seit 1149 (!) einen **Wochenmarkt** (Mi., Sa. ganztägig); die Metzgerei Rusconi (Piazza XX Settembre 32) verkauft selbst gemachte, luftgetrocknete **Bresaola**, eine Trockenfleischspezialität. Für eine typische Süßspeise lohnt sich ein Abstecher ins nahe gelegene Canzo, wo Erica Figini in der Fabbrica dei Nocciolini (Via Brusa 32, www. fabbricadeinocciolini.it) aus Nüssen, Zucker und Eiweiß die **Nocciolini di Canzo** herstellt. In der Abtei von Piona verkaufen die Zisterziensermönche (www. cistercensi.info/piona) selbst gemachten **Kräuterlikör und Tee**.

Kaiserzeit die **Strada Regina** anlegten, eine direkt am Ufer verlaufende Heerstraße, die ihrerseits wieder an Bedeutung verlor, als dem Land- der Seeweg vorgezogen wurde. Die heutige westliche Uferstraße spielte erst ab dem späten 19. Jh. wieder ihre eminent wichtige Rolle für den Waren- und Touristenverkehr. Kurios dabei ist, dass diese Straße ganz nonchalant durch die weiten, gepflegten Parks der vielen Villen verlief, die über die Ufer des Comer Sees verstreut liegen. Erst mit dem zunehmenden Verkehr schirmten sich die Besitzer zur Bewahrung ihrer Privatsphäre mit hohen Mauern ab.

✴ RUNDFAHRT UM DEN COMER SEE

Menaggio Von Lugano kommend, trifft man in Menaggio auf das Westufer des Comer Sees. Das einstige Fischerdorf präsentiert sich als elegantes Touristenstädtchen (3200 Einw.), hat aber am laubengesäumten Lungolago, der Seepromenade, noch den Charme vergangener Zeiten bewahrt. An der Uferstraße liegt die ursprünglich romanische, aber später barockisierte Kirche **Santo Stefano**, während die höher gelegene Kirche San Carlo aus dem 17. Jh. stammt. Von Menaggio aus verkehren Fährboote nach Bellagio, Varenna und Cadenabbia.

Auch auf dem Landweg erreicht man Cadenabbia, einen eleganten Fremdenverkehrsort etwa 4 km südlich von Menaggio, der heute mit Tremezzo zusammengewachsen ist. In der Villa Margherita-Ricordi in Cadenabbia komponierte **Giuseppe Verdi** um 1853 seine Oper »La Traviata«. In Deutschland bekannt ist Cadenabbia vor allem wegen der **Villa La Collina** (www.villalacollina.com). Das einstige Sommerreiseziel des deutschen Bundeskanzlers Konrad Adenauer ist heute Sitz der Adenauer-Stiftung und auch für Individualgäste zugänglich. Außergewöhnlich und nicht zu übersehen liegt die kleine Kirche San Martino unterhalb des gleichnamigen Felsens.
In der 1690 von einem Mailänder Marchese errichtete **Villa Carlotta** am Ortsende von Tremezzo sind Skulpturen ausgestellt, u.a. eine Kopie von Antonio Canovas »Amor und Psyche«. Allein der prachtvolle Garten, der sich zur Azaleen- und Rhododendrenblüte im April und Mai in ein Blumenmeer verwandelt, lohnt den Besuch.

Cadenabbia und Tremezzo

Villa Carlotta: April–Sept. tägl. 9.00–19.30, März, Okt. 10.00–18.00 Uhr, Eintritt 5/9 €, www.villacarlotta.it

Die prunkvolle Villa del Balbianello aus dem späten 16. Jh. in dem südlich anschließenden Lenno ist nur von außen zu besichtigen. Sehr viel älter sind die Pfarrkirche **Santo Stefano** (11. Jh.) mit einer romanischen Krypta, die teilweise von Säulen aus karolingischer Zeit (8. Jh.) getragen wird, und das benachbarte achteckige Baptisterium (11. Jh.) mit mehreckiger Apsis. Ebenfalls aus dem 11. Jh. stammt im nahen Ossuccio die mit mittelalterlichen Fresken ausgeschmückte Kirche **Santi Giacomo e Filippo**. Einen wunderschönen Ausblick genießt man vom **Santuario Beata Vergine del Soccorso:** Vierzehn 1635–1714 erbaute und mit 230 Skulpturen der Maestri Comacini verzierte Kapellen säumen den Aufstieg zu der Wallfahrtskirche. Seit 2003 gehört der ***Sacro Monte di Ossuccio** mit anderen Kreuzwegen zum **UNESCO-Weltkulturerbe**. Die in Norditalien verbreiteten Kreuzwege entstanden zur Zeit der Gegenreformation, zur Abwehr des von Norden drohenden Luthertums.

Lenno, Ossuccio

Die 600 x 200 m große, einzige Insel des Sees liegt zwischen Sala Comacina und Ossucio nahe der Uferstraße. Jahrhundertelang spielte sie eine wichtige Rolle als militärischer Stützpunkt. Im Mittelalter gab es hier eine Burg und fünf Kirchen. Da sie auf Seiten des kaiserfeindlichen Mailands stand, wurde sie 1169 zur Strafe zerstört und aufgegeben. 1947 planten drei Freunde, auf der Insel ein Gasthaus zu bauen. Nachdem zwei der Initiatoren ums Leben kamen, wollte der dritte den Fluch mit einem Feuerzauber bekämpfen. Dieses Feuerritual ist bis heute der Höhepunkt der Mahlzeiten, die in der **Locanda**

Isola Comacina

(März – Okt. tägl., www.locanda-isola-comacina.com) serviert werden. Am 24. Juni – zu St. Johannis – findet auf dem Eiland ein viel besuchtes Volksfest statt.

Cernobbio
Bei zauberhaften Ausblicken auf das östliche Ufer mit seinen über 1600 m aufragenden Bergen gelangt man über Argegno und Moltrasio nach Cernobbio. Die **Villa d'Este**, 1565 – 1570 nach einem Entwurf von Pellegrino Tibaldi errichtet, wurde 1873 in ein Luxushotel verwandelt und gehört bis heute zu den teuersten Herbergen Italiens.

***Torno**
Villen und Parks säumen den weiteren Verlauf der Straße nach ▶Como und am Ostufer des südwestlichen Larioarms entlang nach Bellagio. An diesem anfangs dicht besiedelten Ufer empfiehlt sich ein Halt in Torno, einem 1200-Seelen-Dorf mit schönem alten Ortsbild. Die Kirche **San Giovanni** im alten Ortskern stammt aus dem 14. Jh. und gewährt faszinierende Ausblicke auf den See. Die etwas außerhalb gelegene **Villa Pliniana** ist zwar nach dem römischen Dichter Plinius d. J. benannt, wurde aber erst 1575 erbaut. Auf dem Grundstück sprudelt eine Quelle, deren Wasserstand regelmäßig steigt und fällt. Ursache ist ein natürlicher Siphon im Berginnern. Die Villa, die nur von außen besichtigt werden kann, beherbergte prominente Gäste wie Byron, Stendhal, Napoleon, Liszt und Rossini, der hier in nur sechs Tagen die Oper »Tancredi« komponiert haben soll.

***Bellagio**
Bellagio (4000 Einw.), die »Perle des Lario«, nimmt die Spitze der schmalen Halbinsel ein, die den Comer See in seine beiden südlichen Arme Lago di Como und Lago di Lecco teilt. Fährverbindungen bestehen sowohl von Menaggio als auch von Varenna. Schon die Römer hatten die günstige Lage erkannt und hier die Siedlung Bilacus (bi = zwei, lacus = See) gegründet. Im 19. Jh. entdeckten dann wohlhabende Sommerfrischler das kleine Fischerdorf, das sich zu einem noblen Ferienort entwickelte, sein mittelalterliches Ortsbild jedoch erhalten hat. Zu den bekanntesten Villen mit prächtigen Gärten gehören die **Villa Melzi** (1815) und die **Villa Serbelloni**. Die **Punta Spartivento**, die »Spitze, die den Wind trennt«, bietet ein herrliches Panorama auf die drei Seearme und die Alpengipfel; man erreicht sie zu Fuß in 10 Min. vom Zentrum aus.

> **?**
> **BAEDEKER WISSEN**
>
> *Liebesnest*
>
> In der neoklassizistischen Villa Melzi in Bellagio verbrachten Franz Liszt und die verheiratete Gräfin d'Agoult romantische Monate. Am 25. Dezember 1837 kam hier ihr gemeinsames Töchterchen Cosima zur Welt, die spätere Frau Richard Wagners.

Mekka der Radfahrer
Zwischen Bellagio und Lecco wimmelt es von Radfahrern. Die meisten machen einen Abstecher zur Wallfahrtskirche der **Madonna del**

Ghisallo bei Magreglio, der Schutzheiligen der Radler. In der Kirche findet man Räder und Trikots von Stars wie Eddy Merckx oder Miguel Indurain, vor der Kirche ein Denkmal für die Radfahrlegende Fausto Coppi und nebenan ein Museum des Radsports.

Museo del Ciclismo, Via Gino Bartali 4, April – Okt. Di. – Fr. 9.30 – 17.30, Sa., So. 9.00 – 18.00 Uhr, Juni – Aug. auch Mo. geöffnet, Eintritt 6 €, www.museodelghisallo.it

Fährt man am Westufer des Lago di Lecco weiter, erreicht man die Hauptstadt der gleichnamigen Provinz (47 000 Einw.). Schöner als der Ort ist Leccos Umgebung: Das bis 2400 m hohe Massiv der Grigne ist ein beliebtes Ausflugsziel für Bergwanderer und Wintersportler. Zumindest literarisch unsterblich wurden Stadt und Landschaft durch die Beschreibungen in Alessandro Manzonis Roman »I promessi sposi« (»Die Brautleute«; 1827). Im **Museo Manzoniano** erinnert eine Ausstellung an den Begründer der modernen italienischen Prosa, der seine Jugend in Lecco verbrachte. Auf dem »Itinerario dei Luoghi Manzoniani« kann man auf Manzonis Spuren durch die Stadt wandeln. **Lecco**

Museo Manzoniano: Via Guanella 1: Di. – So. 9.30 – 17.30 Uhr, Eintritt 3/5 €, www.museilecco.org/museomanzoniano.htm

Die Superstrada, die von Lecco aus durch zahllose Tunnels über Colico nach Chiavenna führt, verlässt man bei Abbadia Lariana, um der alten Straße am Ostufer entlang in nördlicher Richtung zu folgen. Von der Benediktinerabtei (ital. abbazia, badia), nach welcher der **Abbadia Lariana**

Bellagio, der eleganteste Ferienort am Comer See

Ort Abbadia Lariana benannt ist, ist nur noch die völlig umgebaute Kirche **San Lorenzo** erhalten. Die Landschaft ist zauberhaft, aber vor Varenna gibt es keine nennenswerten Sehenswürdigkeiten.

Varenna   Das von den Römern gegründete und im Mittelalter befestigte Varenna ist wohl der hübscheste Ort am Ostufer, an der breitesten Stelle des Sees. Der alte Ortskern mit schmalen Gassen und malerischen Treppen zieht sich den Berg hinauf und wird von der Kirche San Giorgio überragt. Sie entstand 1300, wurde jedoch im 17./18. Jh. umgebaut. Der hl. Christophorus an der Fassade zeigt, dass hier ein alter, schon in vergangenen Zeiten viel befahrener Weg verläuft. Zwischen Mai und Oktober sind die Parks der klassizistischen **Villa Isimbardi** und der **Villa Monastero**, Letztere ging aus einem 1208 gegründeten Kloster hervor ist, zu besichtigen. Oberhalb von Varenna liegen mitten unter Olivenbäumen die Reste des Castello di Vezio, einer mittelalterlichen Wehrburg (von hier hat man einen fantastischen Weitblick). Bergfreunde machen von Varenna aus einen Ausflug in das Val d'Esino bis zur Alpe Cainallo hinauf (18 km ab Varenna), von wo aus man Bergtouren auf die nördliche Grigne unternehmen kann.

Garten der Villa Cipressi: April – Okt. tägl. 9.00 – 18.00, Juni – Aug. bis 19.00; **Villa Monastero:** Sa., So. 9.00 – 18.00 Uhr, Eintritt 5 € (8 € für Park und Villa), www.villamonastero.eu; **Castello di Vezio:** März – Okt. tägl. 10.00 bis Sonnenuntergang, www.castellodivezio.it

Bellano   Einst trieb der Pioverna die Maschinen der Seiden- und Baumwollfabriken sowie Walzwerke im Ort an, richtete dann und wann aber auch fürchterliche Schäden an. Einem Hochwasser im Jahr 1341 fiel die mitten im Ort gelegene Kirche **Santi Nazaro e Celso** zum Opfer, die aber wenige Jahre darauf in gotischem Stil wieder aufgebaut wurde. Folgt man einem beschilderten Weg von der Kirche in Richtung Osten, erreicht man nach 10 Min. Orrido, die sehenswerte Klamm der Pioverna, die hier als **Wasserfall** aus dem Valsassina austritt. Bellano ist auch Ausgangsort eines ca. 40 km langen Abstechers ins Val Muggiasca und weiter ins Valsassina.

Gleich nach Dorio biegt eine Abzweigung nach links zur ***Abbazia di Piona** ab, einem auf einer Halbinsel gelegenen, ehemaligen Kloster. Es wurde im 7. Jh. von Kluniazensermönchen gegründet, wird heute aber von Zisterziensern betreut. Vom ur-

Das verräterische Mieder

Der 1956 in Bellano geborene **Andrea Vitali** versteht es wie kein Zweiter seit Alessandro Manzoni, Leben und Alltag in den Dörfern am Comer See in Romane zu fassen. Als »Scrittore del Lago« (»Schriftsteller des Sees«) ist er mittlerweile weit über die Landesgrenzen hinaus bekannt. Viele Romane gibt es auch auf Deutsch, u. a. »Als der Signorina Tecla Manzi das Herz Jesu abhanden kam« oder »Tante Rosina und das verräterische Mieder«.

sprünglichen Gebäudekomplex sind die romanische Kirche San Nicolao (spätes 11. Jh.) mit einem bemerkenswerten Freskenfries in der Apsis und der romanisch-gotische Kreuzgang aus der Mitte des 13. Jh.s erhalten. Die Säulenkapitelle sind mit Fantasiemotiven verziert.

Nach Colico weitet sich die Piano di Spagna aus, die ursprünglich von den Anschwemmungen der Flüsse Adda und Mera gebildet wurde und heute als beliebter Rastplatz vieler Zugvögel unter **Naturschutz** steht. Hier, am Treffpunkt bedeutender Alpentransitstraßen – die Straße über den Berninapass kommt durch das Valtellina herab, die über den Splügenpass durch das Valchiavenna –, verlief in vergangenen Jahrhunderten die oft heiß umkämpfte Grenze zwischen dem Herzogtum Mailand und Graubünden. **Piano di Spagna**

Gravedona ist das historische Zentrum des nördlichen Lario. Im Mittelalter war es vorübergehend eine unabhängige Stadtrepublik. Die Kirche **Santa Maria del Tiglio** (12. Jh.) ist eine der schönsten romanisch-lombardischen Bauten des Comer Sees. Hinter der schwarz-weiß gestreiften Fassade tut sich ein einschiffiger Innenraum mit drei Apsiden auf. An den Wänden dieses Sakralbaus finden sich Freskenreste aus dem 13. bis 15. Jh., während in der Kirchenmitte ein mittelalterliches Taufbecken die Blicke auf sich zieht. Die Kirche San Vincenzo direkt am See wurde 1072 anstelle eines frühchristlichen Vorgängerbaus errichtet, von dem noch die Hallenkrypta stammt. Die Kirche selber wurde im 17. und 18. Jh. barock umgestaltet. Der schlossartige Palazzo Gallio ebenfalls am See wurde 1583 nach Plänen von Pellegrino Tibaldi erbaut. **Gravedona**

Im Dörfchen Dongo, 4 km südlich von Gravedona, wurden am 27. April 1945 **Benito Mussolini** und seine Geliebte Claretta Petacci von Partisanen verhaftet und am folgenden Tag in Mezzegra bei Lenno erschossen, daran erinnert das Museo della Resistenza im Rathaus. **Dongo**
Museo della Resistenza, Piazza Parachini, Mo. – Sa. 10.00 –12.00 Uhr, Eintritt frei

✶✶ Lago di Lugano

✧ **G/H 6/7**

Länder: Schweiz und Italien
Wasserspiegel: 271 m ü.d.M.

Mit seinen schmalen Armen, flankiert von steil aufragenden, bewaldeten Bergen, besitzt der Luganersee ein abwechslungsreiches Landschaftsbild. Südliches Klima und italienische Atmosphäre in alten Orten sorgen für Feri, estimmung.

Lago di Lugano erleben

AUSKUNFT
▶Lugano

Tel. 091 971 52 23
www.lakelugano.ch

ESSEN · ÜBERNACHTEN
▶Lugano und ▶Ceresio

SCHIFFSVERKEHR
1848 verkehrten die ersten Dampfschiffe, regelmäßige Kurse gibt es seit 1856. Die Schiffe sind so konstruiert, dass sie unter dem Seedamm von Melide verkehren können. Somit kommt man per Schiff vom westlichen Ende des Sees in Ponte Tresa über Lugano bis nach Porlezza ganz im Osten. Ein besonders schönes Erlebnis ist die Fahrt mit dem altehrwürdigen Motorschiff »Milano«, einem der letzten Schiffe aus der Belle Epoque auf Schweizer Seen. Auskunft: Società Navigazione Lago di Lugano Viale Castagnola 12, Lugano

SPORT
Frei zugängliche Badeplätze sind dünn gesät; fast jede Gemeinde hat ein öffentliches, meist gebührenpflichtiges Bad. Hervorzuheben sind das **Lido di Lugano** mit feinem Sandstrand und das **Lido Comunale von Riva San Vitale**. Das **Segelschiff** »Jeanneau Sun 2000« im Hafen von Morcote kann mit oder ohne Besatzung gemietet werden (www.clubnautico.ch). Kurt und Anette Saladin vermieten in Lugano Boote und bieten allerlei **Wassersport-Aktivitäten** wie Wasserski, Wakeboard oder Skyski (www.boatcenter palace.ch). Der Circolo Velico Lago di Lugano in der Nähe des Lido di Lugano (www.cvll.ch) führt Kinder und Erwachsene in die **Kunst des Segelns** ein.

Der nach seinem bedeutendsten Ort ▶Lugano, von den Einheimischen auch Ceresio (keltisch keresios = Horn) genannte See liegt am Südrand der Alpen zwischen dem ▶Lago Maggiore im Westen und dem ▶Comer See im Osten. Wie seine Nachbarn entstand er in der Eiszeit. Seine tiefste Stelle (288 m) erreicht er zwischen Gandria (Schweiz) und Santa Margherita (Italien) im nordöstlichen Arm. Er ist 49 km² groß, mehr als **zwei Drittel** liegen auf **Schweizer Gebiet**, während der restliche Teil zu Italien gehört. Zuflüsse sind kleine, kurze Wasserläufe, darunter der Cassarate, der Vedeggio und die Magliasina, die aber bei den nicht seltenen sommerlichen Gewittern in kürzester Zeit bedrohlich anschwellen können. Der einzige Abfluss ist die Tresa, die den Luganer See bei Ponte Tresa verlässt, um weiter westlich bei Luino in den Lago Maggiore einzumünden, sodass der Luganer See als Wasserstandsregler des Lago Maggiore fungiert. Ringsum überragen hohe Berge den See und schützen ihn vor kalten Nordwinden und vor Nebel, der oft über der lombardischen Tiefebene lagert. Während die Steilhänge von Laubmischwäldern bedeckt sind, wächst in den vielen Parks und Grünanlagen eine üppige mediterrane Vegetation. Der See wirkt insgesamt lieblich und südländisch, allein der nordöstliche Arm von Porlezza (italienisches Staatsgebiet) ist herber und strenger. Mit Ausnahme des Ostufers nördlich von Campione führen malerische Uferstraßen um den See, sie berühren außer ►Lugano auch andere sehenswerte Orte wie Caslano, Riva San Vitale, Bissone, Melide, Morcote und die italienische Enklave Campione d'Italia.

Fischer und Schmuggler

Im Unterschied zum Lago Maggiore oder zum Comer See, die schon früh wichtige Transport- und Kommunikationswege auf der Nord-Süd-Achse waren, blieb der Ceresio mit Lugano im Zentrum bis weit in die Neuzeit hinein weitgehend abgeschottet, die nahe Grenze begünstigte den Schmuggel, der noch im 20. Jh. ein wichtiger Erwerbszweig war. Dies änderte sich mit dem **Bau des Damms** in der Seemitte zwischen Melide und Bissone (1844 – 1847): Der Seeraum entwickelte sich zur bevorzugten Route für die Straßen-, Eisenbahn-(1874) und Autobahnverbindung (1968 – 1970) durch das Tessin. Das »geheimnisvolle Vorzimmer des Südens« (Angelo Nessi) entwickelte sich dank des milden Klimas rasch zu einer Touristenattraktion.

Drohender Kollaps und Wende

Mittlerweile leben mehr als 50 % der Tessiner im Einzugsgebiet des Luganersees. Der geringe Wasseraustausch und die dichte Besiedlung begünstigten – vor allem durch die erhöhte Phosphatzufuhr – die Verunreinigung (Eutrophierung) des Sees. Höhepunkt dieser fatalen Entwicklung waren die 1970er-Jahre. Als dann ein allgemeines Badeverbot verhängt wurde, führte dies zu einem schlimmen Imageverlust. Viele Maßnahmen, u. a. der Bau von Kläranlagen, sorgten dafür, dass 1996 alle Ufer auf der Schweizer Seite wieder zum Baden freigegeben werden konnten. 2005 wurde auch in der Tiefe eine gute Sauerstoffanreicherung festgestellt. Heute ist die Wasserqualität so gut, dass Orte wie Vico Morcote, Barbengo, Cassarate, Viganello, Castagnola, Aldesago, Brè, Paradiso und Gandria ihr Trinkwasser aus dem See beziehen.

** **Lago Maggiore**

✦ **D – G 5 – 8**

Länder: Schweiz und Italien
Wasserspiegel: 194 m ü.d.M.

»Lago Maggiore, von Zypressen umsäumt, hör den Ruf meiner Sehnsucht, der Sehnsucht, die mein Herz erträumt …« sang Vico Torriani in den 1950er-Jahren und brachte damit eine ganze Generation zum Träumen. Viel hat sich seitdem nicht verändert: Der von steilen grünen Hängen gerahmte Lago Maggiore mit Palmen und italienischen Kirchtürmen vor schneebedeckten Gipfeln ist nach wie vor ein Sommer-Sonne-Strand-Idyll.

Lago Maggiore erleben

AUSKUNFT
Distretto Turistico dei Laghi, Monti e Valli
I-28924 Verbania-Fondotoce
Tel. 0039 0323 304 16
www.distrettolaghi.it

Ente Turistico Lago Maggiore
CH-6600 Locarno
Largo Zorzi 1
Tel. 0848 091 091
www.ascona-locarno.com

SCHIFFSVERKEHR
Seit 1826 gibt es auf dem Lago Maggiore eine Passagierschifffahrt, heute betreibt die Navigazione Laghi ganzjährig eine Flotte von 25 Schiffen. Empfehlenswert ist eine Fahrt mit dem Schiff von Locarno nach Arona. Im Sommer werden auch Aliscafi (Tragflügelboote) eingesetzt, wobei abwechselnd die Orte des westlichen und östlichen Ufers angelaufen werden. Eine Autofähre verkehrt zwischen Intra und Laveno. Weitere Informationen: www.navlaghi.it

ESSEN
Die folgenden Empfehlungen liegen alle auf der italienischen Seite des Lago Maggiore (Ländervorwahl: 00 39); Empfehlungen auf Schweizer Boden ►Ascona, ►Brissago, ►Gambarogno und ►Locarno.

Ristorante La Latteria ©©
Verbania-Intra (ITA), Piazza San Rocco
Tel. 0323 5 34 47
Ursprünglich wurden hier Milchprodukte verkauft, heute ist die »Meierei« ein Speiselokal mit einladendem Ambiente im alten Ortskern von Intra. Auf der Karte stehen immer wieder andere köstliche

Gerichte, u. a. Vitello Tonnato, schwarze Ravioli mit Trüffel oder in Barolo geschmortes Rind.

Il Porticciolo ©©
Laveno (ITA), Via Fortino
Tel. 0332 66 72 57
Di. und Mi.-Mittag geschl.
www.ilporticciolo.com
»Fisch nach Laune des Sees« heißt es in dem eleganten Restaurant mit einer unvergleichlichen Terrasse mit Seeblick. Mit Hotelzimmern.

Ristorante Milano © – ©©
Verbania-Pallanza (ITA)
Corso Zanitello 2
Tel. 0323 55 68 16, Di. geschl.
www.ristorantemilanolagomaggiore.it
Elegantes Restaurant in schöner Lage direkt am See, das stets mit neuen Kreationen überrascht

Osteria Vecchia Capronno ©
Capronno di Angera (ITA)
Piazza Matteotti 7
Tel. 0331 95 73 13
nur abends, Mo. geschl.
www.locandalacasetta.it
Die gemütliche Wirtschaft mit Gästezimmern in einem ehem. Bauernhof liegt ein paar Kilometer außerhalb von Angera und bietet köstliche Risotto- und Polentagerichte an.

Trattoria San Salvatore ©
Massimo Visconti (ITA)
Via San Salvatore 30
Tel. 0322 21 93 01
So.-Abend u. Mo. geschl.
www.trattoriasansalvatore.it
Auf einer Serpentinenstraße geht es zu einer der Stammburgen der Visconti hin-

auf. In einer einstigen Benediktinerabtei im Wald betreiben Sara Liberato und Alessandro Fornara die Trattoria San Salvatore, ein besonders herzliches, familienfreundliches und preiswertes Ausflugslokal mit einer Terrasse mit grandiosem Blick über den Lago Maggiore.

ÜBERNACHTEN
Regina Palace ☕☕☕☕
Stresa (ITA), Corso Umberto 33
Tel. 0323 93 69 36
www.regina-palace.it
Wer sich Jugendstil gönnen will (und es sich leisten kann), ist hier richtig: Schlafen unterm Baldachin mit Blick auf die Borromäischen Inseln.

Grand Hotel Dino ☕☕☕ – ☕☕☕☕
Baveno (ITA), Corso Garibaldi 20
Tel. 0323 92 22 01
www.zaccherahotels.com
Direkt am See mit – ob von Balkon, Terrasse oder Palmengarten – Traumblick auf den Borromäischen Golf. Wer Pomp und Glamour schätzt, liegt im Hotel mit der neoklassizistischen Einrichtung richtig.

Hotel Pironi ☕☕ – ☕☕☕
Cannobio (ITA), Via Marconi 35
Tel. 0323 7 06 24
www.pironihotel.com
Massimo Albertella verordnete mit seinem Hotel Pironi einem alten Franziskanerkloster Charme und Leichtigkeit. Historische Fresken und Antiquitäten bilden einen wunderschönen Kontrast zu filigranen Designerleuchten und abstrakten Werken zeitgenössischer Künstler.

Camin Hotel Colmegna ☕☕ – ☕☕☕
Luino, Loc. Colmegna (ITA)
Via Angelo Palazzi 1
Tel. 0332 51 03 30
www.caminhotel.com

Die in einem Park am See gelegene Jagdvilla stammt aus dem späten 18. Jh.; 1959 kaufte sie ein Stuttgarter Geschäftsmann und baute sie zu einem eleganten Hotel um. Heute führt seine Tochter Lara Luz das Haus mit kleinem Bootshafen, Veranda-Restaurant, Wellness-Bereich und Mountain-Bike-Verleih.

Ristorante Albergo Belvedere ☕
Ranco (ITA), Via Piave 11
Tel. 0331 97 66 09
www.hotelristorantebelvedere.it
Familie Merzagora verwandelte die Osteria von 1865 in ein erstklassiges Restaurant und 2004 die Dependance in ein gepflegtes Familienhotel.

Albergo Riva ☕
Leggiuno, Frazione Reno (ITA)
Via Lungolago 14, Tel. 0332 64 71 70
www.lagomaggiore-reno.it
Aus einer einfachen, 1889 eröffneten Fischerkneipe wurde ein gemütliches, mittlerweile in fünfter Generation geführtes Hotel. Es liegt an der lombardischen Ostseite, abgeschirmt von der Küstenstraße direkt am Wasser, mit herrlicher Seeterrasse und eigenem Strand.

Guesthouse Santa Veronica ☕
Caldè di Castelveccana (ITA)
Via Monfalcone 7
Tel. 0332 52 13 20
www.santaveronicaguesthouse.com
Geschmackvoll eingerichtetes Gästehaus, zwei Schritte von der Schiffsmole im exklusiven Hafenstädtchen Caldè entfernt. Essen kann man im nahen Ristorante Sunset.

EINKAUFEN
Seit dem 14. Jh. findet in Stresa ein bekannter **Markt** statt (Fr. 8.00 – 13.00 Uhr). Hübsche Läden mit regionalen Pro-

dukten findet man heute rund um den Marktplatz: Die **Parfüms und Seifen** von Acqua di Stresa duften nach Zitronen, Zedern, Kamelien und Granatapfel (Piazza Cadorna 25, www.acqua-di-stresa.com); verführerisch süß sind die Margheritine di Stresa, zu Ehren der ersten Königin Italiens kreierte **Plätzchen** (Pasticceria Marcolini, Via de Vit 14, www.pasticceriamarcolini.it). Im **Käsekeller** von Luigi Guffanti in Arona reifen Hunderte Käsesorten bis zur Vollendung (Via Milano 140, www.guffantiformaggi.com). Bei **Fabrikverkäufen** findet man mit etwas Glück tolle Schnäppchen, u. a. Küchenzubehör bei Alessi in Crusinallo bei Omegna (Via Privata Alessi 6, www.alessi.it), Sportkleidung im Outlet von Sergio Tacchini in Gravellona Toce (Corso Marconi 40, www.sergiotacchini.it), oder Produkte einheimischer Erzeuger wie von Bialetti (Espressokocher und Kaffeemaschinen) und Lagostina (Küchengeräte, Pfannen) im Einkaufszentrum Parco Commerciale dei Laghi an der Autobahn-Ausfahrt Gravellona Toce.

WASSERSPORT

In Cannobio weht fast immer eine angenehme Brise. Der »Inverna« bläst immer von 12.00 bis 15.00 Uhr und ist ideal zum **Kite- und Windsurfen und Segeln**; beim Abflauen sind die Bedingungen fürs Wakeboarden und Wasserskifahren gut. Segelboote, Katamarane und Surfbretter verleiht in Cannobio Tomaso Sail & Surf (Parco Lido, www.tomaso.com). Die größten öffentlichen Strände, Spiaggia Pubblica oder Lido genannt, gibt es bei Cannobio und Verbania. Romantische Badestrände findet man auch entlang der Ostküste bei Porto Valtravaglia und Castelvaccana, am Fuß der Rocca di Caldè oder zwischen Laveno Mombello und Reno. Segelkurse an der Ostküste bietet das Centro Vela in Cerro (www.centrovela.com) oder Top Vela in Laveno Mombello (www.topvela.org) an.

Dass man sich am Lago Maggiore – italienisch auch »Verbano« (nach der keltischen Wassergottheit Verbeia) genannt – gut erholen kann, wussten schon die Römer, die altgediente Legionäre hier ihren Lebensabend verbringen ließen. Seinen heutigen Ruf verdankt der Lago Maggiore vor allem den Borromäischen Inseln. Seit 1630, als das Adelsgeschlecht der Borromeo die Isola Inferiore (heute Isola Bella) zu einem irdischen Garten Eden ausbauten, zählen die Inseln zu den größten Sehenswürdigkeiten Italiens. Im 19. Jh. flanierte fast der ganze europäische Adel auf den prachtvollen Uferpromenaden zwischen Stresa und Baveno mit Blick auf die Borromäischen Inseln, häufig auch angelockt von den Veröffentlichungen zahlreicher Literaten. »Ich kam durch eine Landschaft, zu der sich meine Phantasie nichts hinzuwünschen kann«, notierte 1811 Henry Beyle, alias Stendhal, in sein Tagebuch und empfahl: »Wer zufällig ein Herz und ein Hemd besitzt, verkaufe dieses, um den Lago Maggiore und seine Umgebung zu besuchen …«

Geografie Der 66 km lange und 2 – 4, am Borromäischen Golf sogar 11 km breite Lago Maggiore reicht von der südlichen Alpenkette bis an den

Rand der Po-Ebene. Wie die anderen oberitalienischen Seen entstand er beim Abschmelzen eiszeitlicher Gletscher. Die tiefste Stelle misst 372 m (zw. Ghiffa und Porto Valtravaglia) – der Seegrund liegt also über 170 m unter dem Meeresspiegel! Mit einer Fläche von 212,5 km² ist der Lago Maggiore nach dem Gardasee der zweitgrößte See Italiens – tatsächlich gehören 80,1% der Fläche zu Italien, nur der nördlichste Abschnitt mit ▶Brissago, ▶Ascona und ▶Locarno, die nordöstliche Uferlandschaft des ▶Gambarogno sowie die am Nordufer beginnende Magadinoebene gehören zur Schweiz. Die wichtigsten Schweizer Zuflüsse sind der Ticino, der bei Magadino einmündet, die Maggia, die für den weit in den See vorspringenden, 6 km² großen Schwemmfächer zwischen ▶Locarno und ▶Ascona verantwortlich ist, und die Verzasca. Zweigeteilt ist auch der italienische Teil des Sees: Das Westufer gehört zu Piemont, das Ostufer zur Lombardei.

Dank des ausgeglichenen milden Klimas ist die Vegetation am Lago Maggiore äußerst üppig. In Seenähe bestimmt eine **subtropische Pflanzen- und Blütenpracht** das Bild. Im hügeligen Hinterland weicht sie subalpiner und alpiner Flora. Die nördlichen Ufer sind von hohen, meist bewaldeten Hügeln umschlossen, deren Hintergrund die Tessiner Alpen bilden. Das piemontesische Westufer ist landschaftlich und klimatisch besonders begünstigt. Hier haben sich die bedeutendsten Tourismus- und Kurorte entwickelt, ziehen sich die prachtvollsten Villen und Parks die Hügel hinauf. Die Ferienstimmung hat inzwischen aber auch das stillere östliche Ufer des Sees erfasst, die »sponda magra«. Auf der »mageren Seite«, die im Norden karg, zuweilen fast noch wild ist, kam der Tourismus viel später in Gang. Bis heute sind die Herbergen dort familiärer, die Strände urwüchsiger, die Orte weniger vom Durchgangsverkehr behelligt – die Sonnenuntergänge über dem See aber genauso prächtig.

Die meistbesuchten Teile des Sees liegen auf Schweizer Gebiet um Locarno, Ascona und Brissago sowie auf italienischer Seite an der westlichen Bucht zwischen Pallanza und Stresa, in der die großartigen Borromäischen Inseln mit ihren subtropischen Parkanlagen die Hauptattraktion bilden.

Vegetation (margin)

✳ RUNDFAHRT UM DEN LAGO MAGGIORE

▶Brissago, ▶Ascona und ▶Locarno sowie die Uferlandschaft des ▶Gambarogno mit der Magadinoebene sind eigene Hauptstichworte. Die folgende Beschreibung befasst sich daher in knapper Form allein mit den auf italienischem Staatsgebiet liegenden Orten.

Der malerische alte Ort Cannobio (5200 Einw.) liegt ca. 5 km hinter der Schweizer Grenze am Westufer. Sonntags findet hier ein viel be-

Cannobio (margin)

Palmen und Schneeberge

Das Tessin ist gut für eine botanische Europareise auf kleinstem Raum: Zwischen den Brissagoinseln, wo dank des milden Klimas in wunderschönen botanischen Gärten viele subtropische Pflanzen blühen, und dem Basodino, einem der höchsten Tessiner Gipfel mit seinen Eis- und Schneeflächen – also auf weniger als 50 km Luftlinie –, findet man alle Vegetationsstufen der Alpensüd-seite.

▶ **Von eisigen Schneegipfeln zu subtropischen Palmen**

DURCHSCHNITTLICHE TEMPERATUR

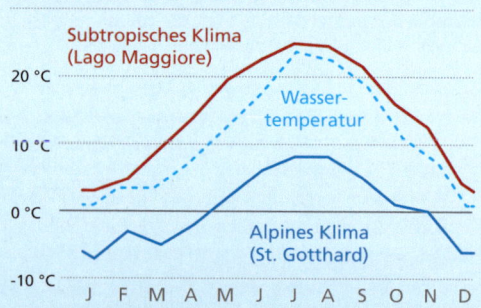

NIEDERSCHLAG in mm

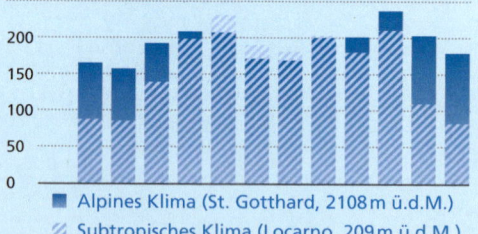

Tessiner Palme
Die nördlichste der etwa 1200 Palmenar-ten, die Tessiner- oder Hanfpalme, wächst an der Alpensüdseite, in geschützten, son-nigen Lagen. Ihre Heimat liegt im asia-tischen Hochgebirge bis auf 2500 m ü.d.M.

Tessiner Palme
(Trachycarpus fortunei)

Agave
(Agavoideae)

▶ **Lago Maggiore (193 m ü.d.M.)**
Die Ufer des Lago Maggiore sind mit Parks und Gärten geschmückt, die eine Vielzahl exotischer Pflanzen beherber-gen. Im Frühling und Frühsommer entfalten sie ihre ganze Blütenpracht und gedeihen dank der rund 2300 Sonnen-stunden im Jahr zu einem subtropischen Paradies.

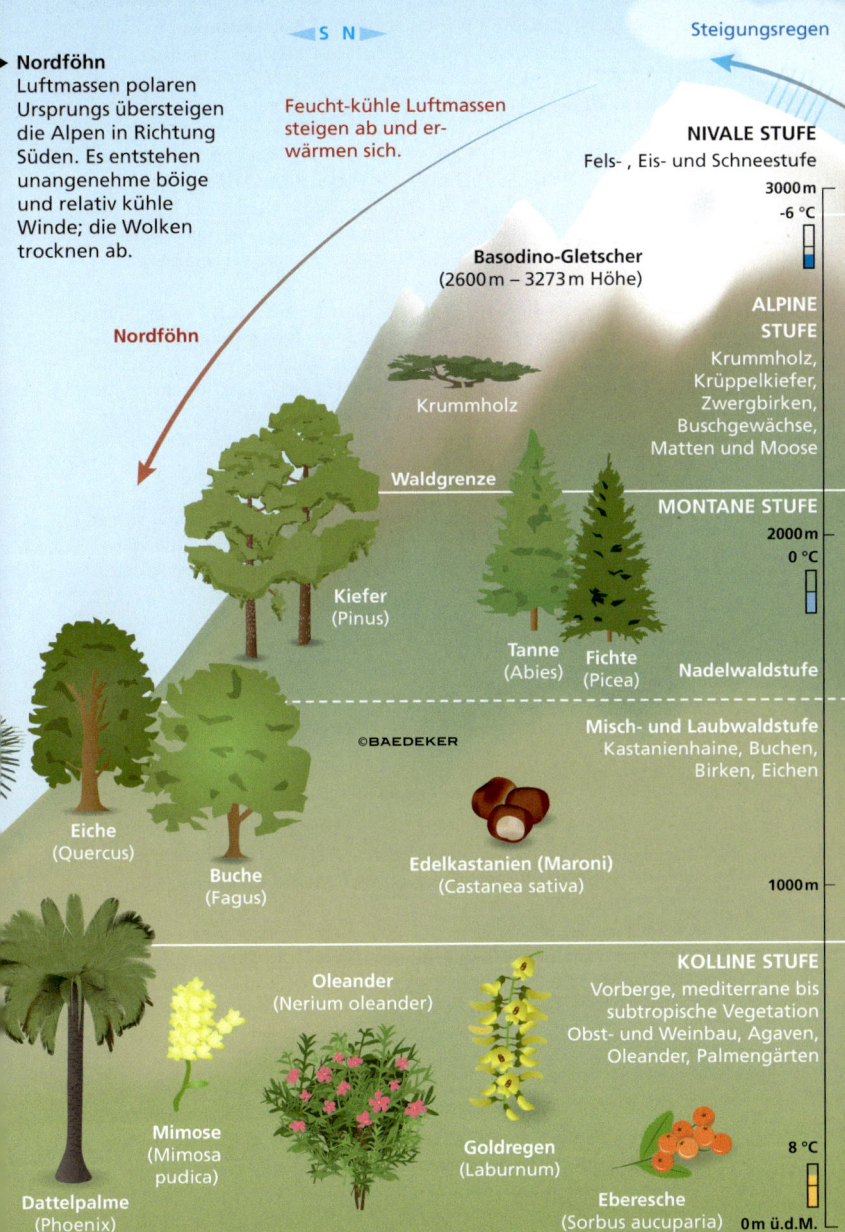

▶ **Nordföhn**
Luftmassen polaren Ursprungs übersteigen die Alpen in Richtung Süden. Es entstehen unangenehme böige und relativ kühle Winde; die Wolken trocknen ab.

Nordföhn

Steigungsregen

Feucht-kühle Luftmassen steigen ab und erwärmen sich.

◀ S N ▶

NIVALE STUFE
Fels-, Eis- und Schneestufe

3000 m
-6 °C

Basodino-Gletscher
(2600 m – 3273 m Höhe)

ALPINE STUFE
Krummholz, Krüppelkiefer, Zwergbirken, Buschgewächse, Matten und Moose

Krummholz

Waldgrenze

MONTANE STUFE

2000 m
0 °C

Kiefer
(Pinus)

Tanne
(Abies)

Fichte
(Picea)

Nadelwaldstufe

Misch- und Laubwaldstufe
Kastanienhaine, Buchen, Birken, Eichen

©BAEDEKER

Eiche
(Quercus)

Buche
(Fagus)

Edelkastanien (Maroni)
(Castanea sativa)

1000 m

KOLLINE STUFE
Vorberge, mediterrane bis subtropische Vegetation Obst- und Weinbau, Agaven, Oleander, Palmengärten

Oleander
(Nerium oleander)

Goldregen
(Laburnum)

Mimose
(Mimosa pudica)

8 °C

Dattelpalme
(Phoenix)

Eberesche
(Sorbus aucuparia)

0 m ü. d. M.

suchter Markt statt. Die Wallfahrtskirche **Santa Pietà** am Ende der Uferpromenade wurde 1571 nach Plänen Pellegrino Tibaldis erbaut, das Altarbild malte Gaudenzio Ferrari (1536). Bekannt ist die Kirche vor allem für die angeblich Blut weinende Madonna-Statue. Der burgartige Palazzo della Ragione neben der barocken Pfarrkirche San Vittore wurde 1291 errichtet. Etwa 3 km im Hinterland hat sich der Cannobino die spektakuläre Schlucht **Orrido di Sant'Anna** in den Felsen gegraben. Über der Schlucht erhebt sich die Kirche Sant'Anna mit einer Holzorgel aus dem 17. Jahrhundert. Auch für Badeurlaub ist Cannobio mit einem der besten Strände der Region eine gute Adresse.

Cannero Riviera
Etwa 7 km südlich von Cannobio folgt die zwischen Wein-, Obst- und Olivengärten gelegene Ortschaft Cannero Riviera. Das hiesige Klima ist das mildeste am See. Der Ort hat einen schönen Strand. Unweit nordöstlich von Cannero Riviera, auf Felsklippen im See, wehren sich die Ruinen der beiden **Castelli di Cannero**, die Lodovico Borromeo 1519 an der Stelle von Raubburgen errichten ließ, gegen die zerstörerische Wirkung der Zeit.

Verbania
Verbania, die größte Stadt am Lago Maggiore (32 000 Einw.), besteht aus dem geschäftigeren **Intra**, wo Industrie und Handel die Hauptrolle spielen und der Fährhafen für die Autofähre nach Laveno liegt, und aus **Pallanza**, dessen Altstadt mit malerischen Gassen und herrschaftlichen Palazzi aufwartet. Der Palazzo della Città (Rathaus) aus dem 19. Jh. beeindruckt mit einem Bogengang aus 32 Pfeilern aus rosafarbenem Granit. Die Stadtteile werden durch den ***Park der Villa Taranto** verbunden, mit rund 20 000 Pflanzenarten einer der bedeutendsten botanischen Gärten der Welt.
Villa Taranto: Mitte März – Anfang Nov. tägl. 8.30 – 18.30 Uhr, Eintritt 5,5/10 €, www.villataranto.it

*Lago d'Orta
Ein Abstecher führt zum 13 km langen und im Durchschnitt 1,5 km breiten Lago d'Orta, dem westlichsten der oberitalienischen Seen, der im Nordosten vom 1491 m hohen Monte Mottarone überragt wird. Hauptort ist **Orta San Giulio** (1200 Einw.) mit dem prachtvollen Palazzo della Comunità (1582). Von der Uferpromenade aus blickt man auf die Isola San Giulio, auf der der hl. Julius im 4. Jh. eine Kirche gründete. Ein schöner Kapellenweg führt auf den 400 m hohen, dem hl. Franz von Assisi geweihten **Sacro Monte** und zu dem 1583 erbauten Franziskanerkloster hinauf. Die 20 Kapellen entstanden zwischen 1591 und 1788.

Baveno
Der Kur- und Ferienort Baveno liegt am Fuße des Monte Camoscio. Bekannt ist er wegen seiner Steinbrüche, deren rosafarbener Granit seit Jahrhunderten als Baumaterial genutzt wird. Die romanische Pfarrkirche birgt zwei Defendente Ferrari (um 1500 – 1531) zuge-

Palmen und schneebedeckte Berge: Gegensätze verschmelzen am Lago Maggiore zu einer stimmungsvollen Einheit.

schriebene Bilder. Beachtenswert ist auch das Renaissancebaptisterium auf achteckigem Grundriss.

Die Borromäischen Inseln, die »Perlen des Lago Maggiore«, liegen in der gleichnamigen Bucht zwischen Baveno, Stresa und Pallanza und sind von allen umliegenden Ufergemeinden aus per Schiff zu erreichen. Lediglich die kleinste Insel, Isolino di San Giovanni, ist in Privatbesitz und nicht zugänglich. Isola Bella und Isola Madre gehören der Familie Borromeo, deren Vorfahren den Lago Maggiore im 15. Jh. als Lehen erhalten hatten und ab 1630 die Inseln zu einer in Europa einmalig gebliebenen Kunstlandschaft umwandelten. Die **Isola Bella**, die berühmteste Borromäische Insel (Abb. S. 222), wurde nach Isabella benannt, der Ehefrau von Carlo III. Borromeo (1586 – 1652). Dieser begann in der ersten Hälfte des 17. Jh.s, die ursprünglich karge Felsinsel umzugestalten, seine Söhne Vitalino VI. und Kardinal Giberto vollendeten das Werk 1671. Der **Barockpalast** ist heute ein **Museum** mit Möbeln, Gemälden und Fresken aus dem 16. bis 19. Jh. Der Barockgarten, ein Meisterwerk italienischer Gartenbaukunst, verteilt sich auf zehn Terrassen; Mittelpunkt ist das Standbild eines Einhorns, das Wappentier der Borromeo. Die **Isola dei Pescatori**, die »Fischerinsel«, ist ein schmales, malerisches Eiland mit Häusern, Lauben, Treppen und Durchgängen. Die Apsis mit Einzelbogenfenstern in der Kirche San Vittore stammt aus dem 11. Jahrhundert. Früher lebten die Bewohner vom Fischfang, heute vor allem vom Tourismus.

**Isole Borromee

Die **Isola Madre** (Mutter-Insel) mit einem prachtvollen Renaissancepalast und einem der ältesten Gärten Italiens, ist die größte Borromäische Insel. Eine ältere Festung wurde ab dem 16. Jh. in eine komfortable Sommerresidenz verwandelt. Auf fünf Terrassen entstand ein **wunderbarer botanischer Garten** mit über 150 verschiedenen Kamelienarten, einer Zypresse aus Kaschmir, subtropischen Pflanzen sowie frei lebenden exotischen Tieren wie weiße Pfaue, Fasane und bunte Papageien. Der Palazzo Borromeo wurde ab 1978 von Bona Borromeo mit Möbeln aus verschiedenen Wohnhäusern ihrer Familie eingerichtet, zu sehen sind u. a. ein Marionettentheater, lombardische Gemälde aus dem 16. Jh. und eine Puppensammlung.

Isole Borromee: Mitte März – Mitte Okt. tägl. 9.00 – 17.30 Uhr, Eintritt (Isola Bella und Isola Madre) 8,50/18,50 €, www.borromeoturismo.it

*Stresa
Stresa (5000 Einw.) liegt am Eingang des Borromäischen Golfs, am Fuß des Monte Mottarone. Im 19. Jh. wurde es vor allem für englische Reisende zum **Traumziel**. Die Architektur ihrer Epoche brachten die Briten gleich mit: So prägen pompöse viktorianische Paläste mit Parkanlagen bis heute die Uferpromenade, den Ortsmittelpunkt des Städtchens. In Luxushotels wie dem Grand Hôtel des Iles Borromées, dem Regina Palace, Astoria oder Grand Hotel Bristol spürt man immer noch den Geist der Belle Epoque. Viel zum Mythos trugen auch illustre Gäste wie Richard Wagner, Charles Dickens, Stendhal, Lord Byron oder Ernest Hemingway bei. Ein besonderes Ereignis sind bis heute die **Settimane Musicali di Stresa**, die Musikwochen im August und September mit weltbekannten Kammer- und Symphonieorchestern. Ferienstimmung herrscht fast das ganze Jahr über in der Fußgängerstraße Via Mazzini und an der zentralen Piazza Cadorna. Am südlichen Ortsausgang liegt in einem botanischen Garten mit kleinem Zoo die **Villa Pallavicino** (19. Jh.). Der 1491 m hohe Monte Mottarone gehört zu den beeindruckendsten Aussichtspunkten der Region (Aufstieg zu Fuß, mit der Schwebebahn oder mit dem Auto). Auf halber Strecke passiert man Gignese mit einem Schirmmuseum. In Alpino di Stresa etwas oberhalb wachsen im **Parco Botanico Alpinia** über 2000 verschiedene Alpenpflanzen.

Villa Pallavicino: Mitte März – Okt. tägl. 9.00 – 18.00 Uhr, Eintritt 6,50/9,50 €, www.parcozoopallavicino.it; **Museo dell'Ombrello:** April – Sept. Di. – So. 10.00 – 12.00, 15.00 – 18.00 Uhr, Eintritt 1,50/2,50 €, www.gignese.it/museo **Parco Botanico Alpinia**: April – Okt. tägl. 9.30 – 18.00 Uhr, Eintritt 2,50/3 €

Arona
Über Belgirate und Lesa erreicht man kurz vor Arona den auf einem Hügel thronenden **Colosso di San Carlone**. Die inklusive Sockel 35 m hohe, begehbare Statue erinnert an den hier geborenen hl. Karl Borromäus (1538 – 1584), Erzbischof von Mailand und entschiedener Gegner der Reformation. Arona selbst ist ein Handels- und Industrie-

städtchen. Im **Museo Archeologico** zeugen die ältesten, auf 1200 v. Chr. datierten Funde von einer langen Siedlungsgeschichte. Die erste Burg auf dem Felsen oberhalb der Stadt geht auf das 10. Jh. zurück. In der Kirche **Santa Maria** im unteren Stadtteil befindet sich ein Flügelaltar (1511) von Gaudenzio Ferrari. Die Kirche Santa Marta an der Piazza del Popolo wird Pellegrino Tibaldi zugeschrieben (1592).

Museo Archeologico: Piazza San Graziano 34, Di. 10.00 – 12.00, Sa., So. 15.30 – 18.30 Uhr, Eintritt frei, www.archeomuseo.it

Sesto Calende am Südende des Lago Maggiore ist ein Industrieort mit langer Siedlungsgeschichte, die im Archäologischen Museum (Museo Civico) dokumentiert wird. Rund 7 km südlich liegt der **internationale Flughafen Malpensa**; ein Expresszug verbindet ihn mit Mailand.

Das kleine Städtchen Angera (5500 Einw.) am Ostufer des Lago Maggiore auf einer Halbinsel wird von einer zinnenbekrönten Festung überragt: Die auf den Resten einer Vorgängerburg erbaute **Rocca Borromeo** wurde im 13./14. Jh. von den Visconti erweitert und gehört seit 1449 der Familie Borromeo. Sie beherbergt das **Puppen- und Spielzeugmuseum** mit Exponaten von 1700 bis heute. Sehenswert sind auch die teilweise ausgemalten Räume. Die Fresken in der Sala di Giustizia im Visconti-Flügel (1314) zeigen den Sieg des Erzbischofs Ottone Visconti über die Torriani, die Sala delle Cerimonie ist mit Fresken (15. Jh.) aus dem Mailänder Palazzo Borromeo ausgeschmückt. Der Ausblick vom Castellana-Turm reicht vom Sacro Monte bei Varese auf die Südspitze des Sees und auf die kleine Insel Partegora.
Funde im **Archäologischen Museum** im Palazzo Pretorio bezeugen, dass die Gegend bereits um 1200

> ! **BAEDEKER TIPP**
>
> ### Lago Maggiore Express
>
> Mit der Schmalspurbahn fährt man von Locarno durch das Centovalli und Vigezzotal nach Domodossola, dort steigt man in einen Zug der italienischen Bahn und gelangt zurück an den Lago Maggiore, nach Baveno, Stresa oder Arona. Von hier geht es dann auf dem Seeweg wieder nach Locarno. Das Ticket für den Lago Maggiore Express ist zwei Tage gültig, so hat man genug Zeit, unterwegs etwas anzuschauen (42 € /58 CHF, www.lago maggiorexpress.com).

v. Chr. besiedelt war. Die Wallfahrtskirche Madonna della Riva beim Hafen besitzt ein schönes Altarfresko »Maria mit dem Kind« von 1443. Im Übrigen lädt Angeras Seepromenade zu einem Spaziergang ein.

Rocca Borromeo: Mitte März – Mitte Okt. tägl. 9.00 – 17.30 Uhr, Eintritt 5,50/8,50 €, www.borromeoturismo.it

Über Ispra, Sitz des europäischen Kernforschungszentrums EURATOM, erreicht man Reno. Hier lohnt der Besuch der Wallfahrtskir-

Sesto Calende

*Angera

Reno

che ****Santa Caterina del Sasso**, die wie ein Schwalbennest am Felsen des Steilufers klebt und an das Katharinenkloster auf dem Berg Sinai erinnert. Sie geht auf das Jahr 1170 zurück, als ein in Seenot geratener Kaufmann schwor, falls er überleben sollte, fortan als Eremit zu leben. Um seine einstige Grotte entstanden im 14., 15. Jh. die Kirche und das Dominikanerkloster. Man erreicht Santa Maria del Sasso mit dem Schiff, über eine steile Treppe oder neuerdings mit einem 51 m langen Lift.

Santa Caterina del Sasso: März tägl. und Nov.–Feb. Sa., So. 9.00–12.00, 14.00–17.00, April–Okt. tägl. 9.00–12.00 und 14.00–18.00 Uhr, www.santacaterinadelsasso.com

Luino Luino, das in einer großen Bucht an der Mündung der Tresa liegt, ist das wirtschaftliche Zentrum des Ostufers. Seit 1541 findet hier jeden Mittwoch ein weit über die Stadtgrenzen hinaus bekannter **Markt** statt. Obwohl hier vermutlich der Renaissancemaler Bernardino Luini (1490–1532) lebte, gibt es nur ein ihm zugeschriebenes Fresko in der Kirche San Pietro in Campagna in der Nähe des Friedhofs.

Isola Bella: Meisterwerk barocker Gartenbaukunst

✴✴ Locarno

✦ F/G 5/6

Höhe: 205 m ü.d.M.
Einwohnerzahl: 14 500 (Großraum ca. 38 000)

Zusammen mit dem benachbarten ▸Ascona beherrscht Locarno den Schweizer Teil des ▸Lago Maggiore, und es war ein gewisser Josias Simler, der bereits 1576 die Stadt, das milde Klima und die zauberhafte Landschaft in hohen Tönen lobte. Sein Fazit: »In summa es ist ein lustig Ort.«

Die alte Stadt Locarno liegt am Nordende des Lago Maggiore im Schutz der Alpenausläufer. Dank des milden Klimas – jährlich annähernd 2300 Sonnenstunden und eine Durchschnittstemperatur von 15,5 °C – blühen hier Kamelien, Azaleen, Mimosen und Magnolien, gedeihen Oleander, Palmen, Feigen-, Oliven- und Mandelbäume. So wundert es nicht, dass die Stadt seit dem 19. Jh. Gäste anzieht, in der kälteren Jahreszeit als Wintersportort, im Sommer als Ausgangspunkt für Wanderungen und Schiffsausflüge. Dabei schmückt sich die Stadt auch mit fremden Federn: Der Bahnhof, die Kirche **San Vittore** und die Uferpromenade gehören bereits zur Gemeinde Muralto und die auf einer Felsspitze thronende Wallfahrtskirche **Madonna del Sasso** zu Orselina, allerdings sind diese Grenzen im Ortsbild nicht mehr ersichtlich, längst ist Locarno mit den umliegenden Kommunen zusammengewachsen. Internationalen Ruf hat das **Filmfestival**, auf dem der Goldene Leopard verliehen wird.

Seit dem Mittelalter hat sich Locarnos Stadtbild sehr verändert. Dazu trug einmal die zwischen Ascona und Locarno in den Lago Maggiore mündende Maggia bei. Durch die enormen Anschwemmungen von Geröll und Erde hat sich die Uferlinie im Lauf der Jahrhunderte in den See vorgeschoben. So lagen das historische Stadtzentrum, die Piazza Grande und das Castello Visconteo, ursprünglich direkt am See. Auch schlägt sich Locarnos Anziehungskraft in dem ungeheuren Baueifer nieder, mit dem die Stadt und ihre Umgebung überzogen wurde. So prägen heute vor allem Neubauten und die stark besiedelten Berghänge das Bild.

Stadtbild

Der heutige Name erinnert an die keltischen Leukarni, die im Mündungsgebiet des damals Leukera (die Weiße), heute Maggia genannten Flusses lebten. Ausgrabungsfunde belegen, dass der Ort dank seiner Lage an der Route zu den wichtigen Alpenpässen rasch wuchs und ein Zentrum der Glasherstellung war. Im Mittelalter beherrschten lombardische Adelsfamilien die durch Handel, vor allem Seidenhandel, reich gewordene Stadt, der 1164 Kaiser **Friedrich Barbaros-**

Von den Kelten über Stresemann bis zu Briand

Locarno erleben

AUSKUNFT
Ente Turistico Lago Maggiore
Largo Zorz 1, 6600 Locarno
Tel. 0848 091 091
www.ascona-locarno.com

TICINO DISCOVERY CARD
Viel erleben und trotzdem den Geldbeutel schonen kann man mit der drei Tage
gültigen Ticino Discovery Card für 69
bzw. 87 CHF (ohne bzw. mit öffentlichen Verkehrsmitteln); sie umfasst die
Fahrten mit Seilbahnen und Schiffen sowie Eintritte zu diversen touristischen
Attraktionen. Erhältlich in Hotels, bei
den Fremdenverkehrsbüros und an ÖV-
Schaltern; Tel. 091 985 28 20, www.
cartaturisticaticino.ch.

VERANSTALTUNGEN
Mit dem **Kamelienfest** beginnt Ende
März die Tourismussaison in Locarno,
das gesamte Seeufer verwandelt sich in
eine blühende Allee (www.camellia.ch).
Die »Notte Bianca« im Mai gibt einen
Vorgeschmack auf alle kommenden
Events: Straßenkünstler, JazzAscona, Val-
lemaggia Magic Blues, Verzasca Country
Festival und das Filmfestival präsentieren
Kostproben ihres **Sommerprogramms**
(www.nottebiancalocarno.ch). Bei der
Konzertreihe Moon & Stars (www.
moonandstars.ch) im Juli geben sich
Pop- und Rockstars ein Stelldichein auf
der Piazza Grande, während im August,
zum **Filmfestival** (www.pardo.ch), das
seit 1946 stattfindet, ein Hauch von Hollywood durch das Städtchen weht. Beim
Sommernachtsfest »Luci e Ombre«
(»Lichter und Schatten«) erleuchtet ein
riesiges Feuerwerk den gesamten Golf
von Locarno. Ende November bis Anfang Januar wird die **Piazza Grande**

zum Teil zur **Eislaufbahn**; bei Gratiskonzerten treten verschiedene Bands auf
(ww.locarno-on-ice.ch). Überblick:
www.ascona-locarno.com/events.

ESSEN
❶ Ristorante Cittadella ⊖⊖
Via Cittadella 18, Tel. 091 751 58 85
Mo. geschl., www.cittadella.ch
Georges Braques Bild »Les poissons
noirs« auf den Tellersets ist Programm:
In diesem Altstadtlokal dreht sich alles
um Fisch, die Auswahl ist riesengroß (es
gibt aber auch Pizza und Fleisch).

❷ Grotto al Ritrovo ⊖
Brione sopra Minusio, Valresa
Tel. 091 743 55 95, Mo., Di. geschl.
www.ritrovo.ch – Man erreicht das am
Sentiero Collina alta gelegene Grotto zu
Fuß oder mit dem Auto. Alle einheimi-
schen Gerichte sind mit einer wunder-
schönen Aussicht »garniert«.

❸ Ristorante La Chiesa ⊖⊖⊖
Locarno Monti, Via del Tiglio 1
Tel. 091 752 03 03, Mo., Di. geschl.
www.lachiesa.ch
Das innen und außen hochmodern gestaltete Restaurant ist direkt an die jahr-
hundertealte Trinità-Kirche angebaut.
Die köstlichen Kreationen wurden mit
14 Gault-Millau-Punkten prämiert.

❹ Grotto Cà nostra ⊖
Brione sopra Minusio, Via Orselina 77
Tel. 091 743 58 52, www.ca-nostra.ch
Das Lokal rühmt sich als »schönstes
Grotto mit Aussichtsterrasse auf den
Lago Maggiore«. Tatsächlich ist die Kü-
che äußerst vielfältig: Die Karte reicht
von typisch helvetischen Gerichten wie
»Kalbsleberli-Rösti« über diverse Fleisch-

Ein Höhepunkt im Tessiner Festkalender: das Filmfestival in Locarno

Fondues bis zu Spezialitäten wie Lachs aus der eigenen Räucherei.

❺ *Osteria Costantini* ⓔ
Minusio, Via Brione 15a
Tel. 091 743 02 93, So., Mo. geschl.
www.osteriacostantini.ch
Eine Gaststätte, die entdeckt werden will – im wahrsten Sinne des Wortes! In einer Art Hinterhof versteckt, bietet diese Osteria einfache, typische Gerichte mit viel Italianità und Charme.

❻ *Ristorante Sensi* ⓔ
Locarno-Muralto, Viale Verbano 9
Tel. 091 743 17 17, www.ristorante-sensi.ch – Im Sommer genießt man unter schönen Kastanienbäumen mediterrane Spezialitäten. Das Sensi gehört zur Feldpausch-Gruppe und überzeugt durch Qualität und sehr guten Service.

❼ *Locanda Locarnese* ⓔⓔ
Via Bossi 1, Tel. 091 756 87 56
www.locandalocarnese.ch, So. geschl.
Mit ausgetüftelter Inneneinrichtung und schmalen Zweiertischen erinnert das Lokal in der Nähe der Piazza Grande an ein Edelbistro. Dem entspricht auch die Küche: Thunfisch-Tagliata oder Kalbscarpaccio mit Spargel und schwarzem Hawaiisalz, Spaghetti mit Riesengarne-

len und Zitronengras oder Schweinefilet mit Green Curry.

❽ *Al Grott Cafe* ⓔ
Brione sopra Minusio, Val Resa
Tel. 079 329 42 58, 091 730 11 32
Mo., Di. geschl., www.algrottcafe.ch
Die Fahrt ins Val Resa dauert von Locarno aus rund 20 Min. – aber sie lohnt sich. Das romantische Grotto befindet sich im Grünen, die meisten Gerichte sind hausgemacht und werden auf einem Holzherd zubereitet. Idylle pur!

❾ *La Trattoria Cibo & Passione* ⓔ
Via Marcacci 9, Tel. 091 751 64 44
Sa.-Mittag und So. geschl.
www.latrattorialocarno.ch
Bekannt wurde der Italiener Simone Bianchi durch die TV-Kochsendung Piattoforte im Tessiner Fernsehen. Dort zeigte er u. a., wie er seine Spezialität Lasagne zubereitet. In seinem Altstadtlokal pflegt er die typische Trattoria-Küche, eine Art verfeinerte Hausmannskost..

ÜBERNACHTEN
❶ *Villa Orselina* ⓔⓔⓔⓔ
Orselina-Locarno, Via Santuario 10
Tel. 091 735 73 73, www.villaorselina.ch
Das 5-Sterne-Hotel in Toplage oberhalb der Stadt bietet Luxus pur. Von allen 28

Suiten und Zimmern blickt man auf den Lago Maggiore. Die Einrichtung der Designerin Silvia Utiger ist eine gelungene Kombination von kalifornischem Lifestyle und Tessiner Charme. Ein Anziehungspunkt ist auch die 14-Punkte-Küche unter dem Sternenhimmel – »Il Ristorante« steht auch Nicht-Hotelgästen offen.

❷ *Barca Blu* ⊜⊜
Orselina-Locarno, Via al Parco 2
Tel. 091 743 47 60
www.hotelbarcablu.ch
Eine günstige(re) Alternative zur Villa Orselina findet man gleich nebenan. Im neu eröffneten »Blauen Boot« gibt es den kleinen Luxus, z. B. eine Nespresso-Maschine im Zimmer … und Frühstück, das auf dem Zimmer serviert wird.

❸ *Hotel Belvedere* ⊜⊜⊜
Via ai Monti della Trinità 44
Tel. 091 751 03 63
www.belvedere-locarno.ch
Das traditionsreiche Hotel mit eigener Seilbahn-Haltestelle liegt auf einer Anhöhe über Locarno. Der wunderbaren Aussicht verdankt es den Namen. Kunstwerke schmücken die Wände des Hotels, darüber hinaus gibt es ein Hallenbad & Spa, einen großen Garten und ein feines Restaurant.

❹ *Hotel La Rinascente* ⊜⊜ – ⊜⊜⊜
Via al Tazzino 3, Tel. 091 751 13 31
www.larinascente.ch
Der Name »Die Wiedergeborene« könnte treffender nicht sein. Das historische Gebäude in der Altstadt ist von 1550 und wurde nun aufwendig renoviert. Mit 16 Doppelzimmern und einem Restaurant mit idyllischer Terrasse.

❺ *B & B Casa Borgo* ⊜ – ⊜⊜
Via Borghese 2, Tel. 078 879 29 09

www.casaborgo.ch
Die Casa Borgo, ein Haus von 1550 am Rand der Altstadt, wurde sorgfältig renoviert und in ein Bed & Breakfast umgewandelt. Das Frühstück wird im hauseigenen Café serviert, das laut dem Architekten Francesco Garufe eine »Mischung aus dem Caffè Florian in Venedig, dem Gambrinus in Neapel und dem Tommaseo in Triest« ist.

❻ *Hotel America* ⊜⊜
Piazza Grande, Tel. 091 751 76 35
www.hotelamerica.ch – Das Motto »Mittendrin statt nur dabei« trifft auf kaum ein Hotel so zu wie auf dieses romantische Haus auf der Piazza Grande.

❼ *Esplanade Hotel Resort & Spa*
⊜⊜⊜ – ⊜⊜⊜⊜
Minusio, Via delle Vigne 149
Tel. 091 735 85 85, www.esplanade.ch
Ein Hotel mit Geschichte: Im großzügigen Park flanierten schon Rainer Maria Rilke, der König von Marokko, Carl Gustav Jung und Benito Mussolini, der während der Friedenskonferenz von 1925 im Esplanade residierte. Das Erholungsangebot im »Wellness & Beauty Le Palme« gab es allerdings damals noch nicht. Das Restaurant La Belle Epoque ist schon wegen seines Originalzustands ein Erlebnis.

❽ *Giardino Lago*
⊜⊜⊜ – ⊜⊜⊜⊜
Minusio, Via alla Riva 83a
Tel. 091 786 95 95, www.giardino-lago.ch – Das Boutique-Hotel am Seeufer hat 14 Zimmer und eine Suite. Dolce-Vita-Stimmung herrscht auf der Roof Lounge, von wo aus man einen spektakulären Blick auf den Lago Maggiore und die umgebenden Berge genießt. Eine Spezialität der Küche ist das im Ofen gegarte amerikanische Black Angus Beef.

KAFFEE-PAUSE

Die Tessiner trinken im Schnitt täglich zwei Tassen Kaffee außerhalb der eigenen vier Wände. Kein Wunder, spielen Cafés und Espresso-Bars in ihrem Alltag eine zentrale Rolle. Eines der ältesten Kaffeehäuser in Locarno ist das 1914 eröffnete **Caffè Ravelli** (Largo Zorzi), laut Schweizer Heimatschutz eines der »schönsten Cafés und Tea Rooms der Schweiz«. Ein ausgezeichnetes Kaffeehaus ist auch das **Al Porto Café Lago** (Viale Verbano, www.alporto.ch), das außer Confiserie und Patisserie-Köstlichkeiten wie Amaretti, Panettoni, Truffes und Schokolade auch Eisspezialitäten herstellt. Ebenfalls hoch im Kurs, vor allem während des Filmfestivals, steht die **Bar Verbano** (Piazza Grande 5; mit einer Auswahl internationaler Zeitungen).

SPORT, WELLNESS & ADRENALIN

Der **Lido di Locarno** ist eine der modernsten Badeanstalten der Schweiz und das ganze Jahr über geöffnet; hier gibt es für alle etwas, u. a. Rutschen und ein 34 Grad warmes Thermalbecken. Auch das am See an den Lido anschließende Wellnesszentrum Termali Salini (Via Respini 7, www.lidospa-locarno.ch) lässt keine Wünsche offen, mit seinen Nischen, Grotten und Kaskaden erinnert es an die Tessiner Flusstäler (Via Respini 11, www.lidolocarno.ch).

Das beschauliche Locarno und seine Umgebung bieten viele Möglichkeiten für Anhänger von Extremsportarten: **Bungee-Jumping** von der Eisenbahnbrücke in Intragna und von der Staumauer im Verzascatal (organisiert vom Trekking Team in Tegna, Tel. 091 780 78 00, www.trekking.ch, das auch **Canyoning- und Rafting Touren** anbietet). Canyoning- und Rafting-Ausflüge bietet auch Indepth Outthere Adventures in Gordola an (Tel. 078 614 98 77, www. indepthoutthere.com). In Gordola gibt es außerdem einen **Kletter- und Seilpark** (Tel. 091 745 22 28, www.parco avventura.ch). Das Para Centro Locarno (Tel. 091 745 26 51, www.paracentro. ch) veranstaltet **Fallschirmsprünge**, auch im Tandem: Die Flugzeuge mit den Fallschirmspringern heben vom Flughafen Locarno-Magadino ab. **Gleitschirmflüge** mit Start auf dem Cardada oder der Cimetta kann man bei Fly & Smile buchen (Tel. 091 606 62 66, www.parapendio.ch).

An den Schaltern des Tourismusbüros Lago Maggiore in Locarno und Ascona kann man für 33 CHF ein **E-Bike mieten**, um in der Region auf Entdeckungstouren zu gehen (www.ascona-locarno. com/e-bike).

EINKAUFEN

Donnerstags findet von 9.00 bis 17.00 Uhr auf der Piazza Grande ein Markt statt. **Wohnaccessoires** findet man in The Light House (Via Bartolomeo Rusca 2, www.lighthouse-accessoires.ch). Ein großes Angebot für den **modebewussten** Mann hält die Boutique Dario (Via Cittadella 8, www.boutiquedario.com) bereit, nur wenige Schritte weiter kommt die modebewusste Frau im Il Labirinto zum Zug (Via Cittadella 16, www.labirinto.ch). Schöne **Dessous** gibt es in der ersten Schweizer Intimissi-Boutique auf der Piazza Grande (www.intimissimi.ch). Einen Besuch lohnt auch das neu gestaltete Kaufhaus Manor (Piazza Grande 2, www.manor.ch). In der **Pasticceria Marnin** gibt es angeblich den besten Panettone (Via San Francesco 8, www. marnin.ch), die größte **Weinauswahl** mit 300 Tessiner und 600 italienischen Weinen in der Enoteca In Vino Veritas (Piazza Grande 20, www.canetti.ch).

sa das Marktrecht verlieh. In der Mitte des 14. Jh.s bauten die Mailänder Visconti das Castello Visconteo zu einer mächtigen Festung aus, die jedoch 1513 von den Eidgenossen erobert und wenig später zum größten Teil zerstört wurde.

Der Niedergang setzte mit dem Buzza di Biasca (►Baedeker Wissen S. 162) ein, der verheerende Bergsturz 1513 machte die alten Handelswege über die Alpen unpassierbar. Die **Reformationswirren** verstärkten die Entwicklung: 1555 wurden alle protestantischen Fami- lien aus der Stadt ausgewiesen und mit ihnen ging auch der

Locarno

Alpe Cardada · Orselina · MADONNA DEL SASSO · Brione s/Minus · Monte Brè · Convento Cappuccini · Madonna del Sasso · SAN BIAGIO · MONTI DELLA TRINITÀ · Santa Trinità dei Monti · Collegio Sant'Eugenio · Stazione Centrale · Stazione FART · San Vittore · MURALTO · Piazza Stazione · Funicolare · Santa Caterina · Torre del Comune · Sant'Antonio Abate · Piazza S. Antonio · S. Maria Assunta · Piazza Grande · Giardini Pubblici · Debarcadero · Santa Maria in Selva · Casa Rusca · Teatro Casino · Lago Maggiore · ROVEDO · Castello Visconteo · San Francesco · Palazzo della Conferenza · Piazza Pedrazzini · Piazza Castello · Bosco Isolino · Giardino Jean Arp · Ascona · Lido, Falconeria · 200 m · ©BAEDEKER

Übernachten
1. Villa Orselina
2. Barca Blu
3. Belvedere
4. La Rinascente
5. B & B Casa Borgo
6. America
7. Esplanade Hotel Resort & Spa
8. Giardino Lago

Essen
1. Cittadella
2. Grotto al Ritrovo
3. La Chiesa
4. Grotto Cà nostra
5. Costantini
6. Sensi
7. Locarnese
8. Al Grott Cafe
9. Cibo & Passione

sehr einträgliche Seidenhandel an Zürich verloren. Erst mit dem Fremdenverkehr Ende des 19. Jh.s setzte ein erneuter Aufschwung ein. In Locarno wurde Geschichte geschrieben: Im Oktober 1925 trafen sich Vertreter Großbritanniens, Frankreichs und Deutschlands zu einer Friedenskonferenz, die mit den **Verträgen von Locarno** und dem Eintritt Deutschlands in den Völkerbund endete.

SEHENSWERTES IN LOCARNO

Locarnos Herz ist die mittlerweile autofreie Piazza Grande, die größte Piazza im Tessin und obendrein einer der schönsten Plätze der Schweiz. Vor der Verlandung lag sie direkt am See und war als Hafenmole angelegt worden. Heute bestimmen elegante Arkadenhäuser in lombardischem Stil das Bild auf der Bergseite des Platzes. Sie stammen wie das Kopfsteinpflaster zum großen Teil aus der Mitte des 19. Jh.s und beherbergen heute elegante Läden, Cafés und Restaurants. Auf der gegenüberliegenden Seite ragen modernere Bauten wie der Palazzo della Sopracenerina und das neue Postgebäude heraus. Überragt werden sie alle vom **Torre del Comune**, der schon im 14. Jh. an der Nordseite des Platzes errichtet wurde. Donnerstags findet hier ein kleiner Markt statt. Im Juli, während der Konzertreihe Moon & Stars, drängen sich jeweils bis zu 12 000 Personen auf dem Platz, um zur Musik von Topstars zu tanzen. Einige Tage später verwandelt sich die Piazza Grande während des Filmfestivals in ein riesiges Freiluftkino mit 8000 Sitzplätzen.

**Piazza Grande

Die Piazza Grande endet im Westen an der geschwungenen Via Francesco Rusca, von der kleine, malerische Gassen in die Altstadt hinaufführen. Im historischen Stadtkern aus dem 16./17. Jh. stehen zahlreiche stattliche einstige Adelssitze, Häuser u. a. der Negromante, der Rusca, der Orelli, der Bellerio, außerdem das Domherrenhaus oder der Palazzo Morettini. Auch befinden sich hier die bedeutendsten Sehenswürdigkeiten Locarnos. Zu den hübschesten Gässchen mit schönen Geschäften gehört sicherlich die **Via Sant'Antonio** mit sehenswerten Innenhöfen.

Historischer Stadtkern

Die Burg der Visconti, auch Castello Rusca genannt, der westliche Eckpfeiler des Stadtkerns, ist der Rest einer einst direkt am See gelegenen, sehr viel mächtigeren Festung. Nachdem die Mailänder Herzöge Visconti 1432 die einheimischen Adelsfamilien unterworfen hatten, errichteten sie über einer älteren, direkt am Seeufer gelegenen Festung der Orelli ein »Castrum fortissimum«, das später mehrfach verändert und erweitert wurde. 1532 ließen die Eidgenossen den größten Teil der Anlage schleifen. Lediglich der Palas und der Westturm blieben als Sitz der Landvögte erhalten, heute beherbergt die

*Castello Visconteo

Locarnos Mittelpunkt: die Piazza Grande

Burg das Städtische Museum. Eindrucksvoll sind im Innern der Arkadenhof, eine Renaissance-Loggia, das Fresko im Treppenhaus (»Giovanni Rusca und seine Mutter«, um 1490) und die geschnitzten Balkendecken. Im Museum sind lokale Funde aus der Bronzezeit bis zum Mittelalter, römische Gläser, Skulpturen aus der Kirche San Vittore in Muralto, Kunsthandwerk sowie eine interessante Dokumentation zum Locarno-Pakt zu sehen.

Im 16. Jh. wurde die **Casorella**, eines der schönsten Patrizierhäuser Locarnos, an die Visconti-Burg angebaut. Das Deckengemälde »Urteil des Paris« im Ehrensaal stammt von **Giuseppe Antonio Felice Orelli**. Das Gebäude ist nur bei Ausstellungen zugänglich.

Museo Civico: Di. – Fr. 10.00 – 12.00, 14.00 – 17.00, Sa., So. 10.00 – 17.00 Uhr, Eintritt 8 CHF, Tel. 091 756 31 70

Rivellino Mit einer mittlerweile anerkannten These sorgte der Historiker Marino Viganò im Herbst 2003 für Aufsehen. Er wies nach, dass der 1507 zur Verstärkung des Castello Visconteo erbaute Rivellino mit unregelmäßigem, fünfeckigem Grundriss von **Leonardo da Vinci** (1452 – 1519) entworfen wurde. Das einzige erhaltene Gebäude des Universalgenies ist ziemlich zugebaut und in Privatbesitz. Den besten Blick hat man vom Rivellino Garden aus (Zutritt über die Pardo Bar, Via Motta 3, www.rivellinogarden.ch). In dem Bollwerk finden regelmäßig Ausstellungen statt (Rivellino LDV Art Gallery, Via al Castello 1, www.ilrivellino.ch).

Etwas westlich oberhalb der Viscontiburg beherrscht die Kirche San Francesco die gleichnamige Piazza. Der heutige Bau entstand etwa ab 1538 nach Plänen von **Giovanni Beretta** aus Brissago. Die Weihe des Gotteshauses erfolgte 1591. In der für den Bettelorden der Franziskaner typischen schlichten Renaissancefassade wurden Teile eines Vorgängerbaus sowie des abgetragenen Castello Visconteo verbaut. Über dem Chorbogen befindet sich eine schöne Verkündigungsgruppe aus dem 16. Jahrhundert. Im 17. Jh. erhielt die Kirche eine barocke Ausschmückung, die sich in den Seitenaltären bemerkbar macht. Durch ein – meist verschlossenes – Portal rechts vor der Apsis kommt man in das ehemalige Kloster – seit 1896 Lehrerseminar –, das sich an der Südseite der Kirche anschließt. Beachtenswert ist hier vor allem das Refektorium, das **Baldassare Orelli** 1716 mit illusionistischen Fresken ausmalte. Um die Kirche war früher ein Friedhof angelegt; erhalten blieb das Grabmal eines Mitglieds der Familie Orelli gegenüber dem Hauptportal.

San Francesco

Die 1668 – 1674 erbaute katholische Hauptkirche von Locarno, deren schöner, fünfstöckiger Kampanile schon von Weitem sichtbar ist, ist das auffallendste Gebäude am nordwestlichen Altstadtrand. Ihre Ausstattung stammt zum großen Teil aus dem 19. Jh.; beachtenswert sind das Gemälde im Chor, eine Glorifikation des hl. Antonius von Giuseppe Antonio Felice Orelli, sowie im nördlichen Querschiff eine Kreuzabnahme desselben Künstlers.

Sant'Antonio Abate

Die **Casa Rusca** an der Südseite der Piazza Sant'Antonio, einer der schönsten Paläste Locarnos aus dem 17. Jh., beherbergt die Städtische Gemäldegalerie. Ihr Kern geht auf die Sammlungen von Hans und Marguerite Arp, die lange Zeit in Locarno lebten, sowie auf Nesto Jacometti zurück. Zu sehen sind viele Arbeiten des Dadakünstlers Arp und befreundeter Künstler wie Max Ernst, Georges Braque, Pablo Picasso und Marc Chagall, ein großes Konvolut von Radierungen und Gemälden der zeitgenössischen Pariser Schule sowie Wechselausstellungen.

*Casa Rusca

Pinacoteca Comunale Casa Rusca: Di. – So. 10.00 – 12.00, 14.00 – 17.00 Uhr, Eintritt 8 CHF

Die Friedhofskapelle Santa Maria in Selva westlich von Sant'Antonio in der Via Vallemaggia ist der Rest einer 1884 abgerissenen Klosterkirche aus dem 15. und 16. Jahrhundert. Im Innern ist sie mit spätgotischen Fresken aus dem 14./15. Jh. geschmückt. Namentlich bekannt von den schaffenden Künstlern ist allein **Jacobus de Vaulate**, der die Grablegung Mariä an der oberen Südwand schuf. An der Nordwand eine prächtige »Darstellung im Tempel« (16. Jh.). Auf dem Friedhof mit seinen teilweise prunkvollen Grabbauten befindet sich das Grab von **Hans Arp** (1887 – 1966).

Santa Maria in Selva

Patrizier-
häuser,
Santa Maria
Assunta

Auf dem Weg zurück zur Piazza Grande kommt man an zahlreichen schmucken Patrizierhäusern vorbei, u. a. an der im 16. Jh. errichteten, im 18. Jh. veränderten **Casa Simona** (Via Sant'Antonio 3) und an der **Casa del Negromante**, vermutlich einer der ältesten Adelspaläste der Stadt (14. Jh.; Contrada Borghese 14). In der Via Cittadella lohnt noch die 1630 von Cristoforo Orelli gestiftete, 1636 geweihte Kirche Santa Maria Assunta einen Besuch, auch Chiesa Nuova genannt. Eine mächtige Statue des hl. Christophorus beherrscht die Fassade; das Innere birgt reichen Stuck und Freskenschmuck sowie kostbare intarsierte und vergoldete Reliquienschreine. An die Kirche schließt die **Casa dei Canonici** an, der 1590 – 1605 erbaute Palazzo des Stifters mit einem Arkadenhof.

> ## ! Nur fliegen ist schöner ...
>
> BAEDEKER TIPP
>
> Die Jagdkunst mit Falken ist rund 4000 Jahre alt, sie entstand in den Weiten der asiatischen Steppen. Im Mittelalter machte Kaiser Friedrich II. die Falknerei in Europa salonfähig, seine Abhandlung »Über die Kunst der Jagd mit Vögeln« ist heute noch ein Standardwerk. In der **Falconeria von Locarno** erleben Besucher dieses historische Erbe bei unvergesslichen Vorführungen mit Adlern, Falken und Uhus (Via delle Scuole, Vorführungen tägl. außer Mo., im Sommer um 11.00 und 15.00, im Winter um 14.00 Uhr, Eintritt 15/20, Familienkarte 55 CHF, www.falconeria.ch).

Südlich der Piazza Grande folgt die rechtwinklig angelegte Neustadt. Im **Stadtgarten** steht der 1909/10 von Giuseppe Pagani geschaffene **Kursaal**, in dem Theater, Fremdenverkehrsamt und Kasino untergebracht sind. Am Largo Zorzi haben zahlreiche Stars ihre Spuren hinterlassen, auf dem **Walk of Fame** finden sich die Namen u. a. von Sting, Joe Cocker, Gianna Nannini, Roxette, Bryan Adams, Billy Idol, Elton John oder Herbert Grönemeyer, die in den letzten Jahren in Locarno aufgetreten sind. An der südwärts führenden Via della Pace fand 1925 im **Palazzo della Conferenza** (auch »Pretorio« genannt) die Friedenskonferenz von Locarno statt (heute Sitz der Tessiner Kantonspolizei).

*Ufer-
promenade,
Kamelienpark

Die Bucht des Lago Maggiore wird von der schönen Uferpromenade Lungolago Giuseppe Motta gesäumt; hier befindet sich auch der Debarcadero, die Schiffsanlegestelle. Am südlichen Ende des Lungolago liegt der **Bosco Isolino**, auch Giardini Jean Arp genannt, eine hübsche Grünanlage mit Plastiken des Künstlers. Der ***Parco delle Camelie** weiter südlich ist im Frühling, wenn die Kamelien blühen, eine Augenweide. In Locarno findet das nach der Insel Izu-Oshima in Japan, dem Ursprungsland der Kamelie, zweitgrößte **Kamelienfest** statt (www.camellia.ch). Auf der gegenüberliegenden Seite der Bucht führt die Uferpromenade als Viale Verbano über Muralto und Rivapiana nach Minusio.

Die älteste Kirche der Stadt und neben San Nicolao in ▶Giornico die **San Vittore in Muralto** **bedeutendste romanische Kirche des Tessin** steht östlich des Bahnhofs im Stadtteil Muralto. Lombardische Baumeister errichteten San Vittore zwischen 1090 und 1110, der mächtige Kampanile wurde um 1525 angefügt und 1932 erhöht. Seine Südwand schmückt ein ursprünglich für das Castello bestimmtes Marmorrelief mit dem hl. Viktor zu Pferd; die drei bärtigen Heiligenköpfe auf seiner Standarte, um 1460 von **Martino Benzoni** geschaffen, stellen die Heilige Dreifaltigkeit dar. San Vittore wurde zwischen dem 12. und 17. Jh. mit Fresken ausgestattet; der großartige romanische Zyklus an der südlichen Wand des Mittelschiffs stammt aus dem 12. Jh., die Fresken an den Chorwänden sind aus dem 15. Jh.; das »Pfingstwunder« in der Apsis schuf der Augsburger Hans Schmidt (1583). Unter dem Chor befindet sich eine der **schönsten romanischen Krypten** der Schweiz. Besonders beachtenswert sind die fantasievoll skulptierten Kapitelle mit figürlichen und ornamentalen Motiven; die spätgotischen Fresken im ersten Gewölbejoch entstanden um 1500.

MINUSIO

In dem sich östlich von Muralto anschließenden, zu Minusio gehö-   **San Quirico** renden Ortsteil Rivapiana lohnt die Barockkirche San Quirico (1795 – 1801) einen Besuch. Der romanische Glockenturm aus dem 13. und 14. Jh. mit Freskenresten aus dem 15./16. Jh. diente einst als Wachturm.

Zauberhafte Stimmung an der Seepromenade von Locarno

Cà di Ferro Weiter östlich am Seeufer steht die imposante, festungsartige Cà di Ferro (Eisernes Haus) von 1580, eine von dem Urner Landvogt Peter às Pro erbaute Kaserne zur Ausbildung seiner für Frankreich bestimmten Söldner. Später nutzte er sie als Lager für seinen Getreidehandel. In der Folgezeit auch Sitz der Urner Landvögte, befindet sich das Anwesen heute in Privatbesitz.

Grab von Stefan George Auf dem neuen Friedhof von Minusio befindet sich rechts vom Nordosteingang an der Mauer das Grab des deutschen Dichters Stefan George (1868 – 1933).

Elisarion In Minusio ferner beachtenswert ist das Elisarion (Sanctuarium Artis Elisarion), ein Kulturzentrum mit der ominösen Kunstsammlung und Bibliothek des baltischen Malerdichters **Elisar von Kupffer** (1872 – 1942) und seines Freundes, des westfälischen Philosophen Eduard von Mayer (1873 – 1960), der die Lehre vom Klarismus vertrat. Von Kupffers Rundgemälde »Klarwelt der Seligen« war lange Zeit hier ausgestellt, bis es 1986 aus Platzgründen in das Elisarion auf dem Monte Verità (▶S. 145) verlegt wurde. Mittlerweile ist hier eine fotografische Übertragung zu sehen. Das Bild ist einer der wichtigsten Paradiesentwürfe des 20. Jh.s mit naturwissenschaftlichen, geschlechtertheoretischen, religiösen und philosophischen Bezügen zur Zeit um 1920.

● Via Rinaldo Simen 3, Di. 14.00 – 17.00 Uhr oder nach Vereinbarung, Tel. 091 743 66 71, www.elisarion.ch, Eintritt frei

★★ MADONNA DEL SASSO

Auf halber Höhe über Locarno thront das Wahrzeichen der Stadt, die ockergelbe Wallfahrtskirche Santa Maria Assunta, allgemein Madonna del Sasso, **Felsenmadonna**, genannt (▶3D S. 236f.). Sie liegt im Ortsteil Orselina, und man erreicht sie mit der Standseilbahn (Funicolare; ab Stazione Via Ramogna), mit dem Auto oder etwas mühsam zu Fuß auf dem Kreuzweg Via Crucis oder auf dem Sentiero della Valle.

Madonna del Sasso

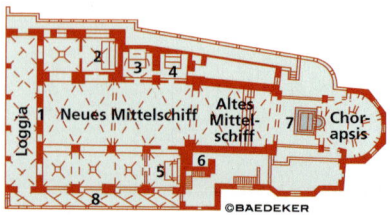

1 Hauptportal (Fresken des 16./17. Jh.s)
2 Altarbild von Antonio Ciseri (ca. 1870)
3 Kapelle der Unbefleckten Empfängnis
4 Kapelle des hl. Franziskus
5 Altarbild von Bramantino (ca. 1520)
6 Glockenturm (16./17. Jh.)
7 Hochaltar (1792) mit Gnadenbild (ca. 148
8 Arkadengalerie (17. Jh.)

Die Kirche steht der Überlieferung nach an der Stelle, an der 1480 der   **Klosterkirche**
Franziskanermönch Bartolomeo d'Ivrea eine Marienerscheinung hat-
te. Erbaut wurde sie Ende des 16., Anfang des 17. Jh.s zusammen mit
dem benachbarten Kloster. Später erfolgten zahlreiche Veränderungen; so stammt ihre Westfassade mit dem fünfbogigen Arkadenportikus vom Ende des 19. Jh.s. Die Ba-
rockkirche ist bis in den letzten
Winkel mit Fresken, Ornamenten
und Stuck geschmückt. Unter der
Ausstattung sind die unzähligen Votivbilder beachtenswert, Danksagun-
gen für die vielen Wunder, die der
Felsenmadonna zugeschrieben werden. Wertvollster Schatz ist das Ta-
felbild »La Fuga in Egitto« (»Flucht
nach Ägypten«) im südlichen Seitenschiff von Bartolomeo Suardi, genannt **Bramantino** (um 1520). Die
»Grablegung Christi« in einer Seitenkapelle malte der aus Ronco sopra Ascona stammende **Antonio
Ciseri** im Jahr 1870. Am beeindru-
ckensten ist jedoch der Blick von der
Terrasse hinunter auf die Stadt, den
See und die Bergkulisse.

? **BAEDEKER WISSEN**	*Wunder gibt es immer wieder*
	Rund 150 Votivbilder erzählen von Menschen in verzweifelten Lagen, ihrer Hoffnung auf Hilfe durch die Felsenmadonna und ih- rem Dank für erwiesene Gnade – die Buchstaben »GR« stehen für Grazia Ricevuta (»Gnade erhal- ten«). Die meist von Hobbymalern angefertigten Votivbilder zeigen, wie gefährlich das Leben einst war mit Katastrophen wie Stürze in die Tiefe, Blitzeinschläge, Schlangenbisse, Verkehrsunfälle, Raubüberfälle, Unwetter oder Überschwemmungen, besonders eindrücklich z. B. die auf dem Bild 144 dargestelle »Vita d'un uomo« (Lebensgeschichte eines Mannes).

Im Klosterbereich gibt es noch einige sehenswerte **Kapellen**, u. a. die   **Kapellen**
Cappella Von Roll mit einer hölzernen Figurengruppe der Bewei-
nung Christi bzw. des Heiligen Grabes (Mailänder Meister, 15. Jh.);
die Pietà-Kapelle und ihr Altar stammen aus dem späten 15. Jahrhundert. In zwei weiteren Kapellen werden mit Terrakottafiguren
Szenen aus dem Neuen Testament dargestellt: in der Cappella
dell'Ultima Cena das höchst renovierungsbedürftige »Letzte Abendmahl« und das »Pfingstwunder« in der Cappella dello Spirito Santo.
Beide Arbeiten werden **Francesco Silva** aus Morbio (1560 – 1641)
zugeschrieben.

Im **Kirchenmuseum** im Ortsteil Orselina sind weitere Votivbilder,   **Museo Casa**
Skulpturen, Gemälde, kirchliche Geräte und Gewänder ausgestellt.   **del Padre**
● Besichtigung nach Vereinbarung, Tel. 091 743 62 65

Vom ursprünglichen Kreuzweg (Via Crucis) sind nur wenige Kapel-   **Kreuzweg**
len erhalten; die Terrakottafiguren in zwei Kapellen schuf **Francesco
Silva** um 1620. Am Fuße des Prozessionsweges steht das 1502 geweihte Oratorio dell'Annunziata mit der Grabplatte des Franziska-
nermönchs Bartolomeo d'Ivrea.

** *Madonna del Sasso*

Einer Marienerscheinung verdankt die Kirche ihre Existenz: 1480 erschien die Muttergottes dem Franziskanermönch Bartolomeo D'Ivrea genau da, wo heute die Kirche steht; erbaut wurde sie jedoch über 100 Jahre später.

❶ Arkadenportikus
Der fünfbogige Arkadenportikus entstand im ausgehenden 19. Jh. nach Plänen von Alessandro Ghezzi. Die Fresken auf dem Hauptportal sind aus dem 16./17. Jh.

❷ Arkadengalerie
Die Arkadengalerie aus dem 17. Jh. gewährt eine herrlichen Blick über Locarno, den Lago Maggiore und auf die Berge..

❸ »Flucht nach Ägypten«
Bramantinos Darstellung der heiligen Familie im südlichen Seitenschiff (um 1520) ist der kunsthistorisch bedeutendste Schatz der Kirche.

❹ Hochaltar
Den Tempietto-Hochaltar schuf ein un-

Im Innern der Kirche Madonna del Sasso

bekannter Künstler im Jahr 1792. Das Gnadenbild der Maria mit Kind entstand um 1485/1487.

❺ Kapelle der unbefleckten Empfängnis
Die erste der beiden nördlichen Seitenkapellen wurde letztmals im Jahr 1912 restauriert.

❻ Kapelle des hl. Franziskus
Die Seitenkapelle rechts daneben ist dem heiligen Franz von Assisi geweiht.

❼ Glockenturm
Der Glockenturm stammt aus dem 16. und 17. Jahrhundert.

❽ Klostergebäude
Die Klostergebäude werden heute noch vom Franziskanerorden genutzt. In einem der Räume ist das Kirchenmuseum untergebracht.

Fresken schmücken die Außenwand des Franziskanerklosters.

Die nördlichen Seiten-kapellen sind in Gold gehalten.

Das Eingangsportal der Kirche ist mit üppigen Wandmalereien verziert.

»Flucht nach Ägypten«: Bramantinos Werk ist der kunsthistorische Höhepunkt der Kirche.

©BAEDEKER

Monti della Trinità, Monte Brè, San Bernardo Westlich der Wallfahrtskirche Madonna del Sasso erstreckt sich auf dem Berghang der Villenvorort Monti della Trinità, auch kurz Monti genannt, mit der Kirche San Trinità dei Monti aus dem 17. Jahrhundert. Von Monti della Trinità führt ein 8 km langes Sträßchen steil bergan zu dem Bergdorf Monte Brè. Von Monte Brè gelangt man noch 1 km weiter eben am Hang hin nach San Bernardo, das eine freskengeschmückte Kapelle aus dem 17. Jh. besitzt; von beiden Orten hat man eine prächtige Aussicht.

Orselina Nordöstlich vom Sanktuarium der Madonna del Sasso dehnt sich in schöner Aussichtslage der Villenvorort Orselina aus. In der Pfarrkirche **San Bernardo** aus dem 16. Jh. ist ein schönes Chorfresko von Giovanni Antonio Vanoni zu sehen. Lohnend ist die Wanderung auf dem Höhenweg **Collina Alta** von Monti della Trinità über Orselina nach Brione sopra Minusio.

*Cardada und Cimetta Von der Wallfahrtskirche Madonna del Sasso führt eine rund 2 km lange Seilbahn in wenigen Minuten hinauf auf den Cardada, **Locarnos Hausberg** (1350 m). Die gläserne Bahn sowie die Tal- und Bergstationen wurden nach Plänen von Mario Botta gebaut. Von einem Aussichtssteg sieht man sowohl den tiefsten (Lago Maggiore) als auch den höchsten Punkt der Schweiz (Dufourspitze in den Walliser Alpen). Auf die Erwachsenen wartet ein Fußreflexzonenweg, auf Kinder ein 1,2 km langer Percorso ludico (Spielweg) mit unterhaltsamen und lehrreichen Spielstationen. Von Cardada gelangt man mit einer Sesselbahn zur Cimetta (1676 m) mitten in einem gut erschlossenen Skigebiet. Eine großartige Aussicht belohnt diejenigen, die von der Cimetta noch etwa 1 Std. zur **Cima della Trosa** aufsteigen (1871 m) oder gar den mühsamen Aufstieg auf den **Madone** (2039 m; gut 2 Std. ab Cima della Trosa) angehen. Der Abstieg erfolgt dann von dort über die Alpe Bietri zum Ausgangspunkt nach Locarno oder in das Bergdorf Mergoscia.

Funivia Cardada: ganzjährig in Betrieb, Juni–Aug. 8.15–20.15 Uhr, Hin- und Rückfahrt 11/22 CHF, www.cardada.ch

*Mergoscia Mergoscia (170 Einw.) erreicht man auch von dem 8 km nordöstlich von Locarno gelegenen Contra aus über eine schmale und kurvenreiche Straße, die sich auf kühnen Steinbogenbrücken über die Schluchten der Verzascazuflüsse schwingt. Der Ort im geografischen Mittelpunkt des Kantons Tessin liegt hoch über dem Stausee von Vogorno (▶S. 296). Besonders im Ortsteil Rivapiana bietet er ein hübsches geschlossenes Gesamtbild mit granitgedeckten Steinhäusern an engen, steilen Treppengassen. In beherrschender Lage mit Blick auf die Verzascatalsperre und auf den **Pizzo di Vogorno** (2446 m ü.d.M.) erhebt sich über dem Ort die Pfarrkirche Santi Carpoforo e Gottardo. Sie stammt ursprünglich aus dem 14. Jh., wurde aber in der Folgezeit mehrfach verändert. Bemerkenswert sind das Portal, der Kampanile, das Pfarrhaus und die barocke Friedhofssäule. Im Kircheninnern sind Reste eines Freskos aus der Schule da Tradates sowie Gewölbemalereien von Giovanni Antonio Vanoni beachtenswert.

** Lugano

G 6/7

Höhe: 273 m ü.d.M.
Einwohnerzahl: 67 200

Lugano liegt herrlich am Nordufer des Luganersees, zwischen den Bergen Monte Brè und San Salvatore, von der Sonne beschienen, vor Wind geschützt und vom Leben verwöhnt – Besucher aus dem Norden fühlen sich im Süden angekommen.

Tatsächlich besitzt die florierende Wirtschaftsmetropole südländisches Flair. Das ganze Jahr trifft man auf Gäste aus aller Welt. Exklusive Geschäfte sorgen für mondäne Eleganz. Der Preis der Attraktivität ist jedoch hoch, die Stadt gehört zu den besonders eklatanten Beispielen Schweizer Baupolitik. Am schönsten ist Lugano, wenn man der Stadt den Rücken zukehrt und über den See Richtung Italien schaut. »Die Landschaft – der Golf mit den Hausbergen Monte Brè und San Salvatore – hat eine Kraft, die auch die Spekulation nicht hat zerstören können«, sagt Mario Botta, der berühmte Architekt. Das »Luxusstädtchen der Edelklasse« (Andrea Fazioli) lockt denn auch nach wie vor die Gäste in Scharen an. Ursprünglichkeit, Natur und Ruhe sind immerhin in der Umgebung zu finden.

Perle des Luganese

> ❗ **BAEDEKER TIPP**
>
> *Zeitreise durch die Stadt*
>
> Die App LugaNow ermöglicht eine Zeitreise der besonderen Art: Mit dem Blick durch die Handy-Kameralinse sieht man die Straßenzüge so, wie sie früher waren oder wie sie in Zukunft aussehen könnten (www.luganow.ch).

Wegen der Lage an der Handelsroute über die Alpen war die Gegend am Luganersee schon von Etruskern und Kelten besiedelt. Im Mittelalter war Lugano (lat. lucus = geweihter Wald) ein bedeutender Markt und ein reger Verkehrsknotenpunkt am Alpentransitweg über Gotthard oder Lukmanier nach Italien. Von 1803 bis 1868 war Lugano – im Wechsel mit Bellinzona und Locarno – die Hauptstadt des Tessin. Die Entdeckung der »Königin des Ceresio«, der »Perle des Luganese« begann erst nach dem Bau des Damms von Melide (1847) und vor allem nach der Eröffnung der Gotthardbahn 1882. Ihre Strahlkraft reichte bald bis in die Deutschschweiz und den süddeutschen Raum.

Aufschwung dank Fremdenverkehr

Lugano erleben

AUSKUNFT
Ente Turistico del Luganese
6900 Lugano
Palazzo Civico, Riva Albertolli
Tel. 058 866 66 00
www.luganoturismo.ch

Lugano-Airport
6982 Agno, Tel. 091 605 12 26
www.lugano-airport.ch

TICINO DISCOVERY CARD
Viel erleben und trotzdem den Geldbeutel schonen kann man mit der drei Tage
gültigen Ticino Discovery Card ▶S.224.

GUT ZU WISSEN
Vor allem während der Stoßzeiten kommt
man in Lugano mit dem Auto oft nur im
Schritttempo vorwärts. Mit dem Bus
(www.utpt.ch) geht es rascher. Es lohnt
sich, das Auto in der Hotelgarage zu lassen. Bei der Lugano Unexpected Classic
Tour lebt die Vergangenheit wieder auf;
die **Stadtführung** wird vom Fremdenverkehrsamt organisiert und ist kostenlos
(www.luganoturismo.ch/gefuehrte_aus
fluege). In der Innenstadt, zwischen
Casinò und Piazza Riforma, gibt es kostenlosen Zugang ins Internet mit WiFi.

VERANSTALTUNGEN
Lugano wartet mit einer Reihe hochkarätiger Veranstaltungen auf: Das **Long
Lake Festival** im Sommer (www.longla
ke.ch) mit 200 Events aus Klassik und
Comedy, Kino, Lesungen und Pop sowie
die Konzertreihen **Estival Jazz** (www.es
tivaljazz.ch) und **Blues to Bop** (www.
bluestobop.ch); der Eintritt zu den meisten Veranstaltungen ist frei.
Hoch her geht es auch bei **Pasqua in
Città** an Ostern und im Oktober bei der

Festa d'autunno. Das prachtvolle **Feuerwerk** auf dem See am 1. August, dem
Schweizer Nationalfeiertag, verwandelt
die Stadt in eine Traumlandschaft. Kaum
Touristen, dafür umso mehr Einheimische finden sich jeweils an der Silvester-
Party auf der Piazza Riforma ein, um das
neue Jahr zu begrüßen: Ab 0.30 Uhr
wird Linsensuppe serviert.

ESSEN
❶ *Ristorante Galerie Arté al Lago*
ⓔⓔⓔⓔ
Piazza Emilio Bossi 7, Tel. 091 973 48 00
Mo. geschl., www.villacastagnola.com
Im Arté speist man umgeben von Bildern
und Skulpturen berühmter Künstler. Der
mit einem Michelin-Stern ausgezeichnete Küchenchef Frank Oerthle beweist,
dass auch die Komposition eines Menüs
eine Kunst sein kann.

❷ *Restaurant Principe Leopoldo*
ⓔⓔⓔⓔ
Via Montalbano 5, Tel. 091 985 88 55
www.leopoldohotel.com
Dario Ranza kann viel mehr als nur Risotto kochen. Trotzdem lohnt sich der
Besuch schon allein wegen seiner Risot-
to-Kreationen – und wegen der spektakulären Aussicht auf den See, die Stadt
und die umliegenden Berge.

❸ *Canvetto Luganese* ⓔⓔ
Via Simen, Tel. 091 910 18 90
www.f-diamante.ch/canvetto
So., Mo. geschl.
Man speist in einem schönen Hof. Alle
Zutaten kommen von einem Bauernhof.
Die Karte wechselt mit den Jahreszeiten.

❹ *Ristorante Bottegone
del Vino* ⓔⓔ
Via Massimiliano Magatti 3
Tel. 091 922 76 89, So. geschl.

Eine schlichte Einrichtung, lange Tafeln, eine kleine Auswahl täglich wechselnder Gerichte und viel Wein – was wünscht man sich mehr? Das fragen sich auch viele Einheimische, weshalb das kleine Lokal oft ausgebucht ist.

❺ *Grotto Centrale* ©©
Lugano-Castagnola, Via San Giorgio 30 Tel. 091 971 53 00, So., Mo. und mittags geschl. – Ein rustikales, aber nicht kitschiges Grotto in wundervoller Lage am Hang des Monte Brè mit gutem Ambiente und ehrlicher Küche

❻ *La Tinèra* ©
Via dei Gorini 2, Tel. 0919235219 So. geschl. – Die rustikale Wirtsstube mit italienischen Gerichten zu fairen Preisen befindet sich, leicht zu übersehen, in einem Untergeschoss bei der Piazza Riforma.

❼ *Osteria & Wine Bar Trani* ©
Via Cattedrale 12, Tel. 091 922 05 05 www.trani.ch, So. geschl.
Die nach der apulischen Stadt benannte Weinstube befindet sich an der Treppe zur Kathedrale. Es gibt über 500 verschiedene Weine, feine Menüs und sehr gute Marrons glacés an Gruyères-Rahm.

❽ *La Cucina di Elsa* ©
Breganzona-Biogno, Piazza Piattini 13 Tel. 091 967 47 57, nur abends, So. geschl., www.lacucinadielsa.com
Domenico Ciccone, genannt Mimmo, pflegt eine einfache Küche mit mediterranen Gerichten und viel Fisch. Der Lokalname erinnert an seine Mutter, von der er das Kochtalent geerbt hat.

❾ *Osteria Gallo d'Oro* © – ©©
Davesco-Soragno, Via Vigin/Via Cantonale 3a, Tel. 091 941 19 43

www.osteriagallodoro.ch, So., Mo. geschl. – Wirt Matteo Napolitano stammt nicht aus Neapel, sondern aus Florenz. Der »Goldene Hahn« ist eine Hochburg der gepflegten toskanischen Küche, alles hausgemacht. Wunderbare Aussicht auf Lugano.

❿ *Grotthard Cafè* ©©
Oggio, Tel. 091 943 75 00
Mo., Di. sowie Mi.- und Do.-Mittag geschl., www.grotthard.com
Leo Leoni, Gitarrist der Rockband Gotthard, hat in dem Restaurant, das er mit seiner Schwester eröffnet hat, seine Gitarre »an den Nagel gehängt«. Das Menü wechselt täglich und am Sonntagabend gibt es Live-Musik.

⓫ *Grotto dell'Ortiga* ©©
Manno, Strada Regina 35 Tel. 091 605 16 13, So., Mo. geschl. www.ortiga.ch – Der Geheimtipp, den mittlerweile (fast) alle kennen! Einfache Tessiner Hausmannskost mit Anleihen aus der toskanischen Küche in uriger Atmosphäre in einem umgebauten Stall.

ÜBERNACHTEN

❶ *Villa Sassa Hotel Residence & SPA* ©©©©
Via Tesserete 10, Tel. 091 911 41 11 www.villasassa.ch – Den Grundstein für das 4-Sterne-Hotel in der Nähe des Bahnhofs legte im 19. Jh. der damalige Bürgermeister Giacomo Luvini-Perseghini, der auf dem beliebten Aussichtsberg seine Sommerresidenz erbaute. Der Blick auf die Stadt und den See ist auch heute noch unübertroffen.

❷ *Hotel Lido Seegarten* ©©©
Viale Castagnola, Tel. 091 973 63 63 www.hotellido-lugano.com
Familiengeführtes Hotel direkt am See

Lugano

Autostrada Locarno, Bellinzona

Tesserete

Universität, Davesco-Soragno

Via San Gottardo

Via Pelli

Via Dufour

Via Franscini

Via C. Maderno

Basilica de Sacro Cuore

Villa Saroli

Banca del Gottardo

Via A. Fusoni

Via al Chioso

Via al Orto

Via al Roccolo

Via Genzana

Chiesa dei Cappuccini

Via Ginevra

Via E. Bossi

Serafino

Balestra

Via Luigi Canonica

Via Cassarate

Via Pietro Capelli

Via Maggio

Centro Esposizio

Via C. Marzio

Breganzona

Via al Ponte

Via Coremmo

Via San Gottardo

Via San Cantonale

Palazzo Ransila

Palazzo di Giustizia

Corso Pestalozzi

Corso

Viale C. Cattaneo

Via Besso

Via A. Galli

Piazzale di Besso

Bahnhof

San Lorenzo

Palazzo dei Congressi S. Rocco

Parco Civico

Piscina

Lido

Porto Comunale

Via Monteroia

Via Tomaso

Via Sorengo

SBB FFS

Stazione Ponte Tresa

Museo Cantonale d'Arte

Villa Ciani

Kursaal Casinò

Biblioteca Cantonale

Museo di Storia Naturale

Ponte Tresa Flugplatz Agno

Via Basilea

Via Aprica

Via Motta

Municipio Palazzo Civico

Circola Vela

Via Montarina

Parco Tassino

Via Clemente Maraini

Via Giuseppe

Via Nassa

Via Maraini

Riva V. Vela

Lago di Lugano

Piazza B. Luini

Santa Maria degli Angioli/ LAC/ Städtische Kunstsammlung

Giardino Belvedere

S. Maria di Loreto

Auto-silo

LORETO

Via Mazzini

Via Antonio Cada

Villa Malpensata Museo d'Arte Moderna

Bagno Pubblico

Via Calloni

Via Cattori

Via G. Cattori

Riva Antonio

Debarcadero Paradiso

Giardino Pubblico

CASSARINA

Chiasso Autostrada Lugano-Sud

PARADISO

Via Geretta

Via delle Scuole

Via F. Zorzi

Lido Paradiso

Via E. Bossi

Stretta

Riva Paradiso

Boggia

Piscina Lido Paradiso

Stazione Lugano-Paradiso

Funicolare

Monte San Salvatore

Via Guidino Superiore

Stretta

Melide

Via Paolo Regazzoni

Via A. Galli

Via Bertacco

Piazzale d. Stazione

Bahnhof SBB

Funicolare

Bhf. Ponte Tresa

Cattedrale San Lorenzo

Auto-silo

Via San Lorenzo

Via San Lorenzo

Via T. Tasso

Via Giuseppe

Via Clemente

Via Maraini

Essen
1. Galerie Arté al Lago
2. Principe Leopoldo
3. Canvetto Luganese
4. Bottegone del Vino
5. Grotto Centrale
6. La Tinèra
7. Osteria & Wine Bar Trani
8. La Cucina di Elsa
9. Gallo d'Oro
10. Grotthard Cafè
11. Grotto dell'Ortiga

Übernachten
1. Villa Sassa Hotel Residence & Spa
2. Lido Seegarten
3. Gabbani
4. Dante Lugano Center
5. Internacional au Lac
6. Elvezia al Lago
7. Tesserete
8. Eco-Hotel Locanda del Giglio

Lugano
Stadtkern

mit Pool und Schwimminsel – ideale Voraussetzungen für Schweizer Dolce Vita

❸ *Hotel Gabbani* ⓔⓔⓔ
Piazza Cioccaro 1, Tel. 091 921 34 70
www.hotel-gabbani.ch – Die Zimmer
sind nach Gabbani-Tradition nach Lebensmitteln benannt und bestens in modern-elegantem Stil eingerichtet.

**❹ *Hotel Dante Lugano
Center* ⓔⓔⓔ**
Piazza Cioccaro 5, Tel. 091 910 57 00
www.hotel-luganodante.com
Hier sind Herzlichkeit und Hightech verbunden. Das 4-Sterne-Hotel mitten in der Altstadt bei der Funiculare-Talstation zum Bahnhof wurde schon mehrfach für seine Gastlichkeit ausgezeichnet.

**❺ *Hotel Internacional au Lac*
ⓔⓔ – ⓔⓔⓔ**
Via Nassa 68 – Piazza B. Luini
Tel. 091 922 75 41, www.hotel-international.ch – Seit der Eröffnung 1906 ist das fünfstöckige, kleine Grandhotel in Familienbesitz. Größter Trumpf ist seine Lage: direkt an der Uferpromenade, neben der Kirche Santa Maria degli Angioli, eigener Park mit Schwimmbad, die wichtigste Shoppingmeile der Stadt direkt vor dem Hoteleingang.

❻ *Elvezia al Lago* ⓔⓔ
Lugano-Castagnola, Sentiero di Gandria 21, Tel. 091 971 44 51
www.elveziaalago.ch – Das kleine Hotel mit rot-weißer Fassade, Badestrand, Loggia und Bootssteg versetzt den Gast in die 1960er-Jahre. Die Einrichtung ist plüschig und verspielt, passt aber wunderbar zum Retro-Charme.

❼ *Hotel Tesserete* ⓔ
Tesserete, Via Luigi Canonica

Tel. 091 943 24 44
www.hotel-tesserete.ch
Liebevoll gepflegtes Jugendstil-Hotel in ruhiger Lage am Dorfrand, ideal für Wander- und Bike-Touren

❽ *Eco-Hotel Locanda del Giglio* ⓔ
Roveredo, Via Cantonale
Tel. 091 930 09 33
www.locandadelgiglio.ch
Öko-Hotel in einem Kastanienwald mit Panorama-Sicht auf den Luganersee. Das Bio-Restaurant bietet regionale, indische und vegetarische Gerichte von lokalen Produzenten. Vielseitiges Freizeitangebot wie Kräuterkurse und Reitausflüge.

NACHTLEBEN

Bis morgens um 5.00 Uhr kann man im **Kasino** (Via Stauffacher 1, www.casino lugano.ch) u. a. an einem der 18 Spieltische sein Glück versuchen; mit 2 Restaurants und 5 Bars. In der **Emerald-Bar** im altehrwürdigen Hotel Splendide Royal (Riva Caccia 7, www.splendide.ch) spürt man einen Hauch von Belle Epoque, wenn der Kellner zu den Klängen des Pianisten Cocktails serviert. Im **Living Room** (Via Trevano 89a, www.living roomclub.ch) legen internationale DJ's am Wochenende von Electro über Rock'n'Roll und Ska bis Reggae alles auf, was ein jüngeres Publikum zum Tanzen animiert. An lauschigen Sommerabenden kann man auch in der **Chiringuito Beach Bar** im Lido (Viale Castagnola 6, www.allidobar. com) dem Dolce Vita frönen.

SPORT

Die Region Lugano hat mit über 300 ausgeschilderten Kilometern das dichteste **Mountain-Bike-Streckennetz** der Schweiz; Routenvorschläge sowie Tipps für Wanderungen und Trekking-Touren:

www.luganoturismo.ch. Der 4 km lange Olivenweg in Gandria ist ein Tipp für **Genusswanderer**. Für die, die höher hinaus wollen, ist die Via ferrata, der **Klettersteig** am Monte San Salvatore (www.montesansalvatore.ch), bei schlechtem Wetter die **Kletterhalle Evolution Center** im Vorort Taverne (www.evolution center.ch) zu empfehlen. Im **Skatepark** kommen Skater und Roller auf ihre Kosten (www.skateparklugano.ch). Der Park liegt beim Fussballstadion Cornaredo, wo der Zweitligist FC Lugano (www.fclu gano.com), immerhin dreimaliger Schweizer Meister, seine Heimspiele austrägt. Einen Steinwurf entfernt befindet sich die Resega, die Heimat des HC Lugano (www.hclugano.ch), dem sportlichen Aushängeschild der Stadt (▶Baedeker Wissen S. 104). **Wasserratten** sind im Lido di Lugano richtig aufgehoben (Viale Castagnola 4-6, www.lugano.ch/sport), mit Sandstrand, Pavillon im Stil der venezianischen Renaissance und beheiztem Schwimmbecken.

EINKAUFEN

Was in Zürich die Bahnhofstraße, ist in Lugano die **Via Nassa** (www.vianassalu gano.ch): Fußgängerzone mit Edelbou tiquen für all die kleinen und größeren schönen Dinge im Leben. Schnäppchenjäger informiert die Gratis-App »Lugano c'entro« über die Sonderangebote im Stadtzentrum. Die Amaretti-Kekse der **Konditorei Vanini** (Via Nassa 9, www.vanini.ch) wurden zu den besten des Landes gekürt. Eine Institution ist auch der **Feinkostladen Gabbani** (Via Pessina 12, www.gabbani.com). Seit 1905 gehört das Lederwarengeschäft Pelletteria Poggioli (Via Luvini 5, www.poggiolipelletteria.ch) zum Stadtbild. Salvioni (Via Ferruccio Pelli 2, www.salvionilugano.ch) ist das **Einrichtungshaus für italienisches Design**, La Fiamma (Via Motta 7) »der schönste **Kerzenladen** der Welt« (»Annabelle«). Das eine oder andere entdeckt man vielleicht auf dem Antiquitätenmarkt, der samstags im Quartiere Maghetti stattfindet.

Der Fremdenverkehr wurde zur Triebfeder für Investitionen. Es entstanden Hotelpaläste im Belle-Epoque-Stil, Bahn- und Tramverbindungen ins Hinterland und die Bergbahnen auf die beiden Berge San Salvatore (1890) und Brè (1912). Der Aufschwung rief Banken auf den Plan, die in Lugano Filialen eröffneten. Heute ist die Stadt nach Zürich und Genf der **drittgrößte Finanzplatz** der Schweiz (hier lagert viel italienisches Geld aus der reichen Lombardei). Aber der Preis ist hoch: Lugano hat nur noch eine winzige, verwinkelte Altstadt und einige hübsche Parkanlagen. Banken, Treuhandfirmen und Anwaltskanzleien prägen das Bild der Altstadt rund um die Piazza Riforma, der 933 m hohe Monte Brè ist mit Häusern übersät. »Der wahre Bewohner der Stadt ist das Geld«, ätzte der Schriftsteller Giovanni Orelli in seinem Roman »Monopoly«.

Während der italienischen Einigungsbewegung um die Mitte des 19. Jh.s wurde Lugano zum Versteck zahlreicher italienischer Patrioten, die von dort den Widerstand gegen die österreichischen Besatzer or-   **Die Wiege Italiens**

!

Mit dem Taxiboot ins Restaurant

Das Antico Ristorante Caprino ist nur mit dem Schiff erreichbar. Ein Anruf genügt, und schon kommt das Bootstaxi angerauscht. Gäste werden in Lugano abgeholt und kostenlos ins Restaurant am gegenüberliegenden Seeufer gebracht, das für seine italienischen Köstlichkeiten und Weine bekannt ist – und die spektakuläre Aussicht auf den Golf von Lugano (€€€, Lugano-Caprino, Sentiero delle Cantine 5, Tel. 091 970 21 11, www.ristorantecaprino.ch).

ganisierten. Ein Zentrum des Risorgimento war die Villa Ciani. Der Schriftsteller Carlo Cattaneo, Giuseppe Mazzini, einer der Ideologen der Freiheitskämpfer und Gründer des Geheimbundes des Jungen Italien, General Giacomo Filippo De Meester, Massimo D'Azeglio und wie die Freiheitskämpfer alle hießen, gingen hier ein und aus, selbst Giuseppe Garibaldi gab sich im Januar 1860 und Juni 1862 die Ehre.

Heute ist Lugano Sitz der 1996 gegründeten Università della Svizzera Italiana (USI) und der Rundfunk- und Fernsehanstalt der italienischen Schweiz. Das Kulturangebot der Stadt ist beachtlich, es gibt, gemessen an der Einwohnerzahl, mehr Museen als in München. Frische Impulse verspricht man sich auch vom neuen Kulturzentrum LAC (Lugano Arte e Cultura) am Südende der Via Nassa mit Museum und Theatersaal. Und auch wenn die Kantonsregierung in Bellinzona residiert, das Selbstbewusstsein Luganos ist riesig: Im Rathaus an der Piazza Riforma sind Statuen des Philosophen Francesco Soave, des Baumeisters Domenico Fontana, des Künstlers Giocondo Albertolli und des Bischofs Giuseppe Maria Luvini ausgestellt, sie repräsentieren die »vier Bereiche, in denen Abkömmlinge Luganos brillierten: Architektur, Literatur, Philosophie und Heilige Eloquenz«

SEHENSWERTES IN LUGANO

**Monte San Salvatore

Bevor man in das geschäftige Treiben Luganos eintaucht, empfiehlt sich ein Blick von oben: Der 912 m hohe Monte San Salvatore erhebt sich etwas südlich wie ein Panettone über die Stadt. Der **wunderschöne Rundumblick** vom Dach der Kapelle auf dem Gipfel geht auf die Berner und Walliser Alpen und die lombardische Tiefebene, die im Süden vom Apennin begrenzt wird, während einem der See und die Stadt Lugano zu Füßen liegen mit den Vororten **Castagnola** im Osten und **Paradiso** im Süden, der langen Seepromenade und der von der Kathedrale San Lorenzo überragten Altstadt. Ein Museum im alten Hospiz gibt Auskunft über die Geschichte des Berges, der lange Zeit der Erzbruderschaft vom guten Tod und Gebet gehörte, und einige Besucher, z. B. dass Kaiserin Sisi im Unterschied zu ihrem Gefolge den San Salvatore gerne zu Fuß bestieg. Wer sich den schweißtreibenden Aufstieg ersparen will, gelangt ab Lugano-Paradiso in zwölf Minuten mit einer 1658 m langen Standseilbahn (Funicolare) auf den Aussichtsberg.

Funicolare Monte San Salvatore: Mitte März – November, letzte Fahrt 23.00 Uhr, Hin- und Rückfahrt 14/28 CHF, www.montesansalvatore.ch

Ausgangspunkt für einen Stadtrundgang ist die Piazza della Riforma, der »Salon« der Luganesi. Sie wird von stattlichen Bürgerhäusern und dem 1842 nach Plänen des Mailänder Architekten Giacomo Moraglia errichteten Rathaus umgeben. Der Name erinnert an die Reform von 1830, die mit der Volkssouveränität ernst machte, die Gewaltentrennung und das Petitionsrecht einführte und die Rechtsprechung demokratisierte (die erste demokratische Verfassung eines Schweizer Kantons). Gut ins Bild passt die Statue des Bildhauers Vincenzo Vela »Spartakus befreit sich von den Fesseln« im Eingangsbereich des Rathauses.

**Piazza della Riforma

Von der Piazza führen zwei der Luganeser Hauptgeschäftsstraßen weg: die **Via Pessina** Richtung Norden mit dem besuchenswerten Gran Café Al Porto oder dem verführerischen Feinkostladen Gabbani, nach Süden die **Via Nassa** mit nicht weniger verführerischen Mode- und Schmuckboutiquen, in denen kein Name der internationalen Modeszene fehlt.

Durch Gassen und Plätze der Altstadt steigt man zur Kathedrale San Lorenzo auf. Wer lieber ab- als aufsteigt, kann auch mit der Standseilbahn von der **Piazza Cioccaro** bis zum Bahnhof hinauffahren

*San Lorenzo

Piazza della Riforma, der »Salon« der Luganesi

Santa Maria degli Angioli mit dem 1529 von Bernardino Luini
gemalten riesigen Kreuzigungsfresko

und dann zur Kirche hinabschlendern. Das herrlich gelegene Bauwerk, dessen romanische Grundmauern aus dem 9. Jh. stammen,
präsentiert sich heute mit einer mächtigen Renaissancefassade, die
im frühen 16. Jh. von lombardischen und Tessiner Baumeistern ausgeführt und mit drei eleganten, von Friesen und Flachreliefs verzierten Portalen versehen wurde. Im dreischiffigen Innenraum (im 17.
und 18. Jh. umgestaltet) tun sich mehrere barocke Kapellen auf. An
der Fassadeninnenwand, an der Nordwand sowie an Lisenen und
Pfeilern sind noch Freskenfragmente aus dem 13. bis 15. Jh. erhalten.

****Santa
Maria degli
Angioli**

Die Via Nassa endet in Seenähe an der Piazza Luini. Und eben der berühmte lombardische Maler **Bernardino Luini** (um 1480/90 bis 1531)
hat in der hier am Platz gelegenen Kirche Santa Maria degli Angioli
seinen letzten, riesigen Freskenzyklus hinterlassen. Die außen schlichte Kirche, die zwischen 1499 und 1515 entstand und einst zu einem
1848 aufgehobenen Minoritenkloster gehörte, lässt nichts von dem
Schatz ahnen, den sie im Innern birgt. Gleich beim Betreten des Gotteshauses wird der Blick vom riesigen Kreuzigungsfresko am Lettner
gefesselt, das Luini im Jahr 1529 geschaffen hat. Die monumentale
Wandmalerei, auf der die Szenen vor, während und nach der Kreuzigung Christi wie in einem Film am Betrachter vorüberziehen, gilt nicht
nur als Luinis Meisterwerk, sondern sie stellt auch den berühmtesten

Renaissancezyklus der Schweiz dar. Interessant auf dem figurenreichen, von starker Spannung getragenen Wandgemälde sind auch die für die Renaissance typischen Öffnungen auf eine immer liebliche Landschaft. In der Kirche sind zwei weitere, deutlich von **Leonardo da Vinci** beeinflusste Luini-Fresken zu sehen: an der Südwand des Kirchenschiffs ein Abendmahl und in der ersten Seitenkapelle rechts eine liebliche Madonna mit Kind und Johannes. Weitere Fresken an Gewölben, Bogenleibungen und Pfeilern sind aus dem 16. Jahrhundert.

Die Kirche Santa Maria degli Angioli und der ehemalige Kreuzgang sind mittlerweile Teil von Luganos Ende 2015 eröffnetem **Kultur- und Kongresszentrum** LAC (Lugano Arte e Cultura). In dem fünfstöckigen Neubau (Architekt: Ivano Gianola) sind Räume für Ausstellungen, ein **Musik- und Theatersaal** für tausend Zuschauer, ein Panorama-Restaurant sowie eine Tiefgarage. Hinter der Fassade des ausgebrannten Hotels Palace, wo einst Kaiserin Sisi und Thomas Cook nächtigten, verbergen sich Büros und Luxusappartements. Im Museum des LAC sind die Meisterwerke des 19. und 20. Jh.s der **städtischen Kunstsammlung** zu sehen, u. a. von Turner, Degas, Renoir, Pissarro, Hodler, Jawlensky, Klee, Arp oder Melotti, außerdem finden Wechselausstellungen statt. Auch die anderen Museen wie das Museo Cantonale d'Arte (Via Canova), das Museo d'Arte in der Villa Malpensata am Seeufer (Riva Caccia) sowie die Villa Ciani sind in das Ausstellungskonzept integriert.

*LAC

Museo Cantonale d'Arte: Di. 14.00 – 17.00, Mi. – So. 10.00 – 17.00 Uhr, Eintritt 8/12 CHF, www.museo-cantonale-arte.ch
Museo d'Arte: Di. – So. 10.00 – 18.00, Fr. bis 21.00 Uhr, Eintritt 8/12 CHF, www.mdam.ch
LAC: Informationen und Programm: www.luganolac.ch

Vom LAC sind es wenige Schritte bis zum Giardino Belvedere. Der Park an der Uferpromenade erfreut nicht nur Liebhaber subtropischer Pflanzen; seit 1977 stehen hier 14 Skulpturen u. a. von Ossip Zadkine und Hans Arp.

Giardino Belvedere

Kirche Santa Maria degli Angioli

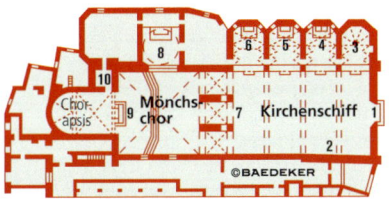

1 Portal (ca. 1510)
2 »Abendmahl« (Fresko von Bernardino Luini)
3 »Maria m. d. Knaben Jesus & Johannes« (Fresko von B. Luini)
4 Antoniuskapelle
5 Franziskuskapelle

6 Kapelle der Unbefl. Empfängnis (ca. 1525)
7 »Kreuzigung« (Großfresko von B. Luini, 1529) am Lettner
8 Theodorkapelle
9 Hauptaltar (17./18. Jh.)
10 Turm (16. Jh.)

Santa Maria di Loreto	Die Kirche Santa Maria di Loreto weiter im Süden erinnert von außen eher an ein Wohnhaus. Unter einem fünfbogigen Portikus in toskanischem Stil (16. Jh.), außen und innen mit Barockfresken ausgeschmückt, tut sich ein schönes Renaissanceportal auf. Im Innern sind Freskenfragmente aus der Zeit um 1530, die teils an Bernardino Luini erinnern, und Stuckaturen aus dem 17. Jh. zu sehen.

*Parco Ciani

Rund 1,8 Millionen Franken bezahlte die Stadt Lugano 1912, um den Parco Ciani (auch Civico genannt) zu erwerben, eine weitsichtige Investition: Der Stadtpark ist einer der schönsten Grünanlagen der Schweiz und ein beliebter Erholungsraum. Die verschiedenen Palmen, exotischen Gehölze, Rosen, Azaleen, Magnolien und Kamelien gedeihen prima in dem subtropischen Klima, während die Wilhelm-Tell-Statue im Eingangsbereich daran erinnert, dass man sich in der Schweiz befindet.

In der Villa Ciani, die an den modernen Palazzo dei Congressi (1975) angrenzt, finden regelmäßig Ausstellungen statt, hauptsächlich zu historischen Themen.

Museo Cantonale di Storia Naturale

Im Ostteil des Stadtparks befinden sich südlich der Protestantischen Kirche die **Biblioteca Cantonale** (1940 nach Plänen von Rino und Carlo Tami errichtet, 1973 erweitert) sowie das didaktisch vorbildlich präsentierte Kantonale **Naturgeschichtsmuseum** mit zoologisch-botanischen, paläontologischen und geologisch-mineralogischen Sammlungen, wobei der Schwerpunkt auf der Natur des Tessin liegt.

❶ Di. – Sa. 9.00 – 12.00, 14.00 – 17.00, Eintritt frei, www.ti.ch/mcsn

Moderne Architektur

Ein Besuch von Lugano wäre nicht vollständig, wenn man nicht auch die vielen Zeugnisse zeitgenössischer Architektur berücksichtigen würde. Von den 1970er-Jahren an sind in der Altstadt, besonders aber in die nördlich anschließenden Quartiere entlang des Flusses Cassarate moderne Verwaltungs- und Bankbauten gesetzt worden, die heute das Stadtbild mitbestimmen: darunter die **Biblioteca Cantonale** (▶oben); die **Banca della Svizzera Italiana** (BSI) am Rand der Altstadt in der Via Magatti, 1970 von Giancarlo Durisch entworfen. Der moderne Betonbau kontrastiert auf bizarre Weise mit dem Palazzo Riva, einem der ältesten Gebäude der Stadt. Vom Tessiner Stararchitekten **Mario Botta** stammen drei weitere Bauwerke: der **Palazzo Ransila** am Corso Pestalozzi, 1985 gebaut, der Baum auf dem Dach gedeiht allen Unkenrufen zum Trotz immer noch prächtig, das monumentale Verwaltungsgebäude der ehemaligen **Banca del Gottardo** (1988, heute BSI) und noch immer eine »Kathedrale des Gelds«, sowie die Bushaltestelle auf dem Piazzale Ex-Scuole. Dort findet übrigens jeweils am Dienstag- und Freitagmorgen ein **Gemüse- und Obstmarkt** statt.

CASTAGNOLA

Der Villenvorort Castagnola im Osten Luganos zieht sich vom Seeufer den sonnigen Hang des Monte Brè hoch. Eine der bekanntesten Villen ist hier die Villa Favorita. Erbaut wurde sie 1687 von Karl Konrad von Beroldingen. Nach verschiedenen Besitzerwechseln gelangte die Villa 1932 an Heinrich Thyssen, der hier seine Kunstsammlung unterbrachte. Nach 1947 übernahm sein Sohn Hans Heinrich Thyssen-Bornemisza die Villa. Bis 2003 wurden darin Teile der Kunstsammlung Collezione Thyssen-Bornemisza gezeigt, eine der bedeutendsten privaten Sammlungen überhaupt (seit 1993 im Museo Thyssen-Bornemisza, Madrid). Heute ist die Blütezeit der Villa längst vorbei. Die Erben suchen einen Käufer; auch der Park ist nicht zugänglich.

Villa Favorita

Etwas östlich der Villa Favorita steht am Uferweg, Richtung Gandria mitten in einem schönen Park, die um 1930 in neoklassizistischem Stil als Kopie des Versailler Trianonschlösschens erbaute Villa Heleneum. Seit 1989 beherbergt sie das private **Museum für außereuropäische Kulturen**. Kern der Sammlung ist die Schenkung der surrealistischen Künstler Serge und Graziella Brignoni. Zu sehen sind über 600 Objekte, Skulpturen, Masken, Kultobjekte und Gegenstände des täglichen Gebrauchs aus Afrika, Indonesien und v. a. Ozeanien.
❶ Via Cortivo 24, Di. – So. 10.00 – 18.00 Uhr, Eintritt 12 CHF, www.lugano.ch/museoculture/

Villa Heleneum: Museo delle Culture Extraeuropee

In der Strada di Gandria, weiter oben am Hang des Vororts Castagnola, liegt das Archivio Storico Casa Carlo Cattaneo. In einem Raum werden die Persönlichkeit und das Werk des italienischen Schriftstellers und Politikers **Carlo Cattaneo** (1801 – 1869) dokumentiert, der den letzten Teil seines Lebens hier in Castagnola verbracht hatte, in einem anderen das Schaffen des lettischen Dichters und Freiheitskämpfers **Janis Rainis** (1865 – 1929) und seiner Frau Aspazija (1869 – 1943), die von 1905 bis 1920 in diesem Haus im Exil lebten.
❶ Mo. – Fr. 8 .00 – 12.00 Uhr, www.archiviostoricolugano.ch

Archivio Storico Casa Carlo Cattaneo

Die kleine Pfarrkirche von Castagnola nimmt einen schönen Aussichtspunkt ein. Der Maler Hans Purrmann (1880 – 1966), einer der wichtigsten Vertreter des deutschen Kolorismus, verewigte das mittelalterliche Bauwerk 1943 in einem Gemälde. Auf dem kleinen Friedhof bei der Kirche hat der 1959 verstorbene Rennfahrer Rudolf Caracciola seine letzte Ruhe gefunden. Ferner befinden sich hier auch die Gräber von Margrit Batthyany-Thyssen und der Bankiers Cornaro und Dollfuss.

San Giorgio

Der 933 m hohe Monte Brè, einer der **sonnigsten Berge der Schweiz**, schließt die Bucht von Lugano nach Osten ab. Die ******Aus-

*Monte Brè

Finanzplatz Tessin

Banken und Treuhandgesellschaften prägen das Bild von Lugano, dem nach Zürich und Genf drittgrößten Finanzplatz der Schweiz. Die Nähe zu Italien ist für die Tessiner Wirtschaft Fluch und Segen zugleich.

Das Tessin erlebte nach dem Zweiten Weltkrieg ein **Wirtschaftswunder der besonderen Art**. In den 1960er-/1970er-Jahren karrten Tausende Italiener ihr Vermögen über die Grenze ins Tessin, Hauptgründe waren die Angst vor der starken kommunistischen Partei Italiens, der Gier des heimischen Fiskus und die Schwäche der Lira. Die Stabilität der Schweiz war – neben dem Bankgeheimnis! – das größte Kapital Luganos. »Hier gibt es keine Streiks, keine Volksbewegungen, keinen Krieg, keine Gewalt, keine Entführungen, keine Hitzköpfe, keinerlei Unordnung«, schrieb Giovanni Orelli 1980 in seinem Roman »Monopoly«. Wie viele Milliarden Schwarzgeld in den Tresorräumen der Tessiner Banken lagern, weiß niemand genau. Fakt ist, dass die Anzahl der Bankangestellten zwischen 1945 und 1985 von 780 auf über 8000 anstieg.

Geld »arbeitet«

Je größer das Loch wurde, das im italienischen Staatshaushalt klaffte, umso größer wurde der Unmut der italienischen Politiker über das Gebaren der Vermögensverwalter diesseits der Grenze. 2009 blies der italienische Finanzminister Giulio Tremonti zum Angriff. Er wolle den Finanzplatz Lugano »trockenlegen«. Zwar flossen im Rahmen einer Steueramnestie rund hundert Milliarden Euro nach Italien zurück,

darunter ein großer Teil aus der Schweiz, doch sein Ziel erreichte Tremonti nicht. Der Tessiner Finanzplatz mit seinen Banken, Treuhandgesellschaften und Versicherungen beschäftigt mittlerweile nach wie vor rund 15 000 Angestellte. Die verwalteten **Vermögenswerte belaufen sich auf 400 Milliarden Franken**. Heute trägt der lokale Finanzsektor noch 10,6 % zur kantonalen Wertschöpfung bei; vor fünf Jahren lag dieser Anteil noch bei rund 18. %.

Eng mit dem Finanzsektor verbunden ist die **Immobilien- und Baubranche**, die häufig an den Tourismus gekoppelt ist. Im Tessin machen Zweitwohnungen rund 40 % des Wohnungsbestands aus. Ferner stellten die Ökonomen der Bank vor allem im Sottoceneri einen »regen Strukturwandel« fest: »Traditionelle Industriebranchen werden von modernen Spitzentechnologien abgelöst.« Eine wichtige Rolle spielen IT-, Kommunikations-, Elektromechanik- und Pharmafirmen, die teilweise einen beträchtlichen Forschungsaufwand betreiben. In dieses Bild passen auch das Hochleistungsrechenzentrum, das die ETH Zürich im März 2012 in Lugano eröffnete, und das Gesundheitswesen, das mittlerweile eine internationale Ausstrahlung hat (vor allem gut betuchte Italiener lassen sich gerne in Tessiner Kliniken behandeln).

Attraktive Schweiz

Obwohl die Ökonomen der Credit Suisse dem Kanton eine Verbesserung seiner Wettbewerbsfähigkeit attestierten, herrscht im Tessin nicht eitel Sonnenschein. Das hat vor allem mit der desolaten wirtschaftlichen und politischen Situation in Italien zu tun, die zu einem unvergleichlichen Exodus geführt hat. Zwischen 2008 und 2013 gründeten **italienische Unternehmer rund 4500 Firmen auf Tessiner Boden**, vorzugsweise in Grenznähe.

Was auf den ersten Blick wie ein Standortvorteil aussieht, entpuppt sich als **Parallelwirtschaft**, von der die einheimische tessiner Bevölkerung kaum einen Nutzen hat: Die zugezogenen Firmen profitieren von lockeren Arbeitsgesetzen, geringen bürokratischen Lasten und Lohnnebenkosten sowie deutlich niedrigeren Steuern. Und sie schätzen die Nähe zum lombardischen Wirtschaftsraum, wo es (hoch) qualifiziertes Personal zum halben Preis gibt – deshalb beschäftigen sie in den meisten Fällen überwiegend Landsleute (im Tessin machen die **»Frontalieri«** (Grenzgänger) **rund ein Viertel der Beschäftigten** aus. Für die italienischen Angestellten lohnt sich der Grenzgängerstatus ebenfalls: Sie werden in der Schweiz besteuert, nicht aber in Italien, wo die Abgaben höher sind. Ein Beispiel: Der Luxuskonzern Gucci baute 2013 für rund 42 Millionen Franken in Sant' Antonino, zwischen Bellinzona und Locarno, ein Logistikzentrum. Rund 380 der insgesamt 400 Angestellten sind Grenzgänger. Und das Gucci-Zentrum ist längst kein Einzelfall. So ist die Zahl der Grenzgänger seit 1999 von 26 500 auf 63 000 angewachsen. Zwar hat auch die erwerbstätige Bevölkerung zugelegt. Doch der Anteil der Grenzgänger stieg überproportional. Das schürt Ängste in der Bevölkerung, so ist es auch kein Wunder, dass die Tessiner im Februar 2014 dafür stimmten, der Masseneinwanderung einen Riegel vorzuschieben. Der Anteil an den Ja-Stimmen lag im Tessin bei 68,2 % und war damit so hoch wie in keinem anderen Schweizer Kanton.

sicht von der Terrasse des Restaurants Vetta auf die Berner und Walliser Alpen steht der des Monte San Salvatore in nichts nach. Um den Gipfel des Monte Brè verläuft sein 2,6 km langer und aussichtsreicher »sportlicher Rundweg«, **Sentiero sportivo.**

Man erreicht den Gipfel in 20 Min. mit der Standseilbahn (Funicolare) vom Stadtteil Cassarate aus oder mit dem Auto auf einer 11 km langen, kurvenreichen Straße. Diese endet im **malerischen Dorf Brè**. Hier lebte bis zu seinem Tod 1971 der Schweizer Maler **Wilhelm Schmid**, ein wichtiger Vertreter der Bewegung »Neue Sachlichkeit« und des Magischen Realismus. Mehr über ihn und seine Kunst erfährt man in einem Museum in Schmids ehemaligem Wohnhaus.

Funicolare Monte Brè: tägl., Hin- und Rückfahrt 12.50/25 CHF, www.montebre.ch

Museo Wilhelm Schmid: Ostern bis Okt. Do.–So. 10.00–12.00, 14.00 bis 18.00 Uhr, Eintritt frei, www.luganoturismo.ch

★★ GANDRIA

Ein beliebtes Ausflugsziel von Lugano aus ist das etwa 5 km östlich gelegene, ehemalige Fischerdörfchen Gandria (220 Einw.), das mit engen Treppengassen, verwinkelten Bogengängen und schmalen Rebterrassen gegen den See abfällt, ja sich mit einladenden Restau-

Gandria: charmantes Dorf am Luganersee

rants auf den See vorschiebt. Man erreicht Gandria, einen der **male-rischsten Tessiner Orte**, mit dem Auto auf der Uferstraße Richtung Porlezza (Italien), zu Fuß auf einem idyllischen, 3 km langen Weg vom Luganer Stadtteil Castagnola aus oder mit dem Linienboot.

Nur mit dem Boot kommt man nach **Cantine di Gandria** am gegen-überliegenden Seeufer (ab Lugano Giardino). Hier lohnt das sehens-werte Museo Doganale Svizzero, das Zollmuseum in einer ehemaligen Kaserne der Schweizer Grenzwache, einen Besuch.

Die Grenze war im Gebiet um Lugano nie ganz geschlossen. Wer sich in den dichten Wäldern, auf den einsamen, nicht sehr hohen Bergen und auf dem vielarmigen Luganer See auskannte, konnte schon das eine oder andere illegal über die Grenze bringen: Geschmuggelte Schokolade und Kaffee, Tabak, Zigaretten und Zigarren, Uhren, Feu-erzeuge und Feuersteine fanden immer guten Absatz. Und das vor-bildliche **Zollmuseum** dokumentiert nicht nur einige Kapitel Tessi-ner Zeitgeschichte, sondern es informiert auch über alte und hochmoderne Methoden zur Bekämpfung des Schwarzhandels.

*Museo Doganale Svizzero (▶Baedeker Wissen S. 36)

❶ April – Okt. tägl. 13.30 – 17.30 Uhr, Eintritt frei, www.zollmuseum.ch

VAL CAPRIASCA · VAL COLLA

Valli di Lugano (Täler von Lugano) heißen die vom Cassarate durch-flossenen Täler Val Capriasca und Val Colla nördlich von Lugano. Wenn man die Stadt vom östlichen Stadtteil Cassarate (in der Nähe des Ausstellungszentrums Centro Esposizioni) Richtung Norden ver-lässt, gelangt man über mehrere an den Osthängen des Valle di Cas-sarate gelegene Ortschaften – Pregassona, Soragno, Davesco – nach Cadro, wo die reich mit Rokokostuckaturen ausgestattete Pfarrkirche **Sant'Agata** unter Denkmalschutz steht. Auf der weiter ansteigenden Straße gelangt man über Villa Luganese mit der von einer Renaissan-celoggia flankierten Pfarrkirche Santa Maria Assunta nach Sonvico. Sein Name leitet sich vom lateinischen »summus vicus« (= höchster Ort) ab, dabei führt die Straße von hier durch das Val Colla noch weiter aufwärts. Vor der Weiterfahrt lohnt noch ein Besuch der **bild-reichen Pfarrkirche San Giovanni Battista** am südlichen Dorfrand; der Totentanz an der Südwand ist aus dem 16. Jh., die Fassadenin-nenwand schmücken spätgotische Fresken. Noch wertvoller sind im Ortsteil Dino die **romanischen Fresken** im Innern der Kirche **San Nazario**: Von byzantinischer Eindringlichkeit ist die Szene des Mar-tyriums der Heiligen Petrus und Paulus, bei der unter einem Balda-chin noch der Kaiser Nero zu erahnen ist. Der Stil dieser Wandma-lereien erinnert an die Fresken in der Kirche in Lugaggia auf der gegenüberliegenden Talseite, der ikonografische Inhalt an die ins 12. Jh. datierten Zyklen in Müstair (Engadin).

Über Cadro nach Sonvico

Über Bogno und Bidogno nach Tesserete Durch liebliche Kastanienwälder fährt man nun durch das **Val Colla** bis ins 963 m hoch gelegene Dorf **Bogno** hinauf und auf der anderen, westlichen Seite wieder abwärts: Nur wenige Kilometer von Lugano entfernt, entdeckt man hier eine stille Welt mit einer noch ursprünglichen Natur. Um diese Atmosphäre ganz aufzunehmen, sollte man das Auto dann und wann stehen lassen und einfach ein bisschen durch die Gegend wandern. Selbst im kleinsten Dorf im hintersten Tal wird man reizvolle Kirchlein und Kapellen entdecken. Über das altertümliche Dorf **Bidogno,** das einst als Heimat von Kesselflickern und Kupferschmieden bekannt war, erreicht man **Tesserete,** den Hauptort dieser Gegend. Vom ursprünglich romanischen Bau der Pfarrkirche ist der Kirchturm mit Zwillingsfenstern erhalten, der heute aus der Fassadenmitte aufragt. Vor dem Glockenturm fällt ein dreibogiger Portikus auf, rechts davon ein verblasster hl. Christophorus, während das Kircheninnere einen barocken Chor, spätgotische Fresken und illusionistische Malereien aufweist.

*Ponte Capriasca Auf enge Beziehungen zu Mailand verweist auch die Pfarrkirche **Sant'Ambrogio** im südwestlich von Tesserete gelegenen Dorf Ponte Capriasca. Ein unbekannter Künstler malte hier um 1550 eine Kopie des berühmten »Abendmahls« von Leonardo da Vinci. Da sich diese Kopie – im Gegensatz zum vorbildlich restaurierten Original – gut erhalten hat, konnte man ihr wertvolle Hinweise auf verschwommene Details bei Leonardos Werk entnehmen. Der anonyme Maler versah hier in Ponte Capriasca die Jünger auch mit ihren Namen, die in Mailand längst verschwunden sind.

DURCH DAS VAL VEDEGGIO

*Mezzovico Auf den ersten Blick ist das verkehrsgeplagte, dicht besiedelte und industrialisierte Val Vedeggio, das sich von Lugano Richtung Norden bis zum Monte Ceneri und zum Piano di Magadino hinzieht, wenig einladend. Kantonsstraße, Autobahn und Bahnstrecke sind hier wie Bänder miteinander verschlungen, Transit wird hier großgeschrieben. Aber einige der Ortschaften am Wege haben sich bis heute ihren urtümlichen Charme erhalten. Das interessanteste Dorf ist zweifellos Mezzovico, das einst an einer uralten Römerstraße lag, heute aber vom Durchgangsverkehr nicht mehr berührt wird. Es hat nicht nur ein hübsches Dorfbild, sondern auch zwei sehenswerte Kirchen zu bieten. Die Pfarrkirche **Sant'Abbondio** auf einem Hügel wird von einem romanischen, im 15. Jh. aufgestockten Kampanile überragt. An den Innenwänden und im Chor sind Fresken aus der Mitte des 15. Jh.s entdeckt worden, die die Jungfrau Maria und Mönche des Dominikanerordens darstellen und in ihren Veduten an mittelalterliche Miniaturen erinnern. Die mittelalterliche Kirche **Sant'Ermete**

im Friedhof wurde in mehreren Bauabschnitten zwischen dem 11. und 15. Jh. errichtet. Der Chor ist im frühen 16. Jh. mit Fresken ausgemalt worden, wobei die Kreuzigungsszene an der Chorrückwand im Aufbau an die Kreuzigungsdarstellung von Luini in Santa Maria degli Angioli in Lugano erinnert.

Wenige Kilometer weiter nördlich liegt das Dorf Rivera. Eine Gondelbahn führt von hier zur **Alpe Foppa** (1530 m ü.d.M.), einer Bergstation etwa 400 m unter dem Gipfel des Monte Tamaro, und zu einem der meistfotografierten Sakralbauten auf Tessiner Boden: die 1996 nach Entwürfen von Mario Botta errichtete Kapelle **Santa Maria degli Angeli**. Ein 65 m langer Viadukt endet auf dem Dach der kreisrunden Kapelle. »Schon ohne Architektur wirkt der Ausblick über die Südschweiz bis zur Lombardei überwältigend. Aber wer die Landschaft vom Dach der Kirche Santa Maria degli Angeli betrachtet, kann sich wie die Krone der Schöpfung fühlen.« (»Der Spiegel«). Auf einer Freitreppe gelangt man hinunter und ins Innere der Kapelle, das mit abstrakten Bildern des italienischen Malers Enzo Cucchi geschmückt ist. Der Bau aus mit Porphyr verkleidetem Beton entstand im Auftrag von Egidio Cattaneo als Gedenkstätte für seine verstorbene Frau Mariangela. ****Monte Tamaro**

Von der Alpe Foppa treten viele Ausflügler die unvergessliche **Traversata** an, die **»Tessiner Königsroute«** zwischen dem Monte Tamaro (1962 m) und dem Monte Lema (1620 m; Tagestour). Mountainbiker wiederum nehmen vorzugsweise die Downhill-Strecke unter die Räder, auf der 2003 die Weltmeisterschaft stattfand. Gleich neben der Talstation der Gondelbahn verspricht seit Juli 2013 der Acquapark Splash e Spa Tamaro Erholung für müde Glieder.

Gondelbahn Monte Tamaro: März – Nov. tägl. 8.30 – 17.00, Juli, Aug. bis 18.00 Uhr, Hin- und Rückfahrt Alpe Foppa 12/25 CHF, www.montetamaro.ch
Splash e Spa Tamaro: tägl. 10.00 – 22.00, Sa., So. ab 9.00 Uhr, Eintritt 25/35 CHF, www.splashespa.ch

Malcantone

—————————————————— ✈ F/G 6

Das hügelige Hochland westlich von Lugano ist eine der lieblichsten und grünsten Landschaften des Tessin und ein beliebtes Wandergebiet.

Die Herkunft des um 1720 auf einer Karte erstmals aufgeführten Namens »Mal Cantone« ist nicht geklärt. Vermutlich stammt er von »magli« ab und erinnert an die Hammerschmieden, die hier einst in Betrieb waren. Am Magliasinabach, der sich durch die freundliche Gegend schlängelt, wurden einst Bleiglanz, Pyrit und Zinkblende **Schätze unter der Erde** abgebaut, und da brauchte es außer Brennöfen eben auch Schmieden. 1785 wurde außerdem Gold entdeckt und mit Unterbrechungen bis 1940 abgebaut. Allerdings blieb den meisten Bewohnern nur der Traum von Gold und Reichtum – bzw. die Möglichkeit, sich als Gastarbeiter, besonders in Italien, mühsam etwas Wohlstand zu erarbeiten. Die Männer aus dem Malcantone waren als Dachdecker, Maler und Gipser gefragt.

Malcantone erleben

AUSKUNFT
Ente Turistico del Luganese
6987 Caslano, Piazza Lago
Tel. 091 606 29 86
www.luganoturismo.ch

ESSEN
Grotto Rossi ⓖ
Castelrotto, Via Ronco
Tel. 091 600 05 50
Mo., Di.-Mittag, So.-Abend geschl.
www.gabrielerusca.ch
Die Küche des jungen Gabriele Rusca ist marktfrisch, die Zutaten sind von bester einheimischer Qualität. Wie wär es mit einem Risotto mit Kastanien und Stangensellerie?

Nostranello ⓖ
Neggio, Piazza San Domenico
Tel. 091 600 98 94, Mo. geschl.
www.osterianostranello.ch
In der Osteria wird gelebt und gefeiert, empfehlenswert für alle, die Wert aufs Wesentliche legen: auf ehrliche Küche, Einfachheit und Gastfreundschaft.

Grotto Lema
Novaggio, Tel. 091 606 54 41
Mo. geschl.
Von einem Grotto hat man bestimmte Vorstellungen: Steintische unter einer Pergola, eine Bocciabahn, ein Kaminfeuer an kühleren Abenden, eine kleine Auswahl einfacher Tessiner Gerichte … das alles findet man im Grotto Lema.

Ristorante Il Castagno ⓖ
Mugena, Via Cantonale
Tel. 091 611 40 50
www.ilcastagno.ch
Ein Landgasthof mit großer Karte einschl. Pizza. Im Sommer wird gegrillt, im Herbst kommen Wildspezialitäten auf den Tisch. Auch Wanderer kehren hier gerne ein, denn das Lokal liegt am Kastanienweg (und hat 10 Hotelzimmer).

Taverna dei Pescatori ⓖ
Caslano, Via Torrazza
Tel. 091 606 18 47
Mo. geschl.; Juni – Aug. tägl. geöffnet
Traditionelle Gerichte aus dem Tessin und Italien verführen Wanderer auf ihrem Weg um den Hausberg von Caslano zur Einkehr (wie einst die Fischer).

ÜBERNACHTEN
Kurhaus Cademario Hotel & SPA
ⓖⓖⓖ – ⓖⓖⓖⓖ
Cademario, Via Kurhaus
Tel. 091 610 51 11
www.kurhauscademario.com
Das zum 100. Geburtstag 2014 komplett renovierte Kurhaus liegt in einem Park mit traumhaft schöner Aussicht. 82 Zimmer, zwei Restaurants sowie ein Wellness- und Spa-Bereich, der keine Wünsche offen lässt.

Albergo Gardenia ⊜⊜⊜
Caslano, Via Valle 20
Tel. 091 611 82 11
www.albergo-gardenia.ch
Stilvoll eingerichtetes Haus in ruhiger Lage; moderne Kunst und modernes Design bilden einen wunderbaren Kontrast zum Gebäude, einem einstigen Kloster.

Vallombrosa ⊜⊜
Castelrotto, Via Mött 4
Tel. 091 608 18 66, www.vallombrosa.ch
Das idyllisch gelegene Weingut gilt als Wiege des »Merlot del Ticino«. Übernachtet wird in geschmackvoll eingerichteten Zimmern, die nach Künstlern benannt sind.

Hotel della Posta Astano ⊜ – ⊜⊜
Astano, Via D. Trezzini
Tel. 091 608 32 65
www.albergo-posta-astano.ch
Das familiär geführte Hotel, 1888 in einem ehemaligen Postgebäude eröffnet, liegt in einem Garten mit Terrassen, Pergola und Schwimmbad.

I Grappoli ⊜
Sessa, Via ai Grappoli
Tel. 091 608 11 87
www.grappoli.ch
Das Hotel mit einem Wald-Schwimmbad gehört einer Gewerkschaft und bietet günstige Ferienaufenthalte an; zur Auswahl stehen Zimmer oder Bungalows.

Casa Santo Stefano ⊜
Miglieglia, Tel. 091 609 19 35
www.casa-santo-stefano.ch
Zwei Häuser aus dem 18. Jh. wurden liebevoll in ein Hotel umgewandelt. Die Zimmer sind angenehm schlicht und überraschen mit unerwarteten Details. Für den Heimatschutz gehört es zu den »schönsten Hotels der Schweiz«.

SPORT

Das Gebiet des Malcantone ist ein Wanderparadies. Geruhsam und lehrreich sind die Wanderungen auf dem **Sentiero del Castagno** bei Arosio, dem Kastanienweg durch prächtige Kastanienwälder (▶S. 121), der **Sentiero delle Meraviglie** (»Weg der Wunder«) bei Novaggio und der **Naturlehrpfad** durch den Parco Naturale del **Monte Caslano**. Eine der großartigsten Bergtouren ist die **Traversata** vom Monte Lema zum Monte Tamaro (bzw. umgekehrt). Denkanstöße bietet auch der **Sentiero dell'Acqua Ripensata**, der in Sessa beginnt. Informationen zu allen Wandervorschlägen: www.luganoturismo.ch

EINKAUFEN

Samstag ist in **Ponte Tresa Markttag.** Von 8.00 bis 18.00 Uhr findet man auf italienischer Seite von Lebensmitteln über Kleidung, Küchengeräten bis zu Kosmetikprodukten (fast) alles (Zollbestimmungen bei der Rückkehr in die Schweiz beachten!).
Bio- und Fair-Trade spielen im **Bio-Shop** von Silvia und Peter Lendi in Curio eine große Rolle, hier gibt es Kräuter, Gewürze, Trockengemüse- und Früchte, Tee sowie ätherische Öle und Extrakte (Erboristi Lendi, www.erboristi.ch).
In der **Schokoladenfabrik Alprose** in Caslano werden seit 1957 jedes Jahr 5000 bis 7000 Tonnen feinste Schweizer Schokolade hergestellt; im Laden gibt es Tafeln, Dragées und Napolitains zum Fabrikpreis (Via Rompada 36, www.alprose.ch).
Im kleinen Laden des 1908 von Giovanni Rossi gegründeten **Weinguts Vallombrosa** (mit Zimmern zum Übernachten, ▶oben) in Castelrotto gibt es die eigenen Rot- und Weißweine, Grappa, Honig und Polentamais zu kaufen,

Architekten-schmiede
Als Tessiner Künstlerschmiede wird zwar das Gebiet zwischen Campione d'Italia und Mendrisio angesehen, aus dem seit dem Mittelalter die »Maestri campionesi« und mehrere große Barockbaumeister stammten. Aber auch der Malcantone brachte große Architekten hervor, die vor allem in Russland zu Ruhm kamen: So entwarf Domenico Trezzini aus Astano in Sankt Petersburg Bauten für Peter den Großen; Luigi Pelli aus Aranno wirkte in Moskau, Sankt Petersburg und Nowgorod sowie Francesco Boffa aus Arosio in Odessa. Typisch im Malcantone ist **»il barocco«**, in fast allen größeren oder kleinen Orten gibt es überreich ausgestattete barocke Kirchen.

Geschichte
Das angenehme Klima und die windgeschützte Lage haben den Malcantone schon in vorgeschichtlicher Zeit zu einem beliebten Siedlungsgebiet gemacht. Ligurer, Kelten, Etrusker und Römer hinterließen Spuren. Die große Geschichte ist allerdings immer auf den nahen, bedeutenden Verkehrswegen vorbeigezogen. Von historischer Relevanz war allein ein Ereignis: die Ermordung des Bischofs **Landolfo von Como** in der ehemaligen Burg in Magliaso im Jahr 1116. Diese Bluttat hatte jahrzehntelange Auseinandersetzungen zwischen Mailand und Como zur Folge, die erst mit der Übernahme durch die Eidgenossen um 1500 endeten. Das Gebiet bot auch immer wieder Schmugglern, Banditen und Deserteuren Unterschlupf, daher hält sich die Legende, der Name Malcantone (= »böses, unsicheres Gebiet«) sei eine Anspielung darauf.

? BAEDEKER WISSEN

Mona Lisa im Malcantone?

Am 21. August 1911 stahl der Handwerker Vincenzo Peruggia aus dem Pariser Louvre die »Mona Lisa« und versteckte sie unter einer Tischplatte in seinem Geburtshaus im italienischen Grenzdorf Dumenza, dem Nachbardorf von Sessa. Der Kunstdieb wurde später verhaftet und Leonardo da Vincis Meisterwerk sichergestellt. Es gibt aber heute noch Personen, die steif und fest behaupten, den Ermittlern sei damals nur eine Kopie der Gioconda angedreht worden und das Original befände sich immer noch in der Gegend …

RUNDFAHRTEN DURCH DEN MALCANTONE

Agno
Die erste Route führt von Agno über Arosio, Miglieglia, Curio, Magliaso, Iseo, Aranno und Cademario zurück zum Ausgangspunkt. Das rege Städtchen Agno (4000 Einw.) mit dem internationalen Tessiner Flughafen und zunehmend mit Verkehrs- und Produktionsanlagen versehen, dehnt sich in der fruchtbaren Mündungsebene des Vedeggio in den Luganersee aus. Außer guten Unterkunftsmöglichkeiten, mehreren freskengeschmückten Häusern im Ortszentrum und dem **Museo Plebano** mit archäologischen Funden aus der Umgebung hat

der Ort nur wenig zu bieten. Von hier kam Luigi Rusca (1758 – 1822), der in Russland für Katharina die Große baute.

Museo plebano: Chiesa di San Provino, Tel. 091 604 62 65, April – Okt. Do., So. 16.00 – 19.00 Uhr, Eintritt frei, www.agno.ch

Auf der Kantonsstraße in nördlicher Richtung gelangt man nach ca. 8 km zur Abzweigung nach Gravesano und von dort über zahlreiche Serpentinen aufwärts zuerst nach Arosio, dem mit 860 m höchstgelegenen Dorf des Malcantone. Die Wallfahrtskirche **Santa Maria di Cimaronco** kurz vor Arosio schmücken Fresken eines anonymen Malers. In der Pfarrkirche **San Vittore** von Arosio dagegen hat einer der lombardischen, im Tessin häufig vertretenen Meister der Freskenkunst seine farbigen Arbeiten hinterlassen: **Antonio da Tradate** und seine Gehilfen malten um 1508 den Chor mit Heiligenfiguren und Episoden aus dem Leben Jesu aus. Neben

*Arosio

> **BAEDEKER TIPP**
>
> ### Zeit für die Zeit
>
> Wer sich einen Tag Zeit für die Zeit nehmen möchte, kann von Arosio aus dem ausgeschilderten Weg Percorso del Sole folgen, der zu den Sonnenuhren dieser Gegend führt.

dem bewegenden bethlehemitischen Kindermord wirkt das Abendmahl umso einladender: Christus hat seine Jünger um einen runden Tisch versammelt, Johannes ist schon eingeschlummert, während sich die anderen recht vergnüglich bei Brot, Obst und Wein miteinander unterhalten.

Bei der Weiterfahrt passiert man zwei noch recht urtümlich erhaltene Orte des Malcantone: Fescoggia am Hang oberhalb von Vezio und das prachtvoll gelegene Hügeldorf Breno, dessen Häuser sich um die mittelalterliche, später mehrmals erweiterte Pfarrkirche **San Lorenzo** und die nahe, um 1750 umgebaute Kapelle **San Rocco** scharen.

Fescoggia, Breno

Ebenfalls auf einem Hügel ragt die alte Pfarrkirche **Santo Stefano al Colle** in Miglieglia auf. Der Chor des einschiffigen Bauwerks wurde 1511 mit Wandmalereien ausgeschmückt, die volkstümlich und in der Komposition naiver wirken als die etwa gleichzeitig entstandenen Fresken von Antonio da Tradate in Arosio. Originell sind an dem etwas tiefer stehenden Beinhaus die im 15. Jh. mit Fresken dekorierten Blendarkaden.

*Miglieglia

Vom Frühjahr bis zum Herbst, meist von Anfang oder Mitte April bis Mitte November, steht Bergbegeisterten in Miglieglia die Kabinenbahn auf den 1624 m hohen Monte Lema zur Verfügung, einer der **schönsten Aussichtsberge der italienischen Schweiz**. Hier oben beginnen Paraglider ihren Flug, während Mountainbiker letzte Vorbereitungen vor dem Downhill ins Tal treffen. Wanderer haben die

**Monte Lema

Auf dem Gratweg zwischen Monte Lema und Monte Tamaro

Qual der Wahl zwischen markierten, insgesamt 80 km langen Wegen. Doch die ultimative Bergtour ist die vom Monte Lema ausgehende, **Traversata** genannte Gratwanderung zum Gipfel des weiter nördlich gelegenen Monte Tamaro (▶S. 257). Die mittelschwere Tour, für die man 5 – 6 Stunden und gute Kondition braucht, eröffnet grandiose Panoramen auf den Luganersee und den Lago Maggiore, auf die Schweizer und die piemontesischen Alpen bis zum Monte Rosa im Westen. Die Wanderung geht nicht nur von einem Berggipfel zum anderen, sondern auch von einem Tempel moderner Architektur zum anderen: von der Radarstation auf dem Monte Lema (Pietro Boschetti, 1993) zur Kapelle Santa Maria degli Angeli (Mario Botta, 1996) auf der Alpe Foppa am Monte Tamaro (▶S. 257). Man kann diese Gratwanderung entweder am Monte Lema oder am (ebenfalls mit der Seilbahn von Rivera aus erreichbaren) Monte Tamaro beginnen, Zubringerbusse zwischen Miglieglia und Rivera (▶S. 257) bringen einen zum Ausgangsort zurück.

Novaggio   Im aussichtsreich gelegenen Nachbardorf von Miglieglia beginnt der viel versprechende **Sentiero delle Meraviglie** – der »Weg der Wunder«. In 5 – 6 Stunden führt der Wanderweg u. a. zu einer Mühle, zu einer ehemaligen Gold- und Silbergrube (Stollen nicht betreten!), zur Burgruine Miglieglia und zu einer 1951 stillgelegten, 1989 zu touristischen Zwecken wieder instand gesetzten Hammerschmiede.

Curio   In Curio berichtet das **Museo del Malcantone** von den mageren Zeiten im 19. Jh., die viele Bewohner der Region zur Auswanderung zwangen, und vom ländlichen Leben der vergangenen Jahrhunderte. Bei der im Wald gelegenen Wallfahrtskirche **Santa Maria della Morella** handelt es sich um eine der im Malcantone recht zahlreichen mittelalterlichen Kapellen, die im 17. und 18. Jh., als es den Leuten dieser Gegend offensichtlich gut ging, im Barock- oder Rokokostil umgestaltet wurden.

Museo del Malcantone: Do., So. 14.00 – 17.00 Uhr, Eintritt 3/5 CHF, Tel. 091 606 31 72, www.museodelmalcantone.ch

Über Pura mit der **Casa Crivelli**, mit ihren Ziegelornamenten ein Beispiel eines lombardischen Renaissancehauses (15. Jh.), erreicht man wieder die Kantonsstraße. Richtung Norden gelangt man nach Magliaso, einem beliebten Ferienort am Luganersee. Die im 17. Jh. neu errichtete Barockkirche **Santi Biagio e Macario**, das Pfarrhaus und die Burgruine bilden einen malerischen Komplex, der von einem Hügel herab die Ortschaft beherrscht. In der heute verfallenen Burg wurde 1116 der Bischof von Como, Landolfo, ermordet, was einen langjährigen Krieg zwischen Como und Mailand auslöste.

Pura, Magliaso

Von Magliaso geht es wieder auf einer jener Straßen aufwärts, die sich durch die Hügellandschaft des Malcantone schlängeln. Im hübschen Dorf Iseo lohnt eine knapp halbstündige Wanderung hinauf zur Kirche **Santa Maria.** Auch sie wurde ursprünglich im gotischen Stil erbaut, zur Barockzeit jedoch umgestaltet. Die zunächst gegen Osten ausgerichtete Kirche erfuhr damals eine Vierteldrehung, sodass der frühere Chor zu einer Seitenkapelle wurde.

Iseo

> **!** **BAEDEKER TIPP**
>
> ### *Mit dem Lama zur Kirche*
>
> Der Wanderführer Hanspeter Frei bietet von Iseo aus Trekkingtouren mit Lamas an. Ein Schnupper-Trekking mit den geduldigen Tieren führt zum Aussichtspunkt bei der Kirche Santa Maria und kostet 25 CHF (Kinder 15). Auf der **Lama-Farm Casa Gisoretta** kann man auch günstig übernachten, im Heu, im Zelt oder im Massenlager (www.lama-trekking.ch.vu).

Über Aranno geht es etwa 6 km nach **Cademario** hinauf mit dem ganzjährig geöffneten Kurhaus und Wellnesscenter. Die Pfarrkirche ***Sant' Ambrogio** unterhalb des Dorfes wurde – wie die Kirche bei Iseo – zur Barockzeit erweitert und »gedreht«, bei umfassenden Restaurierungsarbeiten im 20. Jh. aber wieder in ihren ursprünglichen Zustand gebracht. Man betritt die herrlich gelegene, außen schlichte Kirche durch ein barockes Portal, wird aber im Innern ins Mittelalter versetzt. Die Apsis enthält romanische Fresken aus dem frühen 13. Jh., darunter einen großäugigen, thronenden Christus. Eindrucksvoll ist unter den spätgotischen Fresken an der Südwand das Jüngste Gericht: Die Verdammten müssen, bevor sie im Höllenschlund verschwinden, ihre Arbeitsgeräte zurücklassen. Man erkennt die Maurer an der Kelle, die Händler an der Waage, die Fleischer und Holzfäller an den Beilen und Äxten, die Bauern am Rechen und die Krieger am Speer.

Bosco Luganese, Bioggio Über das schön gelegene Dorf Bosco Luganese und das noble Bioggio führt die kurvenreiche Strecke wieder zur Kantonsstraße im Tal und zum Ausgangspunkt der Rundfahrt, nach Agno zurück.

VON CASLANO ÜBER ASTANO NACH SESSA

Caslano Die zweite Rundfahrt durch den Malcantone beginnt in Caslano. Das Städtchen mit 4000 Einwohnern hat sich hinter einem Gürtel von Neubauten einen hübschen Ortskern bewahrt mit ein paar Gassen und einer idyllischen Uferpromenade. Von der Vergangenheit als Fischerdorf erzählt das **Museo della Pesca**, u. a. zeigt es Geräte, die bei der Aalfischerei auf dem nahen Fluss Tresa benutzt wurden. Das Fischereimuseum wird allerdings – zumindest an den Besucherzahlen gemessen – von einem »süßen« Konkurrenzmuseum deutlich in den Schatten gestellt: Das **Museo del Cioccolato** erzählt Kleinen wie Großen die Geschichte des Kakaos, informiert über die Kakaogewinnung, versetzt den Besucher aber auch mit Silber- und Porzellanservicen, alten Schokoladenformen und Werbeplakaten in eine schmackhafte Welt. Dass man bei der Herstellung der Schokolade zuschauen und die Produkte auch kaufen kann, rundet den Besuch ab.

Museo della Pesca: Via Meriggi 32, April–Okt. Di., Do., So. 14.00 – 17.00 Uhr, Eintritt 3/5 CHF, Tel. 091 606 63 63, www.museodellapesca.ch
Museo del Cioccolato: Via Rompada 36, Mo. – Fr. 9.00 – 17.30, Sa., So. bis 16.30 Uhr, Eintritt 1/3 CHF, Tel. 091 611 88 88, www.alprose.ch

Monte Caslano Der 526 m hohe Monte Caslano bildet eine Halbinsel und überragt das Städtchen. Ein **Naturlehrpfad** (Parco Naturale Monte Caslano; Dauer ca. 2 Std.) weist in die geologisch-botanischen Geheimnisse der Natur ein.

Magliasina Nicht einmal 3 km trennen Caslano und den Grenzort Ponte Tresa, der sich an der westlichsten Ausbuchtung des Luganersees ausdehnt. Unterwegs berührt die Straße das Dorf Magliasina, wo die Kapelle **Santa Maria** einen Besuch verdient. Das lombardisch geprägte Bauwerk besitzt im Innern wertvolle Renaissancefresken, die dem Kreis um **Gaudenzio Ferrari** (ca. 1475 – 1546) zugeschrieben werden. Dieser lombardische Maler, der sich durch einen lebendigen Naturalismus auszeichnet, galt als größter Konkurrent von Bernardino Luini (um 1480/90 – ca. 1531), der etwa zur gleichen Zeit seine nuancierteren Kompositionen schuf.

Ponte Tresa Nicht nur die **schweizerisch-italienische Grenze**, sondern auch die Tresa teilt den Ort in zwei Teile, die aber bestens zusammenleben. Bis zum Bau des Damms von Melide war der Ort ein wichtiger Grenzübergang; über den zogen 965 die Heere des Heiligen Römischen Reiches, 1404 Heinrich II., 1515 die Eidgenossen auf dem Weg zur folgenreichen Schlacht von Marignano und 1799 General Suworow mit 22 000 Mann auf dem Weg von Novara nach Zürich. Eine geografische Kuriosität ist der Fluss Tresa: Er verlässt hier den 270 m hoch gelegenen Luganersee, bildet einige Kilometer die Grenze zwischen der Schweiz und Italien, um dann in 193 m Höhe bei Luino (etwa 10 km Luftlinie), als Fluss ohne Quelle in den Lago Maggiore zu münden.

Während auf italienischem Boden eine Straße von Ponte Tresa nach Luino führt, zieht sich auf Schweizer Seite ein Sträßchen in Richtung Sessa hinauf. Unterwegs lohnt es sich, in Croglio nach rechts zu einer kleinen Rundfahrt abzuzweigen. Croglio selbst geizt nicht mit Kunst und Natur: In der Kirche **San Bartolomeo** haben zwei Maler namens Thomas und Balthasar Fresken aus dem Jahr 1440 hinterlassen. Erlebnisreiche Stunden im Freien verspricht dagegen der rund 4 km lange Wanderweg **Tracce dell'Uomo**, der am Schulzentrum Lüsc in Croglio beginnt und rund um das Dorf **Castelrotto** verläuft. Unterwegs sind eine Käserei, ein »giazzera« genannter Eiskeller zur Aufbewahrung von Fleisch und ein Vogelfangturm zu besichtigen, der bis 1929 benutzt wurde (Schlüssel sind im Schulzentrum, während der Ferien bei der Gemeinde erhältlich). `Croglio`

Über Castelrotto mit der ortsbeherrschenden Barockkirche San Nazzaro und Bedigliora mit Freskenfragmenten in der Pfarrkirche San Rocco windet sich die Straße nach Astano hinauf, ein gut erhaltenes, grenznahes Bergdorf zwischen Kastanienwäldern und Obstgärten. Elegante, loggiengeschmückte Bürgerhäuser aus dem 16./17. Jh. und die von hübschen Kapellen umgebene Barockkirche erzählen davon, dass das Dorf schon bessere Zeiten gesehen hat. `Astano`

Nach wenigen Kilometern bergab erreicht man das hübsche Dorf Sessa, einst Hauptort des Malcantone. Die mittelalterliche Burg von Kaiser Friedrich II., die hier gestanden haben soll, ist verschwunden. Von heimischer Geschichte erzählt die **Casa dei Landfogti** am Dorfplatz, der ehemalige Sitz der Landvögte von Uri, von der Freude an Dekorationen die freskengeschmückten Palazzi an den winkligen Gassen. Viel Stuck und Marmor haben die Pfarrkirche San Martino – sie besitzt ein monumentales Tabernakel aus dem 17. Jh. – und die nicht weit davon entfernte Kirche Sant'Orsola aufzuweisen. Letztere gilt als einer der bemerkenswertesten Renaissancebauten auf Tessiner Boden. Wissenswertes zur heimischen Geschichte erfährt man im **Piccolo Museo di Sessa**, wo traditionsreiche Handwerksberufe wie Hanf-, Leinen-, Seiden- und Wollweber vorgestellt werden. Vom Bergbau im Malcantone und den hier einst ertragreichen Goldgruben erzählt das **Cà du Lol**. Die Rückfahrt nach Caslano führt erneut über Ponte Tresa. `*Sessa`

Piccolo Museo di Sessa e Monteggio und Cà du Lol: Sa., So. 16.00 – 18.00 Uhr, Eintritt 5 CHF, Tel. 091 608 19 39

Mendrisio · Mendrisiotto

✦ G/H 7

Die Begegnung mit dem Mendrisiotto ist selten Liebe auf den ersten Blick, da bestimmen eher Industriebauten, Lagerhallen, Geschäfte, Wohnblöcke und verkehrsreiche Straßen den Eindruck. Doch hinter diesen Kulissen entdeckt man eine zugleich erholsame und kunstreich-inspirierende Region.

Sie erstreckt sich im Norden zwischen den beiden Bergen Generoso im Osten und San Giorgio im Westen und reicht bis zur Grenzstadt Chiasso im Süden. Wie ein Keil ragt der Südzipfel des Kantons in die Lombardei hinein. Tatsächlich ist die Schweiz nirgendwo italienischer als hier im Mendrisotto: Das Licht wirkt südlich, die Hügel und die Weinberge erinnern an die Toskana, die Po-Ebene kündigt sich an und Mailand ist näher als die Kantonshauptstadt Bellinzona. Transitreisende lassen die Region auf ihrem Weg in den Süden meist links liegen. Zu Unrecht. Abseits der Hauptroute gibt es zahlreiche kleine Schönheiten wie stille Dörfer, das südlichste Tal der Schweiz oder gelungene Beispiele moderner Architektur zu entdecken.

Von den Maestri Comacini bis Mario Botta Das Mendrisiotto war und ist die Heimat großer Künstler und Architekten, ohne deren Wirken viele europäische Städte und Landschaften heute anders aussähen. Das fängt an bei den Maestri Comacini, jenen mittelalterlichen Bauhütten, die vom 12. bis ins späte 14. Jh. halb Italien – u. a. Modena, Bologna, Parma, Ferrara, Mailand, Trento und Bergamo – mit romanischen und gotischen Domen, Taufbecken und Statuen versorgten. **Domenico Fontana** aus Melide wirkte im 16. Jh. entscheidend auf das großzügige Stadtbild Roms ein; **Carlo Maderno** und **Stefano Maderno**, der eine aus Capolago, der andere aus Bissone, arbeiteten im 16./17. Jh. als Architekten und Bildhauer in Rom; an **Francesco Borromini**, der im 17. Jh. in Rom Paläste und Kirchen erbaut und umgebaut hat, erinnert heute ein Denkmal in seinem Geburtsort Bissone am Luganersee; sein Zeitgenosse **Baldassare Longhena**, der Schöpfer der Salutekirche in Venedig, stammte aus Maroggia. Die Aufzählung bekannter Baumeister aus dem Mendrisiotto könnte endlos fortgesetzt werden. Ein paar Namen stilprägender Architekten aus unserer Zeit sollten jedoch noch ergänzt werden: Der Tessiner Architekt Mario Botta wurde 1943 in Mendrisio geboren. Ihm waren schon, als Anführer einer weltweit berühmten Architekturbewegung, der ebenfalls aus Mendrisio stammende **Luigi Snozzi** (Jahrgang 1932) und der 1931 in Rovio bei Bissone geborene **Tita Carloni** (gest. 2012) vorausgegangen. Ihre Werke, eine Synthese zwischen Tradition und Moderne, sind heute in aller Welt anzutreffen – und natürlich im Tessin.

Mendrisio · Mendrisiotto erleben

AUSKUNFT
Ente Turistico del Mendrisiotto
6850 Mendrisio, Via Luigi Lavizzari 2
Tel. 091 641 30 50
www.mendrisioturismo.ch

VERANSTALTUNGEN
Besonders beeindruckend sind die
Osterprozessionen (www.processioni-men drisio.ch). Schon zu Beginn der
Karwoche werden in der Altstadt die
»Trasparenti« entfaltet, nächtlich be-
leuchtete Schaubilder auf durchsichti-
gem Stoff (teils aus dem 17./18. Jh.) mit
Motiven aus der Leidensgeschichte Jesu.
Am **Gründonnerstagabend** begleiten
bei der »Funziun di Giudee« etwa 200
verkleidete Laienschauspieler Christus
auf seinem Weg nach Golgatha. Die
Kostüme, 1898 bei der Mailänder Scala
erworben, sind besonders aufwendig
und wertvoll (bei Regen findet die
Veranstaltung daher nicht statt).

Bei der **Karfreitagsprozession** stehen
die Barockfiguren des toten Christus und
die Schmerzensmutter im Mittelpunkt,
die das Jahr über den Altar der Kirche
San Giovanni zieren.
Unterhaltsam ist Ende Mai der **Palio degli Asini**, ein Volksfest mit **Eselrennen**
(eine Anspielung auf das berühmte Pfer-
derennen von Siena). Die Momò, die
Einwohner von Mendrisio, nehmen den
Wettkampf allerdings nicht tierisch ernst
… Vielmehr soll der Zusammenhalt im
Ort mit den umliegenden Dörfern gefördert werden.
Am ersten Juli-Wochenende macht das
Estival Jazz-Festival in Mendrisio Halt,
ehe der Tross nach Lugano weiterzieht
(www.estivaljazz.ch).
Jeweils am letzten Wochenende im September wird in Mendrisio die **Sagra
dell'uva** (Traubenernte) gefeiert. Während der **Rassegna Gastronomica** im
Oktober, einem vierzigtägigen Gourmet-

Beleuchtete Transparente schmücken in der Karwoche Mendrisios Gassen.

festival, servieren über fünfzig Restaurants der Region spezielle Menüs; den Schlusspunkt bildet die Landwirtschaftsmesse **Fiera di San Martino** am Martinstag (11. November).

ESSEN

❶ Ristorante Stella ☺
Mendrisio, Via Stella 13
Tel. 091 646 72 28
www.ristorantestella.ch
Im schattigen Innenhof mitten in der Altstadt von Mendrisio ist man unter Einheimischen, die hier eine Pizza genießen.

Ristorante Montalbano ☺☺ – ☺☺☺
San Pietro di Stabio
Via Montalbano 34c
Tel. 091 647 12 06
Mo., Sa.-Mittag und So.-Abend geschl.
www.montalbano.ch
Man fühlt sich wie in der Toskana in diesem ehemaligen Landgut mit breiter Fensterfront und großer Terrasse mitten in Rebbergen. Eine Tessiner Institution!

Grotto al Giuvan ☺
Salorino, Via Stradone 19
Tel. 091 646 11 61
Mo., Di. geschl.
www.grottodelgiuvan.ch
Von der Panoramaterrasse geht der Blick in die Ferne – doch die Gerichte kommen von ganz nah. Etwa der Zincarlìn-Käse im Risotto, der auf der gegenüberliegenden Straßenseite hergestellt wird.

Osteria Ul Furmighin ☺
Sagno, Piazza Garuf
Tel. 091 682 01 75, Di. geschl.
www.furmighin.com
Die von Slow Food empfohlene Osteria »Zur Ameise« ist eine Genossenschaftsgründung zur Belebung von Sagno

(5 km nordöstlich von Chiasso). Die Küche ist auf einfache Art raffiniert, im angegliederten Laden gibt es lokale Produkte wie Käse aus dem Muggiotal.

Osteria Croce ☺
Castel San Pietro
Via Monte Generoso
Tel. 091 683 22 76
Im Winter speist man neben dem Kamin und im Sommer unter den Platanen neben der Bocciabahn. Die Chance, der einzige Auswärtige unter lauter Einheimischen zu sein, ist hoch.

Ristorante Manciana ☺
Scudellate, Via Principale
Tel. 091 684 11 36, Mi. geschl.
In der hintersten Ecke der Schweiz, im 25-Einwohner-Dorf Scudellate im Muggiotal, 923 m ü.d.M., kocht Pierina Piffaretti so, wie es die Frauen hier seit Generationen tun: einfach und mit dem, was der Garten, die Bauern, Käser, Müller und Metzger des Tals hervorbringen. Gegessen wird, was sie gekocht hat, Extrawürste gibt es nicht!

Grotto Santa Margherita ☺
Stabio, Via Santa Margherita 31
Tel. 091 647 33 77, Mo. geschl.
Das alte Gebäude mit Kamin und Garten liegt in Stabio bei der Grenze. Schöne Wandmalereien, entstanden um 1940, zeigen die Auswirkungen des Krieges auf die Bevölkerung. Serviert werden lokale Spezialitäten wie Zincarlin oder Polenta mit Maismehl aus der Mühle von Bruzella.

Grotto Eremo San Nicolao ☺
Somazzo, Vicolo San Nicolao
Tel. 091 646 40 50, Mo. geschl.
Das Grotto, das wie ein Schwalbennest an der Felswand oberhalb von Mendrisio

Mendrisio

Essen
❶ Stella

Übernachten
❶ Morgana

klebt, hat einen Garten, einen Felsenkeller und eine eigene Kapelle. 1413 ließ Lotterio II Rusca, damaliger Herrscher von Mendrisio, neben der bereits bestehenden Kapelle eine Einsiedelei errichten, die seit Generationen als Grotto dient. Am spektakulärsten ist übrigens die Aussicht vom stillen Örtchen!

Ristorante Caffè Sociale ©
Riva San Vitale, Via Indipendenza 7
Tel. 091 648 17 89
www.ristorantesociale.ch
Das Ristorante Caffè Sociale mit Boccia-Spielhalle (Bocciodromo) ist ein beliebter Treffpunkt von Einheimischen und Touristen. Empfehlenswert für mehrere Per-

sonen ist der »Giro Pizza«: Es werden so lange verschiedene Pizzas serviert, bis man satt ist! Sehr gut ist auch das selbst gemachte Eis.

ÜBERNACHTEN
❶ *Hotel Morgana* ⊖
Mendrisio
Via Carlo Maderno 12
Tel. 091 646 23 55
www.hotelmorgana.ch
Sehr persönlich geführtes Hotel, das für seine Fondue-Spezialitäten bekannt ist. Ein idealer Ausgangsort für Ausflüge im Mendrisiotto; der Viale Cantine ist bloß einen Steinwurf entfernt.

Albergo Campione ⊖⊖
Bissone, Via Campione 62
Tel. 091 640 16 16
www.hotel-campione.ch
Pool mit Panorama-Terrasse, tolle Sicht auf San Salvatore und Monte Brè, zehn Gehminuten vom Kasino Campione entfernt – der ideale Standort, um (mit dem Auto) im Tessin auf Erkundungstour zu gehen.

Park Hotel Rovio ⊖ – ⊖⊖
Rovio, Via Ronchi 8
Tel. 091 649 73 73
www.parkhotelrovio.ch
Wunderschön und ruhig gelegenes Traditionshaus mit subtropischem Park. Literatur-Nobelpreisträger Gerhart Hauptmann (1862 – 1946) ließ sich hier zum Roman »Der Ketzer von Soana« anregen.

Hotel Serpiano ⊖ – ⊖⊖
Serpiano
Tel. 091 986 20 00, www.serpiano.ch
Das am Monte San Giorgio, UNESCO-Weltnaturerbe, gelegene Wellness-Hotel trumpft mit einer atemberaubenden Aussicht auf Morcote, den Luganersee und die Alpen auf.

B & B La Crisalide ⊖
Meride, Via B. Peyer 7
Tel. 091 646 10 54, www.lacrisalide.ch
Die beiden Studios »La Crisalide« (dt. = Puppe) in einem alten Haus mit lauschigem Innenhof im Dorfkern von Meride bieten Rustico-Romantik pur. Erica und Wolfgang Küng bezeichnen sich als »Gastgeber aus Leidenschaft«.

Al Torchio Antico ⊖
Arzo, Piazzetta Bustelli 1
Tel. 091 646 49 94
www.altorchioantico.ch
Das Lokal im malerischen Dorfkern befindet sich in einem ehemaligen Kloster aus dem Jahr 1760 mit alter Weinpresse (ital. torchio). Zu hausgemachten Gnocchi und Pasta werden Weine aus der Region serviert. Tessiner Dorfidylle pur.

Agriturismo Dosso dell'Orca ⊖
Salorino, Monte Generoso
Tel. 091 649 39 80
Franco und Marina Cereghetti haben am Südhang des Monte Generoso auf 1180 m Höhe einen Stall in einen Agriturismo umgewandelt. Auf einer aussichtsreichen Terrasse – einer Art Balkon über der Po-Ebene – tischen sie regionale Produkte auf. Wer nach dem Essen keine Lust auf den 10 km langen, kurvenreichen Rückweg nach Mendrisio hat, übernachtet in einem der drei Zimmer (alle mit Dusche/WC).

SPORT
In Mendrisio fand 1971 und 2009 die Straßen-Radweltmeisterschaft statt. Die Einheimischen sind begeisterte **Radfahrer**. Eine der beliebtesten Strecken führt von Mendrisio auf der asphaltierten Straße hoch bis Bellavista (1238 m ü.d.M.). Die Steigung auf dem 14 km langen Aufstieg beträgt bis zu 13 %. Doch der

Kraftakt lohnt sich. Der Name Bellavista (»schöne Aussicht«) kommt nicht von ungefähr. Der Pumptrack in Mendrisio (Via Agostino Maspoli, www.momobike. ch) ist einer der größten **Biketrails in Europa**: Selbst für Könner sind die Steilwandkurven und Sprünge eine Herausforderung. Abkühlen kann man sich im Lido von Riva San Vitale am Luganersee, einem der zehn schönsten öffentlichen Bäder der Schweiz (»Sonntags Zeitung«). Bei schlechtem Wetter bietet der **California Acquapark** in Balerna (Corso San Gottardo 4, www.california-acquapark. ch) eine Alternative mit Riesenrutsche, Kinder- und Thermalbecken. **Wanderer** haben die Qual der Wahl, ob sie sich Richtung Monte Generoso oder Monte San Giorgio aufmachen. Außerdem gibt es drei Spazierwege zum Thema Weinbau (»Percorsi tra i vigneti«, www.mend risiottoturismo.ch), die von Mendrisio, Rancate und Seseglio aus durch die Rebberge der Region führen und für die man je rund vier Stunden benötigt.

EINKAUFEN

Das **Einkaufszentrum »FoxTown«** mit 160 Geschäften in Mendrisio (Via Angelo Maspoli 18, www.foxtown.ch) gehört angeblich zu den »World's Best Outlet Stores«. Kaum einen Kilometer Luftlinie entfernt findet man den kommerziellen Gegenentwurf, den **Tante-Emma-Laden Ul Neguziett** in Tremona.

Hochwertige, dennoch günstige Outdoor-Artikel aus Beständen der Schweizer Armee gibt es im **Military Megastore** in Stabio (Via Gaggiolo 33 A, www.militarymegastore.ch).

Bei der **Kaffeerösterei Chicco d'oro** in Balerna (Via Motta 2, www.chicco doro.ch) kann man frisch gemahlenen Kaffee erstehen und einen Blick ins Kaffeemuseum werfen. Einheimischen **Wein** gibt es in der Cantina Sociale (Via Giorgio Bernasconi 22, www.cantina mendrisio), bei Vini Gialdi (Via Vignoo 3, www.gialdi.ch) oder in der Weinhandlung Valsangiacomo (Viale alle Cantine 6, www.valswine.ch) in Mendrisio. Ganz in der Nähe befindet sich auch der **Feinkost-Shop des Grotto Bundi** (Viale Cantine 24, www.bundishop.ch) mit lokalen Spezialitäten wie u. a. Zincarlin, Luganighe, Trockenfleisch, Salami und Polenta. In der Fußgängerzone in Chiasso gibt es viele Artikel, die in der Schweiz günstiger sind als in Italien, u. a. Uhren oder Schokolade.

SEHENSWERTES IN MENDRISIO

Die wegen ihrer Osterprozessionen (▶S. 267) berühmte Bezirkshauptstadt (12 000 Einw.) im Herzen des Mendrisiotto macht es fremden Besuchern nicht ganz einfach. Man muss sich erst durch einen Gürtel aus Straßen, Fabriken und Lagerhäusern arbeiten, um in den **hübschen alten Ortskern** zu gelangen; ein paar Gassen werden von Palazzi mit sehenswerten Innenhöfen, Lauben und Loggien gesäumt.

Das 1251 erstmals erwähnte Servitenkloster mit harmonischem **Museo d'Arte** Kreuzgang und farbigem Uhrturm ist heute Sitz des Museo d'Arte. Ausgestellt sind Kunstwerke vom 17. bis 20. Jh., darunter flämische, deutsche und italienische, sowie jüngere Arbeiten von Tessiner und lombardischen Künstlern. Darüber hinaus werden hier auch über 650 »Trasparenti« mit Szenen aus dem Alten und Neuen Testament aufbewahrt, Schaubilder, die während den Osterprozessionen die Stadt schmücken. Etliche dieser Tafeln wurden im 18. Jh. in der Werkstätte von Giovan Battista Bagutti gefertigt.

❶ Mo. – Fr. 10.00 – 12.00, 14.00 – 17.00, Sa., So. 10.00 – 18.00 Uhr, Eintritt 8/10 CHF, www.mendrisio.ch/museo

Im Zentrum Unübersehbar thront die Pfarrkirche **Santi Cosma e Damiano**, der monumentalste Kirchenbau des 19. Jh.s im Tessin, mitten im Städtchen an der Piazza del Ponte. Der einst hier verlaufende Bach Morée wurde längst unter die Erde bzw. Straße verlegt, die heute ins Muggiotal führt. Das ist nicht die einzige Bausünde in der Altstadt (wie man den Schautafeln entnehmen kann; Audioguides beim Tourismusbüro erhältlich). Gleichzeitig gibt es aber auch gelungene Beispiele für die Aufwertung des historischen Stadtkerns, etwa die Überbauung Piazzale alla Valle (Mario Botta). Und auch der autofreie Corso Bello macht seinem Namen wieder Ehre. Es kündigt sich die Renaissance dessen an, was einst eine Tradition war: Mendrisio soll, nicht zuletzt dank der Architekturakademie, wieder Zentrum der Baukunst werden.

Architektur-akademie Im **Palazzo Turconi**, dem ehemaligen Spital, ist seit 1996 die Architekturakademie untergebracht. An den Grafen Turconi, der das Gebäude finanzierte, erinnert im Innenhof ein Denkmal von Vincenzo Vela. Die Nana-Skulptur im Eingangsbereich stammt hingegen von Niki de Saint-Phalle. Rund 500 Studenten sind hier eingeschrieben und werden von Architekturkoryphäen wie Bruno Reichlin, Aurelio Galfetti und Mario Botta unterrichtet. Bis 2017 entsteht nach Bottas Plänen der Neubau »Theater der Architektur« (▶S. 51).

❶ Largo Bernasconi 2, www.arch.unisi.ch

Straße der (Wein-)Keller Rund 40 % der Tessiner Merlot-Trauben werden im Mendrisiotto zu Wein verarbeitet. Gelagert werden die edlen Tropfen in den Felsenkellern an den Ausläufern des Monte Generoso, nördlich der Altstadt von Mendrisio. Im Innern des karstigen Bergmassivs gibt es unzählige Höhlen, in denen konstant 10 °C herrschen. Hier verläuft heute die **Viale alle Cantine**, die Straße der Weinkeller. Sie wird von zweistöckigen Gebäuden in Gelb, Rot, Braun und Ocker aus dem 18. Jh. gesäumt, heute eine Flanier- und Genussmeile. Lohnenswert ist u. a. der Besuch der F.lli Valsangiacomo SA, seit 1831 im Weinhandel tätig (Viale alle Cantine 6, Tel. 091 683 60 53, www.valswine.ch); vorzügliche lokale Speisen gibt es im Grotto Bundi (Viale alle Cantine 24, Mo. geschl., Tel. 091 646 70 89, www.grottobundi.com, ❸) oder im Antico Grotto Ticino (Viale alle Cantine 20, Mi. geschl., Tel 091 646 77 97, www.grottoticino.ch, ❸); versuchen Sie mal einen Zincarlin aus dem nahen Muggiotal.

VON MENDRISIO ZUM MONTE SAN GIORGIO

Capolago liegt wie sein Name sagt »an der Spitze des Sees«, am Ende des östlichen Arms des Luganersees. Der Ort besaß früher einen wichtigen Hafen und war Umschlagplatz auf der Route zwischen Como und Lugano. Von hier stammt der Architekt **Carlo Maderno** (1556 – 1629), der u. a. die Fassade des Petersdoms in Rom gestaltete. Im ehemaligen Seehotel war die Tipografia Elvetica untergebracht, wo während des italienischen Risorgimento revolutionäre Pamphlete gegen die habsburgische Herrschaft gedruckt wurden.

Capolago

In Capolago startet die 1889/1890 angelegte, 9 km lange Zahnradbahn auf den 1704 m hohen Monte Generoso, den wohl schönsten Aussichtspunkt des Tessin (Fahrtdauer ca. 40 Min.). Der Blick reicht von den oberitalienischen Seen bis zum Alpenbogen, vom Monte Rosa zum Matterhorn und von der Jungfrau zum Bernina-Massiv; bei guten Sichtverhältnissen soll man sogar die goldene Madonna-Statue auf dem Mailänder Dom erkennen können. Nebst dem Panorama lockt der Monte Generoso mit einer einzigartigen Flora. Der 1984 unter Naturschutz gestellte Berg ist Heimat seltener, teils nur hier wachsender Pflanzen wie die Pfingstrose oder der Affodill. Einzigartig sind auch die archäologischen Funde aus dem Berginnern mit gut fünfzig Grotten und Höhlen, wo vor 40 000 Jahren noch Bären überwinterten. Vor 10 000 Jahren sind sie wohl ausgestorben. Heute kann die 1988 entdeckte Höhle mit einem Bärenfriedhof besichtigt werden. Das Symboltier des Berges ist allerdings die Gämse. Die Tiere sind haben sich längst an Wanderer gewöhnt und lassen Menschen bis auf zehn Meter an sich herankommen.

**Monte Generoso

> **! BAEDEKER TIPP**
>
> *Wildpferde auf dem Monte Generoso*
>
> Unterwegs auf dem Monte Generoso trifft man mit etwas Glück eine Herde Haflinger. Die Pferde waren nach dem Tod ihres Besitzers 2001 aus der Koppel ausgebüxt. Im Herbst werden sie von Tierschützern eingefangen und in ein Winterquartier gebracht, im Frühling erfolgt dann ein »Alpaufzug«, bei dem die knapp dreißig Pferde wieder freigelassen werden (www.cavallidelbisbino.com).

Ferrovia Monte Generoso: Voraussichtlich bis 2016 geschlossen; auf dem Gipfel wird nach Plänen von Mario Botta ein neues Hotel-Restaurant gebaut; Tel. 091 630 51 11, www.montegeneroso.ch.

In Capolagos Nachbarort Riva San Vitale wird man um Jahrhunderte in die Vergangenheit versetzt: Das frühchristliche **Battistero**, eine Taufkirche aus dem 5./6. Jh., gilt als ältester noch erhaltener Sakralbau der gesamten Schweiz. Nach ersten archäologischen Untersuchungen zwischen 1919 und 1926 wurde es von 1953 bis 1955 von allen störenden Anfügungen befreit und restauriert. Der quadrati-

**Riva San Vitale
(▶3D S. 274f.)

✹✹ *Battistero in Riva San Vitale*

Das Battistero in Riva San Vitale ist der älteste noch erhaltene Sakralbau der Schweiz: Die frühchristliche Taufkirche wurde im 5. und 6. Jh. errichtet. Ihr würfelförmiger Grundbau wird von einem oktogonalen Tambour gekrönt. Die Fresken im Innenraum stammen aus dem 10. bzw. 12. Jahrhundert.

❶ Oktogonales Taufbecken
Das frühmittelalterliche Taufbecken ist in den Boden eingelassen. Bei der sog. Submersionstaufe wurde der Täufling vollkommen untergetaucht.

❷ Rundes Taufbecken
Für die später aufkommende sog. Infusionstaufe wurde ein monolithisches Taufbecken über dem oktogonalen aufgestellt.

❸ Apsis
In der Apsis sind Freskenfragmente aus ottonischer Zeit (Kreuzigung, um 1000) und spätgotische Wandmalereien erhalten. Den Eingangsbogen zur Apsis schmücken spätromanische Fresken.

❹ Nord-Ost-Nische
Fresken aus dem späten 12. Jh. (Christus in der Mandorla) schmücken die nach Nordosten ausgerichtete Nische.

❺ Süd-Ost-Nische
Byzantinisierte Wandmalereien sind in der Süd-Ost-Nische erhalten, darunter eine Geburt Christi aus dem 12. Jahrhundert.

❻ Rundbogenportal
Die Westfront der Kirche ist mit einem karolingischen Rundbogenportal versehen. Die mit einem Akanthusblatt verzierten Konsolen darüber dienten als Auflage für das Dach des Deambulatoriums (Prozessionsumgang).

❼ Fußboden
Ein Teil des ursprünglichen Fußbodens aus verlegten Marmorplatten ist noch erhalten. Das in den Boden eingelassene Taufbecken wird von schwarzen Marmorplatten umrahmt.

Das untere Taufbecken diente der frühchristlichen Submersionstaufe. Darüber das Becken für die später praktizierte Infusionstaufe.

Christus in einer Mandorla.
Fresko um 1190.

Die Kreuzigung aus ottonischer Zeit: Der kunstvoll ausgeführte Lendenschurz wurde später hinzugefügt.

Blick in die Apsis mit Altar

Auf den Konsolen unterhalb des Rundbogenfensters ruhte das Dach des Deambulatoriums.

Der mit Marmorplatten ausgeführte Boden ist nur teilweise erhalten.

©BAEDEKER

sche Unterbau mit achteckigem Tambouraufsatz war ursprünglich von einem gedeckten Prozessionsumgang (Deambulatorium) für die Täuflinge umgeben. In die Mitte des achteckigen Innenraums ist in zwei Stufen das frühmittelalterliche Taufbecken (Piscina) in den Boden eingelassen, in dem der Täufling im Rahmen der Submersionstaufe bzw. Immersionstaufe vollständig untertauchen konnte. Für die später aufkommende, noch heute übliche Infusionstaufe, bei welcher der Täufling nur übergossen bzw. benetzt wird, stellte man einen monolithischen Taufstein von 1,90 m Durchmesser darüber. An den Wänden der Ostapsis sind Fresken des 10. Jh.s, in den Seitennischen welche des 12. Jh.s erhalten.

Der Tessiner Baumeister Giovanni Antonio Piotti wird zwar nicht mehr zu den Tessiner Baugenies gezählt, hat aber mit der Kirche **Santa Croce** (1588 – 1594), nördlich des Dorfkerns von Riva San Vitale, ein prächtiges Bauwerk geschaffen, das stilistisch an der Wende von der Renaissance zum Barock steht. Den Innenraum gliedern toskanische Säulen. Die Wandmalereien schufen die Brüder Pozzi della Valsolda 1592, die drei Marmoraltäre Domenico Fossati aus Arzo.

Brusino Arsizio, Serpiano

Auf einer Uferstraße entlang des Luganersees erreicht man von Riva San Vitale aus in etwa 6 km das malerische Fischerdorf Brusino Arsizio. Es wird vom 1100 m hohen Monte San Giorgio überragt. Von Brusino aus steigt eine Seilbahn in 4 Minuten nach Serpiano an, einen 650 m hoch gelegenen Kur- und Ferienort an der Westflanke des Monte San Giorgio.

Funivia Brusino-Serpiano: März – Sept. tägl., Okt. – Feb. Mi. – So., Tel. 091 996 11 30, www.serpiano.ch

**Monte San Giorgio, Meride

Den 2003 zum Weltnaturerbe der UNESCO erklärten Monte San Giorgio kann man auch auf der Straße von Mendrisio aus über Rancate und das Weindorf Besazio in Richtung Serpiano erreichen. In Meride beginnt an der **Fontana**, dem ehemaligen Waschhaus, ein 7 km langer Wanderweg und Naturlehrpfad, der die geologischen und paläontologischen Aspekte, die reiche Vegetation und die Fauna des Monte San Giorgio zeigt. Unterwegs entdeckt man Pflanzenraritäten wie Schwertlilien, Glockenblumen, Gladiolen und den purpurbraun blühenden Schwarzen Germer. Der Monte San Giorgio ist auch für seine Aussicht auf einen großen Teil des Luganersees bekannt – aber weltberühmt ist der »Berg der Saurier« wegen der hier entdeckten, bis zu 230 Millionen Jahre alten Fossilien: Damals befand sich hier ein rund hundert Meter tiefes Meeresbecken, in dem sich die Dinosaurier wohl austobten. Davon zeugen die Fossilien, die seit rund 150 Jahren ausgegraben und erforscht werden. Der Berg gilt als bedeutendste Fundstätte für Versteinerungen aus dem Mitteltrias. Nachgewiesen wurden 40 Saurierarten, 80 Fischarten und

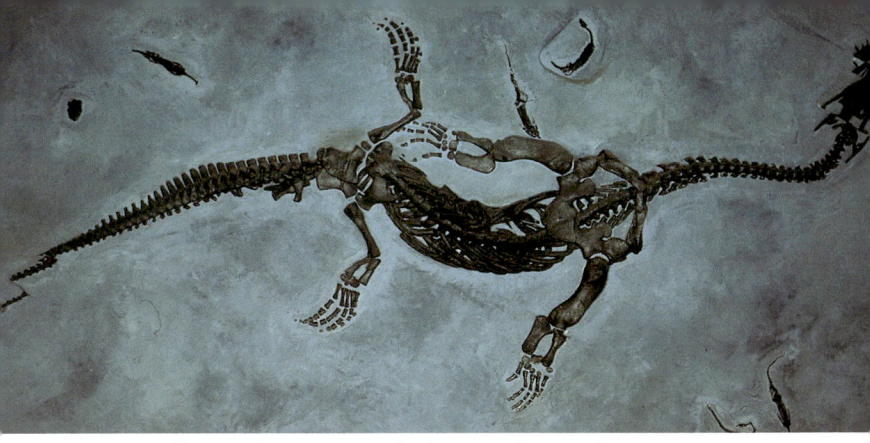

Vor 230 Millionen Jahren am Meeresboden verendet:
Fossil eines Meeressauriers

100 wirbellose Arten, die überwiegend nur in diesem kleinen Gebiet vorkamen. Zu den spektakulärsten Entdeckungen zählen bis zu 6 m lange Versteinerungen von Reptilien. Die Saurier Ceresiosaurus, Saltriosaurus und Ticinosuchus wurden sogar nach diesem Fundort benannt.

Der Hauptteil der über 10 000 Funde wird im Paläontologischen Museum in Zürich aufbewahrt; im **Fossilienmuseum** ist jedoch eine bedeutende Auswahl zu sehen. Es befindet sich im hübschen **Meride**, einem im 9. Jh. erstmals erwähnten Dorf.

Museo dei fossili del Monte San Giorgio: Meride, Di.–So. 9.00–17.00 Uhr, Eintritt 6/12 CHF, www.montesangiorgio.org

VON MENDRISIO NACH STABIO UND CHIASSO

Ganz im Zeichen der Kunst steht eine Fahrt von Mendrisio über Ligornetto nach Stabio und weiter bis Chiasso. In der Ortschaft Rancate südwestlich von Mendrisio, jenseits der Autobahn, lohnt die **Pinacoteca Cantonale Giovanni Züst** einen Besuch. Im ehemaligen Pfarrhaus, das von dem Architekten Tita Carloni um einen Flügel erweitert wurde, sind Kunstwerke vom 17. bis zum 20. Jh. zu sehen. Die bedeutendsten Künstler dieser von Giovanni Züst (1887–1976) zusammengestellten Sammlung sind die Tessiner Giovanni Serodine (1600–1630) und Giuseppe Antonio Petrini (1677–1758/59).

Rancate

❶ März–Juni Di.–So. 9.00–12.00, 14.00–17.00, Juli, Aug. Di.–So. 14.00 bis 18.00, Sept.–Dez. Di.–Fr. 9.00–12.00, 14.00–18.00, Sa., So. 10.00 bis 12.00, 14.00–18.00 Uhr, Eintritt 5/7 CHF, www.ti.ch/zuest

Die knapp 2 km von Rancate entfernte Ortschaft Ligornetto hat ihren Sohn Vincenzo Vela nicht vergessen, der 1820 hier geboren wurde († 1891). Das von Mario Botta 2001 renovierte **Museo Vela** vermit-

Ligornetto

telt mit Skulpturen, Gemälden und Zeichnungen einen guten Einblick in das Schaffen der Künstlerfamilie Vela: Außer dem berühmteren Bildhauer Vincenzo Vela sind hier auch Werke seines Sohnes Spartaco, eines Malers, und seines ebenfalls als Bildhauer tätigen Bruders Lorenzo vertreten. Eine Sehenswürdigkeit für sich ist der Park, der das Museum umgibt.

Im Nachbarort **Stabio** steht ein Klassiker der zeitgenössischen Tessiner Architektur: die von Mario Botta entworfene **Casa Rotonda**, ein Einfamilienhaus auf kreisförmigem Grundriss (▶Baedeker Wissen S. 46). Der bäuerlichen Kultur der Vergangenheit ist das **Museo della Civiltà Contadina del Mendrisiotto** gewidmet.

❶ **Museo Vela:** Mitte März – Mitte Nov. Di. – So. 10.00 – 17.00, Juni – Sept. 10.00 – 18.00 Uhr, Eintritt 8/12 CHF, www.museo-vela.ch

Museo della Civiltà Contadina del Mendrisiotto: Di., Do., Sa. und So. 14.00 – 17.00 Uhr, Eintritt 3/5 CHF, www.stabio.ch

Chiasso   Von Stabio gelangt man über Genestrerio und Novazzano nach Chiasso, dem 1127 erstmals erwähnten Grenzstädtchen und wichtigsten Tor der Schweiz zu Italien. Die Topografie macht aus der Stadt ein Nadelöhr: Hier zwängt sich alles durch, was zwischen Hamburg und Palermo unterwegs ist: Eisenbahn und Autos, Personen- und Güterverkehr (Chiasso heißt Lärm und es hat seinen Namen zurecht, daran ändern auch die von Mario Botta entworfenen Lärmschutzwände entlang der Autobahn nicht viel). In der Fußgängerzone spürt man die Nähe zu Italien (▶Baedeker Wissen S. 280). Ein Symbol dieser Nähe ist die Skulptur »Italia e Elvezia« in der Bahnhofshalle (1933, Margherita Osswald Toppi). Bis heute weiß man nicht, welche der beiden Damen die Italia und welche die Helvetia ist. In Chiasso gibt es zwei über die Landesgrenzen hinaus bekannte kulturelle Institutionen: das **Cinema Teatro** aus den 1930er-Jahren in der Via Verdi sowie das **M.A.X.Museum**, das sich v. a. mit Grafik, Design, Fotografie und Videokunst beschäftigt.

M.A.X.Museo: Di. – So. 10.00 – 12.00, 15.00 – 18.00 Uhr, Eintritt 7/10 CHF, www.maxmuseo.ch

VON MENDRISIO INS VALLE DI MUGGIO

*Castel San Pietro   Noch einmal ist Mendrisio Ausgangspunkt für einen Ausflug, diesmal in das unberührte Valle di Muggio. Man folgt der Kantonsstraße nach Castel San Pietro, der Gemeinde mit den meisten Rebflächen im ganzen Kanton. Von dem 1600 zerstörten Kastell, das dem Ort den Namen gegeben hat, sind nicht einmal mehr die Grundmauern zu finden. Erhalten hat sich aber die ehemalige Burgkapelle **San Pietro**, die auf einem Felsvorsprung über der Breggia aufragt. Sie wird auch Chiesa Rossa genannt, rote Kirche: In der Weihnachtsnacht

1390 sollen hier Angehörige der Busioni über Mitglieder der Rusca hergefallen sein, weil die einen papstfreundliche Guelfen, die anderen kaisertreue Ghibellinen waren. Derlei kriegerische Erinnerungen vergisst man leicht, betritt man das Kircheninnere mit einem der reichsten, vielgestaltigsten frühgotischen Freskenzyklen des Tessin. In der zweiten Hälfte des 14. Jh.s schmückten unbekannte Künstler die Chorwand, die Apsis und die Seitenwände mit gut erhaltenen Wandmalereien. In der Apsis finden sich Bilder aus dem Leben des hl. Petrus, die in der mittelalterlichen Ikonografie nicht häufig anzutreffen sind. Lieblich ist die auf einem eleganten Thron sitzende Maria mit Kind links der Apsis, schön gewandet rechts die Heiligen Agatha, Katharina und Agnes, die eher feinen, mondän gesinnten, jungen Damen gleichen asketischen Märtyrerinnen des Glaubens. Ein zweiter Glanzpunkt im Ort ist die ebenfalls auf einem Felsen erbaute Pfarrkirche **Sant'Eusebio**. Marmoraltäre, heitere Wandmalereien und reiche Stuckaturen machen sie zu einem der grandiosesten, vom Barock- und Rokokostil geprägten Bauwerke des Kantons.

Kaum weniger Pracht und Glanz strahlt die Pfarrkirche **Santa Maria dei Miracoli** in Morbio Inferiore auf der Castel San Pietro gegenüberliegenden Talseite aus. Der harmonische Zentralbau aus dem 17. Jh. besitzt reiche Marmor- und Stuckarbeiten. Von der romanischen Strenge der Kirchen im nördlichen Tessin ist hier nichts mehr zu spüren. — **Morbio Inferiore**

Auch in anderen Dörfern des Muggiotals stehen Kirchen, die stilistisch vom bewegten Frühbarock über das heiter-leichte Rokoko bis zum strengeren Klassizismus reichen: in **Morbio Superiore** die klassizistische Pfarrkirche San Giovanni Evangelista, in **Caneggio** die aussichtsreich gelegene Pfarrkirche Santa Maria Assunta mit Barock- und Rokokostuckaturen, in **Bruzella** die Pfarrkirche San Siro mit stuckverzierter Rokokofassade, in **Cabbio** die spätbarocke Kirche San Salvatore, in **Casima** und **Monte** die klassizistischen Pfarrkirchen Santi Maria e Carlo Borromeo und Sant'Antonio Abate – das hübsche Monte bietet übrigens auch einen empfehlenswerten **Einkehrtipp**: in der Osteria La Montara kocht die Chefin (Tel. 091 684 14 79, ☻) –, in **Muggio**, ganz oben im Tal, die Pfarrkirche San Lorenzo, ein spätbarocker Zentralbau mit schön geschwungener Fassade. — **Sakralbauten im Valle di Muggio**

Nicht nur in den Sakralbauten ist die Geschichte des südlichsten Tals der Schweiz lebendig, sondern auch in der Landschaft. Die Vereinigung Pro Valle di Muggio macht sie daher selbst zum »Museum«. Im Ethnografischen Museum in der Casa Cantoni in **Cabbio** erfährt man, wo genau im Tal sich die Exponate, darunter Zisternen, Regenwasserbecken, Waschhäuser, Mühlen und Köhlereien, befinden. Eine Besonderheit sind die **Nevere**, begehbare, mit Granitsteinen bedeck- — ****Museo Etnografico Valle di Muggio**

Italianità

Das Tessin ragt wie ein Keil in die Lombardei hinein. Bildet im Norden die Alpenkette seit jeher eine natürliche Grenze, so bildete sich die Grenze zu Italien erst im Laufe der letzten Jahrhunderte heraus. Laut Kantonsverfassung ist das Tessin »eine demokratische Republik mit italienischer Kultur und Sprache«. Die Präambel hält fest, dass »das Tessiner Volk seiner historischen Aufgabe treu bleibt, die italienische Kultur in der Eidgenossenschaft zu vertreten«. Das Tessin versteht sich daher als Brückenbauer zwischen Norden und Süden, als Region, wo italienische Lebens- und Genussfreude und Schweizer Qualitäts- und Ordnungssinn eine harmonische Symbiose eingehen.

▶ **Viersprachige Schweiz**

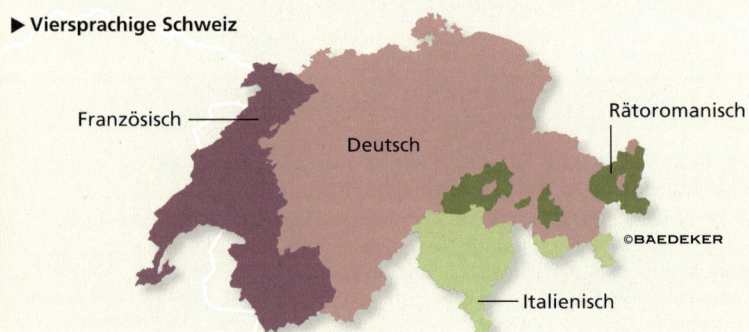

Französisch

Deutsch

Rätoromanisch

©BAEDEKER

Italienisch

▶ **Sprache im Tessin**
Die Sprachenvielfalt der Schweiz sowie die Lage des Tessin sorgen für einen speziellen Dialekt. Dieser zeigt sowohl deutsche wie auch italienische Einflüsse.

Tessinerisch	bon dì!	magiosc'tra	lūganich da scépa
Italienisch	buongiorno!	fragola	salsicce di infima qualità
Deutsch	guten Tag!	Erdbeere	Würste schlechter Qualität

▶ **Tessin zwischen italienischer und schweizer Kultur**

Herrschaft: 🟩 Italienisch 🟧 Schweizerisch ⬛ Deutsch

569
Hunnen, Ostgoten und Lango-barden fallen ein. Langobarden übernehmen die Macht und nennen die Region Lombardei.

12. – 15. Jh.
Die Mailänder Herzöge der Visconti und später der Sforza dehnen ihre Herrschaft auf Como und das Tessin aus.

1478
Eidgenossen besiegen das Heer der Mailänder.

500 v. Chr.　0　500　1000　1400

2. Jh. v. Chr.
Römer erobern das Gebiet, Locarno wird Zentrum.

1291
Rütli-Schwur: Kantone Uri, Schwyz und Unterwalden gründen den »Ewigen Bund«, Beginn der Schweizer Eidgenossenschaft.

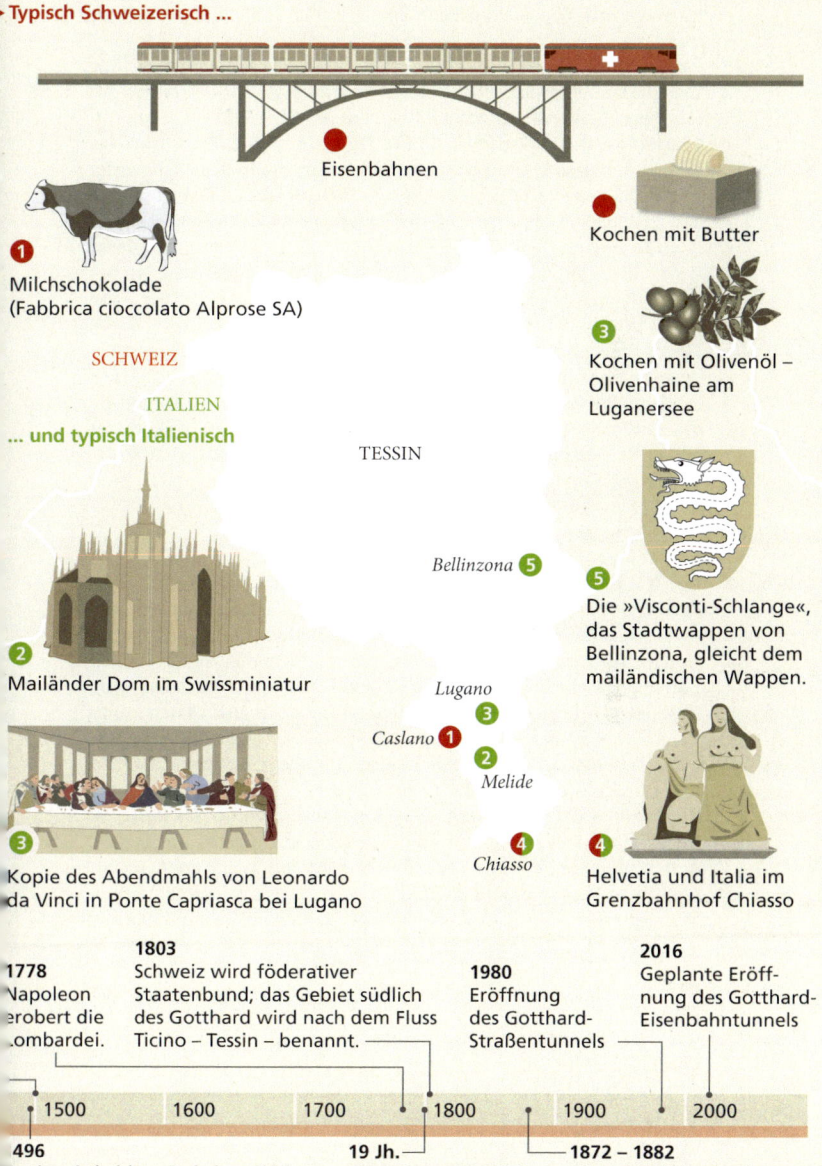

▶ **Typisch Schweizerisch ...**

Eisenbahnen

Milchschokolade
(Fabbrica cioccolato Alprose SA)

SCHWEIZ

ITALIEN

... und typisch Italienisch

Mailänder Dom im Swissminiatur

Kopie des Abendmahls von Leonardo
da Vinci in Ponte Capriasca bei Lugano

Kochen mit Butter

Kochen mit Olivenöl –
Olivenhaine am
Luganersee

Die »Visconti-Schlange«,
das Stadtwappen von
Bellinzona, gleicht dem
mailändischen Wappen.

Helvetia und Italia im
Grenzbahnhof Chiasso

TESSIN

Bellinzona **5**

Lugano **3**

Caslano **1**

2
Melide

4
Chiasso

1778
Napoleon
erobert die
Lombardei.

1803
Schweiz wird föderativer
Staatenbund; das Gebiet südlich
des Gotthard wird nach dem Fluss
Ticino – Tessin – benannt.

1980
Eröffnung
des Gotthard-
Straßentunnels

2016
Geplante Eröff-
nung des Gotthard-
Eisenbahntunnels

1500	1600	1700	1800	1900	2000

496
Tessin wird eidgenössisch und bis
1798 von den Landvogteien Schwyz,
Unterwalden und Uri verwaltet.

19 Jh.
Bittere Not im Tessin,
Großteil der Bevöl-
kerung wandert aus.

1872 – 1882
Wirtschaftlicher Auf-
schwung durch Bau der St.
Gotthard-Eisenbahnlinie.

te, runde Brunnen aus Trockenmauern. Früher füllte man die Nevère im Winter mehrere Meter tief mit Schnee, um darauf im Sommer dann die Milch, Rahm und Butter zu kühlen. Selbst bei großer Hitze steigen die Temperaturen nicht über zehn Grad. Ein besonders gut erhaltener Schneekeller befindet sich auf der Alpe Sella oberhalb von **Scudellate**, einem Weiler in 910 m Höhe. Im selben Dorf führt ein Wegweiser zu einem dreistöckigen **Roccolo**, einem Vogelfangturm. Die Vogeljagd war in der Region sehr beliebt. Mit Lockvögeln wurden Zugvögel in die Gebüsche vor dem Turm gelockt, erschreckt und dann in Netzen gefangen. Sechs solche bis zu 15 Meter hohe Türme stehen noch im Valle di Muggio. Der Roccolo in Scudellate kann besichtigt werden (Schlüssel ist in der Osteria Manciana). In der Nähe von **Cabbio** befinden sich eine Köhlerei sowie mehrere **Graa**, Dörrhäuser, in denen im Herbst Marroni über Feuer getrocknet wurden; die Graa in Cabbio ist in der zweiten Oktoberhälfte in Betrieb. In **Bruzella** wird jeden Donnerstag- und Sonntagnachmittag die über 700 Jahre alte Mühle am Fluss Breggia, eine Hauptattraktion im Tal, in Betrieb gesetzt; schon im Mittelalter mahlte man hier Marroni, Getreide und Mais aus der Po-Ebene zu Mehl.

Museo Etnografico: Di. – So. 14.00 – 17.00 Uhr, Eintritt 6/8 CHF, www.mevm.ch

*Geopark Gole della Breggia Der Naturpark Parco Gole della Breggia am unteren Ende des Valle di Muggio lädt zu einer Zeitreise ein. Der Fluss Breggia hat sich hier im Laufe der Zeit tief in das Kalkgestein hineingearbeitet. Die freigelegten Felsformationen dokumentieren fast lückenlos 100 Millionen Jahre Erdgeschichte. Zu sehen sind u. a. Felsschichten mit Fossilien, Reste von unterseeischen Lawinen und Vulkanausbrüchen sowie Zeichen der Klimaveränderungen. Auch der Mensch hat hier Spuren hinterlassen, u. a. Stollen, in denen früher Kalkstein abgebaut wurde. Die Minen wurden gesichert und mit den Fabrikanlagen in einen Zementlehrpfad einbezogen. Der 2 km lange **Percorso del cemento** führt vom Steinbruch zu den Förderstellen und zum Steinbrecher, wo das Gestein zerkleinert wurde, und endet beim Turm der Schachtöfen, dem Herzstück des ehemaligen Zementwerks, heute ein Ausstellungsraum. Der Park ist zugänglich, z. B. von Morbio Superiore aus. Im Park gibt es verschiedene Wege. Einkehren lässt es sich u. a. im Grotto del Mulino (Via ai Crotti 2, Tel. 091 683 11 80).

➊ Geführte Touren auf Anfrage, Tel. 079 103 73 23, www.parcobreggia.ch

VON MENDRISIO NACH CAMPIONE D'ITALIA

Melano Von Mendrisio aus gelangt man auf der Kantonsstraße Richtung Norden über Capolago nach Melano, einer schon im frühen Mittelalter als Seehafen beurkundeten Ortschaft, die heute durch Bahn,

Autobahn und Kantonsstraße vom Ufer des Luganer Sees getrennt wird. Hoch über dem wenig attraktiven Ort ragt in prachtvoller Lage die **Cappella della Madonna** auf, eine der stimmungsvollsten Wallfahrtskirchen des Tessin. Ein Kreuzweg führt zu dem Barockbau hinauf, in dem viele Votivbilder von wundersamen Heilungen erzählen.

Kurz nach Melano steigt eine Abzweigung rechts nach Rovio an, einem Bergdorf an der hier steilen Flanke des Monte Generoso. Diese klimatisch begünstigte, sonnige Gegend war – wie archäologische Funde ergeben haben – schon in vorgeschichtlicher und römischer Zeit besiedelt. Auf einem Hügel westlich der Ortschaft erhebt sich die sehenswerte Kirche des Ortes: die romanische ***Cappella di San Vigilio**. Sie besitzt außen reizvolle Blendarkaden und im Innern romanische Apsisfresken mit der »klassischen« Darstellung des thronenden Christus in der Mandorla (Majestas Domini) und darunter die zwölf Apostel. Die Wandmalereien, die stilistisch und chronologisch den Fresken in Cademario (►S. 263) nahe stehen, zeigen byzantinisch-stilisierende Einflüsse. **Rovio**

Weiter auf der Kantonsstraße erreicht man das am Seeufer gelegene Dorf Maroggia, das ebenfalls Heimat namhafter Künstler war: u. a. **Baldassare Longhena** (1598 – 1682), Schöpfer der Salutekirche in Venedig. Eine kurvige Nebenstraße führt von hier nach Arogno hinauf, einem aussichtsreich gelegenen Bergdorf mit den gotischen Kapellen **San Rocco** (südwestlich des Dorfs) und **San Vitale** (im Norden) sowie der figuren-, stuck- und altarreichen Barockkirche **Santo Stefano**. Aus Arogno stammte der Baumeister **Adamo d'Arogno** (2. Hälfte 12. Jh. bis um 1230), der am Dom von Trient arbeitete. **Maroggia, Arogno**

Wieder unten am See liegt **Bissone**, wo ein 1843 bis 1847 angelegter Damm den westlichen Arm des Luganersees überbrückt. Mit seinen Lauben und den noblen Häuserfassaden an der Uferpromenade ist es ein wahres Bilderbuchdorf. Außer dem genialen Barockbaumeister **Francesco Borromini** (1599 – 1667), dem die Einheimischen am Ufer ein Denkmal gesetzt haben, waren auch andere Künstlerfamilien – wie die Gaggini und die Tencalla – in Bissone heimisch.

BAEDEKER WISSEN

? *Die größte Spielbank ...*

Das Kasino in Campione d'Italia warf in seinen besten Jahren bis zu 150 Millionen Franken Gewinn im Jahr ab, ehe in den 1990er-Jahren dann auch in Locarno, Lugano und Mendrisio Spielbanken eröffneten. Campione »reagierte« mit einem Neubau von Mario Botta: Achtmal größer als der Vorgängerbau und dreizehn Stockwerke hoch ist das 2007 eingeweihte Haus. In der angeblich größten Spielbank Europas haben 3100 Gäste Platz. Den Campionesen ist es allerdings verboten, um Geld zu spielen – weil fast jeder im Ort für die Spielbank arbeitet (www.casinocampione.it).

Campione d'Italia Auf Bissone folgt am Ostufer Campione d'Italia, eine 1,7 km² große italienische Enklave auf Schweizer Staatsgebiet am Fuß des 1321 m hohen Sighignola. Das einstige Fischerdorf geht auf eine Schenkung von 777 an das Mailänder Kloster Sant'Ambrogio zurück, das hier ein Tochterkloster gründete und dem es bis 1797 unterstand. Verschiedene Versuche, das italienische Campione gegen Indemini im Gambarogno einzutauschen, scheiterten. So blieb Campione lombardisch bzw. italienisch; Post-, Steuer- und Zollwesen unterstehen dagegen der Schweiz. Bekannt ist das 1933 im Auftrag Benito Mussolinis gegründete **Casinò Municipale di Campione** (der heutige Bau entstand 2007 nach Plänen Mario Bottas, ▶S. 283), das den Ort zeitweise zur reichsten Gemeinde Italiens machte und die barocke Wallfahrtskirche **Santa Maria dei Ghirli** als Wahrzeichen Campiones abgelöst hat. Von einem gotischen Vorgängerbau stammen noch der Kampanile und die Fresken der südlichen Außenwand. Die wertvollen frühgotischen Wandmalereien im Innern werden einem lombardischen Meister der Giottoschule aus dem späten 14. Jh. zugeschrieben.

✶✶ Parco Alpino Piora

✦ F 3

Höhe: 1800–3016 m ü.d.M.
Ausdehnung: 37 km²

Niemand muss sich im Tessin zwischen Berg und See entscheiden. Die traumhaft schöne Region Ritom-Piora im nördlichen Tessin vereint beides. 20 Seen, 42 Teiche und Moore sowie 58 Wasserläufe umfasst das 37 km² große Naturschutzgebiet Parco Alpino Piora (Abb. S. 122).

Spektakuläre Anfahrt In das hochalpine Paradies gelangt man auf einem 11 km langen Sträßchen, das von Piotta über Altanca bis zum Ritom-Stausee führt, wo es einen (gebührenpflichtigen) Parkplatz gibt. Spektakulärer ist jedoch die Fahrt mit der Ritom-Standseilbahn, die 1917 zum Ausbau des Staudamms erstellt wurde. Die einspurige knallrote »Funicolare« überwindet auf 1369 m einen Höhenunterschied von 786 m; die maximale Steigung beträgt 87,8 %. Von der Bergstation Piora auf 1793 m ü.d.M. gelangt man in etwa 20 Minuten zum Ritom-Stausee, hinter dem sich eine einzigartige See- und Berglandschaft ausbreitet.

Funicolare: Talstation Piotta, Ende Mai/Juni – Okt., 8.35 – 18.30, im Okt. letzte Fahrt 17.50 Uhr; 13/22 CHF (Einfach/Hin und zurück), Tel. 091 868 31 51, www.ritom.ch

Geologische Entstehung Die Entstehung der Piorasenke begann vor rund 200 Mio. Jahren, als das Gotthardmassiv aus dem damals noch sehr viel größeren Mittel-

Parco Alpino Piora

meer auftauchte. Vor 25 Mio. Jahren wurde das Gotthardmassiv von der penninischen Lukmanierdecke nach Norden verschoben. Dabei wurde der Meeresarm zwischen den beiden Gebirgen zusammengepresst, gehoben und trockengelegt, seine kalk- und gipshaltigen Sedimentgesteine wurden stärker erodiert als die Granite und Gneise der beiden Gebirgszüge, und so bildete sich die **Pioramulde**, die durch sehr viel jüngere Moränen, Verschiebungen und Bergstürze zur heutigen Form umgestaltet wurde. Die Europäische Wasserscheide verläuft mitten durch den Naturpark: Die Bäche des Val Piora entwässern zu Ticino-Po-Mittelmeer, die im Val Cadlimo und im Val Termine zu Reuss-Aare-Rhein – mit einer Ausnahme: Der Reno di Medel, einst ein Quellfluss des Rheins, wurde 1931 durch einen 980 m langen, künstlichen Stollen dem **Lago di Ritom** (Ritomsee) zugeführt.

Die nachstehend in Klammern erscheinenden Namen sind dialektale Formen, die vielfach auch in der Kartografie verwendet werden. **Hinweis**

WANDERN IM NATURPARK

Der Lago di Ritom (1850 m), im heimischen Dialekt Lèi Ritòm genannt, dient seit 1907 als Stausee für das Ritomkraftwerk. Er ist der

Ritom und Val Piora erleben

AUSKUNFT
Ente Turistico Bellinzona e Alto Ticino
Infopoint Leventina
▶Airolo

ESSEN · ÜBERNACHTEN
Ristorante Lago Ritom ©
Piotta Val Piora
Tel. 091 868 14 24
www.lagoritom.ch, Mai – Okt.
Berggasthaus am Staudamm mit schöner Panorama-Terrasse. Das Angebot reicht von der Tessiner Platte über hausgemachte Lasagne bis zum Alpkäse. In 2-, 3- und 4-Bett-Zimmern kann man günstig übernachten.

Capanna Cadagno ©
Piotta Val Piora
Tel. 091 868 13 23
www.capanna-cadagno.ch
Ganzjährig geöffnet; Bewirtung Juni – Ende Okt. (wenn schneefrei)
Die auf 1987 m Höhe gelegene Berghütte ist bekannt für ihre Gerichte aus regionalen Produkten (Käseplatte!). Es gibt 8-Bett-Zimmer, WC und Duschen. Vom Ritom-Staudamm zu Fuß in etwa 1 Std., auch mit Kindern gut zu bewältigen.

ANGELN
In den zahlreichen Bergseen des Piora-Hochtals wimmelt es von Bachforellen, Regenbogen- und kanadischen Forellen, See- und Bachsaiblingen. Zwischen Juni und September versuchen hier viele Fischer ihr Glück. Ein zweitägiges Angelpatent kostet 60 CHF (20 CHF für Jugendliche). Angelscheine gibt es im Berggasthaus Ritom; Infos: www.lagoritom.ch.

EINKAUFEN
Der **Piora-Käse** ist weit über die Tessiner Kantonsgrenzen hinaus bekannt. Die Milch stammt von Kühen, die im Sommer auf der Alpe Piora weiden, dem größten Weidegebiet im Tessin. Jährlich werden rund 100 bis 120 Tonnen Piora-Käse gemacht. Man kann ihn in der Käserei auf der Alpe Piora kaufen (ca. 50 CHF/Kilo). Eine weitere Delikatesse ist der **Piora-Rohschinken** der Firma Rapelli aus Stabio, der in Alphütten reift. Den Prosciutto dell'Alpe Piora gibt es u. a. in Migros-Filialen. Juni – September finden Di. und Do. Degustationsausflüge auf die Alpe Piora statt (nur nach Anmeldung; www.ticinella.com oder Tel. 091 640 73 64, 55 CHF/Person einschl. Ritom-Bahn).

größte der vielen Hochgebirgsseen, die die prachtvolle Landschaft des Naturparks prägen. Am höchsten gelegen ist mit 2525 m der **Lago della Miniera** (Lèi det la Minéra), dessen Name an alte, heute aufgegebene Silberminen (ital. miniera) erinnert. Vom Grund des **Lago di Cadagno** (Lèi det Cadègn) sprudeln Schwefelquellen. Ein markierter Rundwanderweg zu den Seen (Dauer ca. 7 Std.) ist nur routinierten Trekkingtouristen zu empfehlen, aber auch weniger geübte Wanderer können bei kürzeren Touren die Schönheiten dieses Naturschutzgebietes entdecken. Es erwartet den Parkbesucher eine artenreiche Pflanzenwelt mit Arvenwäldern, Alpenrosen, Feuerlilien, Enzianen und vielen anderen Alpenblumen und eine nicht weniger interessante Tierwelt, zu der auch der seltene Steinadler gehört. Auf der Alpe Piora wurde in zwei Gebäuden aus dem 16. Jh. das **Centro di Biologia Alpina** (Zentrum für alpine Biologie) ins Leben gerufen, in dem Wissenschaftler des Kantons Tessin und der Universitäten Zürich und Genf zusammenarbeiten, um diese einzigartige Umwelt zu schützen und zu untersuchen. Vom Centro di Biologia Alpina aus erreicht man in 2,5 – 3 Stunden zu Fuß den Lukmanierpass (▶S. 311).

✶✶ Sankt Gotthard

✴ E 3

Passhöhe: 2108 m ü.d.M.

Das teilweise vergletscherte Gotthardmassiv (San Gottardo), das aus Gneisen, Glimmerschiefern und Graniten besteht und im 3192 m hohen Pizzo Rotondo gipfelt, ist eine der bedeutendsten Wasserscheiden Europas; hier entspringen Rhone, Ticino, Rhein und Reuss, die ins französische und italienische Mittelmeer sowie in die Nordsee münden.

Durch die in das Gebirge tief eingreifenden Quertalfurchen der Reuss und des Ticino ist hier die Überwindung des Alpenhauptkamms in einmaligem An- und Abstieg möglich. Bereits den Römern war der Weg über den Mons Elvelinus bekannt, doch stand der besonders auf der Nordseite schwierige Alpenübergang bis ins Mittelalter im Schatten des bequemer zu überquerenden Lukmanierpasses. Als es den Urnern im 13. Jh. gelungen war, die wilde **Schöllenenschlucht** mit einer Hängebrücke zu überwinden, entwickelte sich der Übergang über den St. Gotthard, trotz der damit verbundenen Gefahren, zu einem viel begangenen Saumpfad. Mit dem Ausbau des Saumwegs zur Poststraße (1817 – 1830) und dem Bau der Gotthardbahn (1872 bis 1882) wurde diese kürzeste Nord-Süd-Verbindung gangbar.

? BAEDEKER WISSEN

Der älteste Tunnel der Alpen

»Kennst Du den Berg und seinen Wolkensteg? Das Maultier sucht im Nebel seinen Weg, in Höhlen wohnt der Drachen alte Brut, es stürzt der Fels und über ihn die Flut.« Als Goethe 1782/83 den Weg über den Gotthard beschrieb, hat er gehörig übertrieben, denn den »Stiebenden Steg« in der Schöllenenschlucht gab es damals bereits nicht mehr. Er war 1708 durch einen Tunnel ersetzt worden. Der Tessiner Festungsbaumeister Pietro Morettini aus Cerentino (1660 bis 1737) hatte mit Schießpulver ein 64 m langes Loch in den Berg gesprengt. Das »Urnerloch« bei Andermatt war der erste Straßentunnel in den Alpen. Glaubwürdig ist eine andere Schilderung Goethes. Im November 1799 fand er auf der Gotthard-Passhöhe »nur Felsen und Schnee« vor.

*Gotthard-bahn Das Gotthardmassiv wird von einem knapp 15 km langen Bahntunnel zwischen Göschenen (Kanton Uri) und Airolo (Tessin) unterquert. Erbauer war der Genfer Ingenieur und Bauunternehmer **Louis Favre**. Die Finanzierung gelang nur mit deutscher und italienischer Unterstützung. Während der Bauarbeiten verloren 177 Menschen das Leben, ein Denkmal von Vincenzo Vela am Bahnhof in Airolo erinnert an die »Opfer der Arbeit«. Bemerkenswert ist die Präzision, mit welcher die vorwiegend aus Italien stammenden Mineure den Berg von Göschenen und Airolo aus durchbohrten: Die seitliche Abweichung beim Durchschlag betrug nur 33 cm (beim Gotthard-Basistunnel, dem längsten Eisenbahntunnel der Welt, ▶Baedeker Wissen S. 292, betrug die seitliche Abweichung beim ersten Durchschlag 8 cm). Dank der NEAT (**N**eue **E**isenbahn**a**lpen**t**ransversale) verkürzt sich die Fahrzeit zwischen Zürich und Mailand auf 2 Std. 40 Min., die Bahn wird damit zur ernsten Konkurrenz für Auto und Flugzeug! Als schnellste Nord-Süd-Verbindung zwischen Basel oder Zürich nach Lugano braucht die Gotthardbahn 4 bzw. 3 Stunden.

Gotthard-tunnel 1980 wurde nach elfjähriger Bauzeit der zweispurige Gotthard-Straßentunnel zwischen Göschenen und Airolo fertiggestellt. Seither ist die Nord-Süd-Verbindung ganzjährig befahrbar (Vignette erforderlich). Mit einer Gesamtlänge von 16,91 km ist er der drittlängste Straßentunnel der Welt und der längste Tunnel in den Alpen (Scheitelpunkt: 1175 m). An einem Sommerwochenende passieren den Tunnel oft über 35 000 Fahrzeuge am Tag. Aus Sicherheitsgründen wurde die Kapazität auf tausend Fahrzeugeinheiten (1 Lkw = 3 Pkw) pro Stunde und Richtung beschränkt (seit einer Brandkatastrophe nach einem Unfall im Oktober 2001 mit elf Toten). Seither sind die Unfallzahlen erheblich zurückgegangen. Der in die Jahre gekommene Tunnel muss demnächst einer Totalsanierung unterzogen werden. Zur Debatte steht auch der Bau einer zweiten Röhre (Fertigstellung frühestens 2027).

✷✷ ÜBER DEN GOTTHARDPASS NACH AIROLO

Urserental Der Gotthard trennt alles: Sprache, Kultur, Lebensart, Klima, Flora, Fauna, Licht. »Alles ist drüben anders als hüben. Hier Norden, dort Süden«, schrieb der Schweizer Dichter und Nobelpreisträger Carl Spitteler. Wer über den Gotthard ins Tessin will (die alte Straße ist je nach Schneelage etwa von Mitte Mai bis Ende Oktober geöffnet), fährt zunächst über **Hospental** zum Tal der Gotthard-Reuss hinauf. Der Rückblick auf das Urserental und seine nördliche Bergumrahmung vom Spitzigrat (2560 m) bis zum Galenstock (3597 m) zeigt – wie auch die folgenden Ausblicke auf der Fahrt zur Passhöhe – den ernsten Landschaftscharakter des Gotthardmassivs: glatt geschliffene

Die Tunnelbauer

Die Schweizer beherrschen so manches vorzüglich – sie gelten als hervorragende Uhrmacher, sie verstehen die Kunst der Schokoladenherstellung, und sie können Tunnel bauen. Letzteres hat vor allem damit zu tun, dass die Schweiz ein Transitland und die Überwindung der Alpen ihre größte verkehrstechnische Herausforderung ist. Mit dem Gotthard-Basistunnel stellen die Schweizer erneut ihre Führung in dieser »Disziplin« unter Beweis.

Vor über 100 Jahren begannen sie damit, den Weg in den Süden nicht nur über, sondern auch **mitten durch die Alpen** zu führen. 1882 wurde der erste Eisenbahntunnel durch das Gotthardmassiv eröffnet – eine 15 km lange, schnurgerade Röhre, durch die bis heute die Züge rollen. Eine technische Meisterleistung, die bald schon Nachahmung fand – 1905 zog man mit dem Simplon-, 1913 mit dem **Lötschbergtunnel** nach. Rund 100 Jahre nach dem Eisenbahntunnel folgte dann der fast 17 km lange Straßentunnel, der 1980, nach elfjähriger Bauzeit, seiner Bestimmung übergeben wurde. Außer den Verkehrstunneln durchlöchern auch noch diverse Kraftwerks- und Militärstollen das Gebirgsmassiv.

Nun wurden einige Kilometer östlich der beiden bestehenden Tunnel, zwischen Erstfeld im Kanton Uri und Bodio bei Biasca im Tessin, auf einer Länge von 57 Kilometern zwei weitere Röhren durch die Berge getrieben – der Gotthardbasistunnel. Am 15. Oktober 2010 reichten sich die Mineure nach dem letzten Durchschlag zwischen Faido und Sedrun die Hände. Nach dem Einbau der komplexen Bahntechnologie soll der **längste und tiefste Eisenbahntunnel** der Welt im Juni 2016 eröffnet werden. Damit wird die Flachbahn durch die Alpen Realität. Die Hochgeschwindigkeitszüge können mit bis zu 250 km/h durch die Röhren rasen. Dank der Neuen Eisenbahn-Alpentransversale (NEAT), zu der auch der 15,4 Kilometer lange Ceneri-Basistunnel zwischen Bellinzona und Lugano gehört (geplante Eröffnung 2019/2020) verkürzt sich die Fahrt von Zürich ins Tessin auf rund eineinhalb Stunden und nach Mailand auf 2 Stunden und 40 Minuten. Die NEAT gilt als Jahrhundertbauwerk. Den Anstoß gab ein Volksentscheid: Die Schweizer stimmten in den 1990er-Jahren dafür, den zunehmenden Gütertransport durch die Alpen weitgehend auf die Schiene zu verlagern, um den drohenden Verkehrskollaps auf der Straße zu verhindern. Im Besucherzentrum von Pollegio in der Leventina kann man sich über den Tunnelbau und das NEAT-Projekt informieren (www.infocentro.ch).

Tunneldurchstich am 15.10.2010

Felsen aus Gneis oder Granit, zwischen deren Buckeln im Sommer viele kleine Seen blinken.

Gamsboden, Guspistal

Die Straße zieht anschließend in dem lang gestreckten, im Winter lawinengefährdeten Gamsboden (1640 m) am Hang sanft bergan. Links erstreckt sich das vom Pizzo Centrale und Guspisgletscher herabkommende Guspistal. Nach 4 km erreicht man das **Mätteli** (1791 m; Gasthaus) am Fuß des Winterhorns (Piz Orsino, 2661 m). Hier windet sich die Straße wieder bergauf zum Brüggloch (1908 m) über die Grenze des Kantons Uri in den Kanton Tessin (Ticino), der nördlich etwas über die Passhöhe übergreift. Voraus erscheint die Fibbia. An der **Capanna di Rodont** (1966 m) vorbei geht die Fahrt zur Lucendrobrücke (2015 m) über die Reuss, die aus dem für ein Kraftwerk in Airolo aufgestauten Lucendrosee (2077 m) herabkommt. Vom See aus kann man in 3,5 Stunden zum Piz di Lucendro (2964 m) aufsteigen.

Dann fährt man in zahlreichen Windungen vollends hinauf zum **St.-Gotthard-Pass** (2108 m), eine flache und kahle Einsenkung mit mehreren kleinen Seen, überragt vom Monte Prosa (2471 m) und der Fibbia (2742 m), die jäh in das Val Tremola abstürzt. Die Landschaft in der Umgebung des Passes mit ihren kahlen, vom Eis geschliffenen Felsen und den vielen kleinen Seen ist von herber Schönheit.

Die alte Gotthardstraße: in Serpentinen bergauf, bergab

Der Gotthard wurde schon vor 9000 Jahren vermutlich von Jägern **Auf dem Pass** und Hirten begangen. Als Handelsweg gewann er aber erst im Mittelalter an Bedeutung. 1230 soll der Erzbischof von Mailand dem heiligen Godehard eine Passkapelle geweiht haben. Godehard war im 11. Jh. Bischof von Hildesheim. 1303 tauchte der Passname »Sant Gotthard« erstmals auf. Ein Hospiz bei der Kapelle wird im 15. Jh. er-

Sankt Gotthard erleben

AUSKUNFT
Ente Turistico Bellinzona e Alto Ticino
Infopoint Leventina
▶Airolo

ESSEN · ÜBERNACHTEN
La Claustra ⊖⊖⊖
Passo San Gottardo
Tel. 091 880 50 55, Mai – Okt.
www.claustra.ch
Das Felsenhotel mit 17 Zimmern, laut »GEO Saison« eines der 100 schönsten Hotels in Europa, befindet sich auf 2050 m Höhe in einem ehemaligen Bunker der Schweizer Armee. Nur mit Voranmeldung!

Albergo San Gottardo ⊖
Passo San Gottardo
Tel. 091 869 12 35, Mai – Okt.
www.passosangottardo.ch
Einfaches Berghotel, WC und Duschen auf der Etage; serviert wird gutbürgerliche Küche.

POSTKUTSCHE
Der Bau der Gotthard-Bahn 1882 beendete die Ära der Postkutschen. Doch die legendäre Gotthard-Pferdepost fährt wieder von Andermatt nach Airolo. Was früher als Strapaze empfunden wurde, ist heute ein exklusives Erlebnis. Im Gotthard-Hospiz wird Rast gemacht; im Landau-Coupé genießt man die herrliche Landschaft ganz entspannt (pro Person ca. 750 CHF; Saison: Mitte Juni – An-

fang Sept., Historische Reisepost, Postfach 113, 6490 Andermatt, Tel. 041 888 00 05, www.gotthardpost.ch).

WANDERN
Vom Hospiz führen Wanderwege ostwärts in ungefähr 45 Min. zum Sellasee (2231 m.ü.d.M.) und von dort weiter entweder auf den Pizzo Centrale (3003 m ü.d.M.; ca. 3 Std.) oder auf den Giübin (2776 m ü.d.M.; 2 Std.), westwärts zu dem 1942 – 1948 angelegten Lucendrostausee (2134 m ü.d.M.) und von dort weiter in 3 Std. zu den kleineren Gletscherseen Lago d'Orsino, Laghi d'Orsirora und Laghi della Valletta oder auf die Fibbia (2742 m ü.d.M.). In gut 3 Std. geht es ferner über den Lucendropass (2532 m ü.d.M.) hinab nach Ronco im Bedrettotal. Lohnend ist auch eine Wanderung ins Val Piora (▶Parco Alpino Piora).
Vom Gotthard fließen vier Flüsse – Rhein, Reuss, Rhone und Ticino – in alle Himmelsrichtungen. Ihre Quellen sind seit 2012 durch eine 85 km lange Gebirgsrundtour miteinander verbunden. Der **Vier-Quellen-Weg** kann in einer fünftägigen Wanderung mit guten Übernachtungsmöglichkeiten zurückgelegt werden. Man kann die Quellen auch in vier Tageswanderungen absolvieren (Ausgangs- und Endpunkte sind mit öffentlichen Verkehrsmitteln erreichbar). Die Strecke (95 % Naturwege) ist auch für Familien mit Kindern ab sechs Jahren geeignet. Routenbeschreibung: www.vier-quellen-weg.ch.

Das Jahrtausendloch

Mit dem Bau des Eisenbahntunnels durch die Alpen schreibt die Schweiz Verkehrsgeschichte. Die ersten Pläne stammen von 1947. Bei zwei Abstimmungen 1992 und 1998 sprach sich die Mehrheit für das Projekt aus. Der Durchbruch fand am 15. Oktober 2010 statt – die Abweichung betrug nur 8 cm horizontal und 1 cm vertikal. 2016 soll der längste und tiefste bisher gebaute Eisenbahntunnel der Welt eröffnet werden.

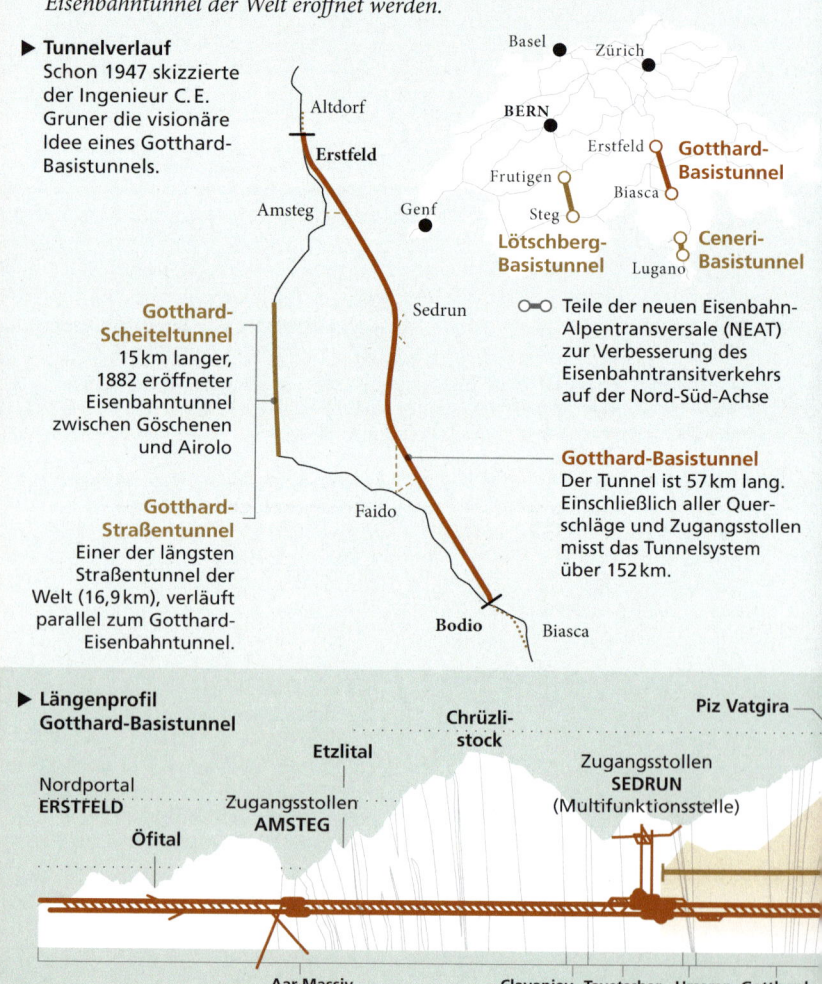

▶ **Tunnelverlauf**
Schon 1947 skizzierte der Ingenieur C. E. Gruner die visionäre Idee eines Gotthard-Basistunnels.

Basel — Zürich
BERN
Erstfeld — **Gotthard-Basistunnel**
Frutigen — Biasca
Genf
Steg
Lötschberg-Basistunnel — **Ceneri-Basistunnel**
Lugano

Altdorf
Erstfeld
Amsteg
Sedrun
Faido
Bodio — Biasca

Gotthard-Scheiteltunnel
15 km langer, 1882 eröffneter Eisenbahntunnel zwischen Göschenen und Airolo

Gotthard-Straßentunnel
Einer der längsten Straßentunnel der Welt (16,9 km), verläuft parallel zum Gotthard-Eisenbahntunnel.

○═○ Teile der neuen Eisenbahn-Alpentransversale (NEAT) zur Verbesserung des Eisenbahntransitverkehrs auf der Nord-Süd-Achse

Gotthard-Basistunnel
Der Tunnel ist 57 km lang. Einschließlich aller Querschläge und Zugangsstollen misst das Tunnelsystem über 152 km.

▶ **Längenprofil Gotthard-Basistunnel**

Piz Vatgira
Chrüzli-stock
Etzlital
Zugangsstollen **SEDRUN** (Multifunktionsstelle)
Nordportal **ERSTFELD**
Öfital
Zugangsstollen **AMSTEG**

Aar-Massiv
Clavaniev-Zone
Tavetscher-Zwischenmassiv
Urseren-Gavera Zone
Gotthard-Massiv

▶ **Tunnelprofil Gotthard-Basistunnel**
mit bahntechnischen
Installationen

©BAEDEKER

Tunnelfunkkabel

Merktafel
Haupt-
signal

Hand-
lauf

Notbe-
leuchtung

Datenkabel

Niederspan-
nungskabel

Hochspan-
nungskabel

▶ **Daten und Fakten zum
Gotthard-Basistunnel,**
dem längsten Eisenbahn-
tunnel der Welt

ca. 18,5 Mrd. CHF
mutmaßliche Endkosten
(Stand 2013)

2000 Personen
am Bau beteiligt

28 Mio. t
Ausbruchmaterial

2300 m
maximale Felsüberlagerung

250 km/h
maximale Geschwindigkeit
(Personenzüge)

▶ **Weltweite Eisenbahntunnel
im Längenvergleich**

Gotthard-Basistunnel
57 km

Seikan (JP, 1988)
53,8 km

Eurotunnel (FRA, 1994)
50,5 km

Lötschberg-Basistunnel (CH, 2007)
34,6 km

Guadarrama (ESP, 2007)
28,4 km

**Alle 325 m
ein Querschlag**
Elektrische
Anlagen/
Fluchtweg

Fahrröhre

Chastelhorn

Pizzo
dell'Uomo

Chièra-
Synform

Alter Gotthard-
Scheiteltunnel
15 km

Zugangsstollen
FAIDO
(Multifunktionsstelle)

Leventina

3000 m ü.d.M.

2000

Südportal
BODIO

1000

Tenelin-
Zone

Corandoni-
Zone

Piora-
Zone

Penninische Gneiszone

wähnt. Als im 19. Jh. die Straße für Kutschen ausgebaut wurde, entstanden auf der Passhöhe neben dem Hospiz noch ein Zoll- und Gasthaus sowie eine Sust (= Lagerhalle), die Gebäude gehören heute der Stiftung Pro San Gottardo. Das ***Nationale Gotthardmuseum** in der alten Sust, das höchstgelegene Museum der Schweiz, erklärt die Geschichte des Passes und die Bedeutung für die Schweiz und Europa.

Museo Nazionale del San Gottardo: Mai – Okt. tägl. 9.00 – 18.00 Uhr, Eintritt 8 CHF, www.passosangottardo.ch

*Themenpark Sasso San Gottardo

Die Befestigungsanlage Sasso San Gottardo (drei Gehminuten vom Hospiz entfernt) war im 20. Jh. einer der geheimsten Orte der Schweiz. 1998 wurde sie aufgehoben, heute werden in dem 2,4 km langen Labyrinth aus Stollen und Kavernen im Berginnern die Themen Wasser, Klima, Mobilität und Lebensraum, Energie und Sicherheit inszeniert. Über eine 400 Stufen lange Treppe bzw. eine Stollenbahn ist die Themenwelt mit dem denkmalgeschützten Teil der Befestigungsanlage verbunden. Das Artilleriewerk Sasso da Pigna war während des Zweiten Weltkriegs gegen einen möglichen Vorstoß italienischer Truppen erbaut worden.

❶ Mai – Okt., tägl. 10.00 – 18.00 Uhr, Eintritt 25 CHF (Kinder bis 15 Jahre in Begleitung eines Familienmitglieds gratis), www.sasso-sangottardo.ch

*Val Tremola

Vor dem Museum führt eine gepflasterte Straße Richtung Airolo: die ursprünglich als Saumweg angelegte, 1827–1832 für den Postkutschenbetrieb ausgebaute sog. Tremola. Dieser alte Straßenabschnitt führt an den Hängen des wilden Val Tremola (Tal des Zitterns) hinab und überwindet dabei 300 Höhenmeter in 24 Kehren (!). Nach 5,5 km passiert man die Cantoniera Val Tremola (1695 m ü.d.M.), wo sich ein fantastischer Blick auf das Val Bedretto und die Leventina eröffnet. Eine 7,8 km lange neue Trasse umgeht das Val Tremola westlich. Man fährt mit großartigen Ausblicken talwärts. Zuletzt überquert man die alte, aus dem Val Tremola kommende Straße und mündet alsbald in diese ein. In weiteren dreizehn Kehren mit immer neuen Blicken erreicht man den von raumgreifenden Verkehrsbauten umgebenen Talort ▶Airolo.

* Val Verzasca

✳ F/G 4/5

Im Val Verzasca ist der Fluss der Star! Sein smaragdgrünes Wasser gab dem ganzen Tal den Namen. »Im Herzen des Flusses liegt die Faszination des Verzascatals; nie hat ein Künstler ein so wunderbares Grün gemalt, nie hätte er auch nur vermutet, dass es existiert«, schrieb im 19. Jh. ein Maler. Man muss es gesehen haben, um es zu glauben!

Smaragdgrün schimmerndes Wasser vor bizarrer Felsenszenerie bei Brione im Val Verzasca

Gewaltiges Naturerlebnis

Lange war das Spektakel nur Eingeweihten bekannt. Denn das sich von Tenero am Nordende des Lago Maggiore 29 km Richtung Norden bis zum 2864 m hohen Pizzo Barone vorschiebende Tal war bis 1870 vom Rest der Welt praktisch abgeschnitten. Zu unüberwindlich schien der Taleingang. Heute dominiert ihn ein 220 m hoher Staudamm, einst Kulisse für den James-Bond-Film »Golden Eye« (►S. 98). Abgesehen vom Stausee präsentiert sich das Tal noch weitgehend ursprünglich. Mit seinen extrem steilen Hängen und ungezählten Kaskaden bietet es ein gewaltiges Naturerlebnis. Seit Abertausenden von Jahren haben die unermüdlichen Wasser der Verzasca (von aqua verde = grünes Wasser) die Gneisblöcke bearbeitet. So entstanden Gletschermühlen, tiefe Trichter, die durch trudelnde Felsbrocken immer tiefer in das Gestein gedreht wurden. Wie überdimensionierte Edelsteine leuchten diese Gneisblöcke im lichtdurchfluteten Wasser. Die rund geschliffenen Felsen, die aus dem Wasser ragen, laden zum Rasten ein.

Not und Zwang zum Nomadentum

Das Verzascatal war einst ein Armenhaus. Der Berner Karl Viktor von Bonstetten, der 1795 die ennetbirgischen Vogteien inspizierte, schrieb in seinem Bericht: »Keine deutschschweizer Sau würde in diesen elendiglichen Hütten wohnen wollen.« Bis weit ins 19. Jh. mussten sich viele Kinder im Winter als Kaminfeger in Norditalien verdingen. Lisa Tetzner schuf ihnen mit ihrem 1941 erschienenen Jugendroman »Die Schwarzen Brüder« ein literarisches Denkmal.

Auf Wanderschaft gingen auch die Bauern. So gehören das 790 m hoch gelegene Dorf Gerra Verzasca oben im Tal und das etwa 25 km entfernte Dorf Gerra Piano am Rand der Magadinoebene zur selben Gemeinde. Da die Einwohner als Nur-Bauern oder Nur-Viehzüchter nicht genug verdienten, um ihren Lebensunterhalt zu bestreiten, mussten sie zwischen den Gemeinden pendeln: Im Frühjahr bauten sie auf der Piano di Magadino Wein, Gemüse und Obst an, im Sommer zogen sie mit ihren Ziegen auf die hoch gelegenen Bergalmen oberhalb von Gerra Verzasca, und nach der Rückkehr ins Tal holten sie im Herbst die Ernte ein. Dieses Nomadentum, schreibt der heimische Schriftsteller und Lehrer Piero Bianconi (1899 – 1984), »bedeutet auseinandergerissene Familien, Dörfer, die sich je nach den Jahreszeiten leeren und wieder füllen, ein beständiges Hin und Her, Menschen, die im Lauf eines Jahres vier oder fünf Wohnstätten kennen. Ein solches Leben hat ganz besondere Daseinsformen zur Folge: Im Verzascatal sind die Häuser klein, ziemlich primitiv, ärmlich. Vier oder fünf Häuser zu besitzen bedeutet im Grunde keines zu besitzen.«

Den **Sentierone**, den Weg vom Lago Maggiore bis Sonogno im hinteren Tal, beschritten auch Künstler, die hier Zeugnisse ihrer Kunst hinterließen, Wandbilder in Kirchen, Kapellen, an Felswänden und Hausfassaden. Etliche dieser Kleinkunstwerke haben im Laufe der Jahre ihre Farbigkeit verloren – ganz im Gegensatz zur Verzasca, deren Smaragdgrün so intensiv wie eh und je leuchtet.

VON TENERO NACH SONOGNO

Tenero Ausgangspunkt für eine Fahrt in das Val Verzasca ist Tenero, der Ort wo die Verzasca in den Lago Maggiore mündet. Ein Weinmuseum mit moderner Kunstgalerie in der Weinkellerei Matasci beim Bahnhof erinnert an die lange landwirtschaftliche Tradition. Heute ist es für sein nationales Jugendsportzentrum mit Berufsschule für Spitzensportler bekannt. Mit sieben **Campingplätzen** ist Tenero die Caravan-Hochburg der Schweiz.

Lago di Vogorno, Vogorno Vom verkehrsreichen Ort Gordola an beginnt die Straße in das Val Verzasca gleich kräftig anzusteigen. Gemächlicher geht es dann neben dem zwischen 1961 und 1965 angelegten, fjordartigen See Lago di Vogorno hin, dessen 220 m hoher Staudamm waghalsige **Bungeespringer** unwiderstehlich anzieht (▸S. 98). Sie können sich hier wie einst das Double von 007 alias Pierce Brosnan parallel zur Mauer 7,5 Sekunden lang in die Tiefe stürzen.

Die ursprünglich schlichten steinernen Rustici in Vogorno sind zu einem luxuriösen Feriendorf ausgebaut worden. Die 1225 gegründete Pfarrkirche **San Bartolomeo** ist das älteste Gotteshaus im Tal, aber von ihren mittelalterlichen Fresken sind nur noch Fragmente erhalten. Sehr schön ist der Blick von hier auf den gegenüberliegenden, steilen Berghang, wo sich das schöne, mit dem Auto über Contra erreichbare Dorf Mergoscia (▸S. 238) zusammendrängt.

Bungeejumping: Ostern bis Okt. Sa. und So.-Nachmittag, Juli, Aug. Mi. – So.-Nachmittag, www.trekking.ch

Val Verzasca erleben

AUSKUNFT
Ente Turistico Lago Maggiore
Infopoint Tenero e Valle Verzasca
Via ai Giardini, 6598 Tenero
Tel. 091 745 16 61
www.tenero-tourism.ch

ESSEN
Ristorante Senza Punti ●●●●
Contra, Via Contra 440
Tel. 091 600 15 15, So., Mo. geschl.
www.senza-punti.ch
Der bekannte Spitzenkoch Beat Blum
serviert in seinem neuen Lokal bei Tenero ein Menü pro Tag. Dabei werden nur
beste, wenn möglich regionale Produkte
verwendet.

Osteria Vittoria ●
Lavertezzo
Tel. 091 746 15 81
www.osteriavittoria.ch, März – Anfang
Okt. Fr. – Di., ab Mitte Mai tägl. geöffnet
Die Osteria gegenüber der Kirche, wenige Schritte vom Ponte dei Salti entfernt,
ist ein beliebter Treffpunkt. Unter einer
Pergola auf einer großen Terrasse werden Tessiner und andere Gerichte serviert. Mit 9 schmucken Zimmern.

Grotto al Ponte ●
Lavertezzo, Tel. 091 746 12 77
Für viele ist es das einzige richtige Grotto
im Verzascatal: Es gibt nur kalte Speisen
und allerhöchstens noch eine Minestrone. Traumhafte Lage im lauschigen
Schatten beim Ponte dei Salti.

Grotto Redorta ●
Sonogno, Tel. 091 746 13 34
www.grottoredorta.ch
Gemüsesuppe, geräucherte Bachforelle,
Ziegenkäse, Großmutterkuchen: haupt-

sächlich regionale Gerichte zu modera-
ten Preisen mit schöner Sonnenterrasse,
drinnen sorgen zwei Kamine für Wärme.

ÜBERNACHTEN
Azienda Montana Odro ●
Vogorno, Tel. 091 745 48 15
www.odro.ch
Jean-Louis Villars und Marlis Solèr haben
der Alp Odro (1240 m ü.d.M.) oberhalb
von Vogorno wieder Leben eingehaucht.
In einem Museum erfährt man etwas
über das Leben der Bergbauern. Zwei
Ställe wurden zu Ferienhäuschen und einer Gruppenunterkunft (16 Personen)
umgewandelt. Aus der Milch der schwarzen Verzasca-Ziegen machen sie Käse.
Die traumhafte Aussicht auf den Lago
Maggiore gibt es gratis. Dafür ist der 1,5
bis 2-stündige Aufstieg zur Alp schweiß-
treibend: Man erreicht Odro nur über einen steilen, gut erkennbaren Weg.

Albergo Campagna ●
Frasco, Tel. 091 746 11 46
www.albergocampagna.ch
Das Familienhotel mit 12 Zimmern liegt
am Eingang von Frasco, mitten im Verzascatal, wo sich Fuchs und Hase gute
Nacht sagen. Das Haus aus Lärchenholz
wurde nach modernen ökologischen
Prinzipien erbaut. Von der Sonnenterrasse
fantastischer Blick auf die Berge, serviert
werden vorwiegend lokale Spezialitäten.

Rustici della Verzasca ●
Vogorno, Tel. 031 329 66 33 und
091 745 10 81, www.reka.ch/Verzascatal
Gemütliche Ferienwohnungen der Reka im
Rusticostil oberhalb des Vogorno-Stausees
mit kleinem Schwimmbad und Kinderspielplatz. Essen kann man in der nahen Osteria Paradiso (www.osteriaparadiso.ch).

CAMPING

Im Verzascatal gibt es nur wenige Übernachtungsmöglichkeiten. Die meisten sind Tagesbesucher und übernachten in Locarno, Ascona oder auf den Campingplätzen von Tenero (▶S. 296). Wer im Wohnwagen oder Zelt am Ufer des Lago Maggiore übernachten will, hat die Qual der Wahl zwischen mehreren Plätzen: Camping Tamaro (Via Mappo 32, www.campingtamaro.ch), Campeggio Lido Mappo (Via Mappo 20, www.lidomappo.ch), Campeggio Lago Maggiore (Via Lido 2, www.clm.ch), Camping Rivabella (Via Roncaccio, www.camping-rivabella.ch) oder Caravan Camping Miralago (Via Roncaccio 20, www.camping-miralago.ch). Einer der bestausgestatteten Plätze ist der 5-Sterne-Campingplatz Campofelice (Via alle Brere 7, www.campofelice.ch) mit 400 m Sandstrand, Bootshafen, Acquapark, zwei Robinson-Spielplätzen und vielem mehr. Hier können auch Wohnwagen und Bungalows gemietet werden.

WANDERN

Der **Sentierone** entlang der Verzasca ist einer der Top-12-Wanderwege der Schweiz, ▶S. 120.
Ein anspruchsvoller Höhenweg, die **Via alta della Verzasca**, folgt in fünf Tagesetappen dem östlichen Grenzkamm der Verzasca. Übernachten kann man unterwegs in fünf unbewarteten Berghütten (diese Tour erfordert alpine Erfahrung, absolute Schwindelfreiheit und Klettergeschick). Im Verzascatal herrscht trotz Verzasca und Lago di Vogorno Wassermangel, davon zeugen die **»Steine gegen den Durst«**, unterschiedliche Becken, in denen in bachlosen Alpsiedlungen das Regenwasser von den Steindächern aufgefangen wurde. Auf der schön gelegenen Alm Revöira (970 m ü.d.M.) wurden solche Anlagen restauriert und vom ethnografischen Museum in einem Rundweg erschlossen. Revöira erreicht man in knapp einer Stunde von Sambugaro oberhalb Lavertezzo aus auf einem Weg durch den Kastanienwald. Der Rundweg »Die Kunst, das Wasser zu entdecken« ist 8 km lang (Dauer: 3 Std.; www.museovalverzasca.ch, hier weiter auf »Ethnografische Rundgänge«).

WASSERSPORT

Taucher schwärmen von der Verzasca, wo man in bis zu zwölf Meter tiefe, in den Fels geschliffene Becken abtauchen kann. Wichtig: Nur für Taucher mit Erfahrung im Flusstauchen und in Begleitung; die bekanntesten Einstiegsstellen befinden sich bei Lavertezzo (Füllstation im Restaurant Posse, www.aiposse.ch). Beliebt sind die Felsen von Lavertezzo auch zum Sonnenbaden.
In Brione schlängelt sich der Fluss durch ein breites Schotterbett. Hier sind herrliche Badebecken entstanden, die weniger überlaufen sind als in Lavertezzo. Als Alternative zum Flussbaden bietet sich das Bagno Pubblico in Tenero an mit großem Wassersportangebot (Via Lido, www.watersports.ch).

WEIN & KUNST

Die 1921 gegründete Weinhandlung Matasci Vini in Tenero (Via Verbano 6, www.matasci-vini.ch) ist eine Institution. Außer Gratisweinproben gibt es regelmäßig Ausstellungen über Malerei, Skulptur oder Fotografie. Die private Kunstsammlung Mario Matascis kann sonntags 14.00 – 17.00 Uhr oder nach Vereinbarung, Tel. 078 601 60 24, im Schaulager Il Deposito in Riazzino besichtigt werden.

Etwa 2 km hinter Vogorno trifft man links auf die Abzweigung nach Corippo, dem »freundlichsten Dorf des Tals« (Piero Bianconi), das wie ein Adlernest am Steilhang zu kleben scheint. Die Rustici mit ihren Dächern aus Granitplatten und den weiß gerahmten Fenstern sind beliebte Fotomotive. Schwieriger ist die Suche nach Einheimischen, denn im Bilderbuchdörfchen leben heute nur noch 30 Personen, um 1900 waren es immerhin noch über 200. Das Dorf drohte zu verfallen. Doch dann wurden die Häuser sorgfältig renoviert und dienen heute als Feriensitze. Das 1 km lange Sträßchen bis zum Ortseingang von Corippo legt man am besten zu Fuß zurück. Der aussichtsreiche Aufstieg lohnt, und Parkplätze vor Ort sind in der Hochsaison eine Rarität. Eine Rast empfiehlt sich beim Grotto al Bivio, das sich – Nomen est omen – bei der Abzweigung (ital. bivio) der Straße nach Corippo befindet. Es liegt herrlich oberhalb einer Schlucht und verfügt über eine schöne Terrasse; serviert werden Tessiner Gerichte.

*Corippo

Noch gedrängter geht es bei Schönwetter im Sommer in Lavertezzo zu. Hier führt die Brücke **Ponte dei Salti** mit zwei Bogen elegant über die an dieser Stelle sieben bis zehn Meter tiefe Verzasca. Obwohl die größte Sehenswürdigkeit des Tals auch Ponte Romano genannt wird, stammt sie aus dem späten Mittelalter. Die in allen Grüntönen leuchtende, glasklare Verzasca hat das Gneisgestein zu faszinierenden Felsformationen erodiert, einige Felsblöcke könnten vom Bildhauer Henry Moore geschaffen worden sein, tatsächlich sind die vom Wasser geschliffenen, farbigen Felsplatten ein Meisterwerk der Natur.

*Lavertezzo

Ganz in der Nähe beginnt der **Sentiero per l'Arte**. Dieser vom heimischen Bildhauer Giorgio Scarmi angeregte »Wanderweg für die Kunst« zieht sich 4,5 km lang am rechten Verzascaufer hin. Unterwegs begegnet der Wanderer im Wald und in Flussnähe den Skulpturen und Installationen von 21 internationalen Künstlern: vergänglichen Werken aus Farbe, Stein, Metall, Holz, Glas, Granit, Erde und Pflanzen, die in einen Dialog mit der Natur treten. Dieser ausgeschilderte Sentiero endet bei Ganne (Gemeindegebiet Brione Verzasca), ganz in der Nähe des Ateliers

? **BAEDEKER WISSEN**

Die schwarze Ziege

Die Capra Nera symbolisiert wie kein anderes Tier das Verzascatal. Ein Drittel der rund 12 000 Tessiner Ziegen gehört zu der autochthonen Rasse der Nera-Verzasca-Ziegen mit schwarzem Fell, Bart und säbelförmigen Hörnern. Sie sind widerstandsfähig, genügsam und bekannt für ihren Freiheitsdrang. Ihre Milchleistung ist ein wenig geringer als bei anderen Ziegenrassen, die Milch dank des höheren Fettanteils jedoch ergiebiger bei der Käseproduktion. Die älteren Tiere werden im Oktober/November geschlachtet, ihr Fleisch zu Würsten (Cicitt) oder zu Violini di Capra, getrockneten Ziegenschlegeln, verarbeitet. Erwerben kann man Cicitt und Ziegenkäse u. a. auf dem Bio-Bauernhof Azienda Agricola El Gasg in Brione Verzasca, Tel. 091 746 14 61.

Der meistbesuchte Ort im Verzascatal: Lavertezzo

des Kunstwegerfinders Scarmi. In einer Straßenkehre hat er neben seinem Atelier nicht zu übersehende Marmor- und Travertinskulpturen aufgestellt.

*Brione Verzasca

In Brione Verzasca, etwa 8 km nördlich von Lavertezzo an der Einmündung des Val d'Osola, erwartet Kunstinteressierte ein kleines Wunder: Die Kirche **Santa Maria Assunta** schmücken kostbare hochgotische ****Fresken**. Gemalt hat sie um 1350 Giovanni Baronzio, ein Schüler von Giotto. Das Motiv, ein Abendmahl mit reich gedecktem Tisch, muss auf die armen Einheimischen in vergangenen Zeiten wie eine Szene aus dem Schlaraffenland gewirkt haben.

Frasco

Auf die Streusiedlung Gerra Verzasca folgt das Dorf Frasco. Der Rundweg »Wasser und Feuer« gibt hier Einblicke in die Geschichte und den Alltag des Tals. Die 2 km lange Route führt von der Kirche San Bernardo zur Wolfsfalle, zum Brotofen, zum Marmorsteinbruch, zur Mühle beim imposanten Wasserfall und zum Dorfbrunnen, den nach Kalifornien emigrierte Dorfbewohner gestiftet haben. Die Mühle und das Kraftwerk können auf Anfrage besichtigt werden.
❶ Tel. 091 746 17 77, www.museovalverzasca.ch

*Sonogno

7 km nach Brione Verzasca erreicht man durch das nun breitere, sanftere Tal Sonogno, das 908 m hoch gelegene hinterste Dorf im Tal. Seine Bekanntheit verdankt es dem Jugendroman »Die schwarzen Brüder«, in dem Lisa Tetzner (1894 – 1963) das Schicksal der Buben aus dem Verzascatal erzählt, die als »lebendige Kaminbesen« (ital. Spazzacamino) nach Mailand verdingt wurden. Im ethnografischen

Museum in der Casa Genardini, einem Wohnhaus aus dem 18. Jh., kann man sich selbst davon überzeugen, dass Tetzner ein durchaus realistisches Bild des bäuerlichen Alltags zeichnete.

Den gut erhaltenen Ortskern prägen steinplattengedeckte, graue Granithäuser, blumengeschmückte Balkone und enge Gassen. Ein alter Brotbackofen in der Nähe der Casa Genardini ist noch in Betrieb. In dem von der Vereinigung Pro Verzasca geführten **Haus der Wolle** (Casa della lana) wird wie anno dazumal Wolle gefärbt, gekämmt und gesponnen. Die Pullover, Socken oder Schals kann man im dörflichen Handarbeitsladen käuflich erwerben.

Museo di Val Verzasca: Mai – Okt. tägl. 13.00 – 17.00 Uhr, Eintritt 5 CHF, www.museovalverzasca.ch

Jenseits von Sonogno teilt sich das Verzascatal: Nordostwärts verläuft das vom **Pizzo Barone** (2864 m) überragte Val Vegorness, in dem alte Maiensäße liegen und das zur Alpe Barone (2127 m; 5 Std.) und zum Lago Barone (2391 m) hinaufführt. Westwärts erstreckt sich das Val Redorta, durch das man am Wasserfall Froda vorbei zum Passo di Redorta (2181 m) aufsteigen und ins ▶Maggiatal (4 Std.) gelangen kann. **Val Vegorness, Val Redorta**

* Valle di Blenio

—————————— ✦ G 3/4

Das Valle di Blenio, das sich von Biasca über Olivone bis zum Passo di Lucomagno (Lukmanierpass) hinaufzieht, wird vom Brenno durchflossen, einem Nebenfluss des Ticino. Im Osten überragt das 3402 m hohe Adulamassiv das Tal, im Norden der 3210 m hohe Medelstock. Dank seiner sonnigen, ganz nach Süden geöffneten Lage wird es auch »Valle di Sole«, »Tal der Sonne«, genannt.

Tatsächlich sind bis in fast 800 m Höhe noch Weinpergel anzutreffen, und es gedeihen Edelkastanien, Nussbäume und Mais. Das Valle di Blenio, heute fast noch ein touristischer Geheimtipp, gehörte zu den schon sehr früh begangenen Alpenrouten. Vom Greina- und Diesrutpass wird angenommen, dass sie schon von den Kelten genutzt wurden. Ortsnamen wie Castro, Campo, Ponto Valentino, Aquila und Lucomagno (lucus magnus = großer Wald) weisen auf eine starke römische Präsenz hin. Seine erste Blütezeit erlebte der Lukmanier im Fränkischen Reich, als Anfang des 8. Jh.s das Kloster Disentis in der Surselva (Kanton Graubünden) gegründet wurde. Auf ihren Italienzügen durchquerten verschiedene Kaiser des Heiligen Römischen Reichs wie Otto I., Heinrich II. oder Friedrich I. Barbarossa das Bleniotal.

Wirtschaft-licher Umbruch Mit dem Verdienst am Durchgangsverkehr war es allerdings vorbei, als sich mit dem Ausbau der Schöllenenschlucht im 13. Jh. der Gotthardpass als bequemster und kürzester Verkehrsweg über die Alpen anbot. Stattdessen setzten die Bleniesi auf Vieh- und Milchwirtschaft. Weil es aber nicht genug Arbeit gab, mussten viele Bewohner im Lauf der Jahrhunderte auswandern. Sie zogen als »Kastanienbrater« vor allem nach Italien. In Mailand scheinen sie die Geheimnisse der Schokoladenherstellung erlernt zu haben. Einige hatten sogar großen Erfolg, darunter Carlo Gatti (1817 – 1878) oder Giuseppe Pagani (1859 – 1939), sie brachten es in London zu kleinen Imperien. Pagani gründete sogar im Heimattal eine Schokoladenfabrik, die mit bis zu 350 Angestellten der größte Arbeitgeber im Tal wurde. Ihre Schließung 1968 war ein herber Schlag. Heute bildet die Wasserkraft respektive die Stromerzeugung den wichtigsten ökonomischen Zweig. Trotzdem sind noch 20 % der rund 5500 Bleniesi in der Landwirtschaft tätig.

BAEDEKER TIPP ❗

Blenio Rustici

Im Bleniotal gibt es zahlreiche »Rustici« – alte Steinhäuser und Ställe in schönster Lage im Grünen, die mit Geschmack in Ferienhäuser- und -wohnungen umgestaltet wurden. Sie sind nicht zuletzt bei Familien und Urlaubern, die Ruhe und Unabhängigkeit schätzen, sehr beliebt (www.rustici.ch).

Sanfter Tourismus Die 2006 durch Fusion mehrerer Dörfer entstandene Gemeinde Blenio spielt eine zentrale Rolle im geplanten **Nationalpark Parc Adula**. Er erstreckt sich über zwei Kantone (Tessin und Graubünden), fünf Regionen und zwanzig Gemeinden (u. a. deutsch- und italienischsprachige, rätoromanische und walserdeutsche). Begrenzt wird er im Norden von Disentis/Mustér, Splügen im Osten, Arvigo im Süden und das Valle di Blenio im Westen. Herzstück des Parks soll die Gemeinde Blenio werden, sie besitzt mit der Greina-Hochebene, dem Soredapass und dem Luzzone-Stausee den größten Anteil am künftigen Kerngebiet. Während in der Kernzone der Naturschutz höchste Priorität genießt, soll in der Umgebung nachhaltiger Tourismus gefördert werden (Infos: www.parcadula.ch).

VON BIASCA ZUM LUKMANIERPASS

Malvaglia Gleich nach ▶Biasca, das schon zum Riviera genannten, südlich anschließenden Tessiner Tal gehört, kommt man zu den Überresten eines katastrophalen Bergsturzes, der im 16. Jh. das untere Valle di Blenio verwüstete (▶Baedeker Wissen S. 162). Unter den Folgen der Überschwemmungen litt auch die Pfarrkirche **San Martino**, über der bis heute der schlanke romanische Glockenturm aufragt. Einer schönen, im Volksmund verbreiteten Geschichte nach soll sich der Sakristan während der zwei Jahre, in denen der See das Tal überflutet und die Ortschaft Malvaglia unter Wasser gesetzt hatte, täglich dreimal mit einem Floß zum Kirchturm begeben haben, um die Glocken zu läuten. Das Gotteshaus aus dem 13. Jh. wurde nach dieser Naturkatastrophe wieder instand gesetzt und erweitert, um dann im frühen 17. Jh. neulich umgebaut und erhöht zu werden. Neben anderen Heiligen grüßt von der Fassade – wie bei so vielen an bedeutenden Verkehrswegen gelegenen Kirchen – ein riesiger, durch ein fischreiches Gewässer watender hl. Christophorus. **Antonio da Tradate**, ein lombardischer Künstler, schuf um 1510 im Kircheninnern die Fresken der Passion Christi an der Nordwand,

BAEDEKER TIPP

! *Cucina Naturale*

Was die einen als Unkraut abtun, ist für Meret Bissegger wertvolle Zutat für ihre aromatische Küche: Wildkräuter. In mehrtägigen Exkursionen und in Buchkursen gibt die Köchin und Buchautorin (»Meine wilde Pflanzenküche – bestimmen, sammeln und kochen von Wildpflanzen«, AT Verlag, Aarau/München 2011) ihr Wissen weiter. Treffpunkt ist ihr Wohnhaus »Casa Merogusto« in Malvaglia. Beliebt ist auch die »Tavolata«, da kocht Meret Bissegger nach Anmeldung für 18 Personen (Tel. 091 870 13 00 oder www.meretbissegger.ch).

während die künstlerisch wertvollen, im Tessin seltenen Barockmalereien (1650) an der Chorbogenwand von **Bernardino Serodine** aus Ascona stammen.

Von Malvaglia aus führen nicht gerade autofreundliche Sträßchen in zwei Seitentäler. In dem waldreichen Val Malvaglia, das sich in nordöstlicher Richtung ins Adulamassiv vorschiebt, trifft man nach einem kleinen Stausee auf die Dörfchen **Madra**, **Anzano** mit Holz-Stein-Bauten im traditionellen Stil und **Dandrio** (11 km von Malvaglia) mit steinplattengedeckten Häusern und einer bis heute betriebenen Mühle. Eine bequeme Art, ins Malvagliatal zu gelangen, bot die Seilbahn Malvaglia – Dagro, die jedoch z. Z. nicht in Betrieb ist (Info: Tel. 091 870 11 45). Noch wilder ist das etwas kürzere Val Pontirone; vom Weiler Pontirone steigt ein steiler Fahrweg über Fontana zur Alpe di Cava (Berghütte) an, die auch das Ziel einer anstrengenden Hochtour von ▶Biasca herauf ist.

Val Malvaglia, Val Pontirone

Geradezu eine Pflichttour von Malvaglia aus ist die Fahrt zum gegenüberliegenden Brenno-Ufer: Etwa 3 km nördlich von Malvaglia zweigt bei Motto eine nach Süden führende Straße ab. An der romanischen Kirche San Pietro vorbei führt sie über Ludiano nach Semione, wo eine barocke Malerei an der Fassade des Ossario (Beinhaus) die Auferstehung der Toten verkündet. Den nördlichen Innenraum schmücken Fresken aus Seregno stammender Künstler des späten 15. Jh.s. Das kleine **Museo di Minerali e Fossili** der Paolo-Frei-Stiftung vermittelt vor Ort Wissenswertes über heimische Mineralien

Semione

Valle di Blenio erleben

AUSKUNFT
Ente Turistico Bellinzona e Alto Ticino
Infopoint Valle di Blenio
6718 Olivone
Tel. 091 872 14 87
www.blenio.com

MILIZIE NAPOLEONICHE
1812 hatten Soldaten aus dem Bleniotal an Napoleons Russlandfeldzug und an seinem verlustreichen Rückzug über die Beresina teilgenommen.Unterwegs legten die Bleniesen einen Schwur ab: Sollten sie unversehrt ins Tessin zurückkehren, so sollte jedes Jahr eine Militärparade zu Ehren der Muttergottes und Johannes' des Täufers gefeiert werden. Bis heute finden diese Prozessionen statt: Den Anfang macht am 22. Juni das Dorf Leontica mit einem Fest zu Ehren von Johannes dem Täufer. Aquila feiert am darauffolgenden Wochenende das Fest der Madonna del Rosario mit einer Prozession und die lokale Miliz von Ponto Valentino zieht zum Fest der Madonna del Carmelo durch das Dorf.

ESSEN
Grotto Sprüch ⓔ
Ludiano, Tel. 091 870 10 60
www.grottospruch.ch, Mo. geschl.
»Schutzraum unter einem Felsen« bedeutet »Sprüch« im Dialekt. Damit ist eigentlich schon alles über dieses urtümliche Grotto gesagt. Im Winter sitzt man drinnen vor dem warmen Kaminfeuer, im Sommer draußen unter der schattigen Pergola. Ein Bilderbuch-Grotto!

Grotto al Canvett ⓔ
Semione
Tel. 091 870 21 21

www.grottocanvett.ch, Mi. geschl.
Typische Grotto-Küche mit besten Zutaten. Wirtin Alfreda hat selbst Jahre auf der Alp verbracht und kennt daher die besten Produzenten der Region. Vom Garten genießt man eine wunderbare Aussicht.

ESSEN · ÜBERNACHTEN
Casa Lucomagno ⓔ
Olivone, Via Chiesa
Tel. 091 872 16 03
www.casalucomagno.ch
Die Casa Lucomagno wurde 1894 von den in Mailand reich gewordenen Brüdern Bruni als Sommerresidenz erbaut. Die dekorativen Malereien stammen von Schülern der Mailänder Kunstakademie, die – oft zu Gast bei den Brunis – die Zeche nicht bezahlen konnten und stattdessen die Villa mit Bildern schmückten. Die Gäste logieren in Zimmern mit originalen Deckenmalereien und Aussicht auf den Garten.

Albergo Olivone e Posta ⓔ
Olivone, Via Lucomagno
Tel. 091 872 13 66
Okt. – Mai Mo., Di. geschl.
www.hotel-olivone.ch
Das Hotel wurde wie die Passstraße über den Lukmanier im Jahre 1879 eröffnet. Das gutbürgerliche, familiär geführte Haus mit modernen Zimmern überrascht mit einer raffinierten Küche.

Osteria Centrale ⓔ
Olivone, Via alla Chiesa
Tel. 091 872 11 07
www.osteriacentraleolivone.ch
Annemarie Emch und Tiziano Canonica setzen auf einfache, regionale Gerichte. So reifen in ihrem Keller Salami, Morta-

della, Rohschinken und Käse heran. Auch Pasta, Gnocchi di Ricotta und Lasagne sind selbst gemacht. Die Osteria veranstaltet mehrmals jährlich Jazz-Konzerte und vermietet sieben einfache Zimmer sowie eine Ferienwohnung.

ÜBERNACHTEN

B & B Il Calicanto ⊕
Malvaglia, Tel. 091 220 21 28
www.ilcalicanto.ch
Gemütliche Unterkunft in einem typischen Tessiner-Haus von 1862 mitten im Dorf. In jedem Winkel des Calicanto (dt. = Gewürzstrauch) finden sich Bilder und Kunstobjekte – ausgestellt oder zum Kauf.

SPORT
Das Bleniotal lässt sich sehr gut zu Fuß **erwandern**, insgesamt umfasst das Wegenetz über 500 km. Es reicht bis auf den höchsten Gipfel des Kantons, den 3402 m hohen **Adula** (dt. Rheinwaldhorn; Routenvorschläge: www.blenio.com). Für den **Sentiero Basso** von Biasca nach Olivone sollte man knapp 7 Std. rechnen; allerdings gibt es so viel zu sehen, dass man besser zwei Tage ansetzt. Zunehmender Beliebtheit erfreut sich im Bleniotal das **Radfahren**. Neben anspruchsvollen und abwechslungsreichen Touren (www.bleniobike.ch) gibt es am Nara und in Campo Blenio auch Bike-Parks mit Freeride- und Downhill-Strecken.
Ein bemerkenswertes Hindernis bildet auch die Luzzone-Staumauer. Sie kann auf der längsten künstlichen **Kletterroute** der Welt überwunden werden: Ganze 165 Meter können sich die Wagemutigen mit Hilfe von 650 Griffen an der grauen, teils überhängenden Wand hochangeln. Den Schlüssel zur Zustiegs-

leiter gibt das Restaurant oben an der Mauer für 20 CHF ab.
Im Winter bietet das **Skigebiet Nara** (www.site.nara.ch) blaue und rote Pisten entlang zweier Sessel- und dreier Schlepplifte. Schneeschuhwanderer und Schlittenfahrer finden präparierte Wege bzw. eine Rodelpiste. Ebenfalls schöne **Winterwanderrouten** gibt es in Campo Blenio (www.campoblenio.ch) und in Campra (www.campra.ch), das für sein nordisches Skizentrum bekannt ist. Auf 1500 m ü. d. M. warten 30 km Langlaufpisten durch Nadelwälder entlang dem Fluss Brenno (von einfachen Pisten für Anfänger und Kinder über Strecken für geübte Langläufer bis zu Pisten für Spitzensportler).

EINKAUFEN
Die **Schaukäserei Töira** (Dialektname für Pizzo Rossetto) in Olivone verarbeitet ausschließlich Bio-Knospe zertifizierte Milch. Die Kühe fressen nur, was die Weide oder der Heustock hergibt. Das Ergebnis sind feinste Frischmilchprodukte wie Ricotta, Butter und Joghurt. Im Keller reifen derweil der eigene Bergkäse sowie cremige Formagella und Brennnesselkäse heran (Tel. 091 872 11 06, www.caseificiotoira.ch). Ganz in der Nähe befindet sich die 1996 gegründete Kooperative für die Förderung der **Tessiner Heilpflanzen und Pflanzenprodukte COFIT**. Neben dem Anbau von Heilkräutern kümmert sie sich auch um die Verarbeitung zu Tee (Tisana Olivone), Öl (Olio del buongustaio) und Bonbons (www.fasv.ch). Eine weitere gute Adresse für lokale Produkte ist Patrick Cavargnas **Metzgerei** in Malvaglia, wo es außer Fleisch- und Wurstspezialitäten auch Käse, Pilze, Honig und Tierfelle gibt (www.macelleriacavargna.ch).

Barocke Malerei im Beinhaus von Semione

und Fossilien. Lohnend ist – auch wegen des Ausblicks auf das untere Valle di Blenio – eine etwa einstündige Wanderung von Semione hinauf nach **Navone** mit der innen reich ausgemalten Kirche Santa Maria Bambina. Der heitere, achteckige Barockbau stellt im sonst ganz von der strengen Romanik geprägten, nördlichen Tessin fast ein Unikum dar.

Mineralien- und Fossilien-Museum: Den Schlüssel erhält man während der Bürozeiten bei der Gemeindekanzlei, Tel. 091 870 11 45.

*Burgruine Serravalle

Bei Semione wartet ein weiteres Highlight: die Burgruine Serravalle unterhalb der Straße. Der ausgedehnte, am Talhang gelegene Komplex hat außer einem Wachturm nur Mauer- und Säulenreste zu bieten, ist aber stimmungsvoll wie wenige andere Orte im Bleniotal. Die Burg war um die Mitte des 12. Jh.s von einem kaiserlichen Landvogt als Talsperre (ital. serravalle) errichtet worden, vielleicht sogar auf Anregung von **Kaiser Friedrich Barbarossa**, der für seine Italienzüge über den Lukmanierpass hier im Tal einen sicheren Unterstand brauchte. Auch 1176 legte Barbarossa auf Burg Serravalle einen Halt ein. Doch in Italien erwarteten ihn die Truppen des lombardischen Städtebunds, die ihn bei Legnano besiegten. So kam auch das Tessiner Kastell an die Mailänder, die es zuerst bis auf die Grundmauern niederrissen, um es wenige Jahrzehnte später wieder aufzubauen – bis es nach 200 Jahren von den Einheimischen geschleift wurde. Im Burgbereich liegt die Kirche **Santa Maria del Castello**; der 1339 erstmals erwähnte Bau wurde in der zweiten Hälfte des 16. Jh.s umgestaltet und mit vielen Fresken geschmückt.

Acquarossa

Über Motto und Dongio gelangt man nach Acquarossa, das schon in der Antike für seine Thermalquellen bekannt war. Das 25,5 °C warme

Wasser, das aus dem Fels tritt, weist neben Mineralien einen hohen Eisengehalt auf, der ihm die rote (ital. rossa) Farbe verleiht. Das (geschlossene) Thermalgebäude entstand 1882 – 1886. Derzeit wird die Wiederbelebung des Kurorts geplant, so soll schon bald ein Wellness- und Familienresort mit breitem Sportangebot gebaut werden (Info: www.acquarossaterme.com).

Je nach Wanderlaune begibt man sich in 15 Minuten von Leontica oder in 40 Minuten von Prugiasco aus zur hoch am Hang gelegenen Kirche San Carlo auf der Alp Negrentino. Berühmt ist schon die Außenansicht des romanischen Bauwerks mit den zwei ungleichen Apsiden und dem freistehenden Kampanile, auf dem das Kreuz der Leventina und das Wappen des Kantons Uri als Zeichen früherer Herren weithin zu sehen sind. Überwältigend ist der ganz und gar mit Fresken überzogene Innenraum, den man durch das Südportal betritt (▸Abb. S. 308). Zwei Arkaden teilen das Innere in zwei Teile: Eine erste Kirche aus dem 11. Jh., die dem heutigen nördlichen, breiteren Schiff entspricht, wurde um die Wende vom 12. zum 13. Jh. um das Südschiff erweitert. Die frühromanischen Fresken an der Westwand des älteren Kirchenteils, die schon 1010 bis 1013 entstanden sein könnten und den auferstandenen Christus und die ihn verwundert anschauenden Apostel zeigen, erinnern an karolingische, byzantinisch beeinflusste Malereien. Sie gelten als **bedeutendstes romanisches Kunstwerk des gesamten Tessin**. Sehr farbige spätgotische Fresken von einer aus Seregno stammenden Künstlerfamilie ziehen sich

**San Carlo di Negrentino

> **?** **BAEDEKER WISSEN**
>
> *Die Heidenhäuser*
>
> Wie Schwalbennester kleben die »Case dei pagani« an den Felsen oberhalb der Dörfer Aquila, Torre, Malvaglia, Dongio und Marolta. Über den Ursprung der »Heidenhäuser« ist wenig bekannt. Der Historiker Eligio Pometta sieht sie für Schlupfwinkel der Bewohner vor den Sarazenen, die 940 über den Lukmanier gezogen waren und das Kloster Disentis plünderten. Fundstücke wie Spangen, Schmuck, Münzen und Urkunden lassen vermuten, dass es sich um Schutzräume handelte, in denen die Talbewohner zwischen dem 11. und 14. Jh. Zuflucht suchten.

über die nördliche Apsis und die Nordwand und werden auf die Zeit um 1460 bis 1470 datiert. 50 Jahre später dürften die übrigen, Antonio da Tradate zugeschriebenen Wandmalereien entstanden sein.

Schlüssel zur Kirche in den Gaststätten von Leontica und Prugiasco

Die Kirche San Carlo liegt an der ehemaligen Straße zum 2123 m hohen, in die Leventina führenden Bergsattel Bassa di Nara. Wintersportler finden hier außer einer Sesselbahn, die mit zwei Teilstrecken von Leontica auffährt, Skilifte, 30 km lange Abfahrten, eine 4 km lange Loipe und eine 5 km lange Rodelbahn. Im Sommer dagegen eröffnet sich hier ein beliebtes Wandergebiet.

Skigebiet an der Bassa di Nara

San Carlo di Negrentino: Die Fresken gehören zu den bedeutendsten romanischen Kunstwerken im Tessin.

*Lottigna Auf die Kantonsstraße zurückgekehrt, erreicht man von Acquarossa aus nach ca. 2 km den etwas höher am Hang liegenden 80-Seelen-Ort Lottigna. Unübersehbar ist die mächtige **Casa dei Landfogti** mit ihrer wappenverzierten Fassade. Sie war ab 1502 fast 300 Jahre lang Sitz der eidgenössischen Landvögte, die während ihrer jeweils nur zweijährigen Amtszeit kaum mehr als ein gemaltes Wappen hinterließen. Es beherbergt das **Museo di Blenio**, das Einblick in die traditionellen Gewerbe des Tals gibt. Ausgestellt sind Gerätschaften, die in Landwirtschaft, Weinbau und Almwesen verwendet wurden, aber auch von Zuckerbäckern und Schokoladenherstellern, die einst Weltruhm genossen. Originell sind die Uniformen der napoleonischen Miliz, interessant die Waffen vom 15. Jh. bis heute.
❶ Mitte März– Anfang Nov. Di. – So. 14.00 – 17.30 Uhr, Eintritt 2/5 CHF, www.museodiblenio.vallediblenio.ch

Torre Etwa 2,5 km nach Lottigna erreicht man Torre. Das hübsch gelegene, von südlicher Vegetation umgebene 300-Seelen-Dorf ist in die Tessiner Geschichte eingegangen: Sechs Jahre nach Friedrich Barbarossas Niederlage bei Legnano in der Po-Ebene fassten die Bewohner der Leventina und des Valle di Blenio den Mut, sich gegen die kaiserlichen Vasallen aufzulehnen. Sie zerstörten die hier gelegene **Burg von Curtero** und schworen, in ihren Tälern keinen Bau von Burgen mehr zu dulden. So ist das Wahrzeichen von Torre heute keine Burg, sondern das imposante Gebäude der Schokoladen-Fabrik Cima-Norma, wo bis in die 1960er-Jahre feinste Schokolade produziert wurde.

Olivone, das man 6 km nach Torre über Dangio und Aquila erreicht, wird dominiert vom pyramidenförmigen, 2221 m hohen Sosto, dem »Matterhorn des Bleniotals«. Die letzte größere Siedlung vor dem Aufstieg zum Lukmanier liegt am Zusammenfluss der beiden Brenno-Arme und wirkt beschaulich inmitten vieler Wiesen und Obstbäume. Nebst mehreren herrschaftlichen Häusern und der barocken Pfarrkirche San Martino fällt im Ort die **Cà da Rivöi** auf, ein steinplattengedecktes Haus aus dem 17. Jh., Sitz des Heimatmuseums. Hier wird mit Geräten, Bildern, Skulpturen, Möbeln und Trachten ein Stück Alltag, Brauchtum und religiöse Kunst von Olivone und seiner Umgebung vorgestellt.

*Olivone

> **?** BAEDEKER WISSEN
>
> ### Rote Rockzipfel
>
> Wie sich die Frauen im Bleniotal früher kleideten, erfährt man im Museum Cà da Rivöi in Olivone. Dort sind zahlreiche Trachten zu sehen. Unter diesen trugen die Frauen einen knallroten Unterrock. Wenn ihnen beim Heuen auf der Alm die Sonne auf den Rücken schien, zogen sie ihre Kleider bis zum roten Unterrock aus. Die Männer konnten vom Tal nur noch kleine rote Punkte ausmachen. Daher kommt der Name »Pizzo Rossetto« für den 2099 m hohen Gipfel gegenüber dem Sosta.

Olivone ist Sitz der Fondazione Alpina per le Scienze della Vita (FASV), in deren Hightech-Labors Forschung in forensischer Toxikologie, Phytopharmakologie (Kräuterheilkunde) und Chemie betrieben wird. Ein Campus lädt Besucher zu »Life-Sciences-Experimenten« ein, bei denen man u. a. erfährt, wie Handcreme, Öle und Salben hergestellt werden. Im angegliederten Laden können Kräutertees, Kräuterbitter, Bonbons, Öle und Kräuterkäse erworben werden; in einem Schaugarten wachsen Heilkräuter.

Cà da Rivöi, Heimatmuseum: Mai – Okt. Di. – So. 14.00 – 17.00 Uhr
CSI Olivone: Infos Tel. 091 872 21 68 oder www.fasv.ch

Die Greina, die fast 6 km lange und 1 km breite Hochebene (Plaun la Greina) auf 2200 m Höhe, erinnert an die Tundra und ist einer der ältesten Passübergänge zwischen dem Tessin und Graubünden. Weil sie immer noch nur zu Fuß erreichbar ist, ist sie ein unberührtes Juwel geblieben. Zahlreiche Quellen fließen als kleine Gebirgsbäche ungestört durch die Ebene und formen Mäander, Teiche und Moore. Wäre es nach dem Willen einiger »Strombarone« gegangen, wäre die Landschaft unter Wasser gesetzt worden. Entdecken kann man die Greina auf verschiedenen Wegen, u. a. ab Campo Blenio (1216 m) durch das Camadratal gut 1000 Höhenmeter hinauf zum Greinapass (2357 m ü.d.M.), dann hinunter auf die Hochebene. Eine Übernachtungsmöglichkeit gibt es in der Scaletta-Hütte (2205 m). Der Abstieg erfolgt über den Luzzone-Stausee (1606 m) nach Campo Blenio (weitere Routen- und Einkehrinformationen: www.greina-stiftung.ch).

Greina-Hochebene

Capanna Scaletta: ganzjährig geöffnet, 2205 m ü.d.M., Juni – Okt. mit Hüttenwart, Tel. 091 872 26 28, www.satlucomagno.ch

Campo Blenio und Campra   In Olivone steigt die Straße rasch an. Man gelangt zu zwei, vor allem bei Wintersportlern beliebten Orten. Campo Blenio (1216 m) und Ghirone erreicht man, wenn man etwa 1,5 km nach Olivone der rechts abzweigenden Straße folgt, die mit einem 1490 m langen Tunnel durch die enge Gola di Sosto verläuft. Die dortigen Pisten eignen sich besonders für Ski- und Snowboard-Anfänger. Folgt man hingegen der KantonsStraße Richtung Lukmanier, erreicht man die 1500 m hoch gelegene Ebene von Campra mit 30 km Langlaufpisten.

Centro Pro Natura   Umweltfragen stehen in Acquacalda (1750 m ü.d.M.; 14 km von Olivone) im Mittelpunkt. Ein ehemaliges Hospiz wurde 1985 in ein Centro Ecologico Uomo Natura, heute Centro Pro Natura Lucomagno, verwandelt. Thema der Einrichtung ist die Beziehung Mensch-Natur: Wie geht der Mensch im Alltag mit der Natur um? Wie lassen sich Ökologie und Ökonomie in Einklang bringen? Wie kann man die äußere und die innere Natur am besten beobachten? Hier werden all diese Fragen in wunderschöner, stiller Bergwelt theoretisch und praktisch erörtert. Übernachtungsmöglichkeiten in einfachen Hotelzimmern, zwei Jurten oder auf dem Campingplatz in einem Arvenwald am Fluss. Im Restaurant gibt es authentische lokale Spezialitäten, damit man die Natur so richtig verinnerlichen kann.
❶ Tel. 091 872 26 10, www.pronatura-lucomagno.ch

Der Lukmanierpass: Übergang zwischen Graubünden und Tessin

Von Acquacalda sind es nur noch 4,5 km zur Passhöhe des Lukma-   **Alpe Casaccia**
nier. Die Alpe Casaccia, ca. 2,5 km nach Acquacalda, ist ein guter
Ausgangspunkt für Hochtouren, bei denen man auch etwas über die
Geologie dieser Gegend erfährt. Interessant sind in diesen Granit-
Gneis-Massiven die hellen Dolomitfelsen mit vielen Karsterschei-
nungen wie Dolinen und Karstbrunnen, z. B. in dem zwischen der
Alpe Casaccia und dem Lukmanierpass gelegenen Gebiet rechts des
Brenno oder im **Vallone di Casaccia** nördlich der gleichnamigen
Alpe. Nähere Informationen dazu gibt die vom Tourismusverband
Blenio Turismo auf Italienisch herausgegebene Broschüre »Sentieri
naturalistici del Lucomagno«.

Der 1916 m hohe Passo di Lucomagno (Lukmanierpass) war schon   **Lukmanier-**
Kelten und Römern bekannt, wurde aber von Simplon und Maloja in   **pass**
den Schatten gestellt. Karl der Große soll 774, vor seinem Sieg über
die Langobarden in Norditalien, über diesen Pass gezogen sein. Mit
Sicherheit taten dies Kaiser Otto I. im Jahr 965 und Kaiser Friedrich
Barbarossa im 12. Jahrhundert. Damals breiteten sich hier weite Wälder aus, die dem Pass seinen Namen gaben: **Lucus Magnus** ist ein
großer Wald. Dann aber mussten, um den Lebensunterhalt der ständig anwachsenden Bevölkerung zu garantieren, Wälder gerodet und
an ihrer Stelle Hochalmen angelegt werden – wie wir sie bis heute
vorfinden. Auf der Alpe Casaccia und auf anderen Almen dieser Gegend wird noch der Käse Lucomagno hergestellt. Seinen kräftigen
Geschmack verdankt er auch den saftigen Bergweiden und den duf-
tenden Alpenblumen. Trotz der hier im Mittelalter errichteten Hos-
pize blieb eine Überquerung des Lukmanier bis ins 19. Jh. hinein ein
Abenteuer. Erst um 1880 wurde der Saumpfad zu einer Fahrstraße
ausgebaut, und seit einigen Jahren wird der Pass auch im Winter offen gehalten.

Valle Leventina

 F/G 4

**Die Leventina, auch Tor zum Süden genannt, ist ein 34 km lan-
ges Hochgebirgstal, das sich vom Gotthard entlang dem Ticino
bis nach Biasca hinzieht und dabei vergletscherte Dreitausender mit sanft abfallenden Rebhängen verbindet.**

In drei Stufen fällt die Leventina von Airolo (1150 m ü.d.M.) auf 300 m   **Von**
ü.d.M. ab. Die steilen Bergflanken in der oberen Leventina sind von   **Gletschern**
Matten und alpinen Wäldern überzogen, die gegen Süden nach und   **zu Palmen**
nach Kastanien- und Nussbäumen weichen. Ganz südländisch wird
es dagegen bei ▶Giornico in der unteren Leventina, wo der Reisende

Valle Leventina erleben

AUSKUNFT
Ente Turistico Bellinzona e
Alto Ticino
Infopoint Leventina
▶Airolo

ESSEN · ÜBERNACHTEN
Weitere Restaurants und Über-
nachtungsmöglichkeiten finden Sie in
▶Airolo, ▶Giornico und ▶Biasca.

Pizzo Forno €
Chironico, Tel. 091 865 16 26
www.pizzoforno.ch, Mo., Di. geschl.
Das Restaurant Pizzo Forno ist ein be-
liebter Treffpunkt von Feinschmeckern.
Empfehlenswert sind der Steinpilzsalat
und die gekochte Ziege Capra in Bögia.
Dazu Merlotweine aus dem Nachbardorf
Giornico. Mit günstigen Übernachtungs-
möglichkeiten.

Dazio Grande € – €€
Rodi-Fiesso
Im ehemaligen Zollgebäude bei der
Piottino-Schlucht ▶Baedeker Wissen
S. 96 und 315

Rifugio Agriturismo Alla Meta €
Predelp – Carì
Tel. 091 866 23 43, www.allameta.ch
Nach kurvenreicher Fahrt ist man in Alla
Meta auf 1700 m Höhe tatsächlich »am
Ziel«. In einfachen, zweckmäßigen Zim-
mern genießt man die absolute Ruhe
und die Aussicht auf die majestätischen
Berge. Zum Essen gibt es einheimische
Gerichte.

Ristorante Alla Stazione € – €€
Lavorgo, Via Cantonale
Tel. 091 865 14 08
Mo. und So.-Abend geschl.

Das Kaff Lavorgo südlich von Faido lockt
Feinschmecker von weither an: ein Verdienst von Ermanno Crosetti. Der aus
dem Piemont stammende Koch ist für
auserlesene Produkte in perfekter Zube-
reitung bekannt. Gutes Preis-Leistungs-
verhältnis!

SPORT
Der Laghetto Audan südlich von Ambrì
beim Fluss Ticino ist ein beliebtes **Angel-
revier**. Der Fang kann bei den Picknick-
plätzen gleich zubereitet, die Angelausrüstung gemietet werden; Tageskarte:
15/30 CHF, Tel. 079 598 55 39,
www.tiquinto.ch.
Der **Sentiero Gottardo (Gottard-Wan-
derweg)** eröffnet einen neuen Blick auf
die spektakuläre Eisenbahnlinie mit ihren
Kehrtunnels und Viadukten. Wanderer,
Familien, Naturliebhaber und Bahn-Fans
entdecken auf Schritt und Tritt neue Seiten des weltbekannten Bauwerks. Die
Kernstücke des thematischen Wegs, der
2007 zum 125. Jubiläum der Gotthard-
Bahn geschaffen wurde, befinden sich in
der Piottino- und in der Biaschina-
Schlucht; Routenverlauf: mit dem Postauto von Airolo zum Dazio Grande (15
Min.), Wanderung nach Ponte di Mezzo
(0,8 km) und Faido (5,8 km), weiter mit
dem Postauto nach Giornico/Biaschina
(10 Min.), Wanderung nach Giornico/
Dorf (3,5 km) und nochmal mit dem
Postauto nach Biasca (20 Min., Zwi-
schenstopp in Pollegio im AlpTransit-Be-
sucherzentrum möglich); Informationen:
www.gottardo-wanderweg.ch.
40 Kilometer **Sausefahrt auf Mietfahr-
rädern** mit fast 900 Metern Gefälle zwischen Airolo und Biasca: Seit der Durchgangsverkehr in der Leventina über die
Autobahn läuft, ist die Talstraße zur ide-

alen, familienfreundlichen Radstrecke geworden. Mietfahrräder gibt es bei Rent-a-Bike (www.rent-a-bike.ch) beim Bahnhof Airolo. Nach rund dreistündigem Vergnügen können sie am Bahnhof Biasca zurückgegeben werden. Der Mietpreis für einen Tag beträgt 43 CHF, Fahrradreservation empfohlen unter Tel. 091 869 14 39.

In 5 Min. gelangt man mit der Seilbahn von Faido auf die Pianaselva in 1100 m Höhe. Im Agriturismo bzw. Grotto gibt es frische Alpprodukte, für Abkühlung sorgen im Sommer das Schwimmbad oder ein Ausritt in die Wälder (www.

pianaselva.ch). Ein schöner Wanderweg führt von hier dem Fluss Piumogna entlang zum Naturschutzgebiet Bedrina.

EINKAUFEN

Die wohl bekannteste Tessiner Biersorte ist die **Birra San Gottardo**. Das Etikett, zwei Männer, die eine Draisine antreiben, erinnert an den Bau der Gotthardbahn. Das Bier gibt es in Faido, im ehem. Sitz der Brauerei Rosian, die 1852 von dem aus Bayern stammenden Ludwig Rosian gegründet wurde (Via Birreria 5, www.birragottardo.ch).

auf die ersten Tessiner Palmen und Rebberge trifft. Sie sind – wie fast überall im Kanton – mit Merlotreben bepflanzt. »In Giornico sollte man einen speziellen Hinweis anbringen«, forderte der Tessiner Schriftsteller Guido Calgari einst, »hier nämlich, mehr als auf dem Sankt-Gotthard-Pass, endet das Land der Kartoffeln und des Biers, es beginnt jenes der Polenta und des Weins.«

Auf das Engste ist das Geschick der Leventina und ihrer Bevölkerung mit dem Verkehrsweg über den Gotthardpass verknüpft. Mit der Eröffnung der Gotthardstraße im 13. Jh. erlebte das Tal einen rapiden ökonomischen Aufschwung. Einheimische konnten sich fortan als Säumer und Kutscher, Gastwirte und Schmiede verdingen, Zölle und Abgaben brachten Wohlstand ins Land. Ihre Glanzzeit erlebte die Leventina im Mittelalter, als hier – am uralten »Weg der Völker« – Kirchen über Kirchen entstanden: Keine zweite Tessiner Gegend kann mit so vielen und interessanten romanischen Sakralbauten aufwarten wie dieses Tal. Das Industriezeitalter ließ neue Transitwege entstehen: 1882 die Gotthardbahnlinie zwischen Luzern und Mailand, 1980 die Autobahn Basel – Mailand durch den Gotthardtunnel. Handel und Tourismus zogen immer schneller von Norden nach Süden und umgekehrt; so blieb ein zwar geschichtsträchtiges, aber doch kleines Tal wie die Leventina eben »neben der Strecke« und wird heute von den Autobahnreisenden allenfalls eines kurzen Seitenblicks gewürdigt. Doch gerade die Auto-Reisenden sollten auf der Fahrt durch die Leventina dann und wann einen Halt einlegen: Man erhält dabei **Unterricht in zeitgenössischer Architektur**. Auf der Fahrt gegen Süden präsentiert sich die Autobahnraststätte bei Piotta im karg-essenziellen Stil des Tessiner Stararchitekten **Mario Botta**,

»Weg der Völker«

während die Raststätte Stalvedro an der Nordspur kurz vor dem Gotthardtunnel von dem für **Tita Carloni** charakteristischen Spiel schlichter Volumen gekennzeichnet ist. Weniger schön dagegen ist die Autobahn von der Nationalstraße anzusehen, denn sie muss sich, von vielen Betonpfeilern abgestützt, durch mehrere Talengen zwängen. Die erste Schlucht, die man auf der Fahrt durch die Leventina nach Süden zu überwinden hat, ist die **Gola di Stalvedro** zwischen ▶Airolo und Ambri-Piotta. Wenige Kilometer darauf folgt die Piottinoschlucht zwischen Rodi und Faido, und nach Lavorgo drängen sich Bahn, Autobahn und Talstraße durch die Biaschinaschlucht.

SEHENSWERTES IN DER LEVENTINA

Quinto Über dem linken Tessin-Ufer liegt, abseits der Gotthardstraße, die in viele Ortsteile aufgespaltene Gemeinde Quinto. Schon von Weitem ist der sechsgeschossige Kampanile der Pfarrkirche **Santi Pietro e Paolo** zu erkennen, der bei den im 17. Jh. erfolgten Umbauarbeiten unangetastet geblieben ist. Vom romanischen Vorgängerbau aus dem frühen 13. Jh., der sich auf Mauerresten des 8. bis 9. Jh.s erhebt, stammen auch die in die Außenmauern eingesetzten, steinernen Flachreliefs. Die rätselhaften Tiergestalten, die stilisierten Menschenfiguren und die originellen Pflanzenmotive versetzen den Betrachter in die Fantasiewelt des Mittelalters. Licht und heiter ist dagegen der Innenraum mit den farbigen, 1736 von Josef Moosbrugger gefertigten Rokokostuckaturen.

Deggio Von Quinto führt ein Fußweg in das 15 – 20 Gehminuten entfernte, höher gelegene Dörfchen Deggio mit seiner romanischen Kapelle **San Martino**. Der quadratische, tonnengewölbte Chor und die Blendarkaden an der südlichen Außenwand und im Innenraum mit flacher Holzdecke verweisen auf eine Entstehungszeit um die Wende vom 10. zum 11. Jahrhundert. Im ausgehenden Mittelalter sind die spätgotischen Innenfresken in Blau, Ocker und Rotbraun entstanden: fragmentarisch und verblasst im Chor die Maiestas Domini mit den vier Evangelistensymbolen, am Chorbogen eine Verkündigung, an der Nordwand eine etwas jüngere Darstellung des Abendmahls, an der Südwand dagegen gut erhalten ein mildtätiger, mantelteilender hl. Martin, nach dem die Kirche benannt ist.

Rodi-Fiesso: »Herrliche Felspartien am Ticino setzten uns alle in Erstaunen und
Dazio Grande Entzücken«, notierte die deutsche Adelige Luise von Kauffberg, als sie 1843 mit der Postkutsche Richtung Italien reiste. Auch der Literatur-Nobelpreisträger Carl Spitteler war 1894 beeindruckt: »Hier ist ein großartiges Chaos, in welchem die Natur kunterbunt durcheinander wirbelt. ... Ein Glanzpunkt des Gotthardgebirges und die großartige Partie des Tessintales.« Die natürliche Talsperre **Gola di Pi-**

ottino nach Rodi-Fiesso war ein idealer Ort, um Wegzoll zu erheben. 1561 errichteten die Urner, damals Herren im Tal, den Dazio Grande (Großer Zoll) am Nordeingang in die Piottino-Schlucht, nachdem sie zuvor einen neuen Weg durch den Engpass gebaut hatten. Nach der Verlegung des Zolls auf die Gotthard-Passhöhe im 19. Jh. diente der Dazio Grande bis 1882 als Bahnhof und Postamt, seit den 1990er-Jahren ist er ein Kulturzentrum mit Restaurant und Übernachtungsmöglichkeit (▶Baedeker Wissen S. 96). In den ehemaligen Ställen ist eine kleine Ausstellung zur Transitgeschichte am Gotthard untergebracht.

Vom Dazio Grande führt eine leichte, 1,5-stündige Rundwanderung auf der Trasse der 1819 angelegten Kantonsstraße an den Ruinen der ehemaligen Raststätte Dazio Vecchio vorbei; durch die wildromantische Piottinoschlucht kehrt man zum Ausgangspunkt zurück. Ein Abstecher unterwegs führt nach **Prato Leventina**. Von einer Schutzmauer umgeben erhebt sich auf einem Hügel die Pfarrkirche San Giorgio, die in diesem einst umkämpften Tal auch als Wehrkirche hatte herhalten müssen. Durchaus kämpferisch zeigt sich der Drachen tötende hl. Georg auf einem Fresko des 16. Jh.s in der Vorhalle. Der Verteidigung hatte bei Prato auch der mittelalterliche Turm gedient, dessen Mauerreste oberhalb der Straße nach **Dalpe** zu sehen sind.

Durch die Gola del Piottino

Hat man die Piottinoschlucht passiert, gelangt man in die Mittlere Leventina respektive nach Faido (710 m ü.d.M.). Baufällige Villen aus der Belle Epoque und leer stehende Hotels zeugen davon, dass die 3200-Einwohner-Gemeinde schon bessere Zeiten erlebt hat. Tatsächlich brachte die Gotthard-Bahn dem Ort den entscheidenden Aufschwung: Faido war die erste Tessiner Gemeinde, die in Genuss der Stromversorgung kam und konnte dank diesem Komfort ihr Renommee als Luftkurort weiter steigern. Nicht weniger als 36 Hotels zählte man Anfang des 20. Jh.s – heute sind es gerade noch drei. Faidos touristischen Niedergang löste der Transitverkehr aus, der sich bis zur Eröffnung der Autobahn in den 1980er-Jahren durch den Ort quälte. Sehenswert ist in Faido die **Casa Selvini di Legno**. Das düster wirkende Holzhaus stammt wie die drei Flachreliefs mit der Anbetung der Heiligen Drei Könige, der Kreuzigung und der Jungfrau Maria von 1582. Im Unterschied zu den Italianità verströmenden Belle-Epoque-Villen ist es ein typisches Haus aus dem Gebirge im Blockbaustil. In der Umgebung Faidos gibt es mehrere sehenswerte Gotteshäuser: im 3 km entfernten **Mairengo** die schon im 12. Jh. erwähnte, dem Schutzheiligen der lombardischen Stadt Pavia geweihte *Kirche San Siro mit spätgotischen Fresken und einem spätgotischen Flügelaltar sowie die romanische Kirche Santi Lorenzo e Agata mit spätgotischer Freskenausmalung im 4 km von Faido entfernten Dorf **Rossura** (▶Abb. S. 316).

Faido

Romanische Kirche Santi Lorenzo e Agata in Rossura

* Calonico   Calonico, südlich auf einer sonnigen Terrasse 965 m ü.d.M. gelegen, gehört wie Rossura und Mairengo zur Gemeinde Faido. Vom Talboden aus sieht man das Dorf nicht, aber sein Wahrzeichen, die auf einem Felsvorsprung thronende kleine, weiß getünchte **Kirche des hl. Martin**. Von dem 1300 erstmals erwähnten romanischen Gotteshaus ist nur der Glockenturm erhalten, das unlängst renovierte Hauptgebäude wurde im 17. Jh. umgebaut. Sehenswert sind in Calonico auch die für die Leventina typischen Häuser, Strickbauten mit offenen Giebeln, sowie die alte, kürzlich restaurierte Mühle.

Chironico   Nach dem Dorf Lavorgo südlich von Faido klettert gleich nach der Autobahnunterführung eine Straße rechts nach Chironico hinauf. Der **Torre dei Pedrini** (Pedriniturm), ein sechsstöckiger Befestigungsbau aus dem Mittelalter, hebt sich mit seinen hellen Mauern von den dunklen Holzhäusern ab, die in der nördlichen und mittleren Leventina, bis zur Biaschinaschlucht, beliebte Fotomotive darstellen. Ein architektonisches Kleinod ist die zweischiffige, mit Zwillingsapsiden versehene romanische Kirche **Santi Ambrogio e Maurizio**, die auf das 13. und 14. Jh. zurückgeht. Recht gut erhalten sind die Innenfresken, die sich über Apsis- und Langhauswände hinziehen und verschiedene religiöse Motive zum Thema haben: Sie berichten von Johannes dem Täufer und den Heiligen Anna und Joachim, vom Jüngsten Gericht mit seinen Seligkeiten und Verdammungen, vom heiligen Ambrosius, der in der Leventina – wo bis heute noch der ambrosianische, in vergangenen Jahrhunderten von den Mailändern eingeführte Kirchenkalender gilt – besondere Verehrung genießt.

An beiden Uferseiten des Ticino drängen sich die Häuser des kirchenreichen ►Giornico. Folgt man dem Fluss, sticht einem – in einer von Industrie- und Gewerbebauten verschandelten Landschaft zwischen Bodio und Pollegio – das Südportal des Gotthard-Basistunnels ins Auge. Die Zeiten, als hier knapp tausend Mineure am Vortrieb für den mit 57 km längsten Eisenbahntunnel der Welt arbeiteten, sind längst passé (►Baedeker Wissen S. 289 und 292). Von einem futuristisch anmutenden Kontrollturm werden ab Mitte 2016 die Züge überwacht, die mit bis zu 250 km/Std. zwischen Bodio und Erstfeld (Kanton Uri) durch den Berg fahren werden. Die gänzlich untertunnelte Leventina ist dann nicht mehr als Panoramabild aus dem Zugfenster zu bewundern. Und die erste Station der Bahn auf Tessiner Boden wird dann nicht mehr Airolo, sondern ►Bellinzona sein. Das **Besucherzentrum AlpTransit** beim Südportal in Pollegio informiert über das Jahrhundertprojekt. Ab acht Personen werden auch Besichtigungen im Tunnel angeboten.

Bodio, Pollegio

Infocentro AlpTransit: Di. – So. 9.00 – 18.00 Uhr, Tel. 091 873 05 50, www. infocentro.ch. Geführte Außenführung der Baustelle »Giustizia« in Biasca 12 CHF, Untertageführungen in Biasca mit dem Thema Bahntechnik 40 CHF

Sehr empfehlenswert ist der 45 km lange Wanderweg Strada Alta auf der sonnigen linken Seite des Leventinatals ►S. 122.

*Strada Alta

* Valle Maggia

E/F 5

Steile Bergflanken, wilde Wasser, kleine Orte: Im Maggiatal findet man tatsächlich noch Ursprüngliches. Selbst wer die Gegend schon zu kennen glaubt, wird stets von Neuem überrascht. Romantische Ecken gibt es zuhauf.

Zusammen mit seinen bedeutendsten Seitentälern Bavona, Lavizzara und Rovana stellt das auch Valmaggia oder Vallemaggia genannte Tal ein Fünftel der Gesamtfläche des Tessin. Es zieht sich von Ponte Brolla im Schwemmlandgebiet zwischen Locarno und Ascona über 56 km bis zum 2912 m hohen Cristallinamassiv hinauf und nimmt unterwegs zahlreiche Zuflüsse und Seitenbäche auf. Im unteren, südlichen Teil des Tals ziehen sich Kastanien-, Eichen- und Birkenwälder über die Talflanken hin; Wein wird bis Cevio hinauf angebaut. Im oberen, engeren Teil des Valle Maggia bestimmen Nadelwälder das Landschaftsbild. Wie das Tessin ist auch das Maggiatal alpin-herb und südländisch-sanft zugleich.

Der Tessiner Schriftsteller Piero Bianconi hat das Valle Maggia und seine Seitentäler mit einer Hand verglichen, einer »großen

Wilde Wasser

Hand mit knorrigen und krummen Fingern, durchzogen von blauen Wasseradern, die aus Alpenpässen und Bergrücken entspringen.« Die dickste Ader bildet die Maggia, die im Talgrund das Sagen hat. Unter den Brücken von Bignasco vereinigen sich Bavona und Lavizzara; ab dort fließt das Wasser ruhig bis Visletto, wo die Rovana einmündet. Seit die Wasser weiter oben in den Bergen zur Stromgewinnung genutzt werden, hat die Maggia rund 3/4 ihrer Wassermenge eingebüßt. Ein dünnes Rinnsal, das normalerweise zwischen Kiesbänken vor sich hinplätschert und im Sommer zum Baden einlädt. Wehe aber, wenn sich die Maggia bei einem Sommergewitter in den mächtigsten und zerstörerischsten Strom der Schweiz verwandelt! Überall, von der Maggiamündung in den Lago Maggiore bis hinauf zum Lago del Sambuco über Fusio, warnen gelbe Tafeln: »Achtung! Die Schönheit dieses Flusses birgt Gefahren.«

Bei Hochwasser kann sie bis auf das 7000-Fache anschwellen. Immer wieder verwüsteten die Wassermassen den Talgrund und forderten Menschenleben. So rissen 1951 die Wassermassen die Eisenbrücke von Ponte Brolla los und schleuderten sie hundert Meter talabwärts. 1978 zerstörte der Fluss die Brücke von Moghegno und ein Hochwasser verwüstete den Campingplatz bei Gordevio. Auch die Ablagerungen zwischen Avegno und Cavergno lassen erahnen, welche Gesteins- und Schuttmassen der Fluss bei Hochwasser mitführt. Diese Sand- und Kiesbänke, die die Maggia immer wieder neu modelliert, sind im Sommer beliebte Badeplätze.

Mauer auf dem Berg

Auf der traumhaft schönen Bergwanderung vom Valle di Bosco ins Valle di Campo entdeckt man auf dem 2331 m hohen Pizzo Bombögn eine 300 m lange, kunstvoll angelegte Steinmauer. Der 2 m hohe und 1 m tiefe Wall wurde 1948 in mühevoller Handarbeit angelegt, damit gefräßige Ziegen nicht in die als Lawinenschutz angelegten Aufforstungen eindringen.

Von Vögten regiert, Not zwingt zur Emigration

Wie Gräberfunde bei Moghegno belegen, war das Maggiatal bereits von den Römern bewohnt. Danach folgten viele Jahrhunderte eines ruhigen, fast autarken Daseins. Die Bevölkerung lebte unter bescheidensten Verhältnissen. Die erste befahrbare Straße bis nach Bignasco wurde erst 1824 eröffnet. In die Nebentäler wurde sie etappenweise weitergeführt: ins Lavizzaratal nach 1860, bis nach Cimalmotto 1882, ins Boscotal nach 1905 und ins Pecciatal erst 1922 – 1924.

Unzählige Talbewohner sind im Laufe der Jahrhunderte auf der Suche nach besseren Lebensbedingungen ausgewandert. Zwischen 1840 und 1870 waren es über 2000 Personen, zum größten Teil junge Männer. Die Auswanderung hielt bis zur Mitte des 20. Jh.s an. Viele kehrten später als »reiche Ausländer« ins Tal zurück. Nicht der reichste, aber wohl der berühmteste Heimkehrer ist der Onkel Plinio

Valle Maggia beim Lago del Sambuco in 1461 m Höhe

Martinis. Seine Erfahrungen als Auswanderer und das harte Leben im Tal wurden von seinem Neffen literarisch verarbeitet. Plinio Martini (1923 – 1979) hat es in seinem Werk »Il fondo del sacco« (dt. »Nicht Anfang und nicht Ende«) hervorragend verstanden, das Leben im Maggiatal in der ersten Hälfte des 20. Jh.s und die besonderen Umstände in der rauen Bergwelt zu skizzieren.

In vielen Dörfern und Weilern scheint die Zeit seit hundert oder zweihundert Jahren stillzustehen. Stein dominiert die Landschaft und das Ortsbild. Über zwei Dutzend Steinbrücken führen über die Maggia und ihre Zubringer, hundert oder mehr Bildstöcke bitten entlang der alten Wege um Schutz vor den Naturgewalten. Aus Stein sind auch die öffentlichen Brunnen und Waschhäuser, die teils noch benutzt werden, und die Kirchen mit ihren charakteristischen Glockenstühlen. Und die ungezählten Rustici, von denen viele zu Ferienwohnungen umgebaut sind. Und natürlich die Grotti, die sich häufig mitten in Schuttkegeln befinden. Wo ein gewaltiger Felssturz haushohe Felsblöcke zurückließ, gruben und mauerten die Bauern Unterschlüpfe und Vorratskammern unter und an die Felsblöcke. Jede Bauernfamilie besaß ein Grotto. So gibt es in Maggia etwa 40, in Moghegno nicht weniger, in Cevio sind es rund 70. Einige Grotti sind heute Gaststätten, eines heißt »Mai morire«, »Nur nie sterben«.

Valle Maggia erleben

AUSKUNFT
Ente Turistico Lago Maggiore
Infopoint Vallemaggia
Centro Commerciale
6673 Maggia
Tel. 091 753 18 85
www.vallemaggia.ch

BLUES FESTIVAL
Im Maggiatal herrscht abends weitgehend »tote Hose« bzw. wohltuende Stille. Die große Ausnahme bildet das **Magic Blues Festival** (www.magicblues.ch) im Sommer. Dann sind in Brontallo, Moghegno, Giumaglio, Cevio und Avegno oft Weltstars zu Gast. Fünf Wochen lang finden auf den malerischen Dorfplätzen insgesamt zehn Konzerte statt. Besucher und Kritiker sind voll des Lobes über das Konzept.

ESSEN
Antica Osteria Dazio ©
Fusio, Tel. 091 755 11 62
www.osteriadazio.ch, März – Okt. tägl.
In Fusio, am Ende des Lavizzaratals, überrascht Leo Rüegg mit einer Küche, die auch Feinschmecker begeistert. »Die Gäste sollen sagen können: Der Besuch in der Osteria Dazio ist uns den langen Weg nach Fusio wert. Und auch den Preis, den wir dafür bezahlen«, umschreibt Rüegg seine Philosophie. Mit Übernachtungsmöglichkeit.

Grotto Pozzasc ©
Peccia, Tel. 091 755 16 04
www.pozzasc.ch, Mo. geschl.
Das Grotto liegt malerisch an einem Bergbach. Serviert wird Käse, Salami, Mortadella aus dem Tal. Und die Polenta gart hier noch über dem Kaminfeuer. Nicht leicht zu finden, da recht abgelegen – ein Schild am Marmorbruch von Peccia weist auf den Feldweg, der zum Grotto führt.

Osteria al Sasso ©
Avegno, Via Cantonale
Tel. 091 796 23 08
Küchenchef Stefano Bianchi überrascht mit einem Mix aus alpinen und mediterranen Gerichten. Sein Risotto mit Maggiatal-Käse schmeckt göttlich.

ÜBERNACHTEN
Casa Martinelli © – ©©
Maggia, Via Cantonale Vecchia 60
Tel. 091 760 90 51
www.casa-martinelli.ch
Monika Gmür hat die alten Mauern der Casa Martinelli am Ufer des Salto wieder zu einem Hotel gemacht. Mit Hilfe des Architekten Luigi Snozzi entstand aus Alt und Neu ein wunderbares Haus. Ein besonderer Genuss ist die Ruhe, die man im Zimmer, im Garten, am Bach oder beim nahen Wasserfall genießen kann.

Casa Ambica Albergo Garni © – ©©
Gordevio, Tel. 091 753 10 12
www.casa-ambica.ch
Das liebevoll renovierte Patrizierhaus aus dem 19. Jh. im Dorfkern besticht durch seine sonnige, ruhige Lage, geschmackvoll eingerichtete Zimmer mit Betten aus geöltem Kastanienholz und dem Charme der Gastgeberin.

Cà Serafina Hotel-Pensione © – ©©
Lodano, Via Nucleo 13
Tel. 091 756 50 60
www.caserafina.com
Kleines, wunderschön hergerichtetes Juwel mit fünf geräumigen, modern und geschmackvoll eingerichteten Zimmern

Eco-Hotel Cristallina ⓔ

Coglio, Tel. 091 753 11 41
www.hotel-cristallina.ch
Gesundes Ambiente, geringstmöglicher
Energieverbrauch und auserlesene Materialien, das sind die Kennzeichen des Hotels der Familie Kälin-Medici. In der Nebensaison gibt es ein Doppelzimmer
bereits ab 100 CHF.

Pensione Boschetto ⓔ

Cevio, Tel. 091 754 21 64
www.pensioneboschetto.ch
Eines der 275 »Traumhotels für wenig
Geld« des Reisejournalisten Claus
Schweitzer. Die Pension ist besonders familienfreundlich, authentisch, ruhig und
preiswert, das Haus ein geglückter Mix
aus rustikaler Einfachheit und gediege-
nem Komfort, z. B. ein Badezimmer aus
Peccia-Marmor.

Agriturismo La Stalla ⓔ

Cevio, Tel. 091 754 20 20
www.lastalla.ch
Modernes Gebäude, zwei Schritte vom
Ortszentrum entfernt. Es gibt einfache
Zimmer sowie Wolle, Käse, Joghurt vom
Schaf und Kurse für die Herstellung von
Decken aus Schafswolle.

SPORT

Natürliche Badeplätze: Die Maggia hat
teils mehrere Meter tiefe »Pozzi« (Wannen) aus dem Fels geschliffen (vor einem
Sprung ins kühle Nass stets Strömung
und Wassertiefe abklären!). Die bekanntesten Badeplätze finden sich bei Ponte
Brolla (Parkplätze entlang der Straßen)
und zwischen Ponte Brolla und Cevio.
Bei den **Weltmeisterschaften im Klip-
penspringen** (Cliff Diving World Tour;
www.whdf.com) im Juli in Ponte Brolla
stürzen sich die besten Klippenspringer
der Welt, Salti drehend und Kopf voran,

in das tiefblaue Wasserbecken eines
Wasserfalls. Auch Canyoning und Tauchen sind möglich.
Das Maggiatal lässt sich ideal per **Fahrrad** erkunden. Abgesehen von dem kurzen hektischen Abschnitt bei Ponte Brolla lässt sich der **Percorso Valle Maggia**
auch gut mit Kindern absolvieren. Von
Locarno nach Cevio sind 30 km und weniger als 300 Höhenmeter zu überwinden. Der Radweg verläuft teilweise auf
der Trasse der 1965 stillgelegten Valle-
maggia-Bahn. Ins Schwitzen kommt
man beim Anstieg nach Bosco Gurin
oder Fusio – diese Strecken schaffen nur
gut trainierte Biker!
Im Valle Maggia gibt es Hunderte leichte
bis anspruchsvolle **Wanderwege**, außerdem Verbindungswege, Bergpfade und
Pässe in die verschiedenen Seitentäler
des Maggiatals oder benachbarte Bergtäler. Eine familienfreundliche Wanderung führt von Maggia nach Someo, unterwegs passiert man drei
Hängebrücken, auch lädt der Fluss zu einem erfrischenden Bad ein. Zurück zum
Ausgangspunkt geht es dann mit Bus
oder Postauto. Sehr abwechslungsreich
ist die Wanderung von Locarno nach Airolo, die teils dem alten Säumerweg
folgt. Wandervorschläge findet man in
»Vallemaggia – Wandern in einem spektakulären Tessiner Tal« von Thomas
Bachmann. Geführte Wandertouren
bietet der Bergführer Roger Welti an
(www.quattropassi.ch).
Bei **Bergsteigern** ist die anspruchsvolle
Via alta Vallemaggia beliebt, eine Höhenroute von Fusio nach Locarno, ▶S. 121.
Bosco Gurin bietet **Wintersportfreun-
den** Bergbahnen, Skilifte und eine Lang-
laufloipe. Im Sommer saust man von der
Grossalp auf Monsterrollern ins Tal
(www.bosco-gurin.ch).

EINKAUFEN

Der Dorfladen von Bosco Gurin, mit 30 m² die **kleinste Coop-Filiale** der Schweiz, ist nicht nur für die Bewohner »lebenswichtig« (die nächste Einkaufsmöglichkeit in Cevio ist eine halbe Autostunde entfernt!). In der **Kellerei** von Robin Garzoli in Maggia, dem einzigen Weinproduzenten im Maggiatal, kann man u.a. den Maggia Rosso, einen klassischen Merlot, erwerben (Tel. 091 753 18 63, www.rombolau.ch). In aller Munde ist auch die **Panetteria Poncini** in Maggia wegen ihrer Panettone, Amaretti, Torta di pane (Brottorte) und dem Vallemaggia-Brot; Interessierte führt Luca Poncini sogar in die Geheimnisse seines Handwerks ein (Tel. 091 753 13 20, www.panetteria-poncini.ch),

Im **Negozio dell'Artigiano** auf dem Dorfplatz in Cevio werden Stickereien, Filz- und Flechtarbeiten, Holzschnitzereien und anderes Kunsthandwerk angeboten (Tel. 091 754 18 16, www.artisvallemaggia.ch). Kunsthandwerk und lokale Spezialitäten, darunter den Vallemaggia-Pfeffer, kann man auch im **Punto Verde** an der Kantonsstraße in Bignasco erwerben (Tel. 091 754 24 80, www.punto verdebignasco.ch).

VON LOCARNO INS MAGGIATAL

Ponte Brolla

Das »Tal der lebendigen Steine«, wie das Valle Maggia auch genannt wird, beginnt bei der Talenge in Ponte Brolla, etwa 4 km nordwestlich von Locarno, wo auch die Straße ins Centovalli abbiegt. Hier hat die eiszeitliche Maggia eine tiefe, enge Schlucht (Orrido di Ponte Brolla) mit mächtigen Strudellöchern und Gletschermühlen in den grauen Fels geschnitten. Sie wird in 33 m Höhe von einer alten Römerbrücke überspannt. Hinter Ponte Brolla biegt man von der Straße ins Centovalli rechts ab und folgt dem linken Ufer der Maggia flussaufwärts.

Gordevio

Nach dem aus drei Ortsteilen bestehenden Dorf Avegno gelangt man in das schön und sonnig gelegene Gordevio, dessen Einwohnerzahl durch den Zuzug stadtmüder Locarnesen auf fast 800 Personen angewachsen ist. In Villa, einem Ortsteil von Gordevio, lohnt ein Besuch der freskenreichen Pfarrkirche **Santi Giacomo e Filippo**. Im benachbarten Ossario – dem Beinhaus – sind Fresken des Malers Giovanni Antonio Vanoni, geboren 1810 im Dörfchen Aurigeno am gegenüberliegenden Talhang, zu bewundern. Außer den zwischen 1853 und 1854 ausgeführten Wandmalereien im örtlichen Beinhaus hat er Fresken in seinem Geburtsort sowie zahlreiche Votivbilder hinterlassen, die in der Kirche Santa Maria delle Grazie in Campagna und in der Wallfahrtskirche Madonna del Sasso in ▶Locarno zu sehen sind.

Campagna

In Campagna, fast wie ein Ortsteil von Maggia, steht leicht erhöht die von außen unscheinbare Kirche **Santa Maria delle Grazie**. Der romanisch-gotische, im Innern mit einer flachen Holzdecke versehene Bau ist um 1525 von mehreren Malern mit Renaissancefresken ausgeschmückt worden, von denen sich besonders die Szenen aus dem Marienleben an der Südinnenwand durch ihre künstlerische Qualität auszeichnen. Von einer bis heute verbreiteten Unsitte, die hier aber interessant ist, zeugen die vielen, vom 16. Jh. an in den Putz eingeritzten Pilgerinschriften.

❶ Mai – Okt. Mi., Do. und erster Sa. im Monat 14.00 – 16.00, Fr. 16.00 – 18.00 Uhr

Maggia

Maggia, der zentrale Ort im unteren Maggiatal, hat sich ein geschlossenes Ortsbild erhalten. Lauben und Gassen laden zum Schlendern, der malerische Dorfplatz zum Rasten ein. Sehr lohnend ist ein Spaziergang zumindest auf dem ersten Teil des Passwegs, der von Maggia über den **Passo di Nimi** ins Val Verzasca führt. Nach etwa 1 km trifft man in der Nähe eines Wasserfalls auf die Kapelle Santa Maria della Pioda, in der lombardische Künstler spätgotische Fresken hinterlassen haben.

Coglio

Wer glaubt, ewig zu leben, dem sei ein Besuch des 1765 errichteten Ossario (Beinhaus) von Coglio etwa 3 km nördlich von Maggia empfohlen: Symbolisch-eindringliche Fresken setzen sich hier mit dem Tod auseinander, der ohne Ausnahme jeden zu sich holt.

Cascata del Soladino

Bei der Weiterfahrt passiert man die Felswand des Sasso Trolcia, über die der Soladino in dem 100 m hohen Wasserfall zu Tal stürzt.

Someo

In Someo mit der barocken Pfarrkirche Sant'Eustachio lohnt der **kalifornische Friedhof** (Cimitero Californiano) einen kurzen Halt. Angelegt wurde er Mitte des 19., Anfang des 20. Jh.s von Rückkehrern aus Kalifornien. Nach Jahrzehnten harter Arbeit in den USA hatten sie einen gewissen Wohlstand erreicht. Nach ihrer Heimkehr bauten sie sich ein »kalifornisches« Viertel, auch Viertel der »sciur« (= Herren) genannt. So wie ihre Häuser schöner und größer sind als die der anderen, ist auch der kalifornische Friedhof aufwendiger als der normale. Auf vielen Grabsteinen sind fremde Geburtsorte zu lesen wie Soledad, Santa Cruz, El Dorado oder Monterey.

* CEVIO

Unerwartet städtisch präsentiert sich die Ortschaft Cevio (1200 Einw.). Die zuerst italienischen und dann eidgenössischen Landvögte, die 1403 – 1798 ihren Sitz hier im Ort hatten, hinterließen mehrere stattliche Bauten. Am lang gestreckten Hauptplatz ist der **Palazzo Pretorio**, der einstige Gerichtssitz der Landvögte, mit seiner wappengeschmückten Fassade nicht zu übersehen. Die Residenz dieser Statthalter war dagegen die ebenfalls an der Piazza gelegene Casa

Reiche arme Täler

Glitzernde Seen, mildes, fast mediterranes Klima, üppige Vegetation, manchmal prunkvolle Architektur: Das ist das Tessin der Seen, das viele Vermögende angezogen hat. Doch das Tessin hat auch ganz andere Seiten.

Wenige Kilometer von den Promenaden in Ascona oder Lugano öffnet sich ein Tessin der Stille, der kargen, oft genialen Zweckarchitektur, der demütigen Naturverbundenheit. Im Tessin der Täler liegen die Wurzeln einer Mentalität, die weniger mit südlicher Leichtigkeit als mit **berglerischem Schwermut** zu tun hat. Natürlich haben die abgelegenen, rauen Täler einen schweren Stand. Viele Dörfer kämpfen ums Überleben. Doch gibt es interessante Ansätze, traditionelle Strukturen zu erhalten.

Val Bavona

Aus Cavergno stammte **Plinio Martini** (1923 – 1973), der in »Nicht Anfang und nicht Ende«, einem seiner bekanntesten Romane, das Leben in den Tessiner Tälern beschreibt: »Damals starb man im Dorf öfter durch einen Unglücksfall als auf natürliche Weise. Oben auf der Alp ließen jedes Jahr ein paar Leute das Leben, und immer traf es uns, die Jungen. Die Alten blieben beim Milchkessel, und wir mussten hinter der verirrten Ziege her die Felsen hinaufkraxeln, bei gutem wie bei schlechtem Wetter. Und dann gab es Erdrutsche und Lawinen und das Hochwasser, das Felder, Ställe, Vieh und manchmal auch Menschen forttrug.« Das **Bavonatal** ist ein malerischer Seitenarm des Maggiatals, doch liebt man es nicht auf An-

hieb: »Dal bel u na s'mangia vèe nuta – von der Schönheit allein hat man nicht gegessen«, heißt es hier. In sommerliches Licht getaucht, wirkt das von 300 m hohen Felswänden gerahmte Tal einladend. Im Winter aber, wenn wochenlang kein Sonnenstrahl auf den Talboden dringt, ist es abweisend und gefährlich. Felsstürze, Lawinen und Wasserfluten haben ihm den **Mythos des Ausgeliefertseins** gegeben. Schon im Mittelalter bewohnten die Bauern das Val Bavona nicht ganzjährig. »Terre« nennen die Einheimischen die zwölf Weiler, die sich im 12 km langen Tal aneinanderreihen. In den verschachtelten, unverputzten, mit Granitplatten gedeckten Steinhäusern verbrachten die Bauernfamilien den Sommer. Heute gibt es in der Gegend nur noch wenige Landwirte, doch die alten Siedlungen sind erhalten geblieben, die Wiesen werden gepflegt, das Tal lebt. Heute gibt es eine neue »Wanderwirtschaft«: Im Sommer kommen die Zweitwohnungsbesitzer ins Tal, sorgen für ihr Rustico, mähen gegen Honorar die Wiesen und stoppen so das Vordringen des Waldes. Die Fäden dieses für Tessiner Verhältnisse einzigartigen Landschaftsschutzes laufen bei der **Stiftung Bavonatal** zusammen, die seit 1990 für Impulse in dem archaischen Gebirgsflecken sorgt (www.bavona.ch).

Valle di Muggio

Die Reise ins Bavonatal ist ein span-
nender Ausflug vorwärts in die Vergangenheit – und das Tessin hat
noch andere Begegnungen auf Lager: das Muggiotal zum Beispiel,
das südlichste Tal der Schweiz. Im
Grenzstädtchen **Chiasso** glaubt
man sich von landschaftlicher
Schönheit weit entfernt: Bürohäu-
ser, Fabrikhallen und der dröhnen-
de Verkehr auf der Autobahn, die
Wohnquartiere durchschneidet,
verleihen der Region mit der größten Luftverschmutzung des Landes
stickiges Großstadtambiente. Doch
wenige Kilometer oberhalb von
Chiasso – und alles wird anders: Es
öffnet sich ein nicht einmal 10 km
langes, tief eingeschnittenes Tal, an
dessen Flanken kompakte Dörfchen kleben. Anders als die rauen
Täler des Nordtessins wirkt das
Muggiotal sanft. Denn hier macht
sich der Übergang von den Alpen
in den Mittelmeerraum bemerkbar.

Die Landschaft ist alpin, die Vegetation bereits südländisch üppig.
Auf den Höhen liegen Viehweiden,
in tieferen Lagen Terrassen für den
Ackerbau, die zwar heute mit Gras
überwachsen sind, aber die Szene-
rie nach wie vor prägen.
Im Muggiotal gibt es nicht die bra-
chialen Granitwände wie im Bavonatal, hier dominiert weicheres Gestein. Weil das Wasser schnell
versickerte, ersannen die Bauern
Anlagen zur Kühlung ihrer Produkte. Sie bauten Schneekeller aus
Schiefer, konstruierten abenteuerliche Anlagen zum Trocknen von
Kastanien und Türme zum Vogelfang. Diese bäuerliche Architektur
wird heute nicht mehr genutzt,
doch sie lebt weiter. Eine Gruppe
von Idealisten hat in Cabbio im
Mendrisiotto ein Museum ins Leben gerufen, Zeugnisse der Volks-
kultur restauriert und mit Wanderwegen verbunden (Auskunft ▶S.
279).

»Von der Schönheit allein hat man nicht gegessen«: In den abweisenden
Tälern des Tessin war das Leben in vergangenen Zeiten von Armut geprägt.

Respini, die man durch ein prächtiges, in die ehemalige Stadtmauer eingefügtes Portal betritt. Hier und im Palazzo Franzoni ist heute das **Museo di Valmaggia** zu Hause. Außer bäuerlichem und handwerklichem Gerät, kunstvollen Schnitzereien und Dokumenten zur einst einträglichen Viehzucht im Tal findet man auch ein traditionelles Grotto, einen Vorratskeller. Aus diesen Lagerräumen bzw. -häusern sind die heutigen Grotti hervorgegangen, die zu Einkehr laden. Ein Lehrpfad führt zu den Originalgrotti in der näheren Umgebung. Im Museum werden auch Gegenstände aus Topfstein ausgestellt, der bis heute noch im Tal gebrochen wird. Das Talmuseum dokumentiert außerdem handwerkliche Tätigkeiten wie Weberei und Spinnerei.

Museo di Valmaggia: April – Okt. Di. – Sa. 10.00 – 12.00, 14.00 – 18.00, So. 14.00 – 18.00 Uhr, Eintritt 6 CHF, www.museovalmaggia.ch

Santa Maria Assunta e San Giovanni

Bevor man Cevio verlässt – und man verlässt es ungern, weil es mehrere einladende Gasthäuser besitzt –, gibt es noch zwei kunsthistorisch interessante Ziele anzusteuern. Im Gebäudekomplex um die Pfarrkirche Santa Maria Assunta e San Giovanni nördlich des Palazzo Franzoni fallen die Rokokofresken an der Fassade des Beinhauses auf: Halb prachtvoll gekleidete und halb als Skelette dargestellte Personen bilden ein makabres Memento mori.

Santa Maria del Ponte

Heitere Stuckaturen verzieren dagegen das Innere der südwestlich von Cevio an der mittelalterlichen Rovanabrücke gelegenen Kirche Santa Maria del Ponte. Sie war im frühen 17. Jh. von der wohlhabenden, einheimischen Familie Franzoni gestiftet worden, die in dem Gotteshaus auch ausgiebig ihre Wappen hinterlassen hat.

In Cevio, wo Palmen in den Gärten einen sonderbaren Kontrast zu den schroffen Berghängen bilden, beginnt die Straße in das Val Rovana (▶S. 332), das sich wiederum in zwei sehr alpin geprägte Täler gabelt: in das Valle di Campo und das Valle di Bosco, dessen Hauptattraktion das Walserdorf Bosco Gurin (▶S. 332) ist. Verlässt man Cevio hingegen in Richtung Norden, erreicht man nach etwa 3 km **Bignasco**. Dort gabelt sich das Val Maggia: zum links ansteigenden Val Bavona und zum Val Lavizzara (▶S. 328), das dem Flusslauf der Maggia folgt und im obersten Abschnitt, nach dem Dorf Fusio, auch als Valle Sambuco bezeichnet wird.

? BAEDEKER WISSEN

Die Wolfsfalle von Bignasco

Die Lüera oberhalb von Bignasco ist eine um 1400 erbaute Steinkonstruktion. Sie ist besteht aus drei Steinmauern – die höchste ist 7 m – und einer Felswand. Auf einer Seite öffnet sich eine Luke, gerade groß genug für einen Wolf. Vermutlich diente eine durch ein Holzgitter geschützte Ziege in der Wolfsfalle als Köder. Passierte der Wolf die Luke, schloss sich diese. Die Lüera anzufertigen, muss fast unmenschliche Anstrengung erfordert haben. Wie wirkungsvoll sie war, ist allerdings nicht bekannt.

★★ VAL BAVONA

Was für ein wildes Tal! Steil aufragende Felswände, kreuz und quer übereinanderliegende Steinbrocken von furchteinflößender Größe, alte Weiler, die Häuser aus Granit und Gneis, kilometerlange Trockenmauern. Das Val Bavona, das sich von Bignasco Richtung Nordwesten erstreckt, ist in der Tat steinreich, aber auch »mausarm«. Lediglich 1,7 % der Talfläche können landwirtschaftlich genutzt werden. Den Rest bilden Wälder, Felsen, Steine, Geröllhalden sowie Bäche, Bergseen und Gletscher. Die wenigen Äcker und Wiesen wurden immer wieder weggeschwemmt oder durch Bergstürze verwüstet. »Das Val Bavona ist das steilste und steinigste Tal im ganzen Alpenbogen«, schreibt der Lokalhistoriker Giuseppe Martini. »Nirgendwo ist es härter zum Leben.« Es ist eine Welt von herber Schönheit, die sich dem Besucher erschließt. Auch wer nur das im Talschluss gelegene Wanderparadies Robiei im Sinn hat, sollte sich daher für eine Fahrt durch das Val Bavona Zeit nehmen.

Ein 6 km langer Lehrpfad im unteren Talabschnitt, der **Weg der Transhumanz** (Percorso della transumanza, ▶S. 121), offenbart interessante Aspekte der alten Bergbauernkultur. Aber auch sonst entdeckt man hier viele Spuren einer kümmerlichen Subsistenzwirtschaft: Splüi (ausgebaute Felsunterstände, Ställe und einfache Behausungen), Miniaturgärten auf großen Felsbrocken (mit Ziegenschutz), aufgegebene Lichtungen, alte Inschriften. Auch die zwölf Weiler, **Terre** genannt, haben ihren malerischen Charakter bewahrt. Damals wie heute ist das **Tal im Winter unbewohnt** – zu schattig, zu gefährlich. Die Bauern kehrten im Herbst zu ihren sicheren Häusern in **Cavergno** am Taleingang zurück. So wurde der Ortsname auch von Casa d'Inverno (dt. Winterhaus) abgeleitet. Im Frühjahr begaben sich die Bewohner mit ihren Tieren wieder auf die Wanderschaft. Auf verschiedenen Höhenstufen besaßen sie Unterkünfte und Ställe. Diese Stufenwirtschaft heißt **Transhumanz**. Heute gibt es noch eine Ferien-Transhumanz: Während das Tal im Winter unbewohnt und für den Privatverkehr geschlossen ist, wird es im Sommer von rund 2000 Menschen bevölkert.

Die 12 km lange Straße durch das Bavonatal führt von **Cavergno**, Geburtsort des Schriftstellers Plino Martini (▶S. 54), nach San Carlo. Vom Überlebenswillen und Gottglauben der Bevölkerung zeugen die Dörfchen und Weiler unterwegs, die sich immer um eine Kirche scharen. Weithin berühmt ist die Kirche **Santa Maria delle Grazie** in Gannariente bei Foroglio, die den Naturgewalten seit 400 Jahren widersteht. Um Gott und die Natur gnädig zu stimmen, machen die Einheimischen jedes Jahr im Mai eine Wallfahrt in dieses freskengeschmückte Kirchlein: von Cavergno herauf durch das ganze Val Bavona. Auf dem Weg dahin passiert man auch das Dorf **Foroglio** mit

Steinreich und mausarm

Das blaue Licht

dem berühmten Wasserfall, der sich 108 m in die Tiefe stürzt. Leni Riefenstahl drehte hier 1932 ihren Bergfilm »Das blaue Licht«. In der Nähe des Weilers Sonlerto, weiter taleinwärts, stößt man auf eines der schönsten Splüi, die »Ciossa 'd Tea«, ein Felsdach bedeckt einen Stall und einen Wohnraum, beide seit Jahrhunderten verlassen.

Tal ohne Strom Über **San Carlo**, dem 938 m hoch gelegenen, letzten Talort, steht am Berghang die Kapelle La Presa mit spätgotischen Fresken im Innern. In San Carlo startet auch eine zwischen Juni und Oktober verkehrende Kabinenbahn, die aus der ehemaligen Materialseilbahn zum Bau des unterirdischen Kraftwerks am Basodinogletscher hervorgegangen ist. Mit ihrer Bergstation in **Robiei**, in 1891 m Höhe, erschließt sie ein **Paradies für Wanderer**, wobei vor allem die kleinen Bergseen beliebte Tourenziele sind. Komfortable Unterkunft bietet hier ein nur im Sommer geöffnetes 3-Sterne-Hotel in fast 2000 m Höhe (www.robiei.ch). Dort gibt es auch Strom – im Gegensatz zum übrigen Tal. Denn mit Ausnahme von San Carlo lehnten damals alle Terre das Angebot ab, ans Stromnetz angeschlossen zu werden. Und so kommt es, dass hier zwar Elektrizität für die großen Schweizer Städte produziert wird, im Tal selbst jedoch mit Holz geheizt und mit Solarzellen telefoniert wird.

VAL LAVIZZARA

Menzonio Bei der Auffahrt von Bignasco durch das von der Maggia durchflossene, sehr alpin geprägte Lavizzaratal zweigt man nach etwa 4 km links zum Dörfchen Menzonio ab. Der 1940 hier geborene Künstler **Gianfredo Camesi** hat in der Kapelle Beata Vergine Assunta 40 Tafeln ausgestellt, auf denen er die Natur und ihre Elemente verherrlicht.

Peccia Über Prato und Sornico führt die nun steiler ansteigende Straße ins 846 m hoch gelegene Dorf Peccia hinauf, dessen fast 200 Einwohner größtenteils von den Steinbrüchen leben. Hier wird ein kompakter, grobkörniger Marmor gebrochen, der sich vor allem weiß, aber auch in verschiedenen Blau-Grün-Tönungen präsentiert. Seit über 20 Jahren besteht hier eine **Bildhauerschule**, deren Werke im Dorf ausgestellt sind. Die Scuola di Scultura bietet verschiedene Kurse u. a. in Steinbildhauerei, Holzbildhauerei, Schweißtechniken oder Metallgießen an (▶S. 23 und Baedeker Wissen S. 330).
Als Peccia 1834 und 1840 von Überschwemmungen heimgesucht wurde, wie sie im Tal bis zum Bau der Maggiakraftwerke an der Tagesordnung waren, blieben nur wenige Bauten verschont. Unter ihnen befanden sich die Pfarrkirche und die Casa Bazzi, deren Renaissancefresken abgelöst und im Turbinenhaus des Kraftwerks Piano di Peccia angebracht wurden.

Das Val Lavizzara endet hinter Fusio.

Etwa 5 km hinter Peccia gelangt man ins Dörfchen **Mogno**, das weltbekannt ist für die Kirche San Giovanni Battista des Tessiner Stararchitekten **Mario Botta**. Der 1996 eingeweihte Sakralbau (▶Abb. S. 40)
entstand an der Stelle eines zehn Jahre zuvor durch eine Lawine zerstörten Barockkirchleins. Botta verstand seinen Entwurf als »Zeichen
des epischen Kampfes zwischen dem Menschen und der Natur«. Das
Baumaterial ließ er aus dem Fels brechen, Stein auf Stein aufschichten
und immer zwei Reihen dunklen Granit aus Riveo und eine Reihe
weißen Marmor aus Peccia zu einem Streifen fügen. Im Innern des
17 m hohen Baus schafft die Schwarz-Weiß-Musterung zusammen
mit dem durchs Glasdach einfallenden Tageslicht eine wunderbare
Atmosphäre. Das Kreuz über der Apsis stammt aus der Vorgängerkirche. Auffallend ist, wie nachhaltig sich der schlicht-geometrische,
stark der Romanik verpflichtete Mario-Botta-Stil auch auf die Restau-
rierungen der die Kirche umstehenden Rusticihäuser ausgewirkt hat.

***San Giovan-
ni Battista**

Knapp 2 km trennen Mogno von Fusio (1281 m ü.d.M.), dem letzten,
mit 45 Einwohnern fast ausgestorbenen Dorf des Val Lavizzara. In
dem malerisch an einem Steilhang zusammengedrängten Ort fallen
neben den hier im oberen Tal üblichen Blockbauten charakteristische
Tessiner Steinhäuser auf. Beim **Lago di Sambuco**, 200 m über dem
Dorf, endet die öffentliche Fahrstraße. Mit seinem Fassungsvermö-
gen von 63 Mio. m³ ist er der größte Stausee des Kraftwerkverbund-
systems im Valle Maggia, das bei ▶Brissago am Lago Maggiore endet.
Fusio ist Ausgangspunkt für interessante, recht mühevolle Hochtouren, aber auch für eine empfehlenswerte, gemütliche Almwanderung:
In etwa 45 Min. steigt man vom Dorf (Wegweiser zum Lago di Mog-

Fusio

Steinreich

Im Tessin ist Stein allgegenwärtig. Es gibt ihn in großer Vielfalt, im Pecciatal
wird sogar Marmor abgebaut. Der Südschweizer Gneis ist für seine Schönheit
und Qualität bekannt, daher wird er oft auch Granit genannt. *Früher wurde*
er beim Bau von Burgen, Brücken, Felsbehausungen, Kirchen und Häusern
eingesetzt. Heute wird der Stein weniger rustikal verarbeitet, z. B. zu Boden-
platten, Küchenverkleidungen, Designobjekten oder in moderner Architektur.
Auch wenn die Tessiner Steinwirtschaft seit Jahren gegen starke ausländische
Konkurrenz kämpfen muss, ist das Tessin (mit dem bündnerischen Calancatal)
immer noch für Naturbausteine die bedeutendste Steinbruchregion der Schweiz.

▶ **Die Mineralzusammensetzung von Gneis und Marmor**
Die Gesteine entstehen unter hohem Druck und
hohen Temperaturen durch das Zusammenkommen
mehrerer Mineralien.

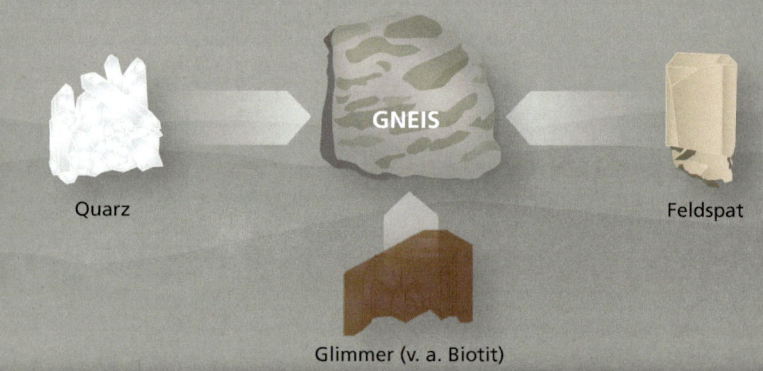

Quarz

GNEIS

Feldspat

Glimmer (v. a. Biotit)

▶ **Traditionelle Natursteinbauten**

**Römerbrücke »Ponte
dei Salti«** bei Laver-
tezzo, im 17. Jh. aus
lokalen Steinen
gebaut.

Steindächer
Die auf Steindächer spezialisierten Handwerker
heißen Teciatt. Pro Dach benötigt man ca. 8 Pio-
de, grob zugeschnittene Gneisplatten à 50 kg.
Sie halten bis zu 300 Jahre dicht (Dachziegel
ca. 50). Der Quadratmeter kostet bis zu 1000 CHF
Die Platten liegen auf einer Holzkonstruktion au
Lärchen- oder Tannenholz.

▶ **Steinbrüche im Tessin**
Heute gibt es rund 25 Granit-, Marmor-
und Natursteinverarbeitungsbetriebe
mit etwa 300 Beschäftigten (www.aigt.ch).

● Peccia ● Legiuna
● Bodio
● Iragna ● Lodrino
● Riveo ● Cresciano
● Vergeletto ● Castione
● Cavigliano

● Gneis
● Marmor
● Kalkstein

● Arzo

▶ **Valle di Peccia**
Der Steinbruch im Pecciatal ist der
einzige Steinbruch der Schweiz, in dem
heute noch Marmor abgebaut wird.

Seit **1946** liefert die Cava di Marmo
pro Jahr bis zu 621 m³ Marmor
hoher Qualität.

Seit **1984** bietet die Bildhauerschule
in Peccia Kurse in Stein- und Holzbildhauerei oder Metallgießerei.

▶ **Weitere Infos**
www.bildhauerschule.ch
www.vallemaggia.ch
www.museovalmaggia.ch

Dolomit

MARMOR

Aragonit

Calcit

©BAEDEKER

▶ **Natursteingebäude
heutiger Zeit**

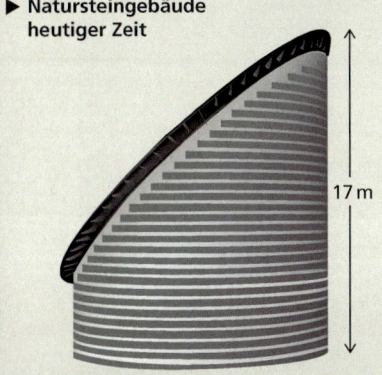

17 m

Chiesa di San Giovanni Battista
Die Kirche von Mogno oberhalb von
Peccia wurde 1992–1996 nach Plänen des
Architekten Mario Botta erbaut.
Sie besteht aus hellem Peccia-Marmor und
schwarzem Gneis aus Riveo.

Oberfläche   **123 m²**

Volumen   **1590 m³**

Mauerdicke
an der Dachkrone   ▬ 0,5 m
an der Grundfläche ▬▬▬ 2,5 m

nola) zur 1485 m hoch gelegenen **Alpe Vaccariscio** auf. Hier kann man den im ganzen Tessin bekannten, aus Kuh- und Ziegenmilch gewonnenen Käse »Vallemaggia«, den sehr gefragten »Formaggio della paglia« (Strohkäse) kaufen – direkt vom Erzeuger.

VAL ROVANA · VALLE DI CAMPO · VALLE DI BOSCO

Westlich von Cevio (▶S. 323) führt eine anfangs sehr steile Serpentinenstraße durch das von der Rovana durchflossene, gleichnamige Tal bergauf. Linescio wartet mit eindrucksvollen, im 19. angelegten Trockenmauern auf, um Getreide anpflanzen zu können. Bei **Cerentino**, einem freundlichen Weiler am Zusammenfluss der beiden Quellarme der Rovana, gabelt sich die Straße. Links geht es in das noch unverfälschte Valle di Campo. Der hier gelegene Weiler **Campo** mit mehreren stattlichen Palazzi und Ausgangspunkt schöner Bergtouren ist leider vom Abrutschen bedroht – wie auch der malerische, 1405 m hoch gelegene Nachbarort **Cimalmotto**, dies ist auf unkontrollierte Abholzungen und Eingriffe in den Wasserhaushalt zurückzuführen, die hier in den vergangenen Jahrhunderten vorgenommen wurden. Viele Häuser dieser hübschen, mit sehenswerten Kirchen ausgestatteten Bergdörfer weisen schon deutliche Risse auf.

*Bosco Gurin Die meisten Touristen fahren an der Straßengabelung in Cerentino rechts weiter durch das Valle di Bosco zum Walserdorf Bosco Gurin,

Deutsche Sprachinsel im Tessin: das Walserdorf Bosco Gurin

einer deutschen Sprachinsel im sonst italienischsprachigen Tessin. Die Walser stießen zu Beginn des 13. Jh.s vom heute italienischen Valle Formazza (Pomatt im Dialekt) über die 2323 m hohe Guriner Furka in das Hochplateau vor. Die Guriner Überlieferung berichtet von einem Paar, das hier vom frühen Wintereinbruch überrascht wurde, und da die Rückkehr über die »Furggu« nicht mehr möglich war, schließlich hier blieb.

Bosco Gurin ist **das höchstgelegene, ganzjährig bewohnte Dorf** (1557 m) im Tessin. Eine befahrbare Verbindung gibt es erst seit 1928! Die 50 überwiegend älteren Einwohner sprechen nach wie vor das Guriner-Deutsch. In seinen besten Zeiten zählte der Ort über 400 Bewohner. Wissenswertes über Herkunft und Alltag der Guriner Walser erzählt das 1938 gegründete **Museo Walserhaus** mit seinen volkskundlichen Sammlungen. Untergebracht ist es in einem 1386 erbauten Holzstrickbau (Walserhaus), einem der ältesten Bauernhäuser der Schweiz. Das kleine Schiebetürchen in der Außenwand ist eine »Seelebalgge ... damit die Seele des Sterbenden leicht und schnell zum Himmel gelange.«

❶ Ostern – Okt. Di. – Sa. 10.00 – 11.30, 13.30 – 17.00, So. 13.30 – 17.00 Uhr, Eintritt 5 CHF, www.walserhaus.ch

Autofreier Wintersportort

Bosco Gurin hat seinen ursprünglichen Charakter bewahrt mit typischen Walser Bauernhäusern und »Gadumschi« – Kornspeichern auf Steinsockeln. Die geschlossene Zeile von Ställen am westlichen Dorfrand entstand als Schutz vor Lawinen, da Bosco Gurin mehrmals von Naturkatastrophen heimgesucht wurde. Lawinen waren lange die größte Bedrohung. Heute sind es Abwanderung und Bevölkerungsrückgang. Zur wirtschaftlichen Belebung wurde an der rund 1900 m hoch gelegenen **Grossalp** ein **schneesicheres Skigebiet** erschlossen. Pläne zu einem Anschluss an das Valle Formazza haben sich zum Glück zerschlagen. So ist Bosco Gurin auch im Winter eine Oase. Im Sommer ist das Grossalp-Revier ein schönes Wandergebiet. Auf der Alm Grossalp (1 Std. von Bosco Gurin) kann man den Halbhartkäse »Vallemaggia« aus Kuh- und Ziegenmilch kaufen, allerdings nur in ganzen Laiben (über 3 kg!).

Valle Mesolcina

✦ I 4/5

Kanton: Graubünden

Das Valle Mesolcina (Misoxtal) zieht sich vom Passo del San Bernardino bis Arbedo etwas nördlich von Bellinzona herab, wo die Moesa in den Ticino mündet. Es gehört zum Kanton Graubünden, wird jedoch zur italienischen Schweiz gerechnet.

Valle Mesolcina erleben

AUSKUNFT
Ente Turistico Regionale del Moesano
6565 San Bernardino
Condominio Lumbreida
Casella postale 22
Tel. 091 832 12 14
www.visit-moesano.ch

ESSEN
Grotto Zendralli ⊜
Roveredo, San Fedee
Tel. 091 827 13 48, Mo. geschl.
Das etwas versteckt am Dorfrand gelegene Zendralli ist eine Institution: An lauen Sommerabenden versammelt sich hier das halbe Dorf zu einem guten Merlot und auf der Bocciabahn rollen die Kugeln. Unbedingt probieren: die Bündner Spezialitäten! Nach alter Misoxer Tradition werden Coppa, Rohschinken und Trockenfleisch wochenlang in eine Rotwein-Beize gelegt, ehe sie getrocknet werden.

Grotto De-Ritz ⊜
Lostallo, Tel. 091 830 13 88
www.grotto-de-ritz.ch, Mo. geschl.
Klassische Grottoküche mit der Hausspezialität Costine (Schweinsrippchen) und Grilladen. Dazu gibt es günstige Tagesmenüs, z. B. Ragout mit Polenta oder Risotto mit Saltimbocca. Das »schönste Grotto der Schweiz« (Eigenwerbung) befindet sich am Ende des Dorfs rechts, im Wald unter Kastanienbäumen.

ESSEN · ÜBERNACHTEN
Ristorante Albergo Groven ⊜ – ⊜⊜
Lostallo, Tel. 091 830 16 42
www.groven.ch
So.-Abend und Mo. geschl.
Alan Rosa führt das Restaurant Groven (das nach dem Hausberg von Lostallo benannt ist) in dritter Generation. Seine von der Jahreszeit abhängigen Menüs reichen von bodenständigen bis ausgeklügelten Gerichten. Mit 7 modernen Doppelzimmern.

Albergo-Ristorante La Cascata ⊜
Augio, Tel. 091 828 13 12
www.lacascata.ch
Der Prachtbau mit Blick auf den Wasserfall ist allein schon einen Abstecher ins Calancatal wert. Gebaut wurde das Haus mit schönen Deckenfresken und beeindruckendem Spiegelsaal im 19. Jh. als Sommersitz von Carlo Spadino, der in Paris als Glasfabrikant reich geworden war. Heute gehört das Hotel-Restaurant einer Stiftung, die es auch für kulturelle Veranstaltungen nutzt, u. a. für gastronomische Abende mit Musik und Lesungen.

Hotel Bellevue ⊜
San Bernardino, Tel. 091 832 11 26
www.bellevue-sanbernardino.ch
Stattliches, ca. 150 Jahre altes Berghotel im Ortszentrum, mit herrlichem Ausblick. Komfortable, mit viel Holz gestaltete Zimmer. Im netten Speisesaal wird schweizerisch-italienisch aufgetragen.

Der San-Bernardino-Pass, eine der Haupttransitstraßen der Alpen, ist seit je ein wichtiger Pass zwischen Bodensee und Tessin. Bekannt war er wohl schon in der Bronzezeit; die Römer nannten ihn »mons avium« (»Vogelberg«) und legten eine gepflasterte Straße an, von der noch Reste erhalten sind. Sein heutiger Name erinnert an den hl.

Bernardin von Siena, der zu Beginn des 15. Jh.s in der Gegend gepredigt haben soll. Damals wurde das Misox, die Landschaft südlich des Passes, von der Mailänder Familie Trivulzio beherrscht, die mehrere Wachttürme erbauen ließ, die u. a. in den Orten Norontola, Grono und Roveredo teilweise erhalten sind. So eindrucksvoll die Fahrt auf der alten Passstraße sein mag, die sich zwischen dem 3152 m hohen Zapporthorn im Westen und dem 2873 m hohen Pizzo Cavriola im Osten hinschlängelt, die meisten Reisenden ziehen die Fahrt durch den 1967 fertiggestellten, 6,6 km langen San-Bernardino-Tunnel vor.

ÜBER DEN SAN BERNARDINO NACH BELLINZONA

Bei Hinterrhein liegt das Nordportal des 1967 eröffneten San-Bernardino-Tunnels (Autobahn-Vignette erforderlich). Er ist 6,6 km lang und endet westlich des Dorfes San Bernardino.

Tunnel oder Passstraße

Die 1818 – 1823 gebaute **»Alte Straße«** über den Pass zweigt vor dem Nordportal des Tunnels von der A13 ab und steigt in Serpentinen (9 % Steigung) unter dem Mittaghorn an (herrliche Rückblicke auf das Rheinwaldtal und die Dreitausender). Nach 4 km passiert man das kahle Hochtal mit der Thälialp (1920 m). Das einfache Hospiz auf dem Pass in 2065 m Höhe entstand zeitgleich mit der Straße. Östlich ragt der spitze Pizzo Uccello (Vogelberg, 2716 m) auf, westlich das stumpfe Marscholhorn (2902 m), neben dem später das Zapporthorn erscheint. Die Straße führt um den Lago Moesola herum und entlang der Moësa durch eine Felslandschaft bergab. Das Panorama ist unvergesslich, besonders eindrucksvoll rechts der schroffe Pan de Zucchero (2601 m) und links rückwärts der Pizzo Uccello; östlich ragen Piz Lumbreida (2977 m) und Piz Curciusa (2875 m) auf.

San Bernardino (1607 m, 180 Einw.) ist ein **beliebter Ferienort**; Wander- und Spazierwege erschließen das parkartige Wald- und Wiesen-Hochtal. Eine Gondelbahn führt von der Alpe Fracch (1630 m) nach Confin (1950 m, Restaurant). Skilifte bis zu 2500 m, 40 km Pisten und 24 km Loipen stehen im Winter zur Verfügung. Im Sommer kann man auf einem 550 m langen Parcours zwischen den Bäumen oder bei einer Fahrt mit der 150 m langen Tyrolienne über den Isolasee seinen Mut testen. Apropos Wasser: Schon die Römer kannten das Mineralwasser von San Bernardino, davon zeugen einige römische Holztröge; bis heute wird das Wasser in Flaschen abgefüllt.

San Bernardino

Mesocco (Misox; 769 m, 1200 Einw.) ist der unansehnliche Hauptort des 42 km langen, gleichnamigen Tals der Moësa, die nordöstlich von Bellinzona in den Ticino mündet. Unterhalb des Orts thront auf einem Felsklotz die Ruine des ***Castello di Mesocco**, Stammburg der Grafen Sax von Misox (11. Jh.). Ende des 15. Jh.s verkauften die Gra-

*Mesocco

Immer noch imposant: die Ruine des Castello di Mesocco

fen von Misox das Tal einschließlich der Burg an die Mailänder Trivulzio, 1526 zerstörten die Bündner das Symbol der verhassten
Fremdherrschaft. Eindrucksvollster Rest der Burg, die einst eine der
mächtigsten Festungsbauten der Schweiz war, ist der romanische
Glockenturm (11. Jh.) der Kirche San Carpoforo, der einstigen Burgkapelle. Am Fuß der Burg steht die ebenfalls von einem romanischen
Kampanile überragte Kirche **Santa Maria del Castello**. Der mit einer bemalten Holzdecke versehene Innenraum weist an der Nordwand mehrere, auf das Jahr 1459 datierte Freskenzyklen auf, die zwei
aus Seregno stammenden Malern zugeschrieben werden. Das obere
Register zeigt eine eindrucksvolle Kreuzigung, das mittlere die Heiligen Georg, Martin und Michael (mit der Seelenwaage), darunter
simpel-realistische Monatsbilder.

Santa Maria del Castello: Besichtigung nach Anmeldung im Rathaus,
Tel. 091 822 91 40, oder mesocco@bluewin.ch

Soazza Talabwärts folgt auf einer von Kastanienwäldern umgebenen Anhöhe das hübsche Dorf Soazza. Die ortsbeherrschende Kirche **San
Martino**, an deren Fassade Renaissancefresken zu erkennen sind,
bildet zusammen mit der barocken **Cappella della Madonna Ad-
dolorata** einen malerischen Gebäudekomplex.

Von **Grono** führt eine schmale Straße ins schöne Calancatal, wohl die abgeschiedenste Ecke Graubündens. Granitbrüche und ein wenig Wandertourismus sind die Haupteinnahmequellen. Hauptort ist Arvigo (818 m), im stillen Bergdorf Rossa (1088 m) endet die Straße. Nur zu Fuß oder mit Seilbahnen von Arvigo und Selma gelangt man nach Braccio bzw. Landarenca, zwei auf sonnigen Terrassen gelegenen Bilderbuchdörfern. Neben den hübschen Dorfkirchen sind in den einzelnen Ortschaften auch die volkstümlichen Fresken aus dem 17. und 18. Jh. bemerkenswert, die an vielen Wohnhäusern zu finden sind. Das Bergdorf **Santa Maria in Calanca** auf dem Bergrücken zwischen dem Val Calanca und dem Valle Mesolcina wird von einem mittelalterlichen Turm überragt, der zu einer Burganlage des 13./14. Jh.s gehörte. Die Pfarrkirche Santa Maria Assunta etwas unterhalb des Burghügels besitzt eine schöne bemalte Kassettendecke aus der Renaissance und einen mit barocken Stuckaturen und Fresken geschmückten Chor. Der originale Hochaltar, von Ivo Striegel (1430 bis 1516) im Jahre 1512 konstruiert, wird seit 1887 im historischen Museum in Basel aufbewahrt. In **Bodio** bildet die kleine Barockkirche Madonna di Loreto ein malerisches Ensemble mit einem benachbarten Wohnhaus, das mit volkstümlichen Fresken des 18. Jh.s ausgeschmückt ist. Die Pfarrkirche Santa Domenica (17. Jh.) im gleichnamigen Dorf wird zu den schönsten, harmonischsten Graubündner Barockbauten gerechnet. Durch noch fast intakte Ortsbilder zeichnen sich auch die im Talschluss gelegenen Dörfer Augio und Rossa aus.

Abstecher ins Val Calanca

BAEDEKER TIPP !

Wandern auf höchstem Niveau

Zwischen dem Calancatal und dem Misox führt der **Sentiero Alpino** durch eine noch ganz ursprüngliche Landschaft. Auf der 50 km langen Route überquert man kühne Übergänge, genießt tolle Aussichten und Abkühlung an zahlreichen Bergseen. Für den gesamten Weg benötigt man drei, vier Tage; man kann aber auch nur einzelne Tagesetappen auswählen. Übernachtungsmöglichkeiten bieten die vier Berghütten Buffalora, Alp di Fora, Pian Grand und Ganan (www.sentiero-calanca.ch).

Roveredo, Hauptort des unteren Misox, besitzt schöne Wohnhäuser aus dem 17. Jh., darunter das Geburtshaus des Baumeisters **Enrico Zuccalli** (1642 – 1724), der in Bayern tätig war (z. B. Schloss Schleißheim, Theatinerkirche in München), und das Haus Gabrieli, das sich Gabriele de Gabrieli (1671 – 1747) umbaute; Gabrieli gestaltete ab 1715 das barocke Eichstätt. In der Pfarrkirche **San Giulio**, die sich im links der Moësa gelegenen Ortsteil erhebt, ist der Chor von Gerolamo Gorla mit Renaissancefresken (1545) ausgemalt worden. Ein mächtiger Barockbau ist die Kirche **Madonna del Ponte** Chiuso (oder Sant'Anna), die zusammen mit der Steinbrücke und einem alten Pilgerhospiz einen interessanten Gebäudekomplex bildet. In ▶Bellinzona endet die Route.

*Roveredo

* **Valle Onsernone**

✦ E/F 5

Die Hänge sind steil, die Palazzi wirken trutzig und die Straße windet sich um unzählige Kurven: Das Onsernonetal liegt nicht gerade auf dem Weg. Man muss dorthin wollen, aber es lohnt sich!

Schöne Sackgasse

Das Onsernonetal zweigt zwischen Cavigliano und Intragna vom ▶Centovalli ab. Knapp 25 km sind es vom Taleingang bis nach Spruga, dem letzten Dorf. Die 1849 erbaute »schmale, aber ordentliche Straße« mit ihren über 300 Kurven macht »nur Ausländern, insbesondere Holländern, Angst«, schrieb der Schweizer Schriftsteller **Max Frisch** (1911 – 1991), der 1962 von Zürich nach Berzona gezogen war, wo er bis zu seinem Tod lebte. »Siebenmal im Jahr fahren wir diese Strecke, und es tritt jedes Mal ein: Daseinslust am Steuer. Das ist eine große Landschaft!«

Tal der Extreme

Das schmale und waldreiche Onsernonetal zieht sich am Isornolauf aufwärts. Alle neun Dörfer liegen hoch über dem Fluss, auf der sonnigen linken Talseite. Zwischen den Dörfern trifft man immer wieder auf Bildstöcke mit Schutzheiligen. Dass mitunter auch der himmlische Beistand versagt, zeigte sich zuletzt im August 1978, als bei einem Unwetter fast alle Brücken fortgerissen wurden und das Tal von der Außenwelt abgeschnitten war. Rund 800 Einwohner zählt das Tal heute. Zur Blüte, um 1870, waren es noch 3470 Onsernonesi. Im 18. und 19. Jh. verdienten die meisten Einheimischen ihren Lebensunterhalt mit **Strohflechten**, ein Handwerk, das einst aus der Toskana den Weg ins Tessin gefunden hatte. Im Tal wurde überall Roggen und Weizen angebaut. Aus dem Stroh fertigten die Frauen Hüte, Zöpfe und Körbe. In einem Dokument von 1757 ist die Rede von 10 000 Strohhüten, die 44 Träger über den Saumweg aus dem Tal abtransportierten, um sie auf Märkten in Italien, Frankreich und der Westschweiz anzubieten. Heute ist das Altersheim in Russo der größte Arbeitgeber im Tal.

Auf den Spuren von Max Frisch

Das Haus liegt gut versteckt hinter Bäumen am Ortsrand von Berzona. Hier lebte Max Frisch 27 Jahre. Das Haus ist noch heute in Familienbesitz. Wer Frisch nahekommen möchte, unternimmt am besten seine Lieblingswanderung von Berzona über den Colmo-Berg zum Garina-Pass und hinunter nach Aurigeno im Maggiatal. Auf den »Spuren des Herrn Geiser« heißt ein 3,2 km langer Wanderweg, der an Frischs Protagonisten Herrn Geiser aus seiner Erzählung »Der Mensch erscheint im Holozän« erinnert. Er führt in knapp 2 Std. von Berzona über Sella nach Loco.

Im Tal wird deutlich, dass einige Familien im Ausland zu Wohlstand kamen und später wieder zurückgekehrt waren, darunter die Remonda (Carlo Remonda brachte es in Napoleons Diensten gar zum General), die um 1770 in Comologno u. a. den Palazzo della Barca bauten. Andere hübsche, mit Arkaden und Laubengängen recht städtisch wirkende Palazzi findet man auch in Loco oder Russo. Manchmal übernahmen die Auswanderer auch die Dekoration ihrer Heimatkirchen, so findet man in der Pfarrkirche von Loco ein Gemälde des flämischen Malers Godfried Maes (1649 – 1700), und in der Kirche von Monsogno ein Bild des französischen Malers Pierre Bergaigne (1652 – 1708). Etliche Auswanderer ließen sich nach ihrem Tod in der Heimat bestatten, ein besonders schönes Granitmausoleum der Familie Remonda befindet sich auf dem Friedhof von Comologno.

Spuren der Emigranten

Anfang des 20. Jh.s waren einige Persönlichkeiten und reiche Familien in das weltabgelegene Tal gekommen, darunter das Bohèmepaar Wladimir Rosenbaum und Aline Valangin. Ihr **Palazzo della Barca** diente während des Zweiten Weltkriegs vielen Künstlern und Antifaschisten als Zufluchtsort. Im Gästebuch finden sich die Namen von Kurt Tucholsky, Ignazio Silone, Hans Arp, Ernst Toller, Max Bill, Carl Gustav Jung und Meret Oppenheim. In Berzona ließen sich die Schriftsteller Max Frisch, Golo Mann und Alfred Andersch nieder.

Refugium für Künstler

Lange Holzbalkone – hier in Crana – sind typisch für das Onsernonetal.

Valle Onsernone erleben

AUSKUNFT

Ente Turistico Lago Maggiore
Infopoint Valle Onsernone
6661 Auressio
Tel. 091 797 10 00
www.ascona-locarno.com
www.onsernone.ch

ESSEN · ÜBERNACHTEN

Palazzo Gamboni / Osteria
Al Palazign ⊙ – ⊙⊙
Comologno, Tel. 091 780 60 09
www.palazzogamboni.ch
Der gut 250-jährige Palazzo Gamboni
gehörte einem im Ausland reich gewordenen Rückkehrer. Mit fünf, teils im Stil
französischer Herrrschaftshäuser möb-
lierten Zimmern. In der Osteria Al Palazign nebenan gibt es Menüs, die zur
Umgebung passen.

ÜBERNACHTEN

B & B Cas in Scima ⊙
Mosogno, Tel. 079 737 26 15
www.palazzobarione.ch
Der 1676 erbaute Palazzo, seit 2005
Gästehaus, liegt abgelegen auf einer
sonnigen Terrasse; von der Postautohal-
testelle Barione in Mosogno erreicht
man ihn auf einem gut ausgebauten,
beleuchteten Fußweg in zehn Minuten.

Casa Döbeli ⊙
Russo, Tel. 044 252 28 72
www.magnificasa.ch
Der Schweizer Heimatschutz hat dieses
Tessiner Bürgerhaus aus dem 17. Jh. in Ferienwohnungen umgewandelt. Benannt
ist es nach seinem letzten Bewohner, Markus Döbeli, einem Philosophen und Aussteiger. Das hohe und schmale Steinhaus
mit 6 Zimmern steht mitten im Dorf, quer
zum Hang in aussichtsreicher Lage.

SPORT

Auf unzähligen markierten Wegen lässt
sich die wildromantische Landschaft erkunden. Einen guten Überblick bietet
www.ti-sentieri.ch (hier Ort eingeben,
auf »Suchen« klicken und schon erscheinen Wandervorschläge). Traumhaft ist
ein Ausflug auf die **Alpe Salei**. Mit der
Seilbahn (Talstation außerhalb von Vergeletto) geht es hoch auf die Alm; von
hier erreicht man in 30 Min. den Bergsee
Laghetto dei Salei. Wer höher hinaus
möchte: vom 1899 m hohen Pizzo Zucchero sieht man an schönen Tagen bis
zum Lago Maggiore.
Badeplätze: Hinter Vergeletto verläuft
der **Fluss Ribo** ein Stück entlang der
Straße und bietet die eine oder andere
schöne Stelle für eine Abkühlung. In der
Nähe der Mühle von Loco (über die Brücke, dann bei der Hütte rechts hinauf)
bildet der **Bordione** eine nette Bade-
bucht. Der **Isorno** rauscht weit unten im
Talboden, von Comologno und Spruga
gibt es Wege hinunter an die Badestel-
len. Marmorbecken mit 28 °C warmem
Thermalwasser locken in den **Bagni di
Craveggia** (▶S.343).

EINKAUFEN

Der Belgier Thomas Lucas in Berzona
braut verschiedene Sorten der Marke
San-Rocco-Bier, darunter »Grand Cru«
und »La Bionda«. Bei Elena Bazzana im
Ristorante della Posta in Loco (Tel. 091
797 11 97) kann es gut temperiert probiert werden; einkaufen kann man es direkt bei Thomas Lucas (Tel. 079 822 56
34), bei der Touristeninformation in
Auressio oder im Atelier Pagliarte in
Berzona.
Im Atelier des **Künstlervereins Pagliarte**
(Tel. 091 797 10 22, www.pagliarte.ch)

in Berzona wird die **Tradition des Stroh-handwerks** gepflegt. Hier entstehen u. a. moderne Hüte, Tischsets, Handyhüllen und Stühle. In der restaurierten Mühle am Bordione, ganz in der Nähe, mahlt der Müller Marco Morgantini geröstete Maiskörner zur lokalen Spezialität **Farina bóna** (Tel. 091 796 29 67, www.farina bona.ch). Das feine Mehl mit leicht rau-chigem Geschmack wird zum Würzen verwendet; eine Spezialität sind die Gela-ti Farina bóna, die an Haselnussglacé er-innern. Aus dem Mehl werden auch Teig-waren, der Brotaufstrich Bonella und weitere Leckereien hergestellt. In Spruga verkaufen Heidi und Basil Sauter ihren **Biohonig und Honigwein** (Tel. 091 797 17 72, www.biobienenhonig.ch).

Frisch beschrieb sein Haus als »außerhalb von allem«. Wer durch das Dorf spaziert, merkt rasch, was er damit gemeint hat. Straßen gibt es keine, nur schmale Treppen zwischen den Häusern und eine atem-beraubende Aussicht. In der Erzählung »Der Mensch erscheint im Holozän« schreibt Frisch: »Wo das Gemäuer besonnt ist, wimmelt es von Eidechsen, sie sonnen sich auf dem steinernen Fenstersims oder huschen lautlos an der Hausmauer hinauf und hinunter. Manchmal ist eine Motorsäge zu hören, das schrille Kreischen, wenn die Säge sich in den Stamm frisst.« So tönt es auch heute noch in diesem Tal, dessen steile Flanken von riesigen Waldflächen bedeckt sind.

VON AURESSIO BIS SPRUGA

Nach dem Dorf Auressio mit engen, verwinkelten Gassen und der barocken Pfarrkirche **Sant'Antonio Abate** führt die Straße in das Dorf Loco (260 Einw.). Unterwegs passiert man auf der rechten Tal-flanke eines der größten Waldreservate der Schweiz, auf der gegen-überliegenden, sonnigeren Talflanke eine Folge von mit Trocken-steinmauern befestigten Terrassen (allein um Loco in einer Gesamtlänge von 25 km). In **Loco** sind die 1228 erstmals erwähnte, vermutlich Anfang des 16. Jh.s erneuerte Kirche **San Remigio** und das **Talmuseum** einen Besuch wert. Das Museum in der 1821 erbau-ten Casa Degiorgi informiert über die Geschichte des Tals, die Stroh-flechterei und über andere Alltagsthemen. Ein wenig außerhalb des Dorfs, am Bergbach Bordione, steht eine liebevoll restaurierte Müh-le aus dem 18. Jahrhundert. Mit der Mühle von Vergeletto ist sie ein lebendiges Zeugnis der Müllereitradition im Tal: Ende des 19. Jh.s waren im Onsernonetal 27 Mühlen in Betrieb, heute sind die meisten verschwunden oder nicht mehr funktionstüchtig.

Auressio, Loco

Museo Onsernonese: April – Juni Mi., Do., Sa., So. 14.00 – 17.00, Juli bis Okt. Mi. – So. 14.00 – 17.00 Uhr, Eintritt 3/5 CHF, www.onsernone.ch

Mühle: April – Okt. Do. 14.00 – 17.00, Sa., So. auch 10.00 – 12.00 Uhr, www.farinabona.ch

Berzona Kurz hinter Loco zweigt eine Straße rechts nach Berzona ab. »Das Dorf, wenige Kilometer von der Grenze entfernt, hat 82 Einwohner, die Italienisch sprechen: kein Ristorante, nicht einmal eine Bar, da es nicht an der Talstraße liegt, sondern abseits.« So beschrieb Max Frisch Berzona 1966 in seinem Tagebuch. Viel hat sich seitdem nicht geändert. Kleine, durch Treppen und Übergänge miteinander verbundene Häuser mit schmalen Balkons und kleinen Gärten ziehen sich den Hang hoch. Außer Frisch lebten auch Golo Mann und Alfred Andersch in dem »Literatendorf«. Andersch und seine Frau Gisela sind auf dem örtlichen Friedhof bestattet. Eine Gedenktafel erinnert an Max Frisch, dessen Asche 1991 im Tal in den Wind gestreut wurde.

Russo In Russo, etwa 4 km westlich von Loco, prallen architektonische Gegensätze aufeinander: hier die barocke Pfarrkirche **Santa Maria Assunta** mit flacher Kassettendecke, unterhalb der Straße das **Centro Sociale Onsernonese**, das – 1989 von den Architekten Franco und Paolo Moro entworfen – wieder einmal ein Beispiel dafür ist, wie weit die zeitgenössische Tessiner Architektur mit ihren Bauten bis in die verlassensten Täler vordringt. Die spätbarocken Arkaden der **Casa Bezzola** am Hauptplatz sind wiederum Zeugen vergangener Baukunst.

Nationalpark- pläne Zwischen Russo und Spruga erstreckt sich eines der größten Waldreservate der Schweiz. Erklärungen zu Fauna und Flora sowie Auskunft über geführte Touren gibt es im Talmuseum in Loco (▶S. 341). Das Onsernonetal spielt auch eine wichtige Rolle beim geplanten Nationalpark Locarnese (▶S. 169).

Valle di Vergeletto Hinter Russo zweigt das Valle di Vergeletto, das unberührt gebliebene, düstere Tal des Ribo, in nordwestlicher Richtung vom Onsernonetal ab. Besonders ungünstige Lebensbedingungen zwangen einst die Männer des Tals, sich vorzugsweise als Kaminfeger in Italien zu verdingen. Der Hauptort **Vergeletto** besitzt eine barocke Kirche, eine alte Mühle am Fluss sowie eine Steinbogenbrücke über den Ribo. Doch es sind nicht Kirchen, Brücken oder Mühlen, die einen Besuch des Valle di Vergeletto nahe legen, sondern vorzügliche Wandermöglichkeiten in ursprünglicher Natur. Von April bis Ende Oktober verkehrt eine Seilbahn zwischen Vergeletto und Salei.

Comologno Auf der Straße durch das Valle Onsernone weiter aufwärts gelangt man, mit vielen Kehren und Kurven, über Crana nach Comologno, das mit seinen etwa 200 Einwohnern in 1113 m Höhe liegt. Überraschend sind hier, in dieser abgelegenen Gegend, mehrere prachtvolle Palazzi. Sie waren im 18. Jh. von der in Frankreich reich gewordenen, einheimischen Familie Remonda errichtet worden. Hier steht auch **»La Barca«** (das Schiff) Der Name erinnert an ein Mitglied der Fa-

Max Frisch bezeichnete das Valle Onsernone als »schwarzes Tal«. Und tatsächlich: Es präsentiert sich bisweilen sehr düster.

milie Remonda, das im 18. Jh. ausgewandert war und an der Pariser Börse ein verschollen geglaubtes Handelsschiff ersteigerte, das dann doch noch voll beladen mit Seide eintraf. Mit dem Verkauf der Stoffe machte er einen großen Gewinn und ließ sich u. a. den Palazzo Barca in seinem Heimatdorf erbauen. Im 20. Jh. war La Barca dann das Wohnhaus von Vladimir Rosenbaum und Aline Valangin. Einen beachtlichen Gebäudekomplex am steilen Berghang bilden auch die barocke Pfarrkirche **San Giovanni Battista**, der Kirchenvorplatz mit Beinhaus und Säule sowie der Friedhof und die auf Geländeterrassen angeordneten Kreuzwegstationen. Die Kapellen der Via Crucis sind 1952 von Tessiner Künstlern, darunter Pietro Salati und Emilio Maria Beretta, mit Fresken ausgeschmückt worden. Andere moderne Wandmalereien findet man beim Rundgang durch das hübsche Dörfchen.

Nach 1 km endet die Fahrstraße bei Spruga, dem letzten Dorf im Onsernonetal. Von Spruga führt ein Fußweg westwärts zum imposanten Talschluss und zur schweizerisch-italienischen Grenze, wo eine Brücke zu den **Bagni di Craveggia** führt. Das Kurbad wurde 1951 von einer Lawine zerstört, den Rest besorgte ein Unwetter 1978. Der Thermalbetrieb um ein vierstöckiges Hotel war 1823 aufgenommen worden. Im Erdgeschoss luden sechzehn Marmorwannen zu einem Bad in **28 °C warmem, magnesiumhaltigen Wasser** ein. 2001 wurde das baufällige Gewölbe gesichert, sodass Wanderer heute wie damals ein Bad in den Wannen nehmen können.

Spruga, Bagni di Craveggia

PRAKTISCHE INFORMATIONEN

Was muss man bei der Ein- und Ausreise beachten?
Wie schnell darf man auf Schweizer Straßen fahren?
Lesetipps rund um das Tessin. Wichtiges und Wissens-
wertes für eine angenehme und sichere Reise.

Anreise · Reiseplanung

Die Gotthard-Route, der kürzeste Weg über die Alpen, führt durch das Tessin. Entsprechend gut ist der südlichste Kanton der Schweiz seit jeher in das internationale Verkehrsnetz eingebunden. Wo früher die Via delle Genti, der »Völkerweg«, verlief, verbinden heute drei Verkehrsstränge den Norden mit dem Süden Europas: die Eisenbahnstrecke, die Autobahn sowie die Kantonsstraße.

> **Telefonnummern**
> Gebührenpflichtige Service-Telefonnummern sind mit einem Stern gekennzeichnet: *0900 …

MIT DEM EIGENEN FAHRZEUG

Vignette Zum Befahren der Schweizer Autobahnen und autobahnähnlichen Straßen mit grün-weißer Beschilderung, auch für den St.-Gotthard-Straßentunnel und die Autobahnzufahrt zum San-Bernardino-Tunnel, ist eine Schweizer Autobahnvignette erforderlich (für die Tunnels sind keine zusätzlichen Gebühren fällig; Informationen über Preis und Bezug ▶Verkehr, S. 368).

Autobahn A 2 (Gotthard) Reisende aus der Deutschschweiz und dem Westen Deutschlands gelangen am schnellsten über die A 2 und den 17 km langen Gotthard-Straßentunnel ins Tessin. Allerdings ist der meistbefahrene Alpenkorridor staugefährdet; vor allem während der Hauptreisezeit im Juni und Juli stauen sich die Autos und Lastwagen jeweils vor dem Nord- und Südportal des Gotthard-Straßentunnels in Göschenen bzw. Airolo. Infos: www.gotthard-strassentunnel.ch

Autobahn A 13 (San Bernardino) Für Anreisende aus Bayern, den neuen Bundesländern und Österreich führt die günstigste Reiseroute über Bregenz, Chur und den San-Bernardino-Tunnel nach Bellinzona. Diese Anfahrtsvariante bietet die Möglichkeit, die verkehrsreiche St.-Gotthard-Route östlich zu umfahren.

Alpenpässe Sowohl der Gotthard- als auch der San-Bernardino-Tunnel sind bloß zweispurig. So kommt es vor allem während der Hauptreisezeit im Sommer immer wieder zu kilometerlangen Staus vor den Tunnelportalen. Aus Sicherheitsgründen wird die Tunnelkapazität auf tausend Fahrzeuge pro Stunde begrenzt, wobei ein Lastwagen drei Pkw entspricht. Als Alternative zum Staustehen bieten sich Fahrten über die Alpenpässe an, namentlich Lukmanier, Gotthardpass oder Grimsel und Nufenen. Diese Straßen sind ebenso kurven- wie erlebnisreich. Wer sie nach dem Motto »Der Weg ist das Ziel« zurücklegt, kommt vielleicht mit etwas Verzögerung, aber einer Fülle von Eindrücken im Tessin an.

◄Baden im Maggiatal

MIT FLUGZEUG, BUS UND BAHN

Mit einem Passagieraufkommen von knapp 400 000 Personen hatte der Lugano Airport, der einzige internationale Flughafen im Tessin in Agno, 6 km außerhalb des Stadtzentrums, Mitte der 1990er-Jahre seine erfolgreichste Zeit. 2013 wurden nur noch 142 570 Passagiere gezählt. Die meisten flogen mit der Tessiner Fluggesellschaft Darwin, die Lugano-Agno mehrmals täglich mit den beiden Schweizer Flughäfen Zürich und Genf verbindet (der Flug von Zürich nach Lugano dauert 40 Min.). Von fast allen deutschen Flughäfen kann Lugano täglich über Zürich erreicht werden. Ausgangsflughäfen in Österreich sind Graz, Salzburg und Wien. Zwischen dem Lugano Airport und dem Stadtzentrum verkehrt ein Shuttlebus. Alternativ bietet sich die Anreise über den Mailänder Flughafen Malpensa an. Ein Shuttlebus bringt die Reisenden mehrmals täglich von Malpensa nach Lugano (ca. 1 Std. Fahrtdauer); eine Bahnverbindung von Malpensa über Varese und Mendrisio nach Lugano ist im Bau und soll 2016 fertiggestellt werden.

Mit dem Flugzeug

Eurocity-, Intercity- und ICE-Züge verbinden zahlreiche europäische Städte mit der Schweiz. Von Basel und Zürich aus verkehren Züge im Stundentakt durch den Gotthard. Die Fahrzeit zwischen Zürich und Bellinzona beträgt gut zwei Stunden. Von Bellinzona aus fahren die meisten Züge nach Lugano und Mailand weiter; darüber hinaus gibt es Anschlüsse nach Locarno. Neuerdings fahren auch Fernbusse durch das Tessin. Das Unternehmen »meinfernbus.de« beispielsweise macht auf der Fahrt von München nach Mailand in Bellinzona und Lugano Halt. Die Tickets sind wesentlich niedriger als diejenigen von SBB und DB. Das S-Bahn-Netz im Tessin ist gut ausgebaut. Zwischen Chiasso, Lugano, Bellinzona und Locarno verkehren TILO-Züge im 20-Minuten-Takt.

Mit Bahn und Fernbus

PANORAMASTRECKEN

Einige der Bahnstrecken führen durch landschaftlich ausgesprochen schöne Gebiete und/oder gar als touristische Ausflugszüge in und durch das Tessin. Auskünfte erteilen Schweiz Tourismus, die SBB und Reisebüros.

Route: Chur/Landquart – St. Moritz – Bernina – Poschiavo – Tirano (im Sommer geht es mit dem Bus weiter an den Comersee und über Menaggio nach Lugano) oder in umgekehrter Richtung. Streckenlänge: 145 km; Fahrtdauer: 4,5 Stunden.
Der Berninaexpress fährt auf Europas höchster, zwischen 1894 und 1908 erbauter Bahnstrecke. Es beginnt mit einer der schönsten Strecken (Chur – St. Moritz) des berühmten Glacier-Express – der Ab-

Bernina-express

schnitt der Albulastrecke wurde 2008 von der UNESCO in die Liste des Weltkulturerbes aufgenommen –, dann geht es über den Bernina-pass, mit 7 % Steigung die steilste Bahnstrecke der Welt ohne Zahnrad. An schönen Sommertagen im Juli und August kann man in bestimm-ten Zügen mit offenem Panoramawagen fahren. Infos: www.rhb.ch

AUTOVERLADUNG
Lötschberg
Verladebahnhöfe:
Kandersteg und Goppenstein/Brig
(Fahrzeit: ca. 15 Min.)
Auskunft: Tel. *0900 55 33 33
www.bls.ch

Lötschberg–Simplon
Verladebahnhöfe:
Kandersteg und Iselle di Trasquera in
Italien
(Fahrzeit: 1 Std.; reservierungspflichtig)
Auskunft: Tel. 058 327 41 50
www.bls.ch

Oberalp
Verladebahnhöfe:
Andermatt und Sedrun
(Fahrzeit: 1 Std.; reservierungspflichtig)
Auskunft: Tel. 027 927 77 07
www.matterhorngotthardbahn.ch

PASSSTRASSEN
Lukmanier
Höhe: 1916 m
befahrbar: ganzjährig

Nufenen
Höhe: 2478 m
befahrbar: Juni–Okt.

Oberalp
Höhe: 2044 m
befahrbar: Mai–Nov.

San Bernardino
Höhe: 2065 m
befahrbar: Mai–Nov. (Tunnel ganzjährig)

St. Gotthard
Höhe: 2108 m
befahrbar: Juni–Nov.
(Tunnel ganzjährig)

Simplon
Höhe: 2006 m
befahrbar: ganzjährig

BAHN
Schweizerische Bundesbahnen
Rail Service
Tel. *0900 300 300
www.sbb.ch

Treni Regionali Ticino Lombardia (TILO)
Bellinzona, Tel. 0512 27 65 42
www.tilo.ch

Deutsche Bundesbahn
DB ReiseService Fahrplanauskunft
(gebührenfrei): Tel. 01805 99 66 33
Beratung und Buchung (gebührenpflichtig): Tel. *11861
www.bahn.de

Österreichische Bundesbahnen
Callcenter: Tel. *051717
www.oebb.at

FLUGHAFEN
Lugano Airport
Tel. 091 610 12 82
www.lugano-airport.ch

Milano Malpensa
Tel. 0039 02 232323
www.seamilano.eu

Ab Basel und Bern gelangt man mit der Bahn über Lötschberg und Simplon nach Domodossola (Italien). Von dort fährt die Centovallibahn nach Locarno am Lago Maggiore. Die üppige Vegetation im Wandel der Jahreszeiten, wilde Landschaften mit tiefen Schluchten und stiebenden Wasserfällen im Wechsel mit Weinbergen, Kastanienwäldern und verträumten Dörfern machen diese Reise zu einem unvergesslichen Erlebnis. Seit 2007 sind auch klimatisierte Panoramazüge im Einsatz. Infos: www.centovalli.ch

Centovalli-bahn

Route: Luzern – Vierwaldstätter See – St. Gotthard – Locarno oder Lugano. Der Wilhelm-Tell-Express verbindet von Mai bis Oktober zwei der attraktivsten Gegenden der Schweiz: die Zentralschweiz und das Tessin. An Bord eines stilecht renovierten Nostalgie-Raddampfers führt die Reise zunächst von Luzern aus in rund 3 Std. über den Vierwaldstätter See nach Flüelen (im Salon des Schiffs wird ein 3-Gänge-Menü serviert). Während der Fahrt mit dem Schiff wird die Strecke in mehreren Sprachen erklärt. Herzstück der Reise ist die Fahrt auf der Linie der Gotthardbahn: Die Bahnfahrt im Großraumsalon oder Panoramawagen der SBB führt durch das beeindruckende Gotthardmassiv bis zu den Städten Locarno oder Lugano. Der Ausflug mit dem Wilhelm-Tell-Express lässt sich mit weiteren Fahrten kombinieren. Wegen begrenzter Platzzahl sollten Reservierungen und Buchungen rechtzeitig vorgenommen werden. Nähere Informationen: www.sbb.ch/tellexpress

Wilhelm-Tell-Express

Von den Gletschern bis zu den Palmen mit dem Postauto: Eine kontrastreiche Reise vom Champagnerklima in St. Moritz über den Malojapass und den Comersee ins mondäne Lugano verspricht diese Fahrt mit dem Schweizer Postbus. Dauer: etwa 3 Std. 45 Minuten. Infos: www.postauto.ch/alpen

Palmexpress

EIN- UND AUSREISEBESTIMMUNGEN

Seit dem Beitritt der Schweiz zum Schengener Abkommen gibt es keine Personenkontrollen mehr, wohl aber Zollkontrollen (▶unten). Österreichische und deutsche Bürger benötigen für eine Einreise in die Schweiz (bei einem bis zu dreimonatigen Aufenthalt) einen Personalausweis oder Reisepass. Kinder brauchen ein eigenes Dokument: von 0 bis 12 Jahren einen Kinderreisepass, anschließend einen Reisepass oder einen Personalausweis.

Personal-papiere

Nationaler Führerschein und Kraftfahrzeugschein sind mitzuführen; die grüne Internationale Versicherungskarte ist ratsam (die Kfz-Haftpflichtversicherung ist vorgeschrieben). Kraftfahrzeuge ohne EU-Nummernschild müssen das ovale Nationalitätskennzeichen tragen.

Fahrzeug-papiere

Tiere | Haustiere wie Hund oder Katze müssen mit einem Mikrochip gekennzeichnet sein, vorgeschrieben ist auch der EU-Heimtierausweis. Er enthält ein Tollwutimpfzeugnis, die Impfung muss mindestens 21 Tage zurückliegen.

Verlust von Papieren | Bei einem Verlust von Papieren sind Fotokopien sehr hilfreich, um der Polizei Meldung zu machen und beim Konsulat provisorische Papiere zu bekommen. Die Kopien sind getrennt von den Dokumenten aufzubewahren. Es ist auch sinnvoll, einen Satz Kopien bei einer Vertrauensperson zu Hause zu deponieren.

Zollbestimmungen | Für eine problemlose Wiedereinfuhr wertvoller neuwertiger Gegenstände sollte man sich bei der Ausreise aus Deutschland einen »Nämlichkeitsausweis« ausstellen lassen, Österreich empfiehlt die Mitnahme von Kaufbelegen. **In die Schweiz** können Gegenstände für den eigenen täglichen Bedarf sowie touristische Ausrüstung zollfrei eingeführt werden. Abgabenfrei für Personen ab 17 Jahren sind 250 Zigaretten oder Zigarren respektive 250 g Tabak, an alkoholischen Getränken 5 Liter mit bis zu 18 Vol.-% Alkohol. Überschreitet der Gesamtwert der Waren 300 CHF, sind alle abgabenpflichtig. Für Lebensmittel, besonders Fleisch, bestehen eigene Vorschriften. Weitere Auskunft bei der Eidgenössischen Oberzolldirektion (www.ezv.admin.ch, Tel. 031 322 65 11).

Bei der Ausreise bzw. **Wiedereinreise nach Deutschland oder Österreich** sind pro Person Waren bis 300 € Gesamtwert (für Flugreisende 430 €) zollfrei, für Personen unter 15 Jahren bis 175 €; ferner für Personen über 17 Jahren 200 Zigaretten oder 100 Zigarillos oder 50 Zigarren oder 250 g Tabak sowie 1 Liter Spirituosen über 22 Vol.-% Alkohol oder 2 Liter Schaumwein und 2 Liter Wein. Weitere Infos: www.zoll.de bzw. www.bmf.gv.at./zoll

Devisen | In- und ausländische Zahlungsmittel dürfen in unbeschränkter Höhe ein- und ausgeführt werden. Bargeld und übertragbare Wertpapiere (z. B. Schecks) ab 10 000 € Gesamtwert müssen bei der Einfuhr in ein EU-Land ohne Aufforderung deklariert werden.

Auskunft

Schweiz Tourismus | Schweiz Tourismus, die Tourismusorganisation der Eidgenossenschaft, unterhält ein ausgezeichnetes Informationssystem. Dazu gehört ein Call Center, das weltweit gebührenfrei Auskunft erteilt, Prospekte versendet und über das **Switzerland Travel Center** (STC) Buchungen für Verkehrsmittel, Hotels etc. tätigt: www-stc-ch, Tel. Schweiz: 0848 858 757, Ausland 0041 43 210 55 00 (Mo. – Fr.).

Reichhaltiges Material hält auch das kantonale Tourismusbüro Ticino Turismo bereit. Touristisch ist der Kanton **in vier Regionen** unterteilt: Ente Turistico del Mendrisiotto e Basso Ceresio, Ente Turistico del Luganese, Ente Turistico del Locarnese sowie das Ente Turistico del Bellinzonese e Alto Ticino. Diese vier Organisationen verfügen über zahlreiche sogenannte **Infopoints** in den Dörfern und Tälern. Ihre Adressen sind unter ▶Reiseziele von A bis Z aufgeführt.

Ticino
Turismo

Das Internet ist eine der wichtigsten Quellen für Informationen aller Art. Im Kapitel »Reiseziele von A bis Z« sind die wichtigen Adressen mit lokalem Bezug genannt. Weitere interessante Websites ▶S. 352

Tessin im
Internet

Schweiz Tourismus, Ticino Turismo und die regionalen Tourismusbüros bieten diverse **Info-Apps** an. Empfehlenswert ist die **App Ticino** mit u. a. einer 3-Tages-Wetterprognose, Informationen über Unterkünfte und Veranstaltungen sowie eine Kartenansicht mit einer »Around me«-Funktion. Lugano bietet die offline nutzbare **App Lugano City Guide** mit den wichtigsten Informationen rund um Lugano. Schweiz Tourismus hat eine kostenlose **Hotel-App** »Best Swiss Hotels«; unter den 400 ausgewählten Häusern befinden sich auch Tessiner Hotels. Die **App Rega** kann in Notsituationen in den Bergen lebensrettend sein. Im Ernstfall übermittelt sie Daten und den exakten Standort des Anrufers an die Rettungsflugwacht (Rega), die alles weitere koordiniert.

Apps

SCHWEIZ TOURISMUS
In Deutschland
60311 Frankfurt a. M.
Rossmarkt 23

In Österreich
1040 Wien
Schwindgasse 20

In der Schweiz
8027 Zürich, Tödistrasse 7
Postfach 695

Call Center
Europaweit und gratis:
Tel. 00800 100 200 29
www.myswitzerland.com

TICINO TURISMO
6501 Bellinzona
Via C. Ghiringhelli 7

Tel. 091 825 70 56
info@ticino.ch
www.ticino.ch

BOTSCHAFTEN DER SCHWEIZ
In Deutschland
10557 Berlin
Otto-von-Bismarck-Allee 4 A
Tel. 030 3 90 40 00
ber.vertretung@eda.admin.ch

In Österreich
1010 Wien, Kärntner Ring 12
Tel. 01795050
vie.vertretung@eda.admin.ch

BOTSCHAFTEN IN DER SCHWEIZ
Deutsche Botschaft
3006 Bern, Willadingweg 83
Tel. 031 359 41 11
www.bern.diplo.de

Österreichische Botschaft
3005 Bern
Kirchenfeldstrasse 77/79
Tel. 031 356 52 52
www.bmeia.gv.at/botschaft/bern

INTERNET

www.ticino.ch
Das offizielle Tourismus-Portal des Kantons informiert über alles: Orte und Regionen, Sehenswürdigkeiten, Touren, Veranstaltungen, Hotels, Schneeverhältnisse, Öffnungszeiten der Badeanstalten, Wetter u.v.m., mit unzähligen Links.

www.ticinoweekend.ch
Die Redaktion der deutschsprachigen »Tessiner Zeitung« gibt Auskunft zu Veranstaltungen und Ausflugsmöglichkeiten.

www.ferienimtessin.de
Großes Angebot an Ferienhäusern und -wohnungen sowie Ausflugstipps. Dazu Informationen zu Architektur, Kultur, Wandern und Sport.
Einen ähnlichen Service bietet die Seite www.fewotessin.ch.

www.tio.ch
Die virtuelle Piazza des Kantons: Hier kommentieren und diskutieren die Tessiner die News des Tages; außerdem reichhaltiger Veranstaltungskalender sowie zahlreiche Tipps und Links zu touristischen Attraktionen und Freizeitmöglich-keiten. Italienischkenntnisse sind von Vorteil, wenn man erfahren will, was im Tessin los ist.

www.tessin.ch
Infos über Ferienhäuser, Veranstaltungen bis zu Fahrplänen von Zügen und Seilbahnen

www.grotticino.ch
Weit über hundert Lokale mit Hinweisen zur Anfahrt

www.ciaolagomaggiore.com
Portal mit großem Übernachtungsangebot sowie zahlreichen Ausflugstipps rund um den Lago Maggiore, auch auf italienischer Seite des Sees

www.wandersite.ch
Hervorragende Website mit detaillierten Infos zu zahlreichen Wandertouren. Thematisch ähnlich ist die Seite www.ti-sentieri.ch.

www.tourenguide.ch
Plattform für Sommer- und Winterwanderungen sowie Radtouren

www.veloland.ch
Alles zum Thema Radfahren

www.meteo.ch
Informationen zum Wetter mit 7-Tages-Vorhersage

Elektrizität

Die Netzspannung beträgt 220 Volt Wechselstrom. Die dünnen Kontakte der Eurostecker passen in Schweizer Steckdosen, die dicken der normalen Schukostecker nicht. Adapter (adattatore) gibt es im Fachhandel, auch in einigen Hotels zum Ausleihen.

Etikette

In Restaurants und Hotels ist der Service inbegriffen, dennoch ist es üblich, gute Bedienung mit einem Trinkgeld (mancia) zu belohnen. In Restaurants und im Taxi rundet man den Betrag auf. In Hotels erhalten Kofferträger 1 – 2 CHF pro Gepäckstück, Zimmermädchen dieselbe Summe pro Tag.

Trinkgeld

Im Tessin besteht seit 2007 Rauchverbot in Gaststätten und Kasinos. Im Freien ist das Rauchen erlaubt; findet man hier jedoch keinen Aschenbecher auf dem Tisch vor, sollte man ggf. nachfragen.

Rauchverbot

Kleider machen Leute! Beim Wandern wird man bequeme, lockere Kleidung bevorzugen, beim Spaziergang am See darf es dann schon etwas feiner sein, und zum großen Dinner gehört ein »großer Auftritt«! Generell ist die Nähe zu Italien und zur Modestadt Mailand sicht- und spürbar, man legt in der Regel Wert auf eine angemessene Kleidung. Allzu leger gekleidete Touristen riskieren daher schon mal ein Nasenrümpfen.

Dresscode

Oft hört man, wie in Läden oder Restaurants ohne vorherige Rückfrage direkt auf Deutsch gefragt oder bestellt wird. Auf solch schnoddriges Nichtbeachten ihrer Sprache reagieren viele Tessiner allergisch. Mit einem höflichen »Lei parla tedesco?« (»Sprechen Sie deutsch?«) öffnen Sie viele Türen. Die meisten Tessiner verstehen Deutsch und sind hilfsbereit, wenn sich jemand nicht auf Italienisch verständigen kann.

Man spricht Deutsch

Geld

Die Währung in der Schweiz und im Fürstentum Liechtenstein ist der Schweizer Franken (franco svizzero; CHF/sfr; 1 CHF = 100 Rappen). Es gibt Banknoten zu 10, 20, 50, 100, 200 und 1000 Franken, Münzen zu 1, 2 und 5 Franken sowie zu 5, 10, 20 und 50 Rappen (centesimi).

Währung

1 CHF entspricht ca. 0,93 €, 1 € ca. 1,07 CHF.
An Geldautomaten (bancomat) kann man mit Bank- und Kreditkarten (mit Geheimnummer) Geld abheben. Die meisten Hotels, Restaurants, Geschäfte und Verkehrsbetriebe akzeptieren auch den Euro (der Restbetrag wird allerdings meist in Franken ausbezahlt). Die Bankkarten-Gebühren beim Direkt-Bezahlen sind fair (ca. 2 %), am Automaten abheben kostet meist ein wenig mehr. Geld tauschen kann man – außer in Banken – in Bahnhöfen und Geldwechselstuben (uf-

Geldgeschäfte

ficio cambio), die vor allem in Grenznähe zahlreich vorhanden sind. Getauscht wird dort zum Tageskurs, jedoch mit unterschiedlichen Gebühren. In größeren Städten haben die Banken in der Regel Mo. – Fr. zwischen 8.30 und 16.00/17.00 Uhr geöffnet, einige Banken auch durchgehend. In Wechselstuben und an größeren Bahnhöfen kann man zwischen 5.30/6.00 und 21.00 Uhr Devisen eintauschen.

Gesundheit

Apotheken, Ärzte, Kliniken

Apotheken sind i. A. Mo.– Fr. 8.00 –12.00, 13.30 –18.30, Sa. bis 17.00 Uhr geöffnet. Außerhalb dieser Zeiten geöffnete Apotheken (farmacia di turno) werden als Aushang bei den anderen Apotheken und in den Tageszeitungen genannt. Adressen von Ärzten und Kliniken (ospedale) findet man in den örtlichen Telefonbüchern. Wegweiser zu den Krankenhäusern sind mit einem »H« gekennzeichnet. Notrufe ▶ dort

Kranken- versicherung

Versicherte gesetzlicher Krankenkassen haben Anspruch auf kostenfreie Behandlung nach Schweizer Recht, jedoch nur bei Notfällen und chronischen Krankheiten. Zahnärztliche Behandlungen müssen selbst bezahlt werden. Als Anspruchsnachweis ist beim Arzt/Krankenhaus die Europäische Krankenversicherungskarte (EHIC) vorzulegen. Wenn Arzt/Krankenhaus eine Bezahlung verlangen, lassen Sie sich eine Rechnung mit genauer Leistungsbeschreibung geben, die Sie Ihrer Krankenkasse vorlegen. Verordnete Medikamente müssen meist bezahlt werden, auch diese Rechnungen reichen Sie ein. Da Behandlungen immer mit mehr oder minder hohen Kosten verbunden sind und ein Rücktransport nicht erstattet wird, ist der Abschluss einer Auslandsreise-Krankenversicherung dringend geboten. **Privat Versicherte** sollten sich unbedingt über die Konditionen bei Schweiz-Reisen informieren und ggf. ebenfalls eine Reisekrankenversicherung abschließen.

Hitze

Im Hochsommer herrscht im Tessin oft Hitze- und Ozonalarm. Die Behörden raten dann davon ab, über die Mittagszeit Sport zu treiben oder sich körperlich anzustrengen. Wichtig ist, dass man viel trinkt und sich möglichst im Schatten aufhält.

Literaturempfehlungen

In den vergangenen Jahrzehnten machten viele prominente Gäste das Tessin zu ihrem zeitweiligen oder ständigen Wohnsitz. Darunter befanden sich zahlreiche Literaten, die ihre Gedanken niederschrieben, darunter Gräfin Franziska zu Reventlow, Erich Mühsam, Emmy Ball-Hennings, Erich Maria Remarque, Hermann Hesse, Max Frisch, Alfred Andersch und die amerikanische Schriftstellerin Patricia Highsmith. Auch der schwedische Autor Jonas Jonasson verfasste seinen 2009 erschienenen Bestseller über den »Hundertjährigen, der aus dem Fenster stieg und verschwand« im Tessin.

Ramlow, Uwe: Tessin: Ein Reisebegleiter, Insel Verlag, Frankfurt/Main 2005. Kein Reiseführer, sondern ein Reisebegleiter. Die verschiedenen Tessiner Orte werden mittels literarischer Anekdoten beleuchtet. Dabei stehen deutschsprachige Autoren klar im Zentrum.

Literarische Reisebegleiter

Hempel, Mirjam: Kompass Wanderführer Tessin (Kompass Karte Nr. 997). 50 Wandervorschläge, vom Spaziergang bis zur zünftigen Bergtour. Die Touren sind nach ihrer Schwierigkeit gekennzeichnet und mit Profilskizzen versehen, an denen der zu überwindende Höhenunterschied, die Gehzeit sowie die Einkehrmöglichkeiten abzulesen sind.

Unterwegs im Tessin

Hächler, Beat (Hrsg.): Das Klappern der Zoccoli. Literarische Wanderungen im Tessin, Rotpunktverlag, Zürich 2000. Hermann Hesse, Max Frisch, Plinio Martini und viele andere bedeutende Autoren haben sich kurz oder lang im Tessin aufgehalten – eine literarische Spurensuche.

Hüsler, Eugen: Genusswandern Tessin – Das Land hinterm Gotthard: Steine, Kastanien und Seen, Bruckmann Verlag, München 2009. 40 Genusstouren zwischen Seen und Gipfeln, inklusive Tipps zu Kultur und Kulinarischem.

Volken, M., Kundert, R., Valsesia, T.: Alpinwandern Tessin. Einsame Touren südlich des Gotthards, SAC Verlag 2009. Zum Teil anspruchsvolle Wanderungen durch wenig besuchte Gebiete in den wildesten Ecken der Tessiner Alpen, inklusive einer großen Rundwanderung der Kantonsgrenze entlang vom Monte Generoso bis zum Gotthard und wieder südwärts zum Monte Tamaro. Dazu Rundtouren um die Massive von Pizzo Campo Tencia und Cristallina sowie Wege und Kreten (Krete = Kamm) in den Haupttälern Blenio, Leventina, Verzasca und Maggia.

Darüber hinaus gibt es eine große Auswahl weiterer Wanderführer; Auskunft erteilen Buchläden und teils auch Fremdenverkehrsbüros.

Ceschi, Raffaello: Geschichte des Kantons Tessin, Huber Verlag, Frauenfeld 2003. Das erste deutschsprachige Geschichtsbuch des Tessin seit einem halben Jahrhundert informiert umfassend, souverän und sorgfältig dokumentiert über alle Fragen aus Geschichte, Kultur, Wirtschaft und Verkehr zwischen Gotthard und Chiasso.

Geschichte

Stalder, Helmut: Mythos Gotthard. Was der Pass bedeutet, Orell Füssli Verlag, Zürich 2003. Der Sankt Gotthard ist nicht einfach ein

Pass. Er ist eine Vorstellung. Während der 800 Jahre, seit denen er begangen, befahren, durchbohrt und ausgehöhlt wird, haben die Menschen eine Vielzahl von Bedeutungen in ihn hineingelegt und aus ihm herausgelesen.

Romane,
Erinnerungen,
Erzählungen

Hesse, Hermann: Tessin, Insel Verlag, Frankfurt/Main 1993. Der aus dem schwäbischen Calw stammende Hermann Hesse lebte mehr als 40 Jahre im Tessin – Zeit genug, seine Wahlheimat in Wort und Bild festzuhalten.

Frisch, Max: Der Mensch erscheint im Holozän, Suhrkamp Verlag, Berlin 2008. Herr Geiser sitzt allein in seinem Ferienhaus im Onsernonetal, das durch ein Unwetter von der Umwelt abgeschnitten ist. Er fürchtet, den Verstand zu verlieren, und merkt, wie er sich selbst abhanden und dem Tod immer näher kommt.

Kamber, Peter: Geschichte zweier Leben, Limmat Verlag, Zürich 2000. Porträt der Schriftstellerin und Pianistin Aline Valangin und des Anwalts Wladimir Rosenbaum, die von 1917 bis zu ihrer Trennung 1940 eine offene Ehe führten. Zuerst lebten sie in Zürich, dann im Tessin, wo Valangin in Comologno einen Palazzo besaß. Viele Künstler waren hier zu Gast. James Joyce erzählte Valangin, einer Anhängerin der Psychoanalyse, seine Träume, Kurt Tucholsky gehörte zu ihren Geliebten. Peter Kamber porträtiert nicht nur zwei Menschen, sondern auch den (Un-)Geist der Zeit, etwa die Hetze der schweizerisch-faschistischen Zeitung »Die Front« gegen Rosenbaum.

Martini, Plinio: Nicht Anfang und nicht Ende, Limmat Verlag 2010. Der 1979 verstorbene Tessiner Autor schildert das Leben der armen Bauern aus dem Maggiatal. Der Heimkehrer Gori erinnert sich an Hunger, Armut und Allgegenwart des Todes, die ihn 1929 aus dem Bavonatal ins ferne Kalifornien vertrieben haben. Zurückgelassen hat er seine große Liebe, Maddalena, seine Familie und Freunde. »Einer der erstaunlichsten Romane, die in der Schweiz je geschrieben wurden«, resümierte die Neue Zürcher Zeitung.

Derselbe: Fest in Rima, Limmat Verlag, Zürich 1999. »Geschichten und Geschichtliches aus den Tessiner Tälern« – der Untertitel verrät, was den Leser erwartet: Prosaarbeiten rund um die Menschen und Bräuche des Val Bavona.

Rieger, Jonny: Ein Balkon über dem Lago Maggiore. Tessiner Reise-Verführbuch, Scherz Verlag, Bern 2000. Geschichten um und über das Tessin, über die Menschen der Region, über Bosco Gurin – das »Dorf in den Wolken« – oder über das »sterbende Tal« Lavizzara: Ein Buch, das nicht nur zum Lesen verführt, sondern auch und vor allem zum Reisen.

Stauffer, Stef: Steile Welt, Leben im Onsernone, Lokwort Verlag, Bern 2012. Die steile Onsernonetal bietet nicht viel Aufstiegsmöglichkeiten, was die Einheimischen zur Abkehr zwingt. Was bleibt, sind die Alten und einige Rückkehrer. Ihre von Stef Stauffer zusammengetragenen Berichte erzählen von Armut und Beschwerlichkeit, Aufschwung und Niedergang, Auswanderung und Widerstand.

Tetzner, Lisa: Die schwarzen Brüder, Sauerländer Verlag, Mannheim 20. Aufl. 2010. Jugendroman über Kinder, die von armen Tessiner Bergbauern Mitte des 19. Jh.s als Kaminfeger nach Mailand verkauft wurden. Dort mussten die Kinder durch die Kamine klettern und mit den nackten Händen den Ruß abraspeln. Im Bund der »schwarzen Brüder« hielten sie zusammen, wehrten sich gegen ihr Elend und verstrickten sich in Kämpfe mit den Mailänder Straßenjungen. Lisa Tetzner erzählt die Abenteuer und Schicksale der Kaminfegerbuben anhand des fiktiven Protagonisten Giorgio aus Sonogno. Die 1941 erschienene, auf wahren Begebenheiten beruhende Geschichte wurde von Tetzners Mann Kurt Held (»Rote Zora«) zu Ende geschrieben. Als politischer Flüchtling im Schweizer Exil durfte er jedoch nichts veröffentlichen. Die Geschichte kam 2014 als Film mit Moritz Bleibtreu in der Rolle des Bösewichts in die Kinos; Regie führte Oscarpreisträger Xavier Koller.

Voswinckel, Ulrike: Freie Liebe und Anarchie: Schwabing – Monte Verità. Entwürfe gegen das etablierte Leben, Buch & Media Verlag, München 2013. Der Monte Verità bei Ascona war vor hundert Jahren Sehnsuchts- und Zufluchtsort für Lebensreformer, Spinner und Utopisten, Künstler und Schriftsteller. Auch und vor allem die Münchner Bohème wurde von dem Ort magisch angezogen. Ulrike Voswinckel erinnert an einige typische Biografien.

Werner, Markus: Am Hang, Fischer Verlag, Frankfurt a. M. 2006. Auf der Terrasse des Hotels Bellavista in Montagnola kommen zufällig zwei Männer in ein Gespräch, das eine große Dynamik entwickelt. Sie scheinen gänzlich verschieden – und haben doch mehr miteinander zu tun, als sie ahnen. Die Hotelterrasse gibt es tatsächlich (www.bellevue-bellavista.ch, ▶S. 179). Im Oktober 2013 kam die Literaturverfilmung von Markus Imboden in die Kinos.

Crivelli, Giosanna: Sottoceneri – montagne emerse dal mare (deutsche Ausgabe: Berge, aus dem Meer geboren), Salvioni 2004. Überraschender, empfehlenswerter Bildband. *(Bildband)*

DuMont Bildatlas: Tessin, MairDumont, Ostfildern 2013. Stimmungsvolles Porträt des Tessin in Wort und Bild von Florian Werner (Fotos) und Annette Meisen (Texte).

Hasler, Eveline: Spaziergänge durch mein Tessin. Landschaft, Kultur und Küche, Sanssouci Verlag, Zürich 2002. Die Autorin erzählt von den Bewohnern, den landschaftlichen Schönheiten und von der Tessiner Küche und gibt dabei Originalrezepte preis. *(Kulinarisches)*

Regazzi, Pepe (Hrsg.): Ticino ti cucino, AT Verlag, Aarau 2012. Wunderbar gemachter Koch-, Lese- und Bildband über das ursprüngliche

Tessin und eine aufregende Entdeckungsreise auf den Spuren von vergessenen Menschen, Geschichten und Gerichten.

Weiss, Martin: Urchuchi, Tessin und Misox, Rotpunktverlag, Zürich 2006. Auf fast 400 Seiten wird dem Leser die Tessiner »Urküche« vorgestellt. Weiss recherchierte zwei Jahre lang und stellt in kleinen Reportagen Geschichte und Gerichte von 45 Restaurants vor. Ein spezieller Grottoführer, ein Glossar und weitere Rezepte runden das Buch ab.

Medien

Zeitungen in deutscher Sprache

Deutsche Zeitungen sind während der Feriensaison in fast allen größeren Orten erhältlich. Daneben gibt es die bekannten Schweizer Tages- und Wochenzeitungen, u. a. die »Neue Zürcher Zeitung« und den »Tages-Anzeiger«, sowie die ebenfalls in deutscher Sprache **wöchentlich erscheinende »Tessiner Zeitung«**; diese informiert hervorragend über das politische, wirtschaftliche und kulturelle Leben sowie über Veranstaltungen in der Region. **In italienischer Sprache** und 6 x wöchentlich erscheinen die regionalen unabhängigen Zeitungen »Corriere del Ticino«, »La Regione« und »Giornale del Popolo«. Werktags liegt in Zeitungsboxen die Gratiszeitung »20 minuti« auf, sonntags die Gratisblätter »Il Mattino della domenica« und »Il Caffè«.

Notrufe

IN DER SCHWEIZ
Pannenhilfe
ACS Tel. 044 628 88 99
TCS Tel. 0800 140 140
Auf Autobahnen sind die Notrufsäulen zu benützen.

Allgemeiner bzw. Euro-Notruf
Tel. 112

Polizei
Tel. 117

Medizinische Notfälle
Tel. 144

Feuerwehr
Tel. 118

Flugrettung Rega
Tel. 14 14, www.rega.ch

IN DEUTSCHLAND
ADAC-Notrufzentrale
Medizinische Beratung und Rückholdienst Tel. +49 89 76 76 76
Beratung bei Unfällen, Dokumentenverlust etc. Tel. +49 89 22 22 22

IN ÖSTERREICH
ÖAMTC
Tel. 00 43 1 251 20 00

Post · Telekommunikation

Briefe bis 20 g und Postkarten nach Deutschland und Österreich kosten 1,30 CHF (Economy) bzw. 1,40 CHF (Priority, empfohlen).

Postsendungen

Die Postämter (ufficio postale) sind meist Mo. – Fr. 7.30 – 12.00 und 14.00 – 18.00, Sa. 8.30 – 12.00 Uhr geöffnet. In kleineren Örten können kürzere Zeiten gelten, in Städten sind wichtige Postämter tagsüber durchgehend geöffnet.

Öffnungszeiten

Die noch existierenden Telefonzellen funktionieren mit Telefonkarte (Taxcard) zu 5, 10 und 20 CHF, erhältlich bei Postämtern, an Bahnhöfen und Kiosken. Anrufe nach Deutschland und Österreich kosten 0,60 CHF Grundgebühr plus 0,12 CHF/Min., nachts und am Wochenende gelten niedrigere Tarife.

Telefon

Mobiltelefone – schweizerisch »Natel« – wählen sich automatisch in das Netz des Partner-Providers ein (Swisscom, Sunrise, Orange), zusätzlich kommen für jeden Anruf die Roaming-Gebühren des Mobilfunk-Providers hinzu.
Vieltelefonierer besorgen sich besser eine Schweizer SIM-Card auf Prepaid-Basis, angeboten von den Providern, von Coop, Migros und Aldi. Beim Autofahren ist Telefonieren nur mit Freisprechanlage erlaubt (kostet sonst 100 CHF).

Mobiltelefon

Bei **mobiler Internetnutzung** unbedingt vor der Reise die Tarife prüfen! Viele Hotels bieten kostenlosen WLAN-Zugang. Auch gibt es zahlreiche Hotspots, v. a. in Bahnhöfen, Restaurants und in Stadtzentren, z. B. in Lugano. Näheres unter www.swisscom.ch

Internet

TELEFONIEREN
In die Schweiz
Tel. 00 41
Die führende 0 der Ortsvorwahl entfällt.

Aus der Schweiz
nach Deutschland	Tel. 00 49
nach Österreich	Tel. 00 43
nach Liechtenstein	Tel. 00 423

Die führende 0 der Ortsvorwahl entfällt.

In der Schweiz
Die Ortsvorwahl ist Bestandteil der Teilnehmernummer.

Wichtige Telefonnummern
Auskunft: Tel. 1812 (Automat)
Tel. 1811 (Gebühr)
www.tel.local.ch
Straßenzustand Tel. 163
Wetterbericht Tel. 162
Lawinenbulletin Tel. 187

Gebührenfreie Servicenummern beginnen mit 0800. Ortstarif gilt bei Nummern mit der Vorwahl 0848.
Schweizer Mobilfunknummern beginnen mit 076 bis 079.

Preise & Vergünstigungen

Das teuerste Land der Welt Die Schweiz und damit auch das Tessin, ist ein teures Pflaster. Die Preise sind – laut dem vergleichenden Wirtschaftsbericht der Weltbank – doppelt so hoch wie im weltweiten Schnitt. Auf Platz zwei der Preisrangliste landete Norwegen, gefolgt von Bermuda, Australien und Dänemark. Die günstigsten Länder sind gemäß dem Bericht Ägypten, Pakistan und Burma, wo die Güter und Dienstleistungen gerade mal ein Fünftel bis ein Sechstel der Schweizer Preise kosten.

Beim Einkommen nur auf Rang 10 Doch obwohl die Schweizer Preise so hoch sind wie sonst nirgends, verdienen die Schweizer nicht am meisten. Im Vergleich des kaufkraftbereinigten Bruttoinlandprodukts pro Kopf landet die Schweiz nur auf Platz zehn (besser verdienen die Einwohner von Katar, Macau, China, Luxemburg, Kuwait und Brunei). Im Tessin liegt das Lohn- und Preisniveau zwar unter dem Schweizer Durchschnitt, trotzdem sind die Preise, v. a. in der Gastrobranche, oft doppelt so hoch wie in Deutschland oder Österreich.

Unterkunft Jeder Hotel-, Pensions-, Ferienwohnungs- oder Campingplatzbesitzer muss an die Gemeinde eine **Kurtaxe** abführen, die er an den Gast weitergibt. Manchmal ist der Betrag im Hotelpreis bereits enthalten, manchmal wird er auf die Rechnung aufgeschlagen. Die Höhe der Kurtaxe zwischen 0,50 und 4,50 CHF hängt von der Klassifikation der Unterkunft ab (die geringste Kurtaxe bezahlt man in der Berghütte, die teuerste in den 5-Sterne-Hotels). Weitere Infos ▶ Übernachten, S. 92f.

Essen gehen Besonders kostspielig sind in den Restaurants Fleischgerichte und Wein. Die meisten Gaststätten bieten, v. a. mittags unter der Woche, preisgünstige Tagesteller oder -menüs in der Preiskategorie von 15 bis 20 Franken. Sinnvoll ist es, das Hotel mit Halbpension zu buchen, der Mehrpreis ist relativ gering. Viele Einheimische gehen in eine Pizzeria, wenn sie auswärts essen: Mit einem Preis von rund 20 Franken ist eine Pizza eines der günstigeren Gerichte. Supermärkte und Kaufhäuser wie Migros, Coop und Manor haben gute und preiswerte Selbstbedienungsrestaurants.

Ticino Discovery Card Bergbahnen und die Eintritte zu touristischen Attraktionen sind relativ teuer. Auch die Ticino Discovery Card für 87 CHF ist nicht gerade günstig. Dennoch lohnt sich ihr Erwerb, denn wenn man sie geschickt einsetzt, kann man Leistungen in Anspruch nehmen, die ein Vielfaches wert sind. Die **Discovery Card** ist an drei Tagen gültig, man kann mit ihr Bergbahnen, Schiffe, Postautos, Busse und Züge benutzen und genießt freien Zutritt zu Freizeitparks, Museen und

Wasserparks. Für 67 CHF gibt es auch eine abgespeckte Form der Discovery Card ohne öffentliche Verkehrsmittel. Erhältlich in Hotels, bei den Fremdenverkehrsbüros und an ÖV-Schaltern; www.cartatu risticaticino.ch, Tel. 091 985 28 20.

Die Museums-Eintrittspreise bewegen sich zwischen 5 und 20 CHF. Kinder bis 6 Jahre sind meist gratis, Jugendliche bis 16 Jahre und Studenten bekommen eine Ermäßigung, ebenso da und dort Familien. Der Schweizer Museumspass gilt ein Jahr in über 470 Schweizer Museen (1 Erwachsener 155 CHF, mit bis zu 5 Kindern 188 CHF). Er ist in den beteiligten Museen und in Tourismusbüros zu haben (www. museumspass.ch). Nur für das Tessin lohnt sich der Museumspass nicht; sollten Sie jedoch noch weitere Regionen und Städte besuchen, ist ein Erwerb zu prüfen.

Museen

Reisezeit

Das Klima der nach Süden zu den großen Seen hin geöffneten Täler und Niederungen wird als **insubrisch** bezeichnet. Der Begriff leitet sich von den keltischen Insubrern ab, die einst im Gebiet der Lombardischen Seen siedelten. Dank der Alpenkette, die kalte Luftmassen aus dem Norden gleich einem mächtigen Schutzwall zurückhält, überwiegen hier mediterrane Einflüsse.

Mediterrane Einflüsse

Das insubrische Klima ist gekennzeichnet durch verhältnismäßig geringe Temperaturschwankungen und ergiebige Niederschläge. Die Winter sind im Tessin trocken und sonnig mit nur gelegentlichen Schneefällen bis in die Niederungen. Frühling und Herbst bringen den meisten Regen; die Sommer sind warm und sehr sonnig, wobei kurze, dafür aber **heftige Gewitterschauer** immer wieder für wohltuende Erfrischung sorgen. So weist das Tessin bei geringerer Niederschlagshäufigkeit und längerer Sonnenscheindauer sowie höherer Strahlungsintensität eine größere Niederschlagsmenge auf als die Schweizer Kantone nördlich der Alpen. Dies gilt auch für die Gebirgslagen des Sopraceneri, wo bereits alpine Klimaverhältnisse vorherrschen.

Temperaturen/ Niederschläge

Die beste Zeit für einen Aufenthalt in den Seeregionen sind der Frühling und der Frühsommer, wenn die Natur in voller Blüte steht. Der Hochsommer eignet sich ideal für Badeferien – von Juni bis Oktober beträgt die Wassertemperatur im Lago Maggiore 22 bis 24 °C, im Luganersee 24 bis 26 °C – obwohl gelegentlich mit kurzen, heftigen Gewitterregen zu rechnen ist. Für Wanderungen im Gebirge empfiehlt sich besonders der Herbst: Dann sind die Wege auch in

Das ganze Jahr über reizvoll

den hoch gelegenen Gebieten schneefrei und die Temperaturen angemessen. Bei Föhnlage (Nordwind) bietet sich außerdem herrliche Fernsicht. Lohnend ist auch ein Aufenthalt im Winter, wenn eine Reihe von Hotels günstige Pauschalarrangements anbietet. Wintersportler können mit sicheren Schneeverhältnissen in der Regel erst ab Weihnachten rechnen.

Sprache

Amtssprache Amtssprache im Tessin ist Italienisch. Nur in dem von Walsern gegründeten Dorf Bosco Gurin wird seit dem 13. Jh. ein walserdeutscher Dialekt gesprochen. In Ladengeschäften und öffentlichen Lokalen wird im Tessin neben Deutsch auch Französisch oder Englisch gesprochen, sodass man sich als Tourist ohne italienische Sprachkenntnisse im Regelfall verständlich machen kann. Dem Touristen öffnen sich jedoch Tür und Tor, wenn er seine Frage mit einem höflichen »Lei parla tedesco?« (»Sprechen Sie Deutsch?«) einleitet.

Kleiner Sprachführer Italienisch

Zahlen

zero	0	diciannove	19
uno	1	venti	20
due	2	ventuno	21
tre	3	trenta	30
quattro	4	quaranta	40
cinque	5	cinquanta	50
sei	6	sessanta	60
sette	7	settanta	70
otto	8	ottanta	80
nove	9	novanta	90
dieci	10	cento	100
undici	11	centouno	101
dodici	12	mille	1000
tredici	13	duemille	2000
quattordici	14	diecimila	10000
quindici	15		
sedici	16	un quarto	1/4
diciassette	17	un mezzo	1/2
diciotto	18		

Auf einen Blick

Sì/No	Ja/Nein
Per favore/Grazie	Bitte/Danke
Non c'è di che	Gern geschehen
Scusi!/Scusa!	Entschuldigen Sie!
Come dice?	Wie bitte?
Non La/ti capisco	Ich verstehe Sie/dich nicht
Parlo solo un po' di ...	Ich spreche nur wenig ...
Mi può aiutare, per favore?	Können Sie mir bitte helfen?
Vorrei ...	Ich möchte ...
(Non) mi piace	Das gefällt mir (nicht)
Ha ...?	Haben Sie ...?
Quanto costa?	Wie viel kostet?
Che ore sono?/Che ora è?	Wie viel Uhr ist es?
Come sta?/Come stai?	Wie geht es Ihnen/dir?
Bene, grazie. E Lei/tu?	Danke. Und Ihnen/dir?

Unterwegs

a sinistra/a destra/diritto	nach links/nach rechts/geradeaus
vicino/lontano	nah/fern
Quanti chilometri sono?	Wie weit (in Kilometern) ist das?
Vorrei noleggiare ...	Ich möchte ... mieten
... una macchina	... ein Auto
... una bicicletta	... ein Fahrrad
... una barca	... ein Boot
Scusi, dov'è ...?	Bitte, wo ist ...?
la stazione centrale	der Hauptbahnhof
la metro(politana)	die U-Bahn
l'aeroporto	der Flughafen
all'albergo	zum Hotel
Ho un guasto.	Ich habe eine Panne.
Mi potrebbe mandare un carro-attrezzi?	Würden Sie mir einen Abschleppwagen schicken?
Scusi, c'è un'officina qui?	Gibt es hier eine Werkstatt?
Dov'è la prossima stazione di servizio?	Wo ist die nächste Tankstelle?
benzina normale	Normalbenzin
super/gasolio	Super/Diesel
deviazione	Umleitung
senso unico	Einbahnstraße
sbarrato	gesperrt
rallentare	langsam fahren
tutti direzioni	alle Richtungen
tenere la destra	rechts fahren
zona di silenzio	Hupverbot

zona tutelata inizio	Beginn der Parkverbotszone
Aiuto!	Hilfe!
Attenzione!	Achtung!
Chiami subito ...	Rufen Sie schnell ...
... un'autoambulanza	... einen Krankenwagen
... la polizia	... die Polizei

Ausgehen

Scusi, mi potrebbe indicare ...?	Wo gibt es ...?
... un buon ristorante?	... ein gutes Restaurant?
... un locale tipico?	... ein typisches Restaurant?
C'è una gelateria qui vicino?	Gibt es hier eine Eisdiele?
Può riservarci per stasera un tavolo per quattro persone?	Kann ich für heute Abend einen Tisch für vier Personen reservieren?
Alla Sua salute!	Auf Ihr Wohl!
Il conto, per favore.	Bezahlen, bitte.
Andava bene?	Hat es geschmeckt?
Il mangiare era eccellente.	Das Essen war ausgezeichnet.
Ha un programma delle manifestazioni?	Haben Sie einen Veranstaltungs-kalender?

Einkaufen

Dov'è si può trovare ...?	Wo finde ich ...?
... una farmacia	... eine Apotheke
... un panificio	... eine Bäckerei
... un negozio di articoli fotografici	... ein Fotogeschäft
... un grande magazzino	... ein Kaufhaus
... un negozio di generi alimentari	... ein Lebensmittelgeschäft
... il mercato	... den Markt
... il supermercato	... den Supermarkt
... il tabaccaio	... den Tabakladen
... il giornalaio	... den Zeitungshändler

Übernachten

Scusi, potrebbe consigliarmi ...?	Können Sie mir ... empfehlen?
... un albergo	... ein Hotel
... una pensione	... eine Pension
Ho prenotato una camera.	Ich habe ein Zimmer reserviert.
È libera ...?	Haben Sie noch ...?
... una singola	... ein Einzelzimmer
... una doppia	... ein Zweibettzimmer
... con doccia/bagno	... mit Dusche/Bad

... per una notte	... für eine Nacht
... per una settimana	... für eine Woche
... con vista sul lago	... mit Seeblick
Quanto costa la camera ...?	Was kostet das Zimmer ...?
... con la prima colazione?	... mit Frühstück?
... a mezza pensione?	... mit Halbpension?

Arzt und Apotheke

Mi può consigliare un buon medico?	Können Sie mir einen guten Arzt empfehlen?
Mi può dare una medicina per ...	Geben Sie mir bitte ein Medikament gegen ...
Soffro di diarrea.	Ich habe Durchfall.
Ho mal di pancia.	Ich habe Bauchschmerzen.
... mal di testa	... Kopfschmerzen
... mal di gola	... Halsschmerzen
... mal di denti	... Zahnschmerzen
... influenza	... Grippe
... tosse	... Husten
... la febbre	... Fieber.
... scottatura solare	... Sonnenbrand
... costipazione	... Verstopfung

Speisekarte

prima colazione	Frühstück
caffè, espresso	kleiner Kaffee ohne Milch
caffè macchiato	kleiner Kaffee mit wenig Milch
caffe latte	Kaffee mit Milch
cappuccino	Kaffee mit aufgeschäumter Milch
tè al latte/al limone	Tee mit Milch/Zitrone
cioccolata	Schokolade
frittata	Omelett/Pfannkuchen
pane/panino	Brot/Brötchen
pane tostato	Toast
burro	Butter
salame	Wurst
prosciutto	Schinken
miele	Honig
marmellata	Marmelade
iogurt	Joghurt
antipasti	Vorspeisen
affettato misto	gemischter Aufschnitt

anguilla affumicata	Räucheraal
melone e prosciutto	Melone mit Schinken
vitello tonnato	kalter Kalbsbraten mit Tunfischsauce
primi piatti	Nudel- und Reisgerichte, Suppen
pasta	Nudeln
fettuccine/tagliatelle	Bandnudeln
gnocchi	kleine Kartoffelklößchen
polenta (alla valdostana)	Maisbrei (mit Käse)
vermicelli	Fadennudeln
minestrone	dicke Gemüsesuppe
pastina in brodo	Fleischbrühe mit feinen Nudeln
zuppa di pesce	Fischsuppe
carni e pesce	Fleisch und Fisch
agnello	Lamm
ai ferri/alla griglia	vom Grill
aragosta	Languste
brasato	Braten
coniglio	Kaninchen
cozze/vongole	Miesmuscheln/Venusmuscheln
fegato	Leber
fritto di pesce	gebackene Fische
gambero, granchio	Garnelen
maiale	Schweinefleisch
manzo/bue	Rind-/Ochsenfleisch
pesce spada	Schwertfisch
platessa	Scholle
pollo	Huhn
rognoni	Nieren
salmone	Lachs
scampi fritti	gebackene Langustinen
sogliola	Seezunge
tonno	Tunfisch
trota	Forelle
vitello	Kalbfleisch
verdura	Gemüse
asparagi	Spargel
carciofi	Artischocken
carote	Karotten

cavolfiore	Blumenkohl
cavolo	Kohl
cicoria belga	Chicorée
cipolle	Zwiebeln
fagioli	weiße Bohnen
fagiolini	grüne Bohnen
finocchi	Fenchel
funghi	Pilze
insalata mista/verde	gemischter/grüner Salat
lenticchie	Linsen
melanzane	Auberginen
patate	Kartoffeln
patatine fritte	Pommes frites
peperoni	Paprika
pomodori	Tomaten
spinaci	Spinat
zucca	Kürbis
formaggi	Käse
parmigiano	Parmesan
pecorino	Schafskäse
ricotta	quarkähnlicher Frischkäse
dolci e frutta	Nachspeisen und Obst
cassata	Eisschnitte mit kandierten Früchten
coppa assortita	gemischter Eisbecher
coppa con panna	Eisbecher mit Sahne
tirami su	Löffelbiskuit mit Mascarpone-creme
zabaione	Eierschaumcreme
zuppa inglese	likörgetränktes Biskuit mit Vanillecreme
bevande	Getränke
acqua minerale	Mineralwasser
aranciata	Orangeade
bibita	Erfrischungsgetränk
bicchiere	Glas
birra scura/chiara	dunkles/helles Bier
birra alla spina	Bier vom Fass
birra senza alcool	alkoholfreies Bier
bottiglia	Flasche
con ghiaccio	mit Eis

digestivo	Digestif
gassata/con gas	mit Kohlensäure
liscia/senza gas	ohne Kohlensäure
secco	trocken
spumante	Sekt
succo	Fruchtsaft
vino bianco/rosato/rosso	Weiß-/Rosé-/Rotwein
vino della casa	Hauswein

Verkehr

AUF DEN STRASSEN

Straßennetz Es gibt Autobahnen (autostrada; grüne Wegweiser), Haupt- bzw. Kantonsstraßen (blaue Wegweiser) und übrige Straßen (weiße Wegweiser). Die Autobahnen sind gebührenpflichtig. Die vom 1. Dez. bis zum 31. Januar des übernächsten Jahres, also 14 Monate gültige **Vignette** kostet 40 CHF/27 € und kann an den Grenzübergängen, bei Postämtern, Tankstellen und Autowerkstätten in der Schweiz bezogen werden (www.vignette.ch). In Deutschland verkauft der ADAC die Vignette; per Internet ist sie über die Deutsche Post erhältlich: www.deutschepost.de.

Straßen- Die Nord-Süd-Verbindungen sind gut ausgebaut, während kleinere
zustand Straßen in den Tälern und Bergen recht schmal und kurvenreich sein können. Bis auf den Lukmanier sind die Alpenpässe im Winter gesperrt, für andere Straßen sind Winterreifen und ggf. Ketten vorgeschrieben. Aktuelle Informationen unter Tel. 163, www.tcs.ch und www.viasuisse.ch.

Tanken An den Autobahnen sind Tankstellen meist von 6.00 bis 23.00 Uhr geöffnet. Viele Tankstellen besitzen Automaten, die Banknoten, Bankkarten und Kreditkarten akzeptieren. Die Treibstoffpreise sind inzwischen so hoch wie in Deutschland, aber niedriger als in Italien. Das führt vor allem in Grenzgebieten zu einem »Benzin-Tourismus« durch italienische Autofahrer. Im Mendrisiotto und in den Grenzorten wimmelt es von Tankstellen.

Wichtige Auf Autobahnen darf man max. 120 km/h fahren, auf Landstraßen
Vorschriften 80, innerhalb geschlossener Ortschaften 50 km/h. (Eine »besonders krasse Missachtung« der Höchstgeschwindigkeit, z. B. über 100 km/h

innerorts, oder waghalsiges Überholen werden mit bis zu 4 Jahren Gefängnis bestraft!) Die Höchstgeschwindigkeit für **Caravangespanne** beträgt **80 km/h**. Vorfahrt hat das von rechts kommende Fahrzeug; der Kreisverkehr hat Vorfahrt vor dem sich eingliedernden Verkehr. Auf Bergstrecken sind aufwärts fahrende Kraftfahrzeuge bevorrechtigt; ein Schild mit Posthorn auf blauem Grund signalisiert, dass Postautos Vorrang haben. Sicherheitsgurte müssen auf allen Sitzen angelegt werden. Mit einem **Blutalkoholgehalt** von **0,5 Promille** gilt man schon als fahrunfähig. Telefonieren mit dem Handy ohne Freisprechanlage ist verboten.

Das Bußgeldniveau ist in der Schweiz generell sehr hoch. Verstöße aller Art kommen Autofahrer teuer zu stehen. Bei ausländischen Verkehrssündern wird Bußgeld wegen der Fluchtgefahr oft an Ort und Stelle verlangt. Bei Nichtbezahlung droht schlimmstenfalls sogar Ersatzhaft. **Bußgelder**

Sämtliche Dörfer im Tessin sind mit dem Auto erreichbar. Die einzige Ausnahme bildet Rasa im Centovalli, das man nur über einen Fußweg oder mit der Seilbahn erreicht. **Autofreie Orte**

In Innenstädten kann man sein Fahrzeug außer in Parkhäusern an Parkuhren (Mo. – Sa. 8.00 – 19.00 Uhr) sowie in den Blauen Zonen mit Parkscheibe abstellen (max. 1 Std.; Mo. – Sa. 8.00 – 18.00 Uhr, die Zeit 11.30 – 13.30 Uhr wird nicht gezählt). Falls Sie sich wundern, dass Parkplätze von Einkaufszentren nicht gratis sind: Die Firmen holen sich so einen Teil der hohen öffentlichen Gebühren zurück. **Parken in den Städten**

Bei Fahrten ins Gebirge sind von Oktober bis Frühjahr Winterreifen und die Mitnahme von Schneeketten dringend geboten. Wer mit Sommerreifen Behinderungen verursacht, wird zur Kasse gebeten. **Winterausrüstung**

Seit dem 1. Januar 2014 müssen in der Schweiz sämtliche Fahrzeuge mit eingeschaltetem Abblend- oder Tagfahrlicht fahren. **Licht an**

Bei Panne oder Unfall müssen die Warnblinkanlage eingeschaltet und das Warndreieck aufgestellt werden (auf Schnellstraßen mindestens 100 m, sonst 50 m vor dem Fahrzeug). Warnwesten sind in der Schweiz nicht Pflicht, aber empfohlen (in Italien sind sie obligatorisch!). **Panne, Unfall**

An Autobahnen und einigen Hauptverkehrs- und Alpenstraßen gibt es Notrufsäulen. Bei reinem Sachschaden genügt es, ein Europäisches Unfallprotokoll auszufüllen und vom Unfallgegner unterzeichnen zu lassen (u. a. beim ADAC erhältlich), die Polizei erreicht man unter Tel. 117. Bei Unfällen mit Verletzten sind Polizei und Notarzt zu rufen (Notarzt: Tel. 144; ▶S. 358).

Mietwagen Büros der internationalen Autovermieter findet man in allen größeren Orten, Bahnhöfen sowie am Lugano Airport in Agno. Um einen Mietwagen zu bekommen, muss man mindestens 21 Jahre alt sein, einen Führerschein besitzen und mindestens ein Jahr, teils auch zwei Jahre Fahrpraxis haben.

Taxis Taxifahren ist in der Schweiz relativ teuer; die Preise variieren von Ort zu Ort. Preise für Zusatzleistungen (z. B. Gepäck) sind im Wagen angeschlagen.

Mit dem Postauto Die »Postautos«, die **gelben Busse** der Schweizerischen Post, sind eine wichtige Stütze des öffentlichen Verkehrs, besonders in den Bergregionen. Mit ihrem berühmten Dreiklanghorn (Tonfolge cis-e-a, aus der Ouvertüre von Rossinis Oper »Wilhelm Tell«) sind sie von den Berg- und Passstraßen nicht wegzudenken. Die Haltestellen liegen meist am Bahnhof oder an der Post. Fahrräder werden mitgenommen, solange der Platz reicht; eine Reservierung ist immer sinnvoll, vor allem dort, wo mit einem hohen Aufkommen an Wanderern zu rechnen ist (z. B. Verzascatal).
In den Bergen sind die Postautos mit Fahrradträgern oder –anhängern ausgerüstet. Zusammengelegte Räder in Transporttaschen werden kostenlos befördert. Passfahrten über den Gotthard oder Nufenen sind nur im Sommer (Anfang Juni bis Mitte Oktober, je nach Passöffnung) möglich. Die Fahrpläne sind im Kursbuch der SBB verzeichnet (www.fahrplanfelder.ch), ebenso wie die Telefonnummern der Kundendienststellen. Überdies kann man dort auch schöne Touren buchen, etwa den Palm Express von Lugano dem Comer See entlang und über den Maloja-Pass nach St. Moritz im Engadin (▶S. 347).

MIT DER BAHN

Das Eisenbahnnetz in der Schweiz ist hervorragend ausgebaut. Das Streckennetz der Schweizerischen Bundesbahnen (SBB, auf Italienisch FFS – Ferrovie Federali Svizzere) umfasst rund 3100 km, hinzu kommt eine große Zahl von Privatbahnen, sodass insgesamt etwa 4800 km zur Verfügung stehen. Die Züge der SBB verkehren im Tessin hauptsächlich auf der Gotthard-Linie und verbinden Mailand und das Schweizer Mittelland (Zürich, Basel und Luzern).
Im Tessin verbindet die S-Bahn TILO (Ticino-Lombardia) die urbanen Zentren im 20-Minuten-Takt. Dazu kommen noch Privatbahnen wie die Centovallina (von Locarno nach Domodossola) oder die Ponte-Tresa-Bahn von Lugano an die Grenze in Ponte Tresa. Reservationen für alle Bahnen sind bei allen größeren Bahnhöfen möglich. Infos zu den Fahrzeiten: www.sbb.ch oder www.fahrplanfelder.ch

Das Swiss Travel System ermöglicht Personen mit Wohnsitz außerhalb der Schweiz und Liechtensteins preisgünstiges Reisen mit Bahn, Bus und Schiff. Informationen über den Geltungsbereich und die verschiedenen Fahrausweise geben DB-Reisezentren, Reisebüros mit DB-Lizenz, Schweiz Tourismus (▸Auskunft), das Österreichische Verkehrsbüro AG und RailTours Austria, viele (nicht alle!) Schweizer Bahnhöfe sowie www.swisstravelsystem.com.

Swiss Travel System

Der **Swiss Pass** gestattet 4, 8, 15 oder 22 aufeinanderfolgende Tage bzw. einen Monat lang freie Fahrt auf dem ganzen Netz des Swiss Travel Systems. Inbegriffen sind auch Straßenbahnen und Busse in 75 Städten, 50 % Rabatt bei den meisten Bergbahnen sowie kostenloser Eintritt in 470 Museen. Der **Swiss Flexi Pass** gilt an 3 – 6 frei wählbaren Tagen innerhalb eines Monats und bietet dieselben Vorteile wie der Swiss Pass; an den »nicht genutzten« Tagen erhält man 50 % Rabatt. Das Swiss Transfer Ticket (außerhalb der Schweiz, in Grenz-/Flughafenbahnhöfen oder über Internet zu erwerben) gilt für die Hin- und Rückfahrt zwischen Schweizer Grenze bzw. Flughafen und dem Reiseziel (Ankunfts- und Abreiseort können unterschiedlich sein). Die Swiss Card bietet dieselbe Leistung wie das Swiss Transfer Ticket; zwischen dem ersten und dem letzten Tag erhält man darüber hinaus 50 % Rabatt auf alle weiteren Fahrkarten. **STS-Rabatte** gibt es ab zwei zusammen reisenden Erwachsenen (15 %), für Kinder bis 16 Jahren in Begleitung mindestens eines Elternteils (gratis), Kinder ohne Begleitung 50 %, Jugendliche bis 26 Jahre 25 %.

Abonnements des STS

Fahrräder können in fast allen Zügen mitgenommen werden (Selbstverladung, Tageskarte 18 CHF). In InterCity-Neigezügen (ICN) ist der »Veloselbstverlad« reservierungspflichtig. Zusammengeklappte Räder im Transportsack gelten als Handgepäck (kostenlos). Man kann Fahrräder an über 80 Bahnhöfen mieten und zurückgeben. Auskunft an allen Bahnhöfen, unter www.rent-a-bike.ch und www.sbb.ch/veloverlad oder www.sbb.ch/velo.

Fahrräder

MIT DEM SCHIFF UND BERGBAHNEN

Das Tessin ist ein Land der Seen. Die Schifffahrt auf dem Luganersee wird von einer Schweizer Gesellschaft betrieben, während die Società Navigazione dei Laghi für den Betrieb auf den oberitalienischen Seen Lago di Garda, Lago di Como und Lago Maggiore aufkommt. Fahrpläne liegen an den örtlichen Tourismusbüros und an den Anlegestellen aus. Im Internet geben die Seiten www.lakelugano.ch und www.navlaghi.it Auskunft. Die Seen werden auch im Winter befahren, allerdings ist das Angebot an Verbindungen im Vergleich zum Sommer eingeschränkt.

STRASSENVERKEHR
Verkehrsmeldungen
Tel. 163, www.tcs.ch
Vom Ausland: Tel. 0041 848 800 163

Automobilclubs
Automobil-Club der Schweiz (ACS)
3013 Bern, Wasserwerkgasse 39
Tel. 031 328 31 11, www.acs.ch

Touring Club Suisse (TCS)
1214 Vernier, Ch. de Blandonnet 4,
Tel. 022 417 27 27, www.tcs.ch

EISENBAHNEN
Schweizer Bundesbahnen
Rail Service, Fahrplanauskunft
Tel. *0900 300 300, www.sbb.ch
Kursbuch: www.fahrplanfelder.ch

*Treni Regionali Ticino Lombardia
(TILO)*
Tel. 0512 27 65 42
www.tilo.ch

Deutsche Bahn
Reiseservice
Tel. *0180 5 99 66 33
www.bahn.de
www.dbautozug.de

Österreichische Bundesbahnen
Tel. *05 1717, www.oebb.at

Centovalli-Bahn (FART)
6601 Muralto, Piazza Stazione 3
Tel. 091 756 04 00
www.centovalli.ch

POSTAUTO
Postauto Schweiz AG
Tel. *0848 88 88 88
www.postauto.ch

FLUGHAFEN
Lugano Airport
In Agno, 4 km südwestlich
Zubringer zum Stadtzentrum und zum
Bahnhof (10 – 20 Min.), auf die Flüge
abgestimmt. Tel. 091 610 11 11
www.lugano-airport.ch

SCHIFFSUNTERNEHMEN
Luganer See · Lago di Lugano
6906 Lugano, Viale Castagnola 12
Tel. 091 971 52 23
www.lakelugano.ch

Lago Maggiore
6600 Locarno, Via di Motta 1
Tel. 0322 23 32 00
www.navigazionelaghi.it

Auf dem Luganer- und Comersee sowie dem Lago Maggiore verkehren im Linienverkehr ganzjährig **Motorschiffe** zu den Uferorten bzw. Inseln. Außerdem werden während der warmen Jahreszeit auf allen Seen verschiedene Rund- und Vergnügungsfahrten durchgeführt (Infos im Kapitel Reiseziele bei den jeweiligen Orten).
Mit verschiedenen **Bergbahnen** gelangt man zu den schönsten Aussichtspunkten, dabei erschließen sich zumeist großartige Wandergebiete und im Winter Skipisten. Die Bergbahnen zu den schönsten Aussichtspunkten werden im Kapitel Reiseziele beim jeweiligen Stichwort vorgestellt. Infos über Betriebszeiten, Preise etc. erteilen die örtlichen Betriebe, der Verband »Seilbahnen Schweiz« und die Internetseite www.ticino.ch (hier weiter auf »Transportmittel für Touristen«).

Zeit

In der Schweiz und in Italien gilt wie in Deutschland und Österreich die Mitteleuropäische Zeit (MEZ), von Ende März bis Ende Oktober die mitteleuropäische Sommerzeit (MESZ = MEZ + 1 Std.).

Register

Verzeichnis der Karten und Grafiken

Bildnachweis

Reisen verbindet Menschen und Kulturen. Doch wer reist, erzeugt auch CO_2. Der Flugverkehr trägt

nachdenken • klimabewusst reisen
atmosfair

mit bis zu 10 % zur globalen Erwärmung bei. Wer das Klima schützen will, sollte sich nach Möglichkeit für die schonendere Reiseform entscheiden (wie z.B. die Bahn). Gibt es keine Alternative zum Fliegen, kann man mit atmosfair klimafördernde Projekte unterstützen.

atmosfair ist eine gemeinnützige Klimaschutzorganisation unter der Schirmherrschaft von Klaus Töpfer. Flugpassagiere spenden einen kilometerabhängigen Betrag und finanzieren damit Projekte in Entwicklungsländern, die den Ausstoß von Klimagasen verringern helfen. Dazu berechnet man mit dem Emissionsrechner auf **www.atmosfair.de** wieviel CO_2 der Flug produziert und was es kostet, eine vergleichbare Menge Klimagase einzusparen (z.B. Berlin – London – Berlin 13 €).

atmosfair garantiert die sorgfältige Verwendung Ihres Beitrags. Alle Informationen dazu auf www.atmosfair.de.

Auch der Karl Baedeker Verlag fliegt mit atmosfair.

Impressum

Ausstattung:
123 Abbildungen, 24 Karten und grafische Darstellungen, eine große Reisekarte
Text:
Wolftraut de Concini, Omar Gisler, Odin Hug und Anja Schliebitz
Mit Beiträgen von Achim Bourmer, Manuschak Karnusian, Jürg Steiner, Helmut Linde und Andrea Wurth
Aktualisierung:
Omar Gisler
Bearbeitung:
Baedeker-Redaktion (Anja Schliebitz)
Kartografie:
Christoph Gallus, Hohberg; MAIRDUMONT Ostfildern (Reisekarte)
3D-Illustrationen:
jangled nerves, Stuttgart
Infografiken:
Golden Section Graphics GmbH, Berlin
Gestalterisches Konzept:
independent Medien-Design, München
Chefredaktion:
Rainer Eisenschmid, Baedeker Ostfildern

11. Auflage 2015
Völlig überarbeitet und neu gestaltet

© KARL BAEDEKER GmbH, Ostfildern für MAIRDUMONT GmbH & Co KG; Ostfildern

Anzeigenvermarktung:
MAIRDUMONT MEDIA
Tel. 0049 711 4502 333
Fax 0049 711 4502 1012
media@mairdumont.com
http://media.mairdumont.com

Printed in China

Trotz aller Sorgfalt von Redaktion und Autoren zeigt die Erfahrung, dass Fehler und Änderungen nach Drucklegung nicht ausgeschlossen werden können. Dafür kann der Verlag leider keine Haftung übernehmen.
Kritik, Berichtigungen und Verbesserungsvorschläge sind jederzeit willkommen. Schreiben Sie uns, mailen Sie oder rufen Sie an:

Verlag Karl Baedeker / Redaktion
Postfach 3162
D-73751 Ostfildern
Tel. 0711 4502-262
info@baedeker.com
www.baedeker.com

FSC
www.fsc.org
MIX
Paper from responsible sources
FSC® C011918

Die Erfindung des Reiseführers

Als **Karl Baedeker** (1801 – 1859) am 1. Juli 1827 in Koblenz seine Verlagsbuchhandlung gründete, hatte er sich kaum träumen lassen, dass sein Name und seine roten Bücher einmal weltweit zum Synonym für Reiseführer werden sollten.

Das erste von ihm verlegte Reisebuch, die 1832 erschienene **Rheinreise**, hatte er noch nicht einmal selbst geschrieben. Aber er entwickelte es von Auflage zu Auflage weiter. Mit der Einteilung in die Kapitel »Allgemein Wissenswertes«, »Praktisches« und »Beschreibung der Merk-(Sehens-)würdigkeiten« fand er die klassische Gliederung des modernen Reiseführers, die bis heute ihre Gültigkeit hat. Der Erfolg war überwältigend: Bis zu seinem Tod erreichten die zwölf von ihm verfassten Titel 74 Auflagen! Seine Söhne und Enkel setzten bis zum Zweiten Weltkrieg sein Werk mit insgesamt 70 Titeln in 500 Auflagen fort.

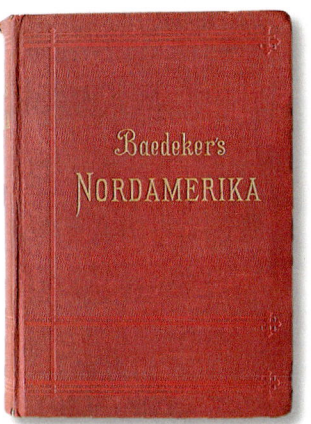

Bis heute versteht der Karl Baedeker Verlag seine große Tradition vor allem als eine Kette von Innovationen: Waren es in der frühen Zeit u. a. die Einführung von Stadtplänen in Lexikonqualität und die Verpflichtung namhafter Wissenschaftler als Autoren, folgte in den 1970ern der erste vierfarbige Reiseführer mit professioneller Extrakarte. Seit 2005 stattet Baedeker seine Bücher mit ausklappbaren 3D-Darstellungen aus. Die neue Generation enthält als erster Reiseführer Infografiken, die (Reise-)Wissen intelligent aufbereiten und Lust auf Entdeckungen machen.

In seiner Zeit, in der es an verlässlichem Wissen für unterwegs fehlte, war Karl Baedeker der Erste, der solche Informationen überhaupt lieferte. In der heutigen Zeit filtern unsere Reiseführer aus dem Überfluss an Informationen heraus, was man für eine Reise wissen muss, auf der man etwas erleben und an die man gerne zurückdenken will. Und damals wie heute gilt für Baedeker: Wissen öffnet Welten.

Baedeker Verlagsprogramm

- Ägypten
- Algarve
- Allgäu
- Amsterdam
- Andalusien
- Argentinien
- Australien

- Australien • Osten
- Bali
- Barcelona
- Bayerischer Wald
- Belgien
- Berlin • Potsdam
- Bodensee
- Brasilien
- Bretagne
- Brüssel
- Budapest
- Burgund
- China
- Dänemark
- Deutsche
  Nordseeküste
- Deutschland
- Deutschland •
  Osten
- Dresden
- Dubai • VAE
- Elba
- Elsass • Vogesen
- Finnland

- Florenz
- Florida
- Franken
- Frankfurt am Main
- Frankreich
- Frankreich •
  Norden
- Fuerteventura
- Gardasee
- Golf von Neapel
- Gomera
- Gran Canaria
- Griechenland
- Großbritannien
- Hamburg
- Harz
- Hongkong •
  Macao
- Indien
- Irland
- Island
- Israel
- Istanbul
- Istrien •
  Kvarner Bucht
- Italien
- Italien • Norden
- Italien • Süden
- Italienische Adria
- Italienische Riviera
- Japan
- Jordanien
- Kalifornien
- Kanada • Osten
- Kanada • Westen
- Kanalinseln
- Kapstadt •
  Garden Route
- Kenia
- Köln
- Kopenhagen
- Korfu •
  Ionische Inseln
- Korsika

- Kos
- Kreta
- Kroatische
  Adriaküste •
  Dalmatien
- Kuba
- La Palma
- Lanzarote
- Leipzig • Halle
- Lissabon
- London
- Madeira
- Madrid
- Malediven
- Mallorca
- Malta • Gozo •
  Comino
- Marokko
- Mecklenburg-
  Vorpommern
- Menorca

- Mexiko
- Moskau
- München
- Namibia
- Neuseeland
- New York
- Niederlande
- Norwegen
- Oberbayern

- Oberital. Seen ●
  Lombardei ●
  Mailand
- Österreich
- Paris
- Peking
- Polen
- Polnische
  Ostseeküste ●
  Danzig ● Masuren
- Portugal
- Prag
- Provence ●
  Côte d'Azur
- Rhodos
- Rom

- Rügen ● Hiddensee
- Rumänien
- Sachsen
- Salzburger Land
- St. Petersburg
- Sardinien
- Schottland
- Schwarzwald
- Schweden
- Schweiz
- Sizilien
- Skandinavien
- Slowenien
- Spanien
- Spanien ● Norden ●
  Jakobsweg

- Sri Lanka
- Stuttgart
- Südafrika
- Südengland
- Südschweden ●
  Stockholm
- Südtirol

- Sylt
- Teneriffa
- Tessin
- Thailand
- Thüringen
- Toskana
- Tschechien
- Tunesien
- Türkei
- Türkische
  Mittelmeerküste
- USA

- USA ● Nordosten
- USA ● Nordwesten
- USA ● Südwesten
- Usedom
- Venedig
- Vietnam
- Weimar
- Wien
- Zürich
- Zypern

**Viele Baedeker-Titel
sind als E-Book
erhältlich:
shop.baedeker.com**

Kurioses Tessin

*Die kleinste Gemeinde der Schweiz, die Stadt mit der höchsten Auto-
dichte, Sonnenstube und Blitzkammer, Staumauern zum Runterspring-
en und Hochklettern – das sind nur einige der Kuriositäten des Tessin.*

▶ Nicht ohne mein Auto

Exakt 306 088 Fahrzeuge waren Ende 2013 im Tessin gemeldet – bei knapp 350 000 Einwohnern. Auf (fast) jeden Einwohner – vom Baby bis zum Greis – kommt also ein Auto. Laut EU-Datensammlung Urban Audit gibt es in Lugano europaweit die meisten Autos pro Einwohner: über 600 Pkws pro tausend Einwohner!

▶ Corippo: Eine kleine Nummer

Das malerische Dorf Corippo im Verzascatal wirkt wie ausgestorben. Doch der Eindruck täuscht! Die Statistik zählt zwölf Einwohner. Damit ist Corippo die kleinste Gemeinde der Schweiz. Mit seinen Steinhäusern und den engen Gassen ist es zudem eines der schönsten Dörfer des Landes.

▶ Stets im Mittelpunkt

Eine Granitsäule im Dorf Mergoscia zeigt seit Generationen den geografischen Mittelpunkt des Kantons Tessin an. Doch als man vor ein paar Jahren genau nachrechnete, stellte man fest: Der Mittelpunkt liegt auf einem 1540 m hohen Gipfel auf dem Gebiet der Gemeinde Brione – 12 km von Mergoscia entfernt. Die Einheimischen nahmen's gelassen: Beide Orte befinden sich im Verzascatal, dem Epizentrum des Kantons.

▶ Rauf und runter

Die Mauern der Tessiner Stauseen dienen nicht nur der Stromgewin-nung. Wagemutige bekommen hier den ultimativen Adrenalinkick. Im Verzascatal kann man sich 220 m in die Tiefe stürzen – 7,5 Sek. dau-ert der freie Fall. Langsamer, aber nicht weniger aufregend geht es an der 165 m hohen Luzzone-Stau-mauer im Bleniotal zu: Dort klettert man auf der längsten künstlichen Kletterroute der Welt die teils überhängende Wand hinauf.

▶ Potz Blitz

Mit über 2400 Sonnenstunden im Jahr ist das Tessin die Sonnenstube der Schweiz. Es regnet selten – aber wenn, dann meist heftig! Rund um den Monte San Salvatore werden im Jahr bis zu 14 000 Blit-ze gezählt! Auf Luganos Hausberg wurde 1943 – 1982 Blitzforschung betrieben. Die alten Messgeräte sind im Museum auf dem Gipfel ausgestellt.

▶ Paradies für Schnäppchenjäger

Das FoxTown-Einkaufscenter in Mendrisio ist – zumindest was die Besucherzahlen angeht – die größte Attraktion im Tessin. Mit Rabatten zwischen 30 und 70 % lockt es über drei Millionen Besucher im Jahr an. Für das US-amerikanische Magazin Forbes ist das FoxTown eines der »World's Best Outlet Stores«.